Todos los libros de Linkgua Ediciones cuentan con modelos de Inteligencia Artificial entrenados por hispanistas. Pregúntale al chat de tu libro lo que desees acerca de la obra o su autor/a.

Para ebooks: Accede a nuestro modelo de IA a través de este enlace.

Para libros impresos: Escanea el código QR de la portada con tu dispositivo móvil.

Obtén análisis detallados de nuestros libros, resúmenes, respuestas a tus preguntas y accede a nuestras ediciones críticas generativas para una experiencia de lectura más enriquecedora.
La transparencia y el respeto hacia la autoría de las fuentes utilizadas son distintivos básicos de nuestro proyecto. Por ello, las respuestas ofrecen, mediante un sistema de citas, las fuentes con las que han sido elaboradas.

Autores varios

Pensamiento político de la emancipación venezolana

Edición de Pedro Grases

Barcelona 2024
Linkgua-ediciones.com

Créditos

Título original: Pensamiento político de la emancipación venezolana.
Selección y Prólogo de: Pedro Grases.

e-mail: info@linkgua-ediciones.com

Diseño de cubierta: Mario Eskenazi

ISBN rústica ilustrada: 978-84-9816-827-3.
ISBN tapa dura: 978-84-1126-545-4.
ISBN rústica: 978-84-9007-713-9.
ISBN ebook: 978-84-9007-411-4.

Sumario

Prólogo[1]

I. El camino hacia la emancipación

1. En Venezuela el período correspondiente a las últimas décadas del siglo XVIII y a los diez primeros años del XIX, o sea, antes de iniciarse la Independencia, presenta a los ojos del historiador un extraordinario interés, por cuanto que plantea la presencia de un hecho de enorme trascendencia, que es el siguiente: sin antecedentes que permitiesen preverlo, esta porción de América, encabezada por la ciudad de Caracas, da al mundo hispánico una generación de personalidades de primer orden, cuyo conjunto es expresión de madurez evolutiva en los aspectos sociales e intelectuales, suceso al que hay que intentar darle explicación.

Si consideramos que en el espacio de algo más de un cuarto de siglo nacen en el territorio que hoy es Venezuela, hombres como Francisco de Miranda (n. 1750), Andrés Bello (n. 1781), Simón Rodríguez (n. 1771) Simón Bolívar (n. 1783), Juan Germán Roscio (n. 1763), José Luis Ramos (n. 1783), Cristóbal Mendoza (n. 1772), Francisco Javier Ustáriz (n. 1774), Vicente Tejera (n. 1774), Felipe Fermín Paúl (n. 1774), Francisco Espejo (n. 1758), Fernando Peñalver (n. 1765), Manuel Palacio Fajardo (n. 1784), José Rafael Revenga (n. 1786), Pedro Gual (n. 1783), el padre Manuel Vicente de Maya (n. 1767), Miguel José Sanz (n. 1756), Mariano de Talavera (n. 1777), Manuel García de Sena (n 1775), José Manuel Villavicenclo (n. 1778), Carlos Soublette (n. 1789), los Álamo, los López Méndez, los Loynaz, los España, y tantos más, debemos deducir que estas tierras han vivido en su transcurso histórico un proceso de perfeccionamiento y

1 El presente prólogo es de Pedro Grases.

desarrollo que nos obliga a estimar las fuerzas componentes del «hábitat» colonial como centro de valor singular para la formación de ciudadanos de altísima calidad humana.

La simple enumeración de los nombres consignados, cada uno de los cuales nos da hoy la noble lección de haber sido excepcionales protagonistas de grandes obras, tanto en la acción pública cuanto en la de la vida del espíritu, como humanistas, políticos, pensadores, juristas, estadistas, indica que la época con que se cierran los tiempos coloniales es por un lado un índice de alta valía para una organización social, y por otra parte es el signo promisor de una acción futura como la que en efecto se lleva a cabo con la gesta impresionante de la Emancipación a partir de 1810. En la existencia de los pueblos nada se debe a la casualidad o al capricho, y si las razones últimas de la Independencia tenemos que encontrarlas en la decisión humana, y ella exige profundidad de conocimiento, firmeza de juicio, doctrina política, fe en las convicciones, voluntad de acción, y delicada sensibilidad en la comprensión de las sociedades, todos estos elementos han de tener sus raíces en los caracteres de los personajes que supieron dar expresión y realidad a la tarea de construir un nuevo Estado.

2. Es natural que una sociedad que cuenta con tales personalidades no se resigne a vivir en condiciones de dependencia, a permanecer sometida a un régimen minimizador de su propio valer, sino que busque la vía para llegar a manejar sus propios destinos. No es otro el sentido de las palabras proféticas de uno de los integrantes de esta generación, Andrés Bello, quien al resumir el dictamen escrito en su análisis de la Compañía Guipuzcoana establecida en Venezuela a lo largo del siglo XVIII, dijo:

Tales fueron los efectos que harían siempre apreciable la institución de la Compañía de Guipúzcoa, si semejantes establecimientos pudieran ser útiles cuando las sociedades pasando de la infancia no necesitan de las andaderas con que aprendieron a dar los primeros pasos hacia su engrandecimiento. Venezuela tardó poco en conocer sus fuerzas y la primera aplicación que hizo de ellas, fue procurar desembarazarse de los obstáculos que le Impedían el libre uso de sus miembros.
Resumen de la Historia de Venezuela, Caracas, 1810.[2]

Estas palabras, salidas de la pluma de Bello en 1809, en vísperas del gran paso hacia la proclamación del libre uso del derecho a la nacionalidad, son exponente de la mayoría de edad de un pueblo, en plena conciencia de las responsabilidades de sus propios actos.

Prescindir de «las andaderas con que aprendieron a dar los primeros pasos» significa para la sociedad venezolana, reivindicar el derecho a regir su propio gobierno.

3. En el vastísimo imperio colonial hispánico en América, Venezuela, como en general toda la costa atlántica del Continente, había sido territorio de escaso relieve histórico y económico. Si lo comparamos con las fastuosas realidades que al poderío español brindaron México, Guatemala, el Perú, Potosí y tantos otros puntos de países bañados por el Pacífico, vemos que a Venezuela le tocó apenas el haber sido escenario de la gran leyenda de El Dorado, que convirtió este suelo en tierra de aventuras y de ilusiones en busca de la fantástica región de los más alucinantes tesoros. Salvo el brevísimo intervalo de la producción perlífera de Cubagua, no correspondió Venezuela a los anhelos codiciosos de quienes se lanzaron a su descubrimiento y posesión desde los primeros años del siglo XVI y en este desencanto transcurren casi

2 Véase la edición de Linkgua, Barcelona, 2024. (N. del E.)

doscientos años, sin que se convierta en realidad el mito que trajo a las playas venezolanas población de habla castellana y los más varios negociantes y aventureros en pos de la fortuna soñada. Transitó por sus paisajes toda clase de gente: desde el apostólico padre Las Casas con su fracasado experimento colonizador, hasta la violencia del Tirano Aguirre que termina trágicamente sus días en Barquisimeto. El trasiego humano y la mezcla de razas, va dando a Venezuela su población vegetativa, que ensaya su propia convivencia en un inmenso espacio y va pensando en los medios necesarios para subsistir. En algunos memoriales son formuladas ante la Corte metropolitana las Primeras aspiraciones de esta poco afortunada colonia que saca sus reservas de la próvida naturaleza. No alcanza ciertamente mayor atención por parte de la Corona que ya una vez con los Welsers había considerado y tratado el país como objeto de transacción financiera, aunque no incurriera en merma de soberanía.

Durante los siglos XVI y XVII esta porción del mundo será escenario de actos heroicos y sabrán rechazar sus pobladores ataques Insolentes de piratas y contrabandistas, pero en sus rasgos generales la tierra venezolana había sólo recorrido una larga etapa de dura conquista por parte del hispano dominador, así como la de un lento establecimiento de núcleos de población extendidos desde San Cristóbal, en la actual frontera con Colombia, hasta la costa oriental, donde las aguas oceánicas reciben la corriente del Orinoco, en cuyas Orillas aparecen simbólicos centros misioneros, que aspiraban a llevar la fe cristiana hasta lo más intrincado de la selva guayanesa.

Pero el país, como tal, con su régimen económico deficitario, no había encontrado todavía, hacia fines del siglo XVII, el rumbo que lo encaminaría a su propio desarrollo y a la definición de una estructura individualizada. Prácticamente fueron dos siglos perdidos: el XVI y el XVII.

4. El siglo XVIII nos ofrece otra perspectiva y posiblemente sean los sucesos acaecidos durante esta centuria los que nos den la clave para explicarnos el desenvolvimiento de los trazos fundamentales de la nacionalidad venezolana. Lo cierto es que la imprecisa fisonomía que nos es dable comprobar en lo que es hoy Venezuela, para los años postreros del siglo XVII, se ha transformado a fines del siglo XVIII en un cuadro radicalmente distinto, pues en su gente, en sus instituciones, en sus obras y en sus manifestaciones de cultura, nos hallamos ya con los elementos constitutivos de nuestro gentilicio, en tal forma que el pensamiento de sus escritores, su modo de vivir y la gesta que llevarán a término en el primer tercio del siglo XIX, tienen el sello inconfundible de lo venezolano. Si para el 19 de abril de 1810 se oye la palabra de una nación que proclama el derecho a la existencia emancipada, no hay duda que ello es el resultado de la pausada maduración de los caracteres individuales, que se han forjado primordialmente en el yunque de la centuria precedente.

5. En primer lugar, la principal fuente de subsistencia se fija desde comienzos del siglo XVIII en la agricultura. Se abandonan las quimeras perturbadoras del hallazgo de El Dorado, o las búsquedas de las riquezas mineras, para concentrar el esfuerzo de sus pobladores en la explotación agrícola para la cual la naturaleza venezolana ofrecía sus fecundos valles, sus campos, sus laderas de ilímites provechos. Bastó que la atención de los moradores de esta porción de Tierra Firme se dedicase con mayor ahínco a los cultivos para que comenzase un cambio de signo en el devenir del país. Faltos, sin embargo, de organización adecuada, sus costas quedaban a merced de filibusteros y negociantes sin escrúpulos que sometían a contrabando sus productos.

Las actividades del comercio existente en los primeros años del siglo XVIII no hubieran dado resultados apreciables para el país, sino a larguísimo plazo.

6. La creación de la Compañía Guipuzcoana de Caracas, en 1724 empresa monopolista de comercio, fue uno de los sucesos más trascendentales en el pasado histórico venezolano, ya que con ella se dio una orientación decidida a la vida agrícola en suelo venezolano, y se organizó además de modo racional la administración y la actividad mercantil del país, especialmente en relación con la cuenca del Caribe, tanto como con la Metrópoli. Anulado casi por completo, con la vigilancia de la navegación, el tráfico ilegal que aplastaba la vida comercial; comprobados los espléndidos resultados que la feracidad del suelo podía dar al hombre, se fue enriqueciendo en posibilidades esta porción del mundo. Dejó de depender del erario de la Nueva España, para tener recursos fiscales propios y con los naturales altibajos de toda empresa de monopolio, la Compañía Guipuzcoana de Caracas, cuya existencia se prolongó hasta 1784, irá realizando una tarea de amalgamamiento, y asimilación paulatina del poblador y su tierra, con la formación de intereses y de afectos entre el hombre y su geografía, de incalculables beneficios para la futura nación.

No creo que sea demasiado aventurado afirmar que con la Compañía Guipuzcoana comienza el auténtico proceso de compenetración, integración e interrelación de las provincias venezolanas, y con él el nacimiento de un germen de constitución de una sociedad que habrá de desenvolverse progresivamente con caracteres definitivos. Es seguro que, además, los bajeles de la Compañía, hayan sido «los navíos de la Ilustración»: como los denominó certeramente el poeta Ramón de Basterra; está probado que con las mercancías para el consumo de nuestros antepasados, han llegado ideas y libros, doctrinas e impresos, que impulsarán las mentes de caraqueños, tocuyanos, maracaiberos, valencianos, cumaneses, yaracuyanos y cuantos vivían en estas tierras, por lo que nadie podrá negar que la Guipuzcoana habrá sido uno de los factores determinantes de la evolución social venezolana como pueblo con rasgos individualizados.

7. La Compañía Guipuzcoana provocará acciones y reacciones, que se denominarán en nuestra historia: la rebelión de Andresote (1730-1732), el motín de San Felipe el Fuerte (1741), Juan Francisco de León (1749), y la sublevación de El Tocuyo (1744). Algunas protestas han llegado a merecer hasta interpretaciones de alcance político. Debemos anotar también cómo los Gual y los Zuloaga resisten en La Guaira (1743) y en Puerto Cabello (1743) los ataques de la flota inglesa. Pero este movimiento pendular, de pros y contras, es también signo visible de un pueblo en franco crecimiento. Y con estos actos colectivos se irán fortaleciendo los músculos de una sociedad que habrá de sostener a principios del siglo XIX el peso de la acción hercúlea de la emancipación de medio continente.

La acción pública de la colectividad colonial da muestras de vida desde mediados del siglo XVIII, manifestaciones que no se hubieran sospechado en la centuria anterior. Está ya en marcha una nación que va cobrando su propio perfil. Cuando la Compañía Guipuzcoana se extingue en 1784, se había ya decretado en 1777 la Capitanía General de Venezuela, Junto con otras Reales Cédulas integradoras, como lógico reconocimiento legal a una realidad sociológico-política, base de la futura estructura del Estado.

8. Las actividades mercantiles debidas principalmente a la presencia de la Compañía Guipuzcoana han empezado a dar asimismo un principio de enlace, trato y organización entre las ciudades del país, con lo que se aumentaban el mutuo

conocimiento y los vínculos de relación. Del mismo modo se inicia el descubrimiento de las zonas inexploradas del territorio con expediciones que parten de las regiones ya pobladas de Venezuela. Así se emprendió la de Iturriaga, las visitas a la Guayana, y otras posteriores que ensancharon el horizonte de la geografía venezolana.

Todo ello constituye un grupo de factores que van acumulándose a lo largo del siglo XVIII y van dando mayor solidez y afinidad a la población colonial, que llega a formular protestas contra la opresión ejercida por la Compañía con peticiones de tanto vuelo como la solicitud del libre comercio, que constituye quizás la primera reclamación pública en nombre de la comunidad.

El establecimiento de la libertad de Comercio en 1778 es un hecho trascendental en la vida de Venezuela.

9. A este mismo siglo XVIII pertenece también la creación de la Universidad de Caracas. De 1721 es la cédula de fundación de la Real y Pontificia Universidad de Santiago de León de Caracas, aunque se instaló en 1725. Primera gran semilla de la cultura superior en el país, la cual, si bien mantuvo por muchos años las características típicas de estos establecimientos coloniales hispánicos en los dominios de América, fue un centro de inquietudes intelectuales, cuya falta hubiera sido sensible falla en la evolución de la futura sociedad de Venezuela.

Del seno de la Universidad saldrán educados muchos de los hombres representativos de la historia nacional. No es posible ni oportuno entrar en la disquisición valorativa de nuestra Universidad colonial, que tantos encontrados pareceres ha suscitado. Bástame citar unas palabras para mí suficientemente representativas, como son las que estampó Francisco de Miranda, el Precursor, en su primer testamento de 1805, reiteradas en el segundo, de 1810, otorgados ambos en Londres, en circunstancias muy semejantes, cuando Miranda decidía regresar a Venezuela:

> A la Universidad de Caracas se enviarán a mi nombre los libros clásicos griegos de mi Biblioteca, en señal de agradecimiento y respeto por los sabios principios de Literatura y de Moral Cristiana con que administraron mi juventud, con cuyos sólidos fundamentos he podido superar felizmente los graves peligros y dificultades de los presentes tiempos.

Si en Miranda admiramos, junto con sus convicciones, la fortaleza y el temple de carácter, tenaz y perseverante, no es en verdad escaso ni débil el homenaje que rinde a la modesta Universidad de Caracas, cuando proclama deberle los «sólidos fundamentos» de su reciedumbre de carácter.

10. Otras dos instituciones sociales refuerzan su presencia en el siglo XVIII venezolano: el Cabildo Municipal y la Iglesia.

En la vastísima geografía del país, unas pocas ciudades esparcidas a distancias considerables, que las naturales dificultades de comunicación debían mantener en práctico aislamiento, iban rigiendo la vida municipal a través de su respectivo Cabildo, organismo rector de las actividades locales. Con el desarrollo de la agricultura cada municipio agrandará el límite geográfico efectivo de su propia jurisdicción, pero no se alcanzará a la plena organización provincial, pese a las disposiciones legales que nos hablan de Provincias. De hecho son las ciudades: Caracas, Barinas, Mérida, Maracaibo, Coro, Cumaná, etc., los centros determinantes de las decisiones públicas. Los respectivos Cabildos son entidades que acometen y resuelven materias hoy reservadas a cuerpos legislativos de ámbito más dilatado. En los últimos años coloniales se encuentran de hecho los Cabildos con un extraordinario poder de acción. Por ejemplo, al iniciarse el movimiento del 19 de abril de 1810, proclamado por el Cabildo de Caracas, el acuerdo de adherirse o no a la revolución caraqueña será tomada en casi toda la extensión de Venezuela por los Cabildos de las principales ciudades, cada una de las cuales hablará prácticamente en nombre de sus Provincias.

La Iglesia, como aglutinante social, ve también el incremento progresivo de su presencia en Venezuela. Desde la primitiva sede de Coro, la silla episcopal, pasará, por resoluciones oficiales de 1636, a Caracas. La participación en la vida pública corre paralela al desarrollo del pais.

Ilustres prelados harán oír su voz admonitoria para la orientación de SUS feligreses. Con la mayor consistencia de la colectividad, la Iglesia acrecienta paralelamente su acción durante el siglo XVIII. Es sumamente ilustrativo el relato de la visita del Obispo Mariano Martí de 1771 a 1784.

Antes de la explosión de 1810 alcanza la silla de Caracas el rango de Arzobispado (1803).

11. Podrían multiplicarse los testimonios demostrativos del proceso integrador que el siglo XVIII representa para Venezuela. Ininterrumpidamente se han ido estableciendo y fortaleciendo los organismos propios para el gobierno del país, en lo administrativo, en lo jurídico, en lo eclesiástico, en lo mercantil, si bien con dependencia de la Metrópoli, pero ya desgajado el territorio de jurisdicciones intermedias en América.

A fines del XVIII hallamos un conjunto de disposiciones promulgadas por la Monarquía española respecto a la ordenación política, económica, judicial, administrativa y eclesiástica acordadas para el buen régimen e integración del territorio de lo que es Venezuela en nuestros días, que hasta esta época había estado sometido a diversas y complejas jurisdicciones, casi como apéndice geográfico a entidades políticas de mayor significación. Veamos tales resoluciones:

a) El 8 de diciembre de 1776, se dicta la Real Cédula de creación de la Intendencia de Caracas, con jurisdicción sobre las provincias de Venezuela, Cumaná, Guayana, Maracaibo e islas de Margarita y Trinidad, o sea en toda la extensión del Estado actual. El profesor Eduardo Arcila Farías en el prólogo al magnífico libro de la doctora Gisela Morazzani de Pérez Enciso, *La Intendencia en España y en América* (Caracas, 1966), señala la trascendencia de la institución, en cuanto al ordenamiento económico del país.[3] Subrayó que la Intendencia de Caracas era la segunda que se creaba en los dominios españoles de América.[4]

b) El 8 de septiembre de 1777, por Real Cédula de Carlos 111, se agregaban a la jurisdicción gubernativa y militar de la Capitanía General de Venezuela, las provincias de Cumaná y Guayana y Maracaibo, e islas de Trinidad y Margarita, «del mismo modo que lo están, por lo respectivo al manejo de mi Real Hacienda, a la nueva Intendencia erigida en dicha provincia, y ciudad de Caracas, su capital».[5]

c) El 13 de Junio de 1786, se crea la Real Audiencia de Caracas, por el mismo monarca. En ella se ratifica la jurisdicción de la Capitanía General e Intendencia de Caracas, y dispone la instalación de la Audiencia de Caracas a fin de evitar los perjuicios que se originan a los habitantes de

3 En el libro de la doctora Morazzani se estudia comparativamente la Institución de la Intendencia en la Península y en el Continente Amerioano. Además, el repertorio documental, compuesto de 52 piezas, dan a esta obra un valor singular.

4 La primera fue la de Cuba, creada en 1764.

5 Véase el texto en Héctor García Chuecos. La Capitanía General de Venezuela. Apuntes para una exposición del derecho político colonial venezolano, 1945, págs. 55-56. Se re produce el manuscrito de la obra *La Capitanía General de Venezuela. 1777-8 de septiembre-1977*, editada por la Presidencia de la República, Caracas, 1977.

dichas provincias de Maracaibo, la de Cumaná, Guayana, Margarita e Isla de Trinidad, comprendidas en la misma Capitanía General, de recurrir en apelación de sus negocios a la Audiencia pretorial de Santo Domingo.[6]

d) El 3 de junio de 1793 se promulga la Real Cédula de creación del Consulado de Caracas,[7] el tercero que se establecía en la América hispana, pues se habían creado antes únicamente los de México (1603) y Lima (1614). Destaca Arcila Farías que el Consulado de Caracas fue decretado por Real Orden de 5 de septiembre de 1785, aunque sus Ordenanzas no fueron aprobadas sino el 3 de junio de 1793, fecha definitiva de su promulgación.[8] Señalamos algunas particularidades que ofrecen positivo interés: la de que las Ordenanzas del Consulado de Caracas se deben a iniciativa de los caraqueños, por cuanto que fueron autorizados para redactarlas; en segundo lugar, se le atribuyeron funciones de organismo de fomento, de las que carecían los organismos similares; y, por último, subrayamos que es el primer Consulado establecido en Hispanoamérica en la segunda mitad del siglo XVIII, síntoma evidente del reconocimiento de la necesidad de organizar una provincia pujante y en brillante proceso

6 Véase el texto en la obra de Santos Rodulfo Cortés: *Antología documental histórica de Venezuela 1492-1900*, Caracas, 1960, pág. 119-122.

7 La monografía más completa -Estudio y documentos-, sobre el tema se debe al profesor E. Arcila Farías, El Real Consulado de Caracas, Caracas, 1957. Luego, Ildefonso leal publicó una interesante obra, Documentos del Real Consulado de Caracas, Caracas, 1964, que permite conocer la vida de la Institución. Otra obra importante, es de la doctora Mercedes Álvarez, El tribunal del Real Consulado, publicada en la serie de obras económicas conmemorativas del cuatricentenario de Caracas.

8 Se establecieron luego otros consulados en América: Buenos Aires (1794); Cartagena de Indias (1795); Veracruz (1795); y antes de finalizar el siglo: Guatemala, La Habana y Guadalajara.

de desarrollo. En la primera comunicación del Intendente de Caracas, don Francisco de Saavedra (2 de mayo de 1785), aparece la constancia clarísima de este convencimiento:

> Sin embargo que en esta parte veo recompensadas mis fatigas[9] y que el comercio cada día se fomenta, los frutos se multiplican y el erario crece, conozco que son inadecuadas las luces de un hombre solo para atender a los muchos artículos de que constan estos dos importantes ramos agricultura y comercio, los cuales exigen un cuerpo personalmente interesado en su adelantamiento... Reflexionando estos puntos me vino a la imaginación que estas Provincias, así por su estado presente como por los vastos lejos que se descubren para lo venidero, no desmerecían un Consulado...

Saavedra, el Intendente civilizador, comprobaba el desenvolvimiento alcanzado por el territorio a su cargo, y, además vislumbraba un porvenir halagüeño, de vastos lejos, para los años futuros.

e) Registro, por último, la Bula del Papa, fechada a 24 de noviembre de 1803, por la cual se hizo la creación canónica del Arzobispado de Caracas, y sometidos como Sufragáneos los obispados de Mérida y Guayana, o sea que su jurisdicción abarcaba a todo el territorio que en lo temporal estaba sujeto a la Intendencia, a la Capitanía General y a la Audiencia.[10]

Este grupo de documentos constituye la trabazón legislativa e Institucional de la actual extensión geográfica de Venezuela. Naturalmente, corresponde a una porción de los dominios de la Corona española, reordenada en el siglo XVII

9 Alude Saavedra a las providencias que se han dictado a recomendación suya para la Jurisdicción de la Intendencia a Su cargo.

10 Cf. el texto de Documentos para la Historia de la Diócesis de Mérida, del Dr. Antonio Ramón Silva, III, pág. 71.

sobre un plan que abarcaba toda la vasta dimensión del Imperio español, pero lo que nos importa es destacar cómo se hizo en esta región y en qué momento: en las últimas décadas del siglo XVIII.

Son instituciones que significan el reconocimiento de mayor personalidad, puesto que con su creación se quiere atender a las necesidades afectivas del manejo y gobierno del país. Aunque los cargos más eminentes en lo político serán reservados a funcionarios que se envían expresamente de la Metrópoli, con lo que se creará motivo de agravio, alguna participación tendrán en tales organismos personajes criollos que irán adquiriendo práctica y experiencia en el gobierno de los asuntos públicos. En otros, como el Real Consulado, son criollos sus dirigentes.

Se ha señalado, muy justamente, que la organización de toda esta estructura legislativa ha sido la base de la moderna Venezuela, pues la independencia política lograda poco tiempo después, a partir de 1810, se fundó en Hispanoamérica sobre el principio del *uti possidetis*, sobre los antecedentes y límites vigentes en 1810 durante el régimen de dominio español. Por tanto, lógicamente, se han interpretado como base de la nación y el Estado venezolanos.

12. Ha sido tema de exaltación por parte de notables historiadores una u otra institución como punto de partida de la vida política independiente. Por ejemplo, para Mario Briceño Iragorry, «la Cédula real de 1777, que permitió al Gobernador y Capitán General de Caracas, dictar órdenes que se cumplían uniformes desde el Roraima hasta Río de Oro» constituye el momento en que se «echaron los cimientos político-geográficos del gran hogar venezolano y de entonces arranca el proceso formativo de nuestro país como nacionalidad determinada en el conjunto universal de los pueblos

civilizados».[11] Han surgido discrepancias muy respetables sobre esta interpretación.[12]

No son, sin embargo, las divergencias de opinión lo que motiva mi comentario.

Estimo que el conjunto de disposiciones que atañen a Venezuela, desde la creación de la Intendencia de Caracas en 1776 hasta la erección del Arzobispado de Caracas en 1803 pueden orientar el estudio de la transformación acaecida en Venezuela a lo largo del siglo XVIII. Realmente las resoluciones oficiales de ordenación administrativa y política son generalmente consagratorias de un estado de hecho, más que causa de una evolución posterior Es decir, son resultados, normas, que reconocen la transformación habida en un país, consagran algo que la vida y la realidad han demostrado o hecho ver al buen observador político, al estadista previsor que sabe percibir con mayor exactitud que los demás, la fuerza de un cambio o de un estado real.

De ahí que juzgue de gran trascendencia el estudio de la mudanza y el desarrollo de la sociedad que habitó desde principio del siglo XVIII el país que hoy constituye la nación venezolana. O sea, hay que alterar la perspectiva del examen de las disposiciones que hemos enumerado: verlas como término de una profunda evolución desde los comienzos del siglo hasta sus postrimerías.[13]

---

11 M, Briceño Iragorry, Formación de la nacionalidad venezolana, Caracas, 1945. Véase también: Jerónimo Martínez Mendoza, Venezuela Colonial Caracas, .1965, págs. 174-191

12 Cf. Prólogo de E. Arcila Farías, al libro de G. Morazzani de Pérez Enciso, ya citado.

13 Gisela Morazzani de Pérez Enciso, en su citada obra, págs. 39-40, dice al referirse a la creación de la Intendencia de Caracas, en 1776: «Sin embargo, al igual que en otras oportunidades, el acto en sí es producto de un proceso de maduración que tiene sus antecedentes inmediatos en la política de Felipe V que logró entre otros resultados el robustecimiento del comercio, el establecimiento de compa-

Creo que una investigación sistemática y orgánica del siglo XVIII venezolano, teniendo como norte esta finalidad, habría de dar una excelente disquisición histórica.

Pienso en el análisis metódico de unos cuantos temas, que sin carácter limitativo de ninguna clase, consigno a continuación:

-Las instituciones. Organismo de gobierno metropolitano. Los Cabildos y su régimen. La Universidad. La enseñanza. La Iglesia. El Ejército.

-La Legislación general y las disposiciones particulares.

-La población. Clases. Convivencia. Distribución en el campo y en la ciudad. Costumbres. Las comunicaciones.

-La propiedad. El trabajo.

-La agricultura y el comercio.

-Evolución cultural. El pensamiento.

-Manifestaciones públicas, como signo del espíritu colectivo.

-Relaciones con otros países.

El desarrollo a fondo de estos puntos y otros más, podrían dar una visión más clara y acaso satisfactoria del problema que plantea el siglo XVIII venezolano.

13. Deseo mencionar un documento, a mi juicio, de gran significación: El *Resumen de la Historia de Venezuela*, de Andrés Bello.[14] El texto de este escrito primerizo del gran humanista fue elaborado a fines de 1809 o a primeros de 1810, en

---

ñías comerciales y el incremento de la ganadería y agricultura, factores esenciales en la economía venezolana». En el prólogo a este mismo libro, dice Arcila Farías al rechazar que un decreto o la creación de un organismo burocrático sea la causa de un fenómeno de tanta consideración como es la formación de las modernas nacionalidades hispanoamericanas: «La unidad política fue un fenómeno de origen mucho más complejo»: Observaciones que apuntan a mi tema.

14 Pedro Grases. El primer libro impreso en Venezuela, Caracas, 1952, págs. 83-85.

todo caso antes del movimiento político del 19 de abril. Más de la mitad del Resumen es síntesis de fuentes de cronistas, como es bien sabido (Oviedo y Baños, principalmente), pero la porción relativa al siglo XVIII es de redacción original de Bello, basada con seguridad en sus propias observaciones y pesquisas, o en informaciones suministradas directamente por compatriotas de avanzada edad o recogidas de la tradición oral, por lo que tiene a nuestros ojos mayor valor que los relatos y descripciones debidos a terceros.

En esta parte original de Bello, está el juicio sobre la acción de la Compañía Guipuzcoana en Venezuela, que nos ofrece un cuadro vivo de los cambios operados en el campo y en algunas ciudades, testimonio profundamente humano. Estas páginas de Bello son la explicación de los vastos lejos, que don Francisco de Saavedra comunicaba en 1785 al Consejo de Indias.

14. Poco antes de expirar el siglo XVIII, la Capitanía General de Venezuela ha de verse sacudida por una conmoción sumamente significativa: la Conspiración de Gual y España, en 1797, un auténtico movimiento precursor de la Emancipación, con propósito perfectamente definido y un plan de acción político, social y económico, con delineamiento de una doctrina que aspiraba a la transformación nacional. Si no tuviésemos otro argumento, bastaría éste para convencernos de que la evolución del país había experimentado un cambio profundo desde los comienzos del siglo XVIII. No se trata de una conjuración para una protesta esporádica, ni de una acción ocasional, transitoria. Es ya una acción revolucionaria articulada con principios, ideario y un conjunto de documentos preparados para la Inmediata acción pública. Los «Derechos del hombre y del ciudadano con varias máximas republicanas» forman el esquema filosófico en que tendrán que apoyarse las decisiones (ideas y conducta) de los inte-

grantes de la nueva sociedad. Es el código de prerrogativas y obligaciones de las personas en tanto que son miembros de una sociedad libre. Tal doctrina va precedida de un «Discurso dirigido a los Americanos», en el que se glosa la recta justicia de los nuevos dogmas sociales y se aducen ejemplos y precedentes para persuadir a los pobladores del Continente, futuros ciudadanos libres de los nuevos Estados. A todo ello se unen los textos de proclamas de difusión, unas ordenanzas con instrucciones para llevar a cabo el magno proyecto de liberación, y aun textos de canciones: «Carmañola Americana» y «Canción Americana»: destinadas a popularizar con entusiasmo, el ambiente revolucionario que habrá de favorecer el triunfo del movimiento.

Las «Ordenanzas» de la Conspiración de Gual y España desarrollan en 44 artículos las instrucciones, como base de la acción revolucionaria que tenía que ser observada en todas las provincias de Tierra Firme (Caracas, Maracaibo, Cumaná y Guayana) a fin de alcanzar el éxito apetecido: *restituir al Pueblo Americano su libertad.* Al lado de principios doctrinales, figuran recomendaciones de carácter práctico, órdenes ejecutivas acordadas por los Comandantes de las Provincias para saber a qué atenerse al implantar el nuevo régimen de liberad.

Es sumamente significativo que las «Ordenanzas» se inspiren claramente en el objetivo de la Independencia política, y proclamen el derecho a la libertad de cultivo, a la del comercio, así como el principio de la igualdad natural entre los hombres, sin diferencias de razas, con abolición de la esclavitud, y la definición de los símbolos del Estado. De hecho en las «Ordenanzas» se interpretaba para su ejecución práctica el ideario de los «Derechos del Hombre y del Ciudadano»: definidos por la Revolución francesa, que fue también texto traducido, impreso y difundido con la Conspiración.

La excitación a la insurrección, contenida en la proclama a los «Habitantes libres de la América Española» indica sin lugar a dudas la finalidad política: la Emancipación, en la conjura de Gual y España. (Véase doc. 1 a).

«El Discurso preliminar dirigido a los americanos» apunta un propósito más alto: dar las razones de la revolución. Abundan las especulaciones de orden filosófico, histórico, político y económico. Quiere ilustrar a quienes se decidan a cooperar en el movimiento que ha de llevar al triunfo la «causa del Pueblo». Forma el «Discurso» la explicación previa e indispensable a los «Derechos del Hombre»: que sin esta aclaración de causas y motivos, caerían en terreno impreparado, serían ineficaces. (Véase doc. 1 b).

En el «Discurso» se formulan graves cargos a los reyes y a los gobernantes monárquicos durante los «trescientos años de colonia» por haber mantenido en la ignorancia a sus «vasallos»: Para restituir al Pueblo la soberanía, es preciso instruirlo, abrirle los ojos ante el nuevo derecho que el mundo ha proclamado después de tanta errónea doctrina.

América debe decidirse a proclamar su libertad, en el momento en que los otros pueblos están empeñados en la misma lucha. Dados los abusos de los reyes y los reiterados yerros de gobiernos, no cabe otro recurso que la fuerza. La oportunidad es preciosa, pues los principios de redención humana triunfan en Europa, y si en el viejo continente se realiza tal transformación política, en América habrá de ser más fácil, puesto que la nobleza no será Impedimento, ni tampoco el clero, ya que habrá de proseguir sin alteración el catolicismo; las tropas patricias habrán de adherirse a una causa que sentirán como propia. Habrá que establecer vanas repúblicas en América y si todas se levantan a un tiempo, España no podrá ocurrir a todas partes.

Además, las condiciones de fuerza son superiores en América respecto a España. La población debe unirse: Blancos, Indios, Pardos y Negros, abandonando toda discrepancia y división, de la que ha formado el rey durante su dominio.

Este alegato político volvió a revivir en los días de la revolución de Independencia. Su autor más probable, Juan Mariano Picornell, lo encontramos luego en 1810, como primer Director de la Sociedad Patriótica, en Caracas.

Los textos de la Conspiración de Gual y España tuvieron enorme repercusión posterior en la organización de la Independencia. Los artículos de los «Derechos del Hombre y del Ciudadano», traducidos de la Declaración francesa que precede el Acta Constitucional de 1793, son mucho más radicales y violentos que los que constan en la Constitución francesa de 1791, que fueron los traducidos por Antonio Nariño. La versión de Gual y España es la que aparece en las Constituciones Americanas, desde la primera de Venezuela, de 1811. (Véase doc. 1 c).

Con todo y que el movimiento finalizó en fracaso, y algunos de sus Jefes terminaron en el cadalso, la semilla quedó prendida en la conciencia de los habitantes de la Capitanía General de Venezuela, en tal forma que cuando en 1810 realizan el primer acto formal de Emancipación, enlazan Inmediatamente la rebelión de Independencia con la Conspiración de Gual y España, a la que estiman como precedente histórico inmediato, como el antecedente heroico de la liberación del país.

15. Antes de concluir el siglo XVIII había emprendido Venezuela su marcha hacia la libertad individual y nacional. Cohesionada su sociedad organizada en cabildos, evolucionada su economía basada en la producción agrícola mejorada y en el comercio libre, transformada la resignada mentalidad colonial de otro tiempo en el decidido convencimiento de

los derechos propios, era fatal que en esta parte del mundo no demorasen mucho las manifestaciones de voluntad de gobernarse a sí misma.

El gran visionario y Precursor de la libertad americana, Francisco de Miranda, en momentos de plenitud en su carrera política, elabora como fruto de sus meditaciones y como texto de persuasión política ante la corte inglesa, dos proyectos de bases constitucionales para el continente americano. Con escaso sentido práctico fantasea sobre la posible organización política del Nuevo Mundo en libertad. Imagina en su primer proyecto, sobre los principios de un derecho ciudadano conformado en cierto modo a las doctrinas derivadas del enciclopedismo de la época, una curiosa institución de una Dieta Imperial como cuerpo legislativo, que tendría que elegir a dos Incas que encarnasen el poder ejecutivo supremo, mientras que en las Provincias serían dos Curacas los encargados de representarlo, en el gran cuerpo de la Federación de Provincias Americanas. Supone la existencia de una Ciudad Federal, cerca del Istmo, en la que habrá de residir uno de los Incas, mientras el otro ha de recorrer la vasta extensión del grandioso Estado. La administración sería cuidada a través de cuerpos de Censores, Administradores y Ediles, así como de Jueces para la vida judicial, organizada en jurados, tal como se hallaba en Inglaterra y en los Estados Unidos de América.

El segundo proyecto mantiene las líneas generales del primero, aunque reduce la grandiosidad de corte imperial a que conducía la instrucción de los Incas.

La significación de ambos proyectos estriba en el hecho de haber sido concebidos desde Europa en 1798 y en 1801, respectivamente. Aunque sean normas efectivamente irrealizables, no dejan de ser un trazo más en el difícil camino hacia la libertad política de los conciudadanos de Miranda, yen tanto que son otra señal, puesta en la vía de la Emancipación, tienen valor positivo y trascendente. (Véase docs. 2 a) y b).

Miranda, en su Proclama de 1806, dirigida «A los pueblos habitantes del continente Américo-Colombiano» utiliza ideas expresadas en su segundo proyecto de bases constitucionales, aunque adaptadas a las circunstancias de una acción expedicionaria. La novedad más importante que añade en este documento es la invocación a «los buenos e inocentes indios, así como los bizarros pardos, y morenos libres» para que «crean firmemente que somos todos conciudadanos y que los premios pertenecen exclusivamente al mérito y a la virtud, en cuya suposición obtendrán en adelante infaliblemente las recompensas militares y civiles, por su mérito solamente». (Véase doc. 2 c).

Si la acción de Miranda, quedó reducida en 1806 a la fuerza del gesto Simbólico, no por ello es desdeñable, como no lo son en el mundo hispánico ninguna de las palabras, ni siquiera el menor acto, de Alonso Quijano El Bueno, inmortalizado por Cervantes. La invasión mirandina fue prematura en 1806, pero a los ojos del historiador moderno, la trayectoria de todos los actos del Precursor ha adquirido enorme significación en la evolución de Hispanoamérica hacia su libertad.

16. Quizás el último y más grave problema de conciencia en las gestas que iban en camino hacia fa emancipación haya Sido el de la compaginación de los principios revolucionarios con los de las creencias religiosas católicas que fueron leyes de conducta durante la Colonia. También en este aspecto hallamos en Venezuela el mayor teorizador de Hispanoamérica, quien dedicó principalmente su vida a desvanecer el último escrúpulo de sus conciudadanos. Tal fue la misión de Juan Germán Roscio, excelente jurista, profesor de cánones en la Universidad de Caracas, a quien debemos la continua prédi-

ca desde 1811 para apaciguar la preocupación de los cristianos que pudiesen temer que fuese pecado el ser republicano. En numerosos escritos explica y desvanece la supuesta antinomia hasta dedicarle un libro de notable dimensión: El triunfo de la libertad sobre el despotismo (1817), en el que confiesa sus antiguos errores acerca del derecho divino de los monarcas, como pecador arrepentido. (Véase doc. 5 b) y c). y fundado en los mismos textos (particularmente la Biblia) con que se había edificado la caduca teoría del derecho divino de los reyes, construye la nueva doctrina. He aquí dos principios básicos de Roscio:

> Muy lejos de ser repugnante al cristianismo la forma popular de gobierno, ella es la más conforme a la igualdad, libertad y fraternidad recomendadas en el Evangelio.
> (La Homilía del Cardenal Chiaramonti, 1817)

Y así extiende sobre la nueva sociedad, no tan sólo los textos legales y los alegatos de los próceres de la Independencia, en su mayor parte salidas de la pluma de Roscio, sino que hace oír su grave y responsable consejo para la conducta individual:

> Son sin duda las virtudes cristianas el mejor apoyo de una República.
> (De la misma obra)

17. La pobre y escasa vida colonial, en Tierra Firme que en los dos primeros siglos de dominación había llevado una modestísima existencia, sólo recordada por los actos de heroísmo y violencia, la vemos convertida a fines del siglo XVIII en una entidad vigorosa, capaz de dar al mundo un grupo de personalidades de primer orden. El desarrollo y afianza-

miento de su economía han corrido parejos con el robustecimiento de sus instituciones y con el desenvolvimiento de la educación ciudadana.

18. Su población mezcla de las tres razas que se funden en el crisol del Nuevo Mundo en esta región del Caribe está ordenada en la típica sociedad colonial de casi toda la América: mantuanos, blancos, pardos y esclavos. SI no pueden ostentar la brillantez de otras partes del Imperio español, ofrecen no obstante rasgos distintivos de fina cultura y perspicaz acuidad, que llama la atención de los viajeros como Humboldt, quien al comparar las distintas porciones americanas reconoce para Caracas la particular sensibilidad por los problemas políticos de la época y un elevado nivel en la educación pública.

La más desmantelada, otrora, de las colonias hispánicas en América está preparada para llevar a cabo, con extraordinaria pujanza en sus decisiones, el papel de avanzada, definidora, de la gesta de Emancipación del Continente.

19. En Julio de 1808 supo oponerse virilmente al intento de dominación napoleónica. Yen 1810 asombrará al mundo con el comienzo de la Revolución de la Independencia. Sus ideas se esparcen por todo el ámbito americano y Europa seguirá con atención creciente la resolución de este núcleo social que, después, dirigido por el genio de Bolívar Iba a consumar la libertad del vasto imperio español.

II. Textos de la Independencia

20. La documentación escrita por los protagonistas de la Emancipación constituye una rica biblioteca, aunque se ha perdido con la guerra una considerable parte.

No es tarea sencilla seleccionar un breve número de escritos entre el rico acervo de testimonios que la revolución emancipadora produce en los años de lucha por la liberación. Dejamos anotados algunos nombres de la generación de la Independencia. Todos dejaron sus pensamientos en textos valiosos para comprender la madurez del razonamiento que les impulsó a la acción, decididos, si era preciso, a sacrificar su propia vida en aras de la libertad.

En este volumen se transcribe sólo una pequeña muestra que aspiramos sea suficiente como registro, índice y guía del ideario que formaba el trasfondo de razón y convencimiento para llevar a cabo la liberación nacional.

El material escogido se ha ordenado en tres partes:

I. Pródromos de la Revolución;

II. La revolución popular y la organización del Estado;

y III. Proyección internacional de la revolución venezolana.

En la I sección se transcriben seis textos, correspondientes a la preemancipación, relativos a dos acciones muy expresivas: A) La de la Conspiración de Gual y España, docs. n.° 1a), b), y c); y B) La presencia de Francisco de Miranda, como Precursor, docs. N° 2a), b) y c). Ya hemos hecho la debida referencia a su significación en las páginas precedentes de este Prólogo.

En la sección II, *La revolución popular y la organización del Estado*, se recogen los documentos básicos relativos a dos organismos iniciales de la Independencia, como son la instalación de la Junta Suprema de Venezuela formada el 19 de abril de 1810 (Doc. n.° 3); Y la creación de la Sociedad Patriótica del mismo año, ágora de discusión que impulsó el vigor revolucionario de los hombres que administraron la primera institución de carácter emancipador (doc. n.° 4). Siguen a continuación un conjunto de textos doctrinales, salidos de la pluma de quienes formularon la teoría de la liberación nacional y trataron de la necesaria organización de los poderes públicos. Son los doce documentos, señalados con el n.° 5 a) a j), que reproducen los principios filosóficos-políticos de algunos prominentes próceres de la Independencia: Juan Germán Roscio, Miguel José Sanz, Simón Bolívar, Francisco Javier Ustáriz, Miguel Peña, Simón Rodríguez y Andrés Bello. Constituye un repertorio Ideológico en temas éticos, políticos, de religión, de organización del estado, de educación y de cultura. Cada palabra está animada de un solo propósito: fortalecer las bases de razón y de voluntad para dar solidez y consistencia a la República nacida de la revolución. Merecen ser leídos en nuestros tiempos, porque son lección viva y válida para todos los momentos de una sociedad. Lo fueron de 1810 a 1830; lo son hoy; y creemos que habrán de ser de valía para cualquier instante en lo futuro.

En la segunda parte de esta sección II, se recoge un puñado de «Testimonios fundamentales», que son constancias de los actos principales (Acta de Independencia, Constitución federal, Leyes, Decretos, etc.) junto a mensajes definitorios de la política y la vida pública e institucional en el proceso de la independencia, en sus diversas circunstancias (Memoria de Bolívar en Cartagena, 1812; Decreto de Guerra a Muerte, 1813; Discurso de Angostura, 1819; la situación política del pais, 1820; Decreto de Libertad de los esclavos, 1820; y los Mensajes de Bolívar a Ocaña, 1828; ya Bogotá, 1830). Son hitos reveladores de las circunstancias y de la evolución de la nación liberada en vías de definición (docs. 6 al 16).

Por último, en la III parte, se reproducen algunos textos que señalan la proyección internacional de la República de Venezuela de 1810 a 1826. Anima esta sección el principio cardinal de la integración americana, que fue objetivo constante de los realizadores de la libertad de cada nación (docs. 17 a 26).

21. Estimamos que el libro es armónico y, a pesar de su obligada limitación, constituye un índice suficiente para un

buen lector del pensamiento político venezolano de la emancipación. Ojalá sea de utilidad para sus lectores y consultantes. A esto aspira el presente trabajo.

I. Prodromos de la revolución

1. Conspiración de Gual y España

a) 1797. Proclama a los habitantes libres de la América española[15]

¿Hasta cuándo vuestra paciencia aguantará el peso de la opresión que crece todos los días? ¿Hasta cuándo besaréis servilmente el látigo con que os azotan? ¿Y hasta cuándo

15 El documento a), «Proclama a los habitantes libres de la América Española», 1797, ha sido reproducido, de una copia existente en el Archivo de Indias de Sevilla (Estado-Caracas Legajo 14/2), por Pedro Grases en su obra *La Conspiración de Gual y España y el Ideario de la Independencia*, Caracas, 1949. Los documentos b) «Derechos del Hombre y del Ciudadano y Máximas Republicanas», y e) «Discurso preliminar a los Derechos del Hombre y del Ciudadano», constituían el folleto titulado *Derechos del Hombre y del Ciudadano*, con varias Máximas Republicanas y un Discurso Preliminar dirigido a los Americanos, que llevaba el siguiente pie de imprenta: «Madrid, en la Imprenta de la Verdad, 1797». Este pie de imprenta es apócrifo respecto al lugar, pues el folleto hubo de ser impreso en las Antillas, posiblemente en Guadalupe, eso sí en 1797. Ambos textos los reproduce Grases, *op. cit.* Como es obvio, ninguno de esos tres textos lleva el nombre del autor, pero es de presumir que Juan B. Picornell tuviera parte destacada en su redacción o traducción (caso de los Derechos del Hombre) aunque es de creer que otros conjurados, especialmente José María España y Manuel Gual, hubieron igualmente de intervenir en ello, sin que sea posible precisar la parte que tomó cada uno en la empresa. Otro texto importante de la Revolución de Gual y España —que no reproducimos en la presente compilación— son las llamadas «Ordenanzas», también de 1797, que pueden consultarse en la obra de Grases citada. Respetamos algunas particularidades de lenguaje. (N. de P. G.)
La presente contiene la mayoría de las excelentes notas de Pedro Grases de su edición para la Biblioteca de Ayacucho. (N. del E.)

la esclavitud en que vivís os parecerá honor y gloria? ¿Tenéis gusto en vuestra miseria? Y cuando algunos Patriotas os muestran el camino de la libertad en que tan valerosamente se han metido, ¿os faltará el ánimo y valor para seguirlos y tomar plaza en el partido que os ofrecen? ¿Dejaréis el ejemplo que os dan en la causa común para entregarlos a las manos de un Gobierno vengativo? ¿Pensáis sin duda que éste se habrá hecho cargo de sus yerros y que tomará en adelante un sistema más humano y razonable? ¡Idea mentirosa! Las apariencias del momento aunadas(?) con el engaño son únicamente resultivas del terror y aprehensión de su propia flaqueza, con el miedo que les causa la fuerza de vuestros brazos puestos en movimiento. Estas son las reflexiones con que os presenta la Aurora de un día feliz al mismo tiempo que deja tras de su viva luz los nublados que arrastra para vuestra ruina; descansa sobre vuestra lentitud; toma fuerza inertia, y os insulta como a un León que duerme porque es inmóvil.

¿Se ha borrado de vuestra memoria el nombre de O'REILLY y la fiera sanguinaria de la Luysiana confesada y aprobada por su Soberano con los honores que públicamente discernió a ese Tirano? ¿Qué confianza puede merecer un Gobierno que siempre se ha mostrado con semejantes traiciones y cuyo sistema político se ha sacado de los Libros de Machiavelo?

Hacer memoria de ese infausto Caraqueño que para sacudir el yugo de la opresión y libertarse de la tiranía de los Impuestos, Alcabalas y monopolio en pago de sus esfuerzos y representaciones muy reverentes a su soberano perdió con la vida sus bienes, y aun con la deshonra para su familia de ver hoy mismo los fundamentos de su casa rasos, sin poder reedificarla por sentencia del tribunal del Gobierno. Las opresiones y las crueldades de la Tiranía andan del mismo paso de su flaqueza; se vale del artificio y del engaño porque le falta el vigor, y si parece volver sobre sus pasos, es para mejor enderezar su viaje.

Cuidado en este instante Caraqueños: se ocupan vuestros Jefes en hacer sumarias contra esas familias e individuos que de antemano han dedicado a la venganza venidera, sin que les causa vergüenza su inútil existencia; porque divisan en sus proyectos otra Leyenda Luysiana, y no les faltará algún O'REILLY con las unas de León que tendrán siempre a su disposición.

Que nuestra indecisión no tome su excusa en el defecto de Armas. Los hombres que son animados del verdadero amor de la libertad hacen armas de todo, cuchillos, machetes, picas, palos, azadores y todos los instrumentos y utensilios de cocina o agricultura sirvan para armarse. La imagen de la libertad con la determinación de morir por ella, os servirá de muro al acto en que os declaréis independientes. Hacer frente a vuestros Tiranos no importa con qué armas; atacadles si os resisten, y tenéis confianza en vuestra victoria.

Desterráis sobre todo las preocupaciones que la superstición os enseña, y las odiosas distinciones con respecto a la sangre parda; remitid a la oscuridad de sus autores la infame doctrina que vale más la esclavitud en que uno ha nacido que un Gobierno libre, independiente y administrado por unos hombres virtuosos elegidos por vuestro sufragio, y responsables de su conducta.

Ciertamente no pensáis legar a vuestros descendientes las miserias, los insultos, y ultrajes que los caprichos de nuestros Tiranos desde tanto tiempo os han causado. El fin de vuestros trabajos es aumentar para ellos vuestros caudales; pero estéis entendidos que la más sólida y poderosa herencia para nada sirve sin la libertad. Esta es la piedra Filosophale que muda en oro todos los otros metales.

Haceros pintura de la situación de los Habitantes del Norte de esa América. Son ricos e independientes; codician su alianza las Potencias de Europa. Haced comparación de vuestra Población con la de aquella nueva República, y sacaréis que la Naturaleza se complace en poblar los campos de la libertad, cuando le es doloroso y contra su institución el incremento de esclavos.

Los desiertos, la soledad, y el silencio son las consecuencias de la Tiranía en todo el universo.

Nunc Ante Nunquam.

b) 1787. Discurso preliminar dirigido a los americanos

Ningún hombre puede cumplir con una obligación que ignora, ni alegar un derecho del cual no tiene noticia. Esta constante verdad, me ha determinado a publicar los derechos del hombre, con algunas máximas republicanas, para instrucción y gobierno de todos mis compatriotas.

La poca atención, el ningún respeto que han merecido a los Reyes, en todo tiempo, estos derechos sagrados e imprescriptibles, y la ignorancia que de ellos han tenido siempre los pueblos, son la causa de cuantos males se experimentan sobre la tierra. No habrían abusado tanto los Reyes de España, y los que en su nombre gobiernan nuestras provincias, de la bondad de los Americanos, si hubiésemos estado ilustrados en esta parte. Instruidos ahora en nuestros derechos y obligaciones, podremos desempeñar éstas del modo debido, y defender aquéllos con el tesón que es propio: enterados de los injustos procedimientos del gobierno Español, y de los horrores de su despotismo, nos resolveremos sin duda alguna a proscribirle enteramente: a abolir sus bárbaras leyes, la desigualdad, la esclavitud, la miseria y envilecimiento general: trataremos de substituir la luz, a las tinieblas, el orden, a la confusión, el imperio de una ley razonable y justa, a la fuerza arbitraria y desmedida, la dulce fraternidad que el Evangelio ordena, al espíritu de división y de discordia, que la detestable política de los Reyes ha introducido entre nosotros: en una palabra, trataremos de buscar los medios más eficaces para restituir al Pueblo su soberanía, a la América entera los imponderables bienes de un Gobierno paternal. Sí, amados compatriotas, esta es nuestra obligación, en esto consiste nuestro bienestar, y la felicidad general de todas nuestras provincias: nuestros deberes en esta parte, están de acuerdo con nuestros intereses.

Muchos pueblos se ocupan en el día en recobrar su libertad: en todas partes los hombres ilustrados y de sano corazón, trabajan en esta heroica empresa: los Americanos nos desacreditaríamos, si no pensásemos seriamente en efectuar esto mismo, y en aprovecharnos de las actuales circunstancias. Ningún pueblo tiene más justos motivos, ninguno se halla con más proporciones que nosotros, para hacer una revolución feliz.

Innumerables delitos, execrables maldades, han cometido siempre los reyes en todos los Estados; pero con ningún pueblo se han excedido más que con el Americano. Aquí es, donde mejor han puesto en ejecución las máximas de su depravada política, y de su corazón perverso; aquí donde más han abusado de la ignorancia y bondad de los hombres; aquí donde más se han ensangrentado. No se puede leer la historia sin derramar lágrimas: cada página presenta un espectáculo horrendo, cada hecho un acto injusto, cruel, e inhumano: no hay derecho alguno que no se halle atropellado, ni género de atentado, de violencia, ni de atrocidad, que no se haya cometido: siendo lo más notable, que tan enormes crímenes, tan horrendos delitos, se hallan siempre ejecutados como actos de rigurosa justicia: se practican siempre bajo el pretexto de mayor bien de la religión, o del público: hasta aquí llega la perversidad de los Reyes, abusan de las voces más sagradas, se valen de los fines más justos y honestos, para engañar a los hombres, alucinar los pueblos, y de este modo poner mejor en ejecución sus depravados intentos, y encubrir todas sus maldades.

No contentos con haber estado sordos, cuando la conquista, a la voz de la razón, de la justicia, y de la naturaleza, han continuado del mismo modo hasta el presente. En todas las pragmáticas y órdenes del gobierno, si se examinan con cuidado, no se observa más que dolo y engaño, no se advierte otro objeto, que el de empobrecernos, dividirnos, envilecernos y esclavizarnos; en todas las provincias, aseguran estos tiranos, no tienen otro fin, ni se dirigen a otra cosa, que a proporcionarnos nuestro mejor bienestar, y hacer nuestra felicidad. Ahora bien: ¿dónde está esta felicidad tan decantada? ¿En qué parte se encuentra este bien? ¿Quién le disfruta? ¿En qué provincia se halla? ¿Acaso no están todas tiranizadas igualmente? ¿No gemimos todos bajo el yugo cruel de la opresión? ¿No encontramos en cada audiencia, en cada gobernador, comandante, corregidor, alcalde, o teniente, en lugar de un padre que nos defienda y proteja, un hombre malvado, corrompido, que vende la justicia, oprime al inocente y sacrifica al pueblo? En cada intendente, en cada administrador, ¿no tenemos un enemigo el más formidable, alerta siempre para ver cómo nos ha de sobrecargar de más tributos, y estancar más efectos y producciones? Con tanto impuesto, con tanta alcabala, con tanta traba ¿no se halla la agricultura perdida,[16] el comercio arruinado? A pe-

16 ¡Cuánto no se pudiera decir sobre la prohibición de sembrar trigo, plantar viñas y otros muchos efectos de primera necesidad en donde el terreno convida a su cultivo! Cuánto sobre el estanco del tabaco en un país que lo produce naturalmente... pero la pequeñez de

sar de la gran fertilidad de nuestras provincias ¿puede alguno vivir? Todo el fruto de nuestras propiedades, de nuestra industria, y de nuestro trabajo, ¿no se lo lleva el Rey y sus empleados? ¿Habrá alguno que pueda negar unas verdades tan constantes, como públicas? Además ¿no se ha puesto el mayor cuidado en que permanezcamos en la más crasa ignorancia,[17] y en llenarnos de las más perjudiciales preocupaciones? Lejos de fomentar la buena formación de nuestras costumbres ¿no han procurado por todos los medios posibles la corrupción de ellas? Todos nuestros empleos, todas las piezas Eclesiásticas ¿no se confieren a extraños? Los hijos de la Patria ¿somos atendidos para cosa alguna? Nuestros fueros y privilegios ¿se nos han guardado?[18] ¿Podemos manifestar libremente nuestros pensamientos e ideas? ¿Nos es permitido reclamar nuestros derechos? ¿Nos es lícito decir la verdad? Nada de esto: nada nos es permitido, nada nos es lícito, sino el más profundo silencio, la obediencia más ciega, la ignorancia más estúpida. ¿Puede llegar a más el exceso de la tiranía y del despotismo? Confiésese que nuestra

la obra no permite hacer un detalle de los graves perjuicios que han producido en la América unas providencias tan tiránicas.

17 La ignorancia es el mayor mal de un Pueblo: ella es la que le hace crédulo, supersticioso, incapaz de conocer las verdades esenciales, y la que le somete a la astucia de los gobiernos opresivos. Cuando un Pueblo ha llegado a este punto de estupidez, es muy fácil inspirarle cualquiera pasión y hacer que él mismo se imponga el yugo de la esclavitud por principios: por esto los déspotas y los ambiciosos, se aplican singularmente a eternizar esta impericia, tanto más funesta, cuanto se opone a los progresos del entendimiento, por el fanatismo que fomenta, y por la ceguedad que perpetúa.

18 Cuando los tiranos necesitan del Pueblo; cuando las circunstancias no les permiten poner en ejecución todo el rigor de su despotismo, conceden privilegios y prerrogativas que cumplen solo, mientras su negocio: esto es lo que ha sucedido en América con los fueros que los Reyes de España concedieron a ciertas ciudades, a los Indios y a los nuevos Pobladores.

suerte es más desgraciada que la del esclavo más mísero: que somos, y hemos sido siempre tratados, bajo la dominación de los reyes, no como hombres, sino peor que bestias. Ello es cierto, que nos han envilecido de tal modo, que nos han hecho perder, hasta la idea de la dignidad de nuestro ser.[19] El orbe entero es testigo de cuanto va expuesto: no hay sabio de la Europa que no haya desaprobado tan inhumana conducta: Prelado virtuoso de la América, que no haya clamado contra un procedimiento tan fuera de razón: no hay en fin Ciudad, no hay Provincia, que no haya dirigido a los pies del trono, una y muchas veces, sus súplicas, que no le haya hecho presente sus justas quejas; mas todo ha sido en vano,

19 A pesar de todo esto, no faltan aun apologistas de nuestro actual gobierno: no hablo solo de aquellas almas viles, que por el interés que les resulta, que porque ayudan al tirano a comer la sangre y sudor del pobre, le defienden y sostienen tenazmente; hablo también de cierta clase de gentes, de aquellas que nada ven, ni conocen, y que preocupados por lo mucho que han oído alabar nuestro gobierno a los malvados y aduladores, creen que es excelente, y sacan la cara por él cuantas veces se les proporciona; mas es de advertir como lo ejecutan: cuando se ven atacados: cuando nada tienen que responder a las demostraciones palmarias que se les hace, de que la administración de justicia está enteramente perdida; de que pudiendo tener todas las cosas, buenas y baratas, carecemos de ellas, y nos vemos en la necesidad de comprarlas malas y caras; cuando se les hace ver esto, y otras infinitas cosas, no pudiéndolas negar, confiesan que es cierto; pero echan la culpa a los gobernadores, y justifican al rey; éste, dicen nada sabe, que a saberlo él pondría remedio. Esta respuesta solo puede satisfacer a los ignorantes: el Rey tiene noticia de todas las principales providencias que se toman para el régimen y gobierno de la América; pero prescindo por ahora de ello, y me atengo a lo siguiente: o el Rey sabe lo que pasa, o no; si lo sabe y no pone, como vemos y experimentamos, el conveniente remedio, es señal cierta que lo quiere así; y si no lo sabe, es prueba clara que no cumple con su obligación; pues está encargado de vigilar sobre todo; en uno y otro caso, se concluye evidentemente, que el Rey a malo. ¿Qué decís a esto preocupados? Partidarios de la tiranía ¿qué tenéis que oponer a estas verdades?

la tiranía ha continuado siempre del mismo modo, y si cabe, ha seguido con más fuerza y vigor.

En vista de esto, amados compatriotas, ¿qué partido debemos tomar? Conociendo evidentemente que nada bueno podemos esperar de los reyes; que su corazón cruel e inhumano, es insensible a nuestros males ¿qué resolución adoptaremos? Cerciorados de la inutilidad de los recursos suaves, ¿qué medio elegiremos, para liberarnos de tan insoportable esclavitud? No hay otro que el de la fuerza: éste es el único medio que nos resta: éste es el que nos vemos en la dura necesidad de abrazar al punto, en la hora, si queremos salvar la Patria, si deseamos recobrar nuestros imprescriptibles derechos: bien que no se nos ha podido quitar, sin una infracción de las leyes más sagradas de la naturaleza, y por un abuso feroz de la fuerza armada. El esperar por más tiempo, seria consentir en las más execrables maldades, y cooperar a nuestra entera ruina.

En otro tiempo, en otras circunstancias, cuando hablar de revolución se tenía por el más enorme delito; cuando por estar todos imbuidos de las más perjudiciales máximas, cualquiera que intentaba la reforma de los abusos, la recuperación de los derechos del Pueblo, era tenido por un rebelde, por un enemigo de la patria, me hubiera guardado bien de proponeros un hecho semejante; pero en el día, que por fortuna no tenéis tantas preocupaciones en esta parte, que conocéis en algún modo vuestros derechos, que estáis enterados de la perversidad de los reyes, que se halla en vuestros espíritus la mejor disposición, y que las circunstancias de la Europa presentan la ocasión más favorable para recuperar nuestra libertad, no puedo menos de daros este consejo tan conforme a vuestros deseos, y a vuestro mejor bienestar.[20]

20 En América no hay tantos obstáculos que vencer para hacer una buena revolución, como en la Europa; no hay príncipes, no hay grandes,

nuestra nobleza actual escarmentada de lo que ha pasado en otras partes, se contendrá en los límites de la razón, y el Clero, no abusará seguramente de su ministerio para seducir al Pueblo, y mantenerle, contra todo derecho, bajo el yugo de la tiranía; sino todo al contrario, es de esperar de su virtud y celo, que contribuirá con todas sus fuerzas al buen éxito de la causa común, mayormente estando, como deben estar, todos los Ministros de Jesucristo, en la segura inteligencia de que no se hará innovación en cuanto a la religión de nuestros mayores, antes se procurará conservar en su mayor pureza.
La gran distancia que media, entre este país y la Europa, es una ventaja considerable para nosotros: no es menor el hallarnos con tropas patricias; pues aunque éstas en el día están a las órdenes del tirano, saben muy bien que la milicia fue establecida para defender la patria y no para oprimirla, según la voluntad de un malvado usurpador; en cuya suposición no es de creer que haya alguno que quiera ser instrumento de la tiranía, contra su mismo país. ¡Cómo es posible se encuentren entre nosotros almas tan viles, hombres tan infames, que quieran ser verdugos de sus propios padres, hermanos, parientes, amigos y paisanos, y que cuando se trata de recobrar la libertad, sean los que se opongan a una resolución tan justa! Nadie puede presumirse un hecho semejante: quien tal hiciere seria el oprobio del mundo, la afrenta de los Americanos.
Otra ventaja de las más grandes son las luces del día; pues además de haber quitado un sin fin de errores y preocupaciones, que subsistían sobre este particular, suministran los medios de lograr un pronto y feliz éxito. La historia de la revolución de Norteamérica, la de Francia, la de Holanda y la de las recientes Repúblicas de Italia, enseñan, así lo que debemos hacer, cómo evitar, para conseguir nuestro fin, sin experimentar los graves males que ellos han padecido. Últimamente el tirano no puede hacernos la guerra, si nosotros no le suministramos los medios, esto es el dinero: quitémosle pues este recurso, abramos nuestros puertos a todas las Naciones del mundo, desde el mismo acto de nuestro primer movimiento, observemos la más exacta neutralidad con las Potencias beligerantes, hagamos respetar nuestros territorios y nuestro pabellón, y tendremos cuanto sea necesario para conseguir nuestra libertad, y confundir ese monstruo, ese Carlos, ese León sanguinario, que con sus garras devora uno y otro mundo.
En las dos Américas se puede establecer varias Repúblicas, y es de creer que se haga así. Sin duda alguna que los inteligentes examinarán este punto con el mayor cuidado, y que procurarán formar todas

Las fuerzas que nos puede oponer el tirano, son muy pequeñas en comparación de las nuestras: sus tropas pocas y esclavas, las nuestras muchas y libres; sus socorros tardíos y expuestos, los nuestros prontos y seguros; sus recursos en el día son en pequeño número, los nuestros son infinitos: sobre todo, nosotros tenemos a Dios propicio por la justicia de nuestra causa, él irritado por sus delitos y maldades. Vivamos en la firme inteligencia de que no podemos ser vencidos, sino por nosotros mismos; nuestros vicios solamente pueden impedirnos el recobrar nuestra libertad, y hacérnosla perder aun después de haberla logrado; permanezcamos pues siempre asidos a la virtud, reine entre nosotros la más perfecta unión,[21] constancia y fidelidad, y nada tendremos que temer.

---

aquellas que sean más convenientes, y si a la hora que una provincia rompa, las demás siguen su ejemplo, no hay la menor duda que se logrará inmediatamente la libertad general; pues es imposible, que el tirano pueda a un mismo tiempo acudir a tantas partes diversas de la América, y atender a la España, de la cual no está muy seguro pues aquel pueblo se halla asimismo justamente indignado contra él, por las usurpaciones graduales que le ha hecho de todos sus derechos, hasta ponerle en la más insoportable esclavitud; y es de creer, que se aprovechará de las favorables circunstancias que nuestra determinación le presentará, para lograr igualmente su libertad; en el interín, nosotros debemos vivir en la firme inteligencia de que los españoles de Europa, no nos mirarán jamás como enemigos, y que, en el caso de que el tirano envíe algunas tropas contra nosotros, la mayor parte serán de nuestro partido; pues aunque el Rey tiene corrompidos por medio del interés a muchos españoles, es evidente que hay infinitos patriotas, verdaderos hombres de bien, que se hallan libres de esta corrupción, y que seguramente se unirán a nosotros para la destrucción de la tiranía.

21 Entre blancos, indios, pardos y negros, debe haber la mayor unión: todos debemos olvidar cualquier resentimiento que subsista entre nosotros, reunirnos bajo un mismo espíritu, y caminar a un mismo fin. Por falta de esta buena armonía, hemos experimentado un sin fin de males. El Rey ha procurado, por cuantos medios le han sido posibles, fomentar entre todos la desunión y la discordia, como medio seguro de tenernos siempre sujetos, siempre esclavos; a noso-

El grande arte de hacer una revolución feliz, consiste en manejarla con la mayor perspicacia, celo y justicia; en desembarazarla de todo lo que la pueda debilitar o malograr, y en conducirla directamente y con la más grande actividad a su fin. No es bastante en tales circunstancias, el concebir unas empresas sabias y vastas; no es bastante combinar un sistema, cuya tendencia sea la reforma de los abusos; no es bastante declarar por réprobo, a cualquiera que no tome un gran interés por la Patria; no es bastante descubrir los enemigos públicos, y desterrarlos para siempre, desembarazando de este modo el Estado, de un manantial eterno de facciones y ruinas domésticas; en una palabra, no es bastante consagrar los derechos del ciudadano por leyes positivas: el solo plan que puede asegurar la duración indestructible de una República, es el que ataca a un mismo tiempo los extravíos del espíritu y del corazón; ésta es la cangrena política, de la cual es necesario destruir hasta las más pequeñas ramificaciones, para que la cura pueda con certidumbre restituir la salud; éste es un movimiento fuerte y decisivo, que debe inspirar a todos la firme resolución de franquear rápidamente el paso, del abismo de la esclavitud, a la cumbre excelsa de la libertad, y de sufrir todos los combates, todos los sacrificios que sean necesarios, para romper los nudos que tienen sujeta

---

tros pues nos toca destruir esta máxima tiránica, con su contraria, si queremos recuperar nuestra libertad: el déspota ha introducido distinciones odiosas, clases contrarias a la naturaleza, opuestas al espíritu de la Religión, perjudiciales a la sociedad; establezcamos nosotros la igualdad natural, mirémosnos como hijos de un mismo padre, que fue Adán, como hermanos en Jesucristo, e individuos de un mismo Estado: reconozcamos que todos los excesos que hasta ahora hemos cometido los unos contra los otros, son efecto de las perversas disposiciones del gobierno que ha hecho nos mirásemos, no como próximos, sino como de naturaleza distinta; cesen de una vez los odios, los desprecios, los malos tratamientos, y reine entre todos la fraternidad.

el alma a tantas inclinaciones inveteradas, a tantas preocupaciones dominantes, a tantos errores seductores. Esta es la crisis violenta y necesaria que conduce con rapidez a la mutación de un estado deplorable; pues si el envilecimiento y la corrupción, son el apoyo de todo gobierno despótico, la virtud y la magnanimidad forman la esencia del republicanismo. En donde todo el poder reside en una sola mano privilegiada, solamente se asciende a fuerza de bajezas, adulando las pasiones de los grandes y ricos y estudiando cada día nuevos modos de mejor oprimir al Pueblo: en una República nadie se distingue, sino desplegando todos los sentimientos que hacen honor a la humanidad; para mantenerse en la gracia bajo un Gobierno monárquico, es necesario ser el hombre más bajo, el adulador más vil, el político más falaz, el delator más pérfido, el malvado más enorme; para conservar la confianza en una República, es necesario no apartarse un punto de la virtud, ser justo y sincero, humano y generoso, amar la libertad más que la vida, y reconocer que la igualdad, que es su base, da al hombre un carácter, que no le permite de modo alguno, humillar a su semejante. Una grandeza, una familia noble, una fortuna agigantada, se hacen notar por un orgullo insultante, por un egoísmo bárbaro, por una ignorancia estúpida; pero cubierta con el aparente brillo del fausto, y con un aire lucido y soberbio, que influye mucho sobre la multitud envilecida. Las virtudes y los talentos solamente dan la consideración a un republicano; su simplicidad le hace más apreciable, y cuando llega a merecer la estimación pública, la debe únicamente a su conocido mérito. En todo Imperio donde los derechos y los deberes del hombre son desconocidos, se hace un gran papel, desde que uno tiene bastante fortuna para vivir sin trabajar, es decir, a costa del sudor y las fatigas de un miserable, que se apura y se mata, para ganar un bocado de pan. El ocioso en una democracia, es despreciado del público, como un ser inútil, y castigado por la ley, como un ejemplo escandaloso. El honor en los Estados despóticos, consiste en ser un ciego instrumento de la voluntad caprichosa y opresiva del tirano; en las Repúblicas, se funda en no reconocer otro poder que la justicia y la razón. Últimamente en una monarquía cada vasallo reconcentrado en sí mismo, tiene su forma y su color particular; en las familias mismas, cada uno tiene sus pretensiones, sus errores, sus pasiones, sus bienes, su fortuna y su educación aparte; cada linaje tiene sus costumbres, sus privilegios, su espíritu, su moral y sus defectos que le distinguen; una sola pasión es común a todos, ésta es, el extraordinario deseo de las riquezas, porque el oro lo puede todo en semejantes gobiernos; y esta pasión dominante, que excluye el mérito, el talento y las virtudes, no produce sino vicios y crímenes; el hombre vive aislado en medio de sus semejantes, y en nada procura el bienestar de éstos: cada individuo es un egoísta, contrario de su vecino, y enemigo de su próximo; así la sociedad está en un choque continuo, y los miembros que la componen, no permanecen unidos, sino por la cadena que los comprime y sujeta. En una verdadera República, es todo lo contrario, el cuerpo político es uno, todos los ciudadanos tienen el mismo espíritu, los mismos sentimientos, los mismos derechos, los mismos intereses, las mismas virtudes: la razón sola es la que manda, y no la violencia; el amor quien hace obedecer, y no el temor; la fraternidad quien constituye la unión, y de ningún modo los manejos del egoísmo, y de la ambición. Así, hacer de un vasallo, o de un esclavo, que es lo mismo, un Republicano, es formar un hombre nuevo, es volver todo al contrario de lo que era.

A la hora, pues, que se intente destruir el despotismo, es necesario que la revolución sea al mismo tiempo, moral y material; no es suficiente establecer otro sistema político, es necesario además, poner el mayor estudio en regenerar las costumbres[22] para volver a todo ciudadano el conocimiento de su dignidad, y mantenerla en el estado de vigor y entusiasmo, en que le ha puesto la efervescencia revolucionaria, del cual caería indefectiblemente, si pasada la crisis no estuviese sostenido por un conocimiento positivo de sus derechos, por un amor ardiente de sus deberes, por una abjuración formal de sus preocupaciones, por un desprecio razonable de sus errores, por la aversión al vicio, y por el horror al crimen.

Todo el arte para obrar una mutación tan feliz en las costumbres, consiste en aprovecharse del verdadero momento, o por mejor decir, en saber escoger la mejor disposición de los espíritus; esta disposición, este momento precioso, se

22 En este particular convendría tomar a Licurgo por modelo, que teniendo que regenerar una nación pervertida, la sacó de un golpe del cieno de las pasiones desarregladas, de los vicios y del crimen, por una legislación imperativa y propia para sujetar inviolablemente el espíritu, a toda la severidad de los principios. Un gobierno sabio, es un manantial continuo de las buenas costumbres, porque fijando la suerte de todos los ciudadanos, cada uno se ve en la precisión de arreglar su conducta, sus proyectos, sus deseos, después de haber hecho todo aquello, a que está obligado para la felicidad común, que es el objeto y el fin de todo ser viviente. Si el honor, el desinterés, la simplicidad, la franqueza y el celo del bien público, forman la esencia de la legislación, estas mismas virtudes se comunican a todas las almas, e imprimen en las costumbres esta austeridad, que es una prerrogativa particular de las Repúblicas.
Conviene asimismo no olvidar la educación de la niñez; ésta se perdería infaliblemente, si se dejase al cuidado de los Padres, llenos comúnmente de preocupaciones e ignorancia, y que no pueden darla, sino una instrucción perjudicial, cual ellos la han recibido; mas si por medio de una educación pública, común y gratuita, se le procura instruir en los principios de igualdad, libertad y fraternidad, de los cuales la misma naturaleza ha sembrado la semilla en sus corazones, se logrará dar a la Patria una juventud, llena de ardor y de virtudes, instruida en sus derechos, penetrada en sus obligaciones y que conociendo toda la excelencia de su gobierno, será afecta a su constitución, tanto por sus sentimientos, como por sus principios.

encuentra en el acto del primer movimiento de toda revolución. La efervescencia revolucionaria comunica a las pasiones la más grande actividad, y pone al Pueblo en estado de hacer todos los esfuerzos necesarios, para conseguir la entera destrucción de la tiranía, aunque sea a costa de los mayores sacrificios; entonces, todas las almas se hallan preparadas, todos los espíritus exaltados, todas las reflexiones se aprecian, y todas las verdades se dejan sentir; entonces es pues, cuando se debe inspirar al Pueblo un amor constante a la virtud y horror al vicio; entonces, cuando se le debe hacer sentir la necesidad absoluta de renunciar todas sus erróneas máximas y detestables pasiones, y de atenerse únicamente, a los sólidos principios de la razón, de la justicia y de la virtud, si quiere lograr su libertad; entonces es la ocasión de demostrarle, que no puede hallar su verdadera felicidad, sino en la práctica de las virtudes sociales; entonces es, cuando se deben obrar las grandes reformas, o por mejor decir, entonces es cuando se debe cimentar, y construir de nuevo el edificio,[23] poner en acción la moral, y darla por base a la política, así como a todas las operaciones del Gobierno.

23 La reforma debe ser radical: no se debe tratar de reparar, sino de construir de nuevo: jamás se puede edificar sólidamente, sobre cimentos falsos; sería esto quererse hallar enterrado el mejor día, entre las ruinas de su misma obra. ¿De qué sirve trabajar en una reforma, para no hacerla perfecta? En cometiendo esta falla, se hace el mal cien veces más funesto; pues se le perpetúa por las leyes mismas, que debían exterminarle. La perversidad, no es sino el efecto ordinario de un régimen vicioso: es pues necesario establecer otros principios, y dar al gobierno otra dirección, para que las cosas tomen su semblante diferente. La experiencia ha demostrado que las leyes y las costumbres absurdas, son las que desfiguran al hombre de su estado natural; siendo esto constante, solo destruyendo estas leyes y estas costumbres, se podrá restituir el hombre a su estado primitivo, y encaminarle al bien.

Es sin duda, la más grande falta que pueden cometer los reformadores de un Estado, la de establecer los principios políticos, sin pasar inmediatamente a ponerlos en ejecución. Hecho el primer movimiento, nombrados los Representantes del Pueblo, reunidos en lugar determinado, y ejecutada la declaración solemne de los derechos sagrados del hombre, es de la mayor importancia, publicar inmediatamente la nueva constitución. La menor omisión, la más mínima lentitud en esta parte, acarrea las más funestas consecuencias. En un principio de toda revolución los partidarios de la tiranía se hallan aturdidos, llenos de sobresalto, y poseídos del más gran temor: el Pueblo al contrario, lleno de valor, de energía, y con todas las disposiciones necesarias, para ejecutar las mayores empresas; si no se aprovecha este tiempo, si la reforma no se ejecuta en este instante, la imaginación se enfría, las ofensas se olvidan, el entusiasmo se pierde, y la malignidad alentada recobra su audacia, principia a maquinar, y no pocas veces consigue malograr la revolución; todos los vicios y pasiones perjudiciales se reproducen, y afectando patriotismo se reúnen para levantar el grito, y hacer mil reclamaciones contra el nuevo sistema, a fin de destruirle, y de persuadir al pueblo, que los retardos de su ejecución, demuestran que es impracticable. Entonces, el espíritu de discordia se introduce, inflama los corazones, y hace que se combatan, despedacen, y destruyan mutuamente los partidos. En esta confusión moral y política, los más débiles y los menos austeros, llevados de la inquietud, y arrastrados por la seducción, abandonan la causa pública, y no pocas veces se unen a los malvados, contra los verdaderos patriotas que procuran sostenerla con el valor más heroico, tomando por guía y apoyo, la virtud. En medio de este contraste, los mejores ciudadanos suelen ser víctimas de la perfidia: como su carácter enérgico se opone a toda transacción de los derechos, no es muy difícil al maquiavelismo, pintarlos como los solos obstáculos, para el restablecimiento de la tranquilidad general, y de este modo, hacerlos inmolar bajo el título de alborotadores y anarquistas. En llegando a este punto, el gobierno pierde su fuerza y actividad, y empieza a titubear; los legisladores intimidados por tantos clamores, por tantos desastres, y por tantas facciones, creen deber recurrir a los medios paliativos, y se aplican a buscar el modo de conciliar todos los intereses,[24] con lo cual, echan a perder su plan, y presentan una legislación inconsecuente, monstruosa y funesta al Estado; si no es que antes de llegar esta época, el Pueblo desesperanzado de lograr la felicidad, se ha entregado a alguno, que le haya prometido su alivio, para ponerle después el yugo.

El primer cuidado de los legisladores, que trabajan en la regeneración de un país, debe ser pues, el de no exponer al Pueblo a los furores de unas disensiones intestinas semejantes; y esto no se puede conseguir, sino publicando inmediatamente su nueva forma de gobierno, y arrojando fuera del seno del cuerpo social, a todas aquellas personas reconocidas por enemigos del nuevo sistema. Cuando la soberanía del Pueblo descansa particularmente en su unidad; cuando su felicidad depende de su concordia; cuando la prosperidad del Estado no puede ser sino el producto del concurso general de sentimientos y de esfuerzos hacia un objeto único, es un absurdo conservar en la asociación civil, hombres que alteran todos los principios, que aborrecen todas las leyes, y

24 Una revolución política, que no es otra cosa que la recuperación de los derechos del hombre, debe hacerse exclusivamente por el Pueblo: así tener consideraciones con sus enemigos, es ir contra la primera regla que se debe seguir. La contrariedad de principios y de opiniones, nacida de la diversidad de pretensiones, no permite conciliar intereses tan opuestos; quererlo hacer, sería ensayarse en reunir elementos contrarios.

que se oponen a todas las medidas. El destierro de unas gentes tan corrompidas e incorregibles, asegura la libertad, y evita la pérdida y muerte de muchos millares de ciudadanos, útiles y virtuosos. La regeneración de un Pueblo no puede ser sino el resultado de su expurgación, después de la cual, aquellos que quedan no tienen más que un mismo espíritu, una misma voluntad, un mismo interés, el goce común de los derechos del hombre, que constituye el bienestar de cada individuo.

Sin embargo, esta providencia sería una medida insuficiente, si en la nueva constitución se olvidase cortar de raíz, todas las causas que dan motivo a su aplicación. Es indispensable establecer una constitución, que fundada únicamente sobre los principios de la razón y de la justicia, asegure a los ciudadanos el goce más entero de sus derechos; combinar sus partes de tal modo, que la necesidad de la obediencia a las leyes, y de la sumisión de las voluntades particulares a la general, deje subsistir en toda su fuerza y extensión, la soberanía del pueblo, la igualdad entre los ciudadanos, y el ejercicio de la libertad natural; es necesario crear una autoridad vigilante y firme, una autoridad sabiamente dividida entre los poderes, que tenga sus límites invariablemente puestos, y que ejerzan el uno sobre el otro una vigilancia activa, sin dejar de estar sujetos a contribuir a un mismo fin. Con esta medida, la jerarquía necesaria, para arreglar y asegurar el movimiento del cuerpo social, conserva su fuerza equilibrada en todas sus partes, sin oposición, sin obstáculos, sin interrupción, sin lentitud parcial, sin precipitación destructiva, y sin infracción alguna. Esta proporción tan exacta, nace principalmente de los elementos bien combinados de las autoridades, y de su número indispensable. Nada más funesto para un Estado, que la creación de funciones públicas, que no son de una utilidad positiva; no es sino una profunda ignorancia, y más frecuentemente la ambición, el orgullo, o el amor propio, quien propone tales funciones; estos empleos, no ofrecen sino el espectáculo peligroso de la inercia y del fausto, donde no se debía ver, sino actividad y anhelo al servicio de la Patria; así, ellos pervierten por el mal ejemplo, impiden el curso del gobierno por su inutilidad, y apuran el Estado consumiéndole su substancia.

Importa tener siempre presente, que la verdadera esencia de la autoridad, la sola que la puede contener en sus justos límites, es aquella que la hace colectiva, alternativa y momentánea.

Conferir a un hombre solo todo el poder, es precipitarse en la esclavitud, con intención de evitarla, y obrar contra el objeto de las asociaciones políticas, que exigen una distribución igual de justicia entre todos los miembros del cuerpo civil; esta condición esencial, no puede jamás existir, ni se pueden evitar los males del despotismo, si la autoridad no es colectiva; en efecto, cuanto más se la divide, tanto más se la contiene, pues lo que se reparte entre muchos, no llega a ser nunca propiedad de uno solo. La facultad de disponer arbitrariamente un hombre, de todos los negocios de un Estado, es la que le facilita las usurpaciones graduales, hasta arrogarse el poder supremo; pero cuando cada individuo se halla confundido entre una multitud, y no puede distinguirse, sino por los talentos y las virtudes, que excitan igualmente la envidia de sus rivales; cuando las mismas pasiones forman un contrapeso de las voluntades de todos, contra la de cada uno; cuando ninguno puede tomar resolución sin el consentimiento de los otros; cuando en fin la publicidad de las deliberaciones, contiene a los ambiciosos, o descubre su perfidia, se halla en esta disposición una fuerza, que se opone constantemente, a la propensión que tiene todo gobierno de una sola, o de pocas personas, de atentar contra la libertad de los pueblos, por poco que se le permita extender su poder. En consecuencia de lo expuesto, el número de miembros que ha de componer una autoridad constituida, debe calcularse por la extensión de los poderes delegados a esta misma autoridad, a fin de que su fuerza le quede toda entera, anulándose para los funcionarios, cuya influencia se disminuye naturalmente, a proporción que se aumenta el número de colegas; pues a medida que éste se acrecienta, el conjunto de conocimientos, de medios y esfuerzos, se hace tanto más considerable; lo que establece un justo equilibrio en el centro mismo de cada autoridad, y hace que las deliberaciones salgan más bien reflexionadas.

Una tan grande propensión, como muestran los funcionarios públicos, a la usurpación de los derechos del Pueblo, pide sin duda, que el ejercicio del poder esté libre de todo lo que puede proporcionarles medios para conseguirlo; por esto, no es suficiente que la autoridad sea colectiva, es necesario también que sea electiva. Este es, uno de los principios fundamentales de la democracia, uno de los principales actos de la soberanía del Pueblo, una parte esencial de los derechos de la igualdad, y la mayor garantía de la libertad pública, ¡qué mayor absurdo, que delegar el ejercicio del poder, sin hacer elección de aquellos a quienes se confiere! La seguridad y prosperidad pública no son de tan poca consideración que se pueda confiar este cuidado a cualesquiera; un negocio de tanta gravedad, y de tan grandes consecuencias, exige ser ordenado como corresponde. No todos nacen con las mismas disposiciones, tienen un mismo mérito, y poseen las cualidades necesarias para desempeñar debidamente las funciones públicas, la mayor parte de las cuales piden, no solamente unos conocimientos adquiridos, sino mucha prudencia, celo y actividad. Estas verdades demuestran evidentemente, el gran error con que proceden, y los males a que se exponen, todos los pueblos que se dejan gobernar por autoridades hereditarias.

La nación que ha perdido el derecho de elegir sus funcionarios públicos, ha sufrido ya el mayor ultraje que puede hacerse contra su dignidad; a ella le compete exclusivamente esta prerrogativa, y ninguno es más interesado en su conservación y buen uso. Si el pueblo no puede ser al mismo tiempo, representante y representado, administrador y administrado, juez y parte; si la armonía civil pide que haya ciudadanos encargados particularmente de hacer ejecutar las leyes, y de vigilar sobre la seguridad pública; para conciliar este orden de cosas, con la soberanía del Pueblo, es necesario que tenga perpetuamente bajo su dependencia, aquellos a quienes delega el ejercicio de su poder. El nombramiento hecho inmediatamente por el Pueblo, conserva a éste el derecho de supremacía, y no transmite a los funcionarios públicos sino el simple título de mandatarios; en este caso, no pueden desconocer su principal creador, lo que hace que le respeten, o al menos que le tengan cierta consideración. Una nación no tiene influencia alguna civil, es una espectadora pasiva y muda de la destrucción sucesiva de todos sus derechos, en una palabra, es esclava, o está muy cerca de serlo, desde que el ejercicio de la autoridad, aunque no sea hereditario, o venal, se encuentra solamente abandonado a la elección de uno, o de pocos hombres.

Nada presta más ventaja al engrandecimiento rápido del ascendiente importante, que procuran adquirirse los ambiciosos, como el poder ser dispensadores de los empleos públicos; semejante facultad es contraria a todos los principios republicanos, no solamente porque el favor, la intriga y la seducción, pueden mejor emplearse, sino porque esto es rodear a aquellos que disponen de las plazas, de cortesanos viles, que obtienen los empleos comúnmente a fuerza de bajezas;

además, esto es quitar la fuerza y vigor al talento, y sustituir a una digna emulación, una rivalidad ambiciosa y torpe; últimamente, aquel que elige se muestra menos un juez, que un protector, que tiene tantos intrigantes en el Estado, como criaturas hace; su crédito es muy grande y sólido, luego que sabe ligar con su existencia política, del interés de todos los que ha colocado, y la esperanza de todos los que le piden. He aquí cómo uno se hace señor insensiblemente, de todas las autoridades políticas y militares, dándoselas a sus favoritos, de suerte, que el Pueblo por haber olvidado el ejercicio del derecho de elección, ve sacrificados todos los demás, a cualquiera que se apodera de estos nombramientos. De este modo, han sido las naciones encadenadas y tiranizadas, por las instituciones mismas establecidas para conservar su libertad. ¿En qué consiste, que en los Estados monárquicos, la fuerza armada, saliendo del seno del Pueblo, se hace siempre el instrumento ciego de la opresión de sus conciudadanos? Consiste, en que se encuentra en las manos y a la disposición del tirano, que se hace señor absoluto nombrando todos los jefes de la milicia; éstos, estándole enteramente obligados, trasforman a su voz los defensores del Estado, en asesinos de la Patria; por esto, el déspota no busca la experiencia, el valor, ni el mérito: para él es suficiente que sean los cortesanos más viles, y los esclavos más arrastrados. Esta es la causa de que en España se vean casi siempre a la cabeza de nuestras tropas oficiales jóvenes, ineptos, presuntuosos e insolentes, mientras que la mayor parte de los antiguos y valientes militares, vegetan y mueren sin ascenso alguno. En cuanto a lo civil, las elecciones confiadas a un hombre investido de la autoridad, producen los mismos inconvenientes, y acaban de sellar la tiranía, que la violencia y las armas han creado. Estos males se evitan, y las elecciones son más acertadas, cuando se hacen por el Pueblo y en presencia de la multitud.

La publicidad de las opiniones, y de las deliberaciones, es absolutamente necesaria en una República: no se debe hacer jamás uso, sino del escrutinio verbal. Mal haya aquel, que teme dar su voto, su parecer, o dictamen en alta voz: sus intenciones no pueden ser buenas; no hay sino la maldad que pida la oscuridad y el silencio; una acción loable, no encuentra sino recompensa en la publicidad, y pretender que ésta perjudique a la libertad de los que votan, es lo mismo que quejarse de la claridad del Sol, que incomoda tanto a los malhechores. La publicidad es la más fuerte columna de la libertad; porque ella es un freno para los malvados, o la causa de su perdición; ella es la prueba que manifiesta las intenciones de cada uno hacia todos, y el testimonio público de su conciencia y de sus deberes. Todo el efecto de las elecciones populares, se pierde en el mismo día que se deroga este principio; desde este instante, la ambición hace un grande adelantamiento, y con la intriga que la acompaña, logra el buen éxito de sus pérfidos proyectos.

Conviene que el Pueblo esté bien persuadido de la importancia de la buena elección de los funcionarios públicos; que crea firmemente, que su suerte, que su desgracia, o felicidad, depende enteramente de esta elección; penetrado de esta verdad, hará que recaigan siempre estos nombramientos, en hombres de conocido mérito, celo, rectitud y buena conducta; si es suficiente hablar con elocuencia y audacia, sin unir, ni moralidad, ni civismo aprobado, se abre la puerta a los malvados y charlatanes; si se exige que un ciudadano, para obtener un empleo público, haya ejercido antes por largo tiempo una profesión útil o que tenga cierta renta en bienes raíces, se rompe el equilibrio de la igualdad, se da toda la influencia a la fortuna, y se consagra la inacción, conducto de todos los vicios: si no se lija, como única circunstancia, que ninguno pueda llegar a ser funcionario público, sin justificar primero su amor a la Patria, y además una conducta sin tacha, no por unas certificaciones mendigadas, o una información de vida y costumbres, que no es más que una vana fórmula, sino satisfaciendo a todo cargo, de un modo concluyente, la elección corre riesgo de ser pésima, y el modo de elegir, es vicioso. Cuando no se tiene certidumbre de la pureza de costumbres, de aquel a quien se contra un empleo público, ¿cómo se ha de esperar que se mantenga exento de toda prevaricación, hallándose expuesto a más grandes tentaciones que en la vida privada? Para formar concepto de un hombre, no hay más que examinar cuáles son sus protectores, o sus contrarios, y la moralidad de éstos, es la verdadera piedra de toque de sus sentimientos. Sobre todo, en las grandes asambleas, es difícil engañarse en cuanto al mérito de algunos hombres; porque no faltan buenos ciudadanos, que con energía atacan y manifiestan la falacia, luego que se presenta; y la virtud tiene tanto imperio, que basta la reclamación de un hombre de bien, para frustrar todo manejo clandestino y confundir la ambición: la perfidia tiene tantos que la observen, que no puede menos de ser descubierta.

Si es posible que con esta publicidad de votos, el Pueblo haga malas elecciones, se quita toda mala consecuencia, haciendo la autoridad alternativa y momentánea. La perpetuidad de los empleos en las Repúblicas, es la que constituye la aristocracia, y en todos los Estados, de cualquier forma que sean, lo que abre la puerta a todos los abusos, y a todo género de opresión.

Los funcionarios públicos, que lo son por toda su vida, o por un largo espacio de tiempo, rompen el equilibrio de la democracia, estorbando que cada ciudadano, llegue a su vez, al puesto que pueda merecer. Cuando los empleos no son perpetuos, cada uno teniendo la esperanza de poderlos obtener, no piensa más que en hacerse digno de ellos: entonces las funciones dejan de ser un patrimonio, para algunos individuos, que se dedican exclusivamente a esta carrera, como otros se aplican a un arte, u oficio; los que entran en los empleos con este espíritu mercantil, es visto que los cumplen necesariamente por su propio interés, y no para la utilidad general. Los empleos públicos, no deben ser sino una preferencia dada, por un corto espacio de tiempo, y sobre sus ocupaciones diarias, a los ciudadanos particulares que exige la Patria, con el deseo de justificar por su exacto cumplimiento, la elección hecha por sus conciudadanos. Así, estos empleos nada deben ofrecer, que pueda despertar la ambición o el orgullo; es necesario que no sean un camino para la dominación, ni un conducto para la fortuna; es necesario que no se pueda recoger más, que la gloria de haber hecho su deber, o la ignominia de haber cumplido mal la obligación más sagrada; en una palabra, es necesario que al fin de la carrera, no sea uno más poderoso, ni menos considerado: más rico, ni más pobre.

Limitado el tiempo del ejercicio de la autoridad, se quiebra el resorte de las pasiones, antes que tenga tiempo de extenderse; se pone un término a las faltas y a los errores de la ignorancia; se preserva al que la ejerce de todo extravío, a que la seducción, o el vicio le pueden arrastrar, o al menos se le contiene, y se quita al mismo tiempo aquella negligencia tan perjudicial, que se apodera comúnmente, del que está por largo tiempo, ocupado en este ministerio; en fin, la alternativa de las funciones públicas, no solamente restituye, a todo ciudadano, el derecho que tiene de aspirar a ellas, sino que haciendo pasar sucesivamente un gran número por los empleos, es causa que se multipliquen los hombres grandes, lo que quita a ciertos individuos, la pretensión y vanidad, de hacerse mirar como unos seres necesarios. Cuando uno se halla apoderado de un empleo, cuyo ejercicio es perpetuo, no tiene el mayor interés en conducirse bien; al contrario cuando sabe que a una época determinada, ha de ser removido, en ese caso, procura esmerarse en el cumplimiento de su obligación, e ilustrar su tiempo con hechos gloriosos, para hacerse merecedor otra vez, de la confianza del Pueblo. Además, él continuo recuerdo de que en breve ha de volver a entrar en la clase de simple ciudadano, le obliga a no abusar de su poder, y arrojar lejos de sí, toda consideración facticia, toda mira interesada; y si por desgracia incurre en estos vicios, no le es permitido hacerlo por largo tiempo, ni impunemente.

La larga duración del goce de los poderes, da a los que están ejerciéndolos, un ascendiente el más peligroso: la habitud los identifica insensiblemente con su empleo, de suerte, que acaban por hacerse señores, y en lugar de seguir la legislación, que se les ha prescrito, mandan solo según su capricho, y las reglas de su ambición. Cuando el Pueblo está acostumbrado a no ver sino unos mismos hombres en las funciones públicas, presta difícilmente su confianza a aquellos que no los han obtenido nunca; porque se presume, que el que tiene experiencia en un ejercicio, es preferible al que con más talentos, tiene menos conocimientos prácticos. Esto es lo que da tanta fuerza a los ambiciosos, para hacerse dueños del poder, una vez que han logrado ejercerle; y esto es lo que ha causado la servidumbre, y la pérdida, de todos los Pueblos libres. Para hacer valer semejantes pretensiones, afectan los malvados lamentarse del corto número de sujetos hábiles; pero cuanto más raros sean, menos tuerza tiene su razón; pues en este caso, hay más necesidad de formarlos, y de buscar todos los medios de instruir a un mayor número; cosa, que no podrá efectuarse nunca, si unas mismas personas, son conservadas siempre en los empleos: es necesario que aquellos que han nacido con los talentos y disposición que se requiere, puedan a su turno hacer su ensayo, y de este modo instruirse: los primeros que entraron en los empleos, no sabían más que los otros, al tiempo de su nombramiento: las disposiciones que se tienen, pueden perfeccionarse por el estudio; pero la experiencia, no se adquiere sino por la práctica. El inconveniente de conferir un empleo, a un ciudadano sin experiencia, pero inteligente y lleno de celo, no tiene comparación, con el riesgo de perpetuar el poder en hombres; que la costumbre de mandar llena de ambición y de orgullo. Es pues, evidente, que las autoridades deben ser alternativas, y momentáneas, y que fijado el tiempo de su ejercicio, no se puede hacer excepción alguna de esta regla, sin perjudicar a la igualdad, y comprometer la libertad pública. La virtud más pura, el mérito más grande, el reconocimiento mayor, no pueden jamás autorizar la infracción de los principios, que prescriben la justa limitación de los poderes, y del ejercicio de las funciones públicas; aun en los peligros más inminentes de la Patria, aun en las circunstancias más desgraciadas que pueden presentarse en medio de una crisis revolucionaria, no se debe cometer semejante exceso. Toda excepción de la ley común, hecha en favor de un individuo, es un atentado cometido contra los derechos de los demás: todo poder mayor, que aquel que se da a algún otro, no puede ser confiado a un solo individuo, ni por su vida, ni por un largo espacio de tiempo, sin conferirle una influencia anexa a su persona y no a sus empleos, y sin ofrecer a su ambición, los medios de arruinar la libertad pública, o a lo menos de intentarlo.

Aun no es bastante que la autoridad sea colectiva, electiva, alternativa y momentánea; con el tiempo, la ambición llega a romper estas trabas, por poco que la sea permitido hacer algún ensayo impunemente: es necesario pues, que los límites de la autoridad sean tan positivos, que aquellos a quienes esté confiada, no puedan de manera alguna, engrandecer, ni estrechar su circunferencia, sin sufrir la pena impuesta a cualquiera que cometa un atentado contra la seguridad pública, que reside particularmente en la integridad de la Constitución.

Todos los empleados son responsables al Pueblo de su conducta; pero esta responsabilidad no es real, sino cuando el ciudadano encargado de la ejecución de las leyes, al fin de su comisión, es sometido a un examen riguroso. Si la autoridad impone comúnmente silencio, al ciudadano débil y sin apoyo, ¿cómo se han de reparar sus vejaciones, si no se proporciona ocasión de manifestarlas? Deben pues establecerse, por todos motivos, estas residencias, y ejecutarse con toda escrupulosidad. ¿Qué mayor satisfacción para un empleado público, que el reconocimiento de todos sus conciudadanos, cuando haya desempeñado debidamente su comisión? Pero al contrario, ¿qué oprobio más grande, cuando las víctimas que haya hecho se presenten y le pongan delante de sus ojos todos los crímenes que haya cometido, y el pueblo indignado de la gravedad de sus delitos le haga cubrir de infamia, o arrastrar al suplicio? Conviene tener entendido, que si una nación no se empeña fuertemente en su regeneración, para recobrar su libertad; que si ella misma no es (por decirlo así) quien obra la reforma, por medio de ciudadanos que representen la universalidad, y acuerden por ella; y que si la Constitución y todas las leyes no son recopiladas, para ser presentadas con confianza al Pueblo, y sometidas a su sanción; será imposible que haya jamás un buen gobierno, ni una sabia legislación; pues, o el Pueblo, no teniendo parte en lo que se hace, no lo apreciará en nada, ni se encargará de sostenerlo, o lo que sucede más comúnmente, sus derechos serán siempre sacrificados por sus representantes que en nada cuentan con él.

De todo lo expuesto resulta que el buen suceso de una revolución depende tanto del Pueblo como de sus legisladores: del Pueblo, porque es indispensable que conozca, la gran distancia que hay de sus costumbres actuales, al modo con que debía vivir, y por consiguiente, que para destruir esta habitud tan viciosa, y romper los lazos que tienen sujeta su alma, a tanto error e ignorancia, a tanta pasión desarreglada, y a tanta práctica antigua, es necesario que se venza a sí mismo, haciendo un sacrificio de todos sus errores: esfuerzo tanto más grande para el hombre, cuanto que no puede ser sino la obra de una resolución vigorosa, de un entusiasmo generoso, revolucionario, vehemente, sostenido y gobernado por los consejos de la razón. De los Legisladores, porque de sus luces y probidad, depende tomar las medidas con exactitud, y dar a la empresa una dirección invariable, y una solidez indestructible: por lo que, no es suficiente para el exacto desempeño de un empleo semejante, el que sean hombres instruidos y celosos; es necesario que estén libres de preocupaciones y errores, de pasiones y parcialidades, que hayan reflexionado maduramente sobre la naturaleza de las cosas, y el carácter de los hombres; que sepan atraerlos por la fuerza de los principios y no por la violencia; que conozcan la influencia del clima, sobre lo moral y lo físico, y la influencia aún más grande, de los usos antiguos, que solo su antigüedad hace respetarlos ciegamente; que sepan calcular con exactitud las relaciones sociales, por un conocimiento fijo de todos sus enlaces, y que determinen antes, cuál será el juego de los nuevos resortes políticos, puestos en movimiento; que combinen igualmente los resultados de su acción por afuera, y que midan la preponderancia que podrá tener el pueblo regenerado, en la balanza de las naciones, ya por su gobierno, ya por su comercio. Después de haber trazado el plan, es indispensable que le lleven adelante con firmeza, sin exasperar a nadie; y que hallen el arte de merecer la confianza pública, al mismo tiempo que destruyen una infinidad de intereses particulares: es necesario que sepan sostenerse en una elevación que siempre vaya creciendo, por el bien que se opera; que miren solamente la masa del pueblo, sin distinguir los individuos; que caminen entre la sabiduría y el vigor, la justicia y la razón, la estabilidad y los principios; en una palabra, que no se detengan, por pequeños embarazos, por vanos clamores, por débiles contrariedades; que no se atemoricen por algunos contratiempos parciales; que tengan la serenidad de espíritu necesaria, para preverlo todo, para prevenirlo, y remediar sin dilación los males accidentales: en fin, que sean tan grandes como la obra en que se ocupan, tan respetables como el Pueblo de quien sellan los derechos; que estén profundamente penetrados de sus obligaciones, y tengan siempre presente que un olvido, una ligereza, una debilidad, puede costar muchas lágrimas y sangre, a una multitud de ciudadanos. La cualidad primera de un legislador, es la abnegación de sí mismo: debe mirar exclusivamente en sus trabajos el bien general, y no esperar otra recompensa de sus fatigas, de sus esfuerzos, que la gloria de haber atraído la virtud entre los hombres, presentándoles leyes propias para lograr su felicidad.

¡Dichosa tú, amada Patria mía, si logras unos legisladores tan sabios y virtuosos! He aquí las principales máximas, que conducen al buen éxito de una revolución; he aquí los principios generales, que se deben seguir para establecer una Constitución sabia, justa y permanente.

Americanos de todos los Estados, profesiones, colores, edades y sexos: Habitantes de todas las provincias: patricios y nuevos pobladores, que veis con dolor la desgraciada suerte de vuestro país; que amáis el orden, la justicia y la virtud; y que deseáis vivamente la libertad: oíd la voz de un patriota reconocido, que no os habla, ni aconseja sino por vuestro bien, por vuestro interés, y por vuestra gloria. La patria después de trescientos años de la más inhumana esclavitud pide a voces, un gobierno libre; la hora para el logro de un bien tan grande y precioso, ha llegado ya; las circunstancias nos convidan y favorecen; reunámonos, pues, inmediatamente para tan heroico fin; impongamos silencio a toda otra pasión, que no sea la del bien público; contribuyamos todos, con nuestras luces, con nuestras haciendas, con nuestras fuerzas, con nuestras vidas, al restablecimiento de la felicidad general; sacrifiquémoslo todo, si es necesario, para el bien de la patria; tomemos todos las armas: sí, a las armas, a las armas todos; resuena por todas partes: viva el Pueblo Soberano, y muera el despotismo. Porfiemos todos en ser los primeros en romper las cadenas de la esclavitud; vosotros, intrépidos y valerosos guerreros, unios inmediatamente al pueblo, sostened su partido; ministros de Jesucristo, exhortad a todos a la defensa de sus derechos, rogad a Dios por el pronto y feliz logro de esta empresa; individuos del bello sexo, contribuid también con vuestro poderoso influjo: esposas fieles y tiernas madres, animad a vuestros maridos, a vuestros hijos; castas viudas y doncellas honradas, no admitáis favores, ni deis vuestras manos a quien no haya sabido pelear valerosamente por la libertad de su patria; nadie tenga por buen marido, por buen hijo, por buen hermano, por buen pariente, ni por buen paisano, a todo aquel que no defienda con el mayor tesón la causa pública; a todo aquel, que volviese la espalda al enemigo; tiemble éste a nuestra presencia; llénese de terror y espanto al ver nuestra intrepidez, nuestro valor y constancia; quede de una vez confundido el vicio, exaltada la virtud, destruida la tiranía, y triunfante la libertad.

c) 1797. Derechos del hombre y el ciudadano

Máximas republicanas

Artículo Primero

El objeto de la sociedad, es el bien común: todo gobierno es instituido para asegurar al hombre el goce de sus derechos naturales e imprescriptibles.

II Estos derechos son, la igualdad, la libertad, la seguridad y la propiedad.

III Todos los hombres son iguales por naturaleza, y por la ley.

IV La ley, es la declaración libre y solemne de la voluntad general: ella es igual para todos, ya sea que proteja, ya que castigue; no puede ordenar sino aquello que es justo y útil a la sociedad, ni prohibir sino lo que es perjudicial.

V Todos los ciudadanos tienen igual derecho para obtener los empleos públicos: los pueblos libres no conocen otros motivos de preferencia en sus elecciones, que la virtud y el talento.

VI La libertad consiste en poder hacer todo lo que no perjudica a los derechos de otro; tiene por principio la naturaleza, por regla la justicia, y por salvaguardia la ley: sus límites morales se contienen en esta máxima: hagas a otro lo que quieres que se te haga a ti.

VIl El derecho de manifestar su modo de pensar y opiniones, sea por medio de la prensa, o de cualquiera otro modo, el de juntarse pacíficamente, y el libre ejercicio de los cultos, no pueden ser prohibidos.

La necesidad de dar a conocer sus derechos supone, o la presencia, o el reciente recuerdo del despotismo.

VIII La seguridad consiste en la protección acordada por la sociedad a cada uno de sus miembros, para la conservación de su persona, de sus derechos y de sus propiedades.

IX La ley debe proteger, así la libertad pública como la de cada individuo en particular, contra la opresión de los que gobiernan.

X Ninguno debe ser acusado, preso, ni detenido, más que en los casos determinados por la ley, y según las fórmulas prescritas por ella. Todo ciudadano llamado, o requerido por la autoridad de la ley, debe obedecer al instante; si se resiste, se hace culpable.

XI Todo acto ejecutado contra un hombre fuera de los casos, y sin las fórmulas que la ley determina, es arbitrario y tiránico: aquel contra quien se quiera ejecutar, tiene derecho para resistirse.

XII Aquellos que solicitasen, expidiesen, firmasen, ejecutasen, o hiciesen ejecutar actos arbitrarios, son culpables y deben ser castigados.

XIII Todo hombre debe ser tenido por inocente, hasta tanto que haya sido declarado culpable: si se juzga indispensable su prisión, todo rigor que no sea necesario para asegurarse de su persona, debe prohibirse severamente por la ley.

XIV Ninguno debe ser juzgado, ni castigado antes de haber sido oído, o llamado legalmente, y en virtud de una ley promulgada antes de haber cometido el delito. La ley que castiga delitos cometidos antes de su publicación, es tiránica: el efecto retroactivo dado a la ley, es un crimen.

XV La ley no debe imponer sino penas absoluta y evidentemente necesarias: las penas deben ser proporcionadas al delito, y útiles a la sociedad.

XVI El derecho de propiedad, es aquel que pertenece a todo ciudadano de gozar y de disponer a su gusto, de sus bienes, de sus adquisiciones, del fruto de su trabajo, y de su industria.

XVII Ningún género de trabajo, de cultura, ni de comercio, se puede prohibir a los ciudadanos.

XVIII Todo hombre puede entrar al servicio de otro, pero no puede venderse, ni ser vendido. Su persona es una propiedad inajenable. La ley no conoce esclavitud: entre el hombre que trabaja, y aquel que le emplea no puede existir más que una obligación mutua de cuidado y de reconocimiento.

XIX Ninguno puede ser privado de la menor porción de su propiedad sin su consentimiento, si no es en el caso de que una necesidad pública legalmente probada lo exija, y bajo la condición de una justa y anticipada indemnización.

XX Ninguna contribución puede ser impuesta con otro fin que el de la utilidad general: todos los ciudadanos tienen derecho de concurrir a su establecimiento, de vigilar sobre su empleo, y de hacerse dar cuenta.

XXI Los socorros públicos son una obligación sagrada: la sociedad debe mantener a los ciudadanos desgraciados, ya sea procurándoles ocupación, ya asegurando modos de existir a aquellos que no están en estado de trabajar.

XXII La instrucción es necesaria a todos: la sociedad debe proteger con todas sus fuerzas los progresos del entendimiento humano, y proporcionar la educación conveniente a todos sus individuos.

XXIII La seguridad social consiste en la unión de todos, para asegurar a cada uno el goce, y la conservación de sus derechos.

Esta seguridad está fundada sobre la soberanía del Pueblo.

XXIV Ella no puede subsistir, si los límites de las funciones públicas no están claramente determinados por la ley, y si la responsabilidad de todos los funcionarios no está asegurada.

XXV La soberanía reside en el Pueblo: es una e indivisible, imprescriptible e inalienable.

XXVI Ninguna porción del Pueblo puede ejercer el poder del Pueblo entero; pero cada parte de la soberanía en junta, debe gozar del derecho de manifestar su voluntad, con una libertad entera.

XXVII Todo individuo que usurpe la soberanía, sea al instante muerto por los hombres libres.

XXVIII Un pueblo tiene en todo tiempo el derecho de examinar, reformar, o mudar su Constitución.

Una generación no puede someter a sus leyes las generaciones futuras.

XXIX Cada ciudadano tiene un derecho igual para concurrir a la formación de la ley, y al nombramiento de sus diputados, o de sus agentes.

XXX Los empleos públicos son esencialmente temporales, nunca deben ser considerados como distinciones, ni como recompensas, sino como obligaciones.

XXXI Los delitos de los diputados del Pueblo y de sus agentes, jamás deben quedar sin castigo: ninguno tiene el derecho de pretender ser más impune que los demás ciudadanos.

XXXII El derecho de presentar peticiones a los depositarios de la autoridad pública, no puede en ningún caso ser prohibido, suspendido, ni limitado.

XXXIII La resistencia a la opresión, es la consecuencia de los otros derechos del hombre.

XXXIV Hay opresión contra el cuerpo social, al punto que uno solo de sus miembros es oprimido, y hay opresión contra cada miembro en particular, a la hora que la sociedad es oprimida.

XXXV Cuando el gobierno viola los derechos del Pueblo, la insurrección es para éste, y para cada uno de sus individuos, el más sagrado e indispensable de sus deberes.

Máximas republicanas

No basta el no hacer mal alguno, es necesario hacer todo el bien que se pueda.

El buen republicano cree firmemente que hay un Dios; a este Ser Supremo consagra sus primeros pensamientos y alabanzas, y rinde incesantemente sus homenajes; él es quien le dio un alma inmortal, quien recompensa la virtud, castiga el vicio, y ha hecho a todos los hombres libres, e iguales.

El culto más digno de Dios, es la observancia de sus preceptos, la práctica de las virtudes, y de los derechos del hombre.

Aquel que sirve bien a su Patria, con sus talentos, y con sus brazos, sirve bien al Ser Supremo.

La Patria es el objeto amado de todo hombre de bien: la libertad y la igualdad, son dones del cielo que una República virtuosa no pierde jamás.

El hombre libre no mira más que a su Patria: en todo lo que hace, en todo lo que emprende, siempre la tiene presente.

El amor de la Patria tiene la virtud por base.

El hombre virtuoso encierra el cumplimiento de sus deseos en la observancia de las leyes de su país: toda su gloria consiste en seguirlas religiosamente.

El buen patriota trabaja para el bien general, siempre une su propio interés, al de todos sus conciudadanos.

El amor a la Patria purifica los corazones, corrobora la virtud, fija y asegura la independencia del universo: él solo produce los héroes y los grandes hombres, y con él se puede todo.

La Patria aprecia las denunciaciones verdaderas y fundadas, pero aborrece la calumnia: la ley castiga con la pena del talión a los falsos delatores.

Las buenas costumbres, el desinterés y la frugalidad, preservan del estado de esclavitud: el desenfreno destruye la salud, la envidia está casi siempre unida con el crimen, la ambición produce la discordia, y la intriga la pérdida de la estimación del hombre de bien.

En una República, el hombre no se pertenece a sí mismo: pertenece todo entero a la causa pública, da cuenta a su Patria de todas sus acciones, del empleo de su tiempo, y de sus modos de existir: procura la ilustración de sus hermanos, y con su ejemplo propaga siempre y hace estimar las virtudes, que solas forman las Repúblicas.

La pereza y la ociosidad son crímenes en una República: el hombre debe ganar el pan con el sudor de su rostro, y pagar a la Patria con su trabajo, los bienes que le proporciona.

El republicano es un verdadero amigo de la humanidad: no es injusto con nadie, socorre con gusto a los infelices, respeta a los débiles, defiende a los oprimidos, hace a los demás todo el bien que puede, y no se halla contento sino cuando ha hecho algún gran servicio a sus semejantes.

Ninguno es absolutamente señor de sí mismo, todos los hombres dependen de la sociedad. Mal haya aquel que no sabe respetar las leyes, que no mira sino por sí solo, y que ignora lo que debe a la sociedad entera.

Lo que constituye una República no es, ni las riquezas, ni las dominaciones, ni el entusiasmo pasajero: son las leyes sabias, la destrucción de los intrigantes y ambiciosos, las virtudes públicas, la pureza de las costumbres, y la estabilidad de las máximas del hombre de bien.

El ciudadano libre y virtuoso es el objeto más apreciable de toda la naturaleza: siempre sincero, jamás engaña; él es el apoyo y la consolación del inocente, y el terror de los malvados. Justo, encuentra la felicidad en sí mismo, oye los elogios y la sátira; pero sabe que el más dichoso de los mortales, es el que sirve útilmente a su Patria.

La obligación del que tiene mucho, es socorrer al que tiene poco: un verdadero republicano se impone a sí mismo la obligación de partir sus bienes con los hermanos indigentes.

Un vil egoísta, que insaciable de oro y de riquezas se muestra insensible a los males que afligen a los desgraciados, es horroroso al género humano, y la Patria cansada de su egoísmo le arroja lejos de sí.

La avaricia es la madre de todos los delitos: mucho mejor es perder que ganar ilícita y vergonzosamente. Cualquiera que favorece al usurero, se hace sospechoso de todos sus crímenes.

El republicano sobrio, amigo de la frugalidad, amante de su prójimo, no encierra ni amontona los víveres en tiempo de escasez: no despoja de lo necesario la mesa del vecino menos rico, para cubrir la suya de exquisitos manjares, superfluos y nocivos a la salud; sus sentimientos son más humanos.

Las ciudadanas virtuosas aborrecen el libertinaje, conducto impuro de todos los vicios; ellas suavizan y purifican las costumbres, fomentan el patriotismo, preparan socorros a los defensores de la Patria, consuelan las familias de aquellos que han perdido la vida por la libertad, y deseando merecer el dulce nombre de madres, alimentan y crían sus hijos para que un día, fuertes y vigorosos, puedan defender y conservar los imprescriptibles derechos de la libertad.

Los republicanos virtuosos están siempre unidos como hermanos y amigos: entre ellos reina la mayor armonía, el más grande respeto, la más noble emulación; pero no se conoce la envidia: se fuerzan los unos a los otros al cumplimiento de sus deberes; la reputación de sus semejantes les es tan estimable como la suya propia; no se contentan solo con ser justos, sino que combaten y no permiten jamás las injusticias.

Un magistrado republicano, no abusa jamás de la confianza del Pueblo que le ha dado el encargo de vigilar sobre la ejecución de las leyes. Su obligación es comunicar sus sentimientos con dulzura y franqueza, y hablar siempre el lenguaje de la razón. Activo, vigilante, paciente e incorruptible, es el modelo de todas las virtudes: sometido él primero a las leyes de su país, si las quebranta, se hace culpable de todos los perjuicios que se sigan al pueblo.

El republicano, en fin, es económico, sobrio y frugal: amigo del pobre, de la viuda y del huérfano, es con ellos liberal y generoso; sin fausto, simple y modesto en sus vestidos, es enemigo del lujo y del orgullo; siempre pacífico, igual y tranquilo, mira a sus semejantes sin envidia; es buen padre, buen hijo, buen marido y buen vecino; la paz y la concordia reinan en su familia, y alrededor de él; respeta a los sabios y a los ancianos, obedece a las leyes, estima a los magistrados, es amigo verdadero y fiel de las virtudes y de la probidad; justo para con sus hermanos, la felicidad de ellos hace la suya; y nada de lo que le rodea es desgraciado.

2. El Precursor de la Independencia. Francisco de Miranda

a) 1798. Proyecto de constitución americana[25]

1. Proyecto de Gobierno Provisorio.

Toda autoridad que emane del gobierno español queda abolida *ipso facto*. Las leyes existentes quedarán en vigor con excepción de las que se expresen en este proyecto.

Comicios

Los comicios los formarán los habitantes nacidos o ya establecidos en el país, cualquiera que sea la casta a que pertenezcan, con tal tengan la edad de veintiún años, hayan prestado juramento a la nueva forma de gobierno y a la independencia americana, tengan una renta anual al menos de 50 pesos, sean hijos de padre y madre libres, no ejerzan el oficio de sirvientes con sueldo, y no hayan sufrido ninguna pena infamante.

Cabildos Las autoridades españolas serán sustituidas por Cabildos y Ayuntamientos de las diferentes ciudades, los que agregarán al número de sus miembros un tercio escogido entre los indios y la gente de color de la provincia; pero estas designaciones habrán de ser confirmadas por los comicios municipales. Ninguno de los miembros de los dichos Cabildos o Ayuntamientos podrá ser menor de treinta y cinco años, ni tener una propiedad menor de 20 fanegas de tierra cultivada; los indios y la gente de color serán dispensados de esta última condición por una sola vez.

Los Cabildos escogerán entre sus miembros y todos los ciudadanos del distrito, dos que serán denominados Alcaldes, y quienes, como en el pasado, estarán encargados de la administración de justicia y también de la policía durante

25 El documento a) «Proyecto de Constitución americana», está tomado de la obra *Francisco de Miranda. Textos sobre la Independencia*, Biblioteca de la Academia Nacional de la Historia, no 13, Caracas, 1959.

la guerra actual. Esta elección debe recaer en ciudadanos de una probidad reconocida, de edad no menor de treinta y cinco años y de una renta anual de 300 pesos a lo menos.

Asambleas

Los Cabildos escogerán de su seno y entre todos los ciudadanos del distrito, uno o varios representantes (según la población de cada ciudad) y formarán una Asamblea Provincial encargada del gobierno general de toda la provincia, hasta que se establezca el gobierno federal.

La edad requerida para los miembros de esta Asamblea no ha de ser menor de treinta y cinco años, y deben tener una renta anual de 400 pesos. La Asamblea nombrará dos ciudadanos, bien entre sus miembros o entre los ciudadanos de la provincia, con la denominación de Caracas, quienes tendrán encargo de activar y hacer ejecutar las leyes provinciales durante la guerra; su edad de cuarenta años y su renta anual de 500 pesos.

Las leyes existentes seguirán rigiendo hasta ser sustituidas por otras. Quedarán abolidos *ipso facto*:

1.º Todo impuesto o gravamen personal para los indios o para los demás ciudadanos; 2.º Todos los derechos sobre las importaciones y exportaciones del país. Solo se mantendrá un derecho de 15 % sobre las importaciones y de 20 % sobre las exportaciones. Se permite la entrada al país de toda clase de manufactura y mercancías, así como la salida de toda clase de producciones del país; 3.º Todas las leyes referentes al odioso Tribunal de la Inquisición.

Como la tolerancia religiosa es un principio de derecho natural, se le permitirá en lo general; el pueblo colombiano reconoce siempre la religión católica, apostólica romana, como su religión nacional.

Milicia

La milicia, así como toda la fuerza armada, será puesta bajo la dirección de un ciudadano nombrado por la Asamblea y confirmado por los comicios de la provincia: llevará el título de Hatunapa (generalísimo) de los ejércitos colombianos, y su autoridad solo durará el tiempo que dure la guerra o hasta la formación del gobierno federal. Su principal deber será la organización del ejército y la defensa del país, y a este efecto propondrá a la sanción de la Asamblea todos los oficiales. La asamblea nombrará tres personas con quienes el Hatunapa consultará, bajo secreto, todos los asuntos relativos a su encargo, y que le servirán de consejo.

Los fondos necesarios para mantener, mover y acuartelar el ejército se obtendrán por requisición del General en Jefe, hasta que la Asamblea pueda hacer un arreglo definitivo sobre el particular.

El Hatunapa es responsable de la administración de todos estos intereses, así como del empleo que haga de sus poderes. El gobierno tendrá derecho de pedirle rinda cuentas al término de su encargo.

Clero

El clero estará durante la guerra bajo la dirección de un Vicario General y Apostólico, nombrado por la Asamblea. Los curas de toda la provincia serán también nombrados, o al menos confirmados, por sus feligreses respectivos.

Reglamento

Los extranjeros que no se hayan establecido o casado en el país antes de nuestra declaratoria de independencia, no podrán gozar de los derechos ciudadanos americanos, a menos de una residencia consecutiva de seis años, o de hacer tres campañas en los ejércitos americanos. La Legislatura podrá, sin embargo, en casos especiales, y cuando lo crea conveniente, otorgar estos derechos.

A los habitantes de cualquier categoría, que rehusaren prestar el juramento de fidelidad, se les confinará al interior del país, en puntos determinados por el gobierno y por el tiempo que dure la guerra. A los que pidieren permiso para salir del país se les dará inmediatamente. La propiedad raíz o de otro género que dejaren en el país, será administrada con toda fidelidad durante su ausencia, deduciendo los gastos de administración y los impuestos generales. Restablecida la paz, quedarán en libertad de regresar al país en calidad de extranjeros, y se les restituirán sus bienes; pero los que hubieren servido voluntariamente en los ejércitos contra su patria, quedarán excluidos de ella a perpetuidad.

Todo ciudadano que quebrantare el juramento de fidelidad al país será perseguido ante los magistrados y castigado severamente conforme a las leyes del Estado.

2. Proyecto de Gobierno Federal

Son ciudadanos americanos: 1.° Todos los que hayan nacido en el país de padre y madre libres; 2.° Todos los extranjeros que, establecidos y casados en el país, presten juramento de fidelidad al nuevo gobierno, o siendo Solteros hagan tres campañas por la independencia americana. De otro modo permanecerán en clase de extranjeros. La legislatura podrá, sin embargo, en casos particulares y cuando lo crea conveniente, acordar estos derechos.

Comicios americanos

Estas Asambleas las compondrán todos los ciudadanos americanos que tengan, además de las cualidades requeridas por la Constitución, una propiedad territorial al menos de 100 fanegas de tierra cultivada y sean mayores de veintiún años.

El gobierno cuidará de distribuir a cada indio que no tenga propiedad suficiente, 10 fanegas si es casado, y 5 si es soltero.

Cuerpos Municipales (Cabildos)

Estos cuerpos los formarán cierto número de ciudadanos del distrito, a quienes designarán los ciudadanos activos, y compondrán un cuerpo de electores para la presentación provincial.

Sus deberes principales serán la policía y administración interna de las ciudades, así como la designación de las personas que deban formar las Asambleas provinciales.

Los miembros de los Cuerpos Municipales no serán menores de treinta y cinco años y deberán tener una renta anual al menos de 500 pesos.

Asambleas Provinciales

Estas Asambleas se compondrán de un número de personas escogidas entre los ciudadanos activos del imperio americano.

Tendrán a su cargo la salubridad y administración provinciales, y a este efecto podrán dictar leyes administrativas que se circunscriban a los límites de la propia provincia y que no pongan trabas a la ejecución de las leyes generales, para lo cual se someterán aquéllas al Cuerpo Legislativo, el que sin retardo y en el año corriente habrá de devolverlas con su sanción para ponerlas en vigencia, o bien dando las razones de su negativa si las rechazare.

Los miembros de las Asambleas Provinciales elegirán entre los ciudadanos americanos las personas que deban componer el Cuerpo Legislativo, y tendrán ante éste derecho de petición. Su edad no será menor de treinta años y deberán poseer una propiedad raíz al menos de 30 fanegas.

La duración de estas autoridades será de cinco años; y elegirán igualmente a dos ciudadanos americanos para ejercer en la provincia el cargo de Poder Ejecutivo, por cinco años. Los últimos tendrán el título de Curacas; no serán menores de 40 años y deberán ser propietarios de al menos 150 fanegas de tierra cultivada.

Cuerpo Legislativo

El Cuerpo Legislativo se compondrá de representantes nombrados por las diferentes Asambleas Provinciales (Amautas), en número proporcional al de la población de cada provincia, y que sean ciudadanos de la provincia que los envía. Habrán de ser propietarios de al menos 150 fanegas y tener la edad de treinta y cinco años. Esta Asamblea se llamará Concilio Colombiano y será el único cuerpo que dicte leyes para toda la Federación Americana, leyes que pasarán por simple mayoría de votos; pero serán sometidas a la sanción del Poder Ejecutivo, quien tendrá el derecho de rechazar el proyecto de ley, siempre que al hacerlo exponga sus observaciones. Si después de esto votare el Concilio la misma ley con una mayoría de dos tercios, el Poder Ejecutivo deberá conformarse a la nueva decisión, y sin demora la pondrá en ejecución como ley de Imperio.

Si el Concilio, por mayoría de dos tercios, encontrare que una ley constitucional cualquiera requiere reforma o cambio, el Poder Ejecutivo la pasará a las diferentes Asambleas Provinciales para su asentamiento; y si la sancionaran las tres cuartas partes de las Asambleas será aprobada y puesta en ejecución. Las Asambleas, viceversa, podrán tomar la iniciativa, y en este caso, si la aprueban los tres cuartos del Concilio será igualmente ley constitucional y se pondrá en ejecución.

Poder Ejecutivo

El Poder Ejecutivo, nombrado por el Concilio Colombiano, se compondrá de dos ciudadanos elegidos entre todos los del Imperio que sean mayores de cuarenta años, posean una propiedad de 200 fanegas y hayan servido uno por lo menos de los grandes cargos del Imperio. Los dos miembros del Poder Ejecutivo durarán dos lustros. Para la reelección de uno o ambos, será preciso un intervalo de diez años.

Los miembros del Poder Ejecutivo tendrán el título de Incas, nombre venerable en el país.

Uno de los Incas permanecerá constantemente en la ciudad federal, cerca del Cuerpo Legislativo y el otro recorrerá las provincias del Imperio.

Los Incas nombrarán dos ciudadanos para ejercer el cargo de Cuestores o administradores del Tesoro Público; dos para el cargo de Ediles, que se ocuparán principalmente en la construcción y reparo de los caminos del Imperio, etc., y seis ciudadanos que, con el título de Censores, harán levantar el censo del Imperio, vigilarán la instrucción pública y cuidarán de la conservación de las buenas costumbres. La edad de los Censores no será menor de cuarenta y cinco años, ni de cuarenta la de los Ediles y Cuestores. La duración de sus cargos será solo de cinco años, haciéndose enseguida nuevos nombramientos.

En las provincias y en los ejércitos habrá varios Cuestores, con la sola atribución de percibir las rentas públicas, pagar los ejércitos, etc. Todo de conformidad con las leyes y reglamentos del Imperio.

En todas las Provincias habrá también Ediles, quienes como los de la capital, cuidarán del buen estado de las ciudades, edificios públicos, templos, acueductos, cloacas, y mercados públicos, pesos y medidas, etc. Ejercerán la censura de las obras dramáticas, y tendrán bajo su dirección los juegos y fiestas públicos.

Los Censores tendrán también subdelegados en las provincias, con en cargo de hacer el censo según la forma adoptada para el de la capital, censo que se pasará puntualmente al gobierno cada cinco años, para tener así el estado exacto de la población de todo el Imperio. Examinarán además, si los ciudadanos cultivan bien sus tierras, si viven largo tiempo sin casarse, si se han comportado con valor en la guerra, etc.

Los Incas serán responsables ante la nación de todos los actos de su administración, y no obstante la inmunidad de sus personas durante el ejercicio de sus magistraturas, podrán ser, terminadas sus funciones públicas, acusados o juzgados ante la Alta Corte Nacional.

El Poder Ejecutivo tendrá el cargo esencial de velar por la seguridad del Imperio: en consecuencia, podrá hacer la guerra defensiva en caso de ataque de un enemigo cualquiera, pero no podrán continuarla sin el consentimiento del Concilio Colombiano. En ningún caso podrá declarar la guerra sin estar autorizado por el Concilio, y necesitará también autorización de este cuerpo para llevarla fuera de los límites del territorio imperial.

En casos de extrema gravedad, el Concilio decretará el nombramiento de un Dictador (con el mismo poder que se daba en Roma a los dictadores, y el cargo durará solo un año). Los Incas escogerán la persona que haya de desempeñar este cargo sagrado. El dictador habrá de tener a lo menos cuarenta y cinco años de edad, y será preciso que haya ejercido uno de los grandes cargos del Imperio.

Poder Judicial

Este poder se compondrá de los jueces que presidan los diferentes tribunales de las provincias, y serán elegidos en comicios provinciales, en el número que considere conveniente el Poder Ejecutivo, de acuerdo con las Asambleas provinciales.

El Inca dará o negará su aprobación a la elección de jueces efectuada por los comicios. En caso de negarla, lo participará al Concilio y si éste confirma la negativa, llamará a nuevos comicios; pero en caso contrario el juez queda legítimamente nombrado y se le dará posesión de su destino.

Los jueces tendrán las cualidades de ciudadanos activos y no podrán ser menores de cuarenta años. Serán inamovibles y vitalicios, salvo el caso de prevaricación. Si tal sucediere, se les acusará ante el Concilio, que examinará los cargos. Si los encontrare insuficientes, rechazará la acusación; si la declarare con lugar, la pasará a la Alta Corte Nacional (único tribunal competente para juzgar a los Incas).

La constitución de los tribunales y los juicios por jurados, serán enteramente conformes a lo estatuido en Inglaterra y en los Estados Unidos de América. Se nombrará primero un jurado especial, hasta que la masa de los ciudadanos se encuentre más o menos acostumbrada a la libertad; jurado que conocerá solamente de los asuntos civiles o criminales.

El Poder Ejecutivo nombrará la Alta Corte Nacional que se compondrá de un presidente y de dos jueces, elegidos entre los jueces nacionales. Esta Corte conocerá de los negocios relativos al Derecho de Gentes, a los tratados con las potencias extranjeras, y juzgar por último a todos los magistrados y demás personas acusadas de prevaricación o de cualquier otro crimen de Estado.

Culto La religión católica, apostólica, romana será religión nacional, y la jerarquía del clero americano la determinará un Concilio provincial que se convocará al efecto. Dado que la Constitución admite una perfecta tolerancia, ningún ciudadano será molestado por sus ideas religiosas.

Los ministros del Evangelio no podrán ser molestados de ninguna manera en el ejercicio de sus funciones. Por tanto todo notario público, procurador o abogado, será excluido del servicio militar y de cualquier función civil.

Toda persona que enajenare sus tierras perderá el preciso derecho de ciudadano, y solo podrá recuperarlo cuando adquiera la cantidad de tierras necesarias al efecto.

Las personas que descuidaren el cultivo de sus tierras por dos años consecutivos, serán castigados por los magistrados, de acuerdo con las leyes.

La ciudad federal se establecerá en el punto más central (tal vez en el istmo de Panamá), y llevará el nombre augusto de Colombo, a quien se debe el descubrimiento de esta bella parte de la tierra.

b) 1801. Proyecto constitucional

Londres, 2 de mayo de 1801

Toda autoridad emanada del Gobierno Español queda abolida *ipso facto*.

a) Comicios.

Los comicios serán formados por todos los habitantes nacidos o ya establecidos en el país, sin distinción de castas; siempre que tengan la edad de veintiún años; que hayan prestado juramento a la nueva forma de gobierno y a la independencia americana; que tengan una renta anual de treinta seis piastras; que hayan nacido de padre y madre libres; que no ejerzan un servicio de domésticos; ni que hayan sufrido una pena infamante.

b) Cabildos.

En lugar de las antiguas autoridades son sustituidas por los Cabildos y Ayuntamientos de las diferentes ciudades. Estos agregarán a su número un tercio de sus miembros escogidos entre los indios y la gente de color de la Provincia; y todos serán confirmados por los Comicios Municipales. Ningún miembro podrá tener menos de veinticinco años de edad, ni una propiedad menor de diez fanegadas de tierra. Los Indios y las Gentes de Color serán dispensadas de esta última circunstancia por el momento. Los Cabildos escogerán entre ellos a todos los ciudadanos del Distrito, dos que se nombrarán Alcaldes y que (como en el pasado serán encargados de administrar la justicia, así como la policía del Distrito durante la guerra). Se tendrá cuidado de que esta escogencia recaiga sobre ciudadanos de una probidad reconocida, y cuya edad sea sobre los treinta años, y que tenga una renta anual de trescientas c) Asambleas.

Los Cabildos nombrarán de su seno y entre todos los ciudadanos del Distrito, uno o varios miembros (según la población de la ciudad que ellos representen) que formarán una Asamblea Provisional, encargada del gobierno general de toda la Provincia, hasta que se establezca el Gobierno Federal.

La edad requerida para estos miembros no será menor de treinta años y una renta anual de cuatrocientas piastras: Esta Asamblea nombrará dos ciudadanos entre ellos y los de la Provincia con la denominación de Curacas: Estos serán encargados de cultivar y hacer ejecutar las leyes provinciales durante la guerra. Deberán tener treinta años de edad y una renta anual de quinientas piastras.

Las leyes existentes subsistirán como en el pasado hasta la formación de otras: sin embargo serán derogadas, *ipso facto* las siguientes:

1.º Todo impuesto o tasa personal tanto para los indios como para los otros ciudadanos.

2.º Todos los derechos sobre las importaciones y las exportaciones del país; quedando solamente un derecho de cinco por ciento sobre las importaciones y de dos por ciento sobre las exportaciones. La entrada de toda manufactura y mercancía queda permitida.

3.º Todas las leyes que conciernen al odioso Tribunal de la Inquisición: La tolerancia religiosa siendo un principio de Derecho Natural estará permitida; el pueblo americano reconociendo siempre la Religión Católica, Romana, como su Religión Nacional.

d) Milicias.

La milicia así como toda fuerza armada será puesta bajo la dirección de un ciudadano americano, que será nombrado por la Asamblea y confirmado por los Comicios de la Provincia. El llevará el título de Generalísimo de los Ejércitos Americanos, y su autoridad no durará más que el tiempo de la guerra o hasta la formación de un Gobierno Federal. Su deber principal será la organización del ejército y la defensa del país; y a este efecto él propondrá todos los oficiales a la aprobación de la Asamblea, a la cual igualmente someterá los planes y operaciones militares, etc.

Los fondos necesarios para mantener y equipar el ejército serán previstos por la Asamblea.

El General quedará responsable de la administración de todos estos intereses así como del empleo que haga de sus poderes: El Gobierno se reserva el derecho de que se le rindan cuentas a la salida del cargo.

e) Clero.

El clero quedará durante la guerra bajo la dirección de un Vicario General, que será nombrado por la Asamblea: Los curas de todas las provincias serán nombrados por la Asamblea o confirmados por su parroquianos respectivos.

f) Reglamento.

Todos los extranjeros que no estén establecidos o casados en el país antes de la declaración de nuestra independencia no podrán gozar de los derechos de los ciudadanos americanos, a menos de hacer una residencia de seis años continuos en el país o de servir dos campañas en los ejércitos americanos. La Legislatura podrá sin embargo en casos particulares acordar estos derechos a favor de aquellos que ella juzgue conveniente.

Los habitantes de cualquier especie que rehusaren prestar el juramento cívico se les exigirá retirarse al interior del país, a los lugares designados por el Gobierno, solamente durante la guerra. Y los que pidieran salir del país tendrán el permiso sin dilación. La propiedad rural u otra que pudieren dejar será fielmente administrada durante su ausencia, deduciendo los gastos simples de administración, así como el impuesto general. En tiempos de paz ellos podrán entrar libremente al país en calidad de extranjeros y serán puestos en posesión de sus bienes. Los que hayan tomado las armas en contra de su Patria serán excluidos a perpetuidad.

Todo ciudadano que habiendo prestado el juramento de fidelidad al país tuviese la desgracia de violarlo, será perseguido por ante el Magistrado y castigado severamente conforme a las leyes.

c) 1806. Proclama a los pueblos de Colombia[26]

Proclamación

Don Francisco Miranda, Comandante General del Ejército Colombiano, a los pueblos habitantes del Continente América-Colombiano.

26 Las frases entre paréntesis no se encuentran en el impreso: están agregadas manuscritas por el mismo Miranda en el ejemplar de su Archivo. (N. de P. G.)

Valerosos compatriotas y amigos: Obedeciendo a vuestros llamamientos, y a las repetidas instancias y clamores de la Patria, en cuyo servicio hemos gustosamente consagrado la mejor parte de la vida; somos desembarcados en esta Provincia de Caracas, la coyuntura y el tiempo nos parecen sumamente favorables para la consecución de vuestros designios; y cuantas personas componen este Ejército son (amigos) o compatriotas vuestros: todos resueltos a dar la vida, si fuese necesario por vuestra libertad e Independencia (bajo los auspicios y protección de la Marina Británica).

Con estos auxilios podemos seguramente decir, que llegó el día por fin, en que recobrando nuestra América su soberana Independencia, podrán sus hijos libremente manifestar al Universo sus ánimos generosos. El opresivo insensato gobierno, que oscurecía estas bellas cualidades, denigrando con calumnias nuestra modestia y carácter consiguió también mantener su abominable sistema de administración por tres siglos consecutivos: mas nunca pudo desarraigar de nuestros corazones aquellas virtudes morales, y civiles que una religión santa, y un código regular inculcó en nuestras costumbres formando un honesto índole nacional.

Valgámonos pues de estas mismas estimables prendas, para que expelidos los pocos odiados agentes del gobierno de Madrid, podamos tranquilamente establecer el orden civil necesario a la consecución de tan honrosa empresa. La recuperación de nuestros derechos como ciudadanos, y de nuestra gloria nacional como Americanos Colombianos, serán acaso los menores beneficios que recojamos de esta tan justa como necesaria determinación.

Que los buenos e inocentes indios, así como los bizarros pardos y morenos libres crean firmemente que somos todos conciudadanos y que los premios pertenecen exclusivamente al mérito, y a la virtud en cuya suposición obtendrán en adelante infaliblemente, las recompensas militares y civiles, por su mérito solamente.

Y si los pueblos holandeses y portugueses pudieron en otro tiempo sacudir el yugo de la opresora España; si los suizos y americanos nuestros vecinos igualmente consiguieron establecer su libertad e independencia, con aplauso general del mundo, y en beneficio de sus habitantes, cuando cada uno de estos pueblos separadamente apenas contaban de dos a 3 millones de habitantes ¿por qué pues nosotros que por lo menos somos 16 millones no lo ejecutaríamos fácilmente? ¿poseyendo además de ello, el Continente más fértil, más inexpugnable, y más rico de la tierra? El hecho es, que todo depende de nuestra voluntad solamente —¡y así como el querer constituirá indubitablemente nuestra Independencia, la Unión nos asegurará permanencia y felicidad perpetua: iOuiérole así la Divina Providencia para alivio de nuestros infelices compatriotas; para amparo y beneficio del género humano! Las personas timoratas, o menos instruidas que quieran imponerse a fondo de las razones de justicia, y de equidad que necesitan estos procedimientos, junto con los hechos históricos que comprueban la inconcebible ingratitud, inauditas crueldades, y persecuciones atroces del gobierno español hacia los inocentes e infelices habitantes del nuevo mundo, desde el momento casi de su descubrimiento; lean la Epístola adjunta de don Juan Viscardo de la Compañía de Jesús, dirigida a sus compatriotas, y hallarán en ella irrefragables pruebas, y sólidos argumentos en favor de nuestra causa, dictados por un varón-santo, y a tiempo de dejar el mundo, para parecer ante el Criador del Universo.

Para llevar este Plan a su debido efecto, con seguridad y eficacia, serán obligados los Ciudadanos sin distinción de clases, estado, ni color (los eclesiásticos solamente exceptos, en la parte que no sean designados) de conformarse estrictamente a los Artículos siguientes:

I. Toda persona militar, judicial, civil o eclesiástica que ejerza autoridad comunicada por la Corte de Madrid, suspenderá ipso tacto sus funciones —y el que las continuase después de la presente publicación, así como el que las obedeciese, serán soberanamente castigados.

II. Los Cabildos y Ayuntamientos en todas las ciudades, villas y lugares ejercerán en el ínterin todas las funciones de gobierno, civiles, administrativas y judiciales con responsabilidad, y con arreglo a las Leyes del país; y los curas párrocos, y de misiones permanecerán en sus respectivas iglesias y parroquias, sin alterar el ejercicio de sus sagradas funciones.

III. Todos los Cabildos y Ayuntamientos enviarán uno o dos diputados al cuartel general del Ejército, a fin de reunirse allí un gobierno provisorio que conduzca en tiempo oportuno, a otro general y permanente, con acuerdo de toda la nación.

IV. Todo ciudadano desde la edad de dieciséis, hasta la de cincuenta y cinco años, se reunirá sin dilación a este Ejército, trayendo consigo las armas que pueda procurarse y si no las tuviese, se les darán en los depósitos militares del Ejército; con el grado juntamente que convenga a su celo, talentos, edad y educación.

V. El ciudadano que tenga la bajeza de hacer causa común con los agentes del gobierno español, o que se hallase con armas en campamento, ciudadela o fuerte poseído por dicho gobierno será tratado y castigado como un traidor a su patria. Si por el empleo que actualmente pueda poseer algunos de ellos, en servicio de la España, creyese su pusilanimidad que el honor le compele a servir contra la independencia de su patria, serán estos desterrados a perpetuidad del país.

VI. Por el contrario, todos aquellos que ejerciendo en la actualidad empleos militares, civiles o de cualquier especie se reuniesen con prontitud bajo los estandartes de la patria, recibirán honras y empleos proporcionado al celo y amor al país que hubiesen manifestado en tan importante coyuntura: los soldados y marineros serán premiados igualmente conforme a su capacidad y celo.

VIl. Los depositarios del tesoro público lo pondrán inmediatamente a disposición de los Cabildos y Ayuntamientos, quienes nombrarán sujetos aptos para el manejo, y para suplir al Ejército colombiano cuanto sea necesario a su manutención y operaciones; no solamente en dinero, sino también en provisiones, vestuario, frutos, carruajes, mulas, caballos, etc.

VIII. Para precaver toda especie de insulto o agresión de parte de la gente de guerra y puestos avanzados del ejército —los magistrados y curas párrocos de las ciudades, villas y poblados (bajo su personal responsabilidad) harán fijar la bandera o insignia de la Independencia Nacional en la parte superior más conspicua de las iglesias, —y los ciudadanos llevarán también en el sombrero la escarapela que denote ser tales, pues sin ella no serían respetados y protegidos como hermanos.

IX. Esta Proclamación será fijada por los curas párrocos y por los magistrados en las puertas de las iglesias parroquiales, y de las casas del Ayuntamiento para que llegue con brevedad a noticia de todos los habitantes y así mismo harán leer en las Parroquias, y casas de Ayuntamiento respectivas una vez al día por lo menos, la carta anteriormente mencionada del C. Viscardo, que acompaña este edicto.

X. Cualesquiera impedimento, retardo, o negligencia que se oponga al cumplimiento de estos nueve precedentes Artículos, será considerada como un grave perjuicio nacional, y castigada inmediatamente con severidad; —¡La salud pública es la Ley Suprema! Fecha en el Cuartel General de Coro a 2 del mes de agosto, de 1806.

FRAN. DE MIRANDA.

3. Instalación de la Junta Suprema de Venezuela en el glorioso día 19 de abril de 1810[27]

Acta del Ayuntamiento de Caracas En la ciudad de Caracas a 19 de abril de 1810, se juntaron en esta sala capitular los señores que abajo firmarán, y son los que componen este muy ilustre Ayuntamiento, con motivo de la función eclesiástica del día de hoy Jueves Santo, y principalmente con el de atender a la salud pública de este pueblo que se halla en total orfandad, no solo por el cautiverio del Señor don Fernando Séptimo, sino también por haberse disuelto la junta que suplía su ausencia en todo lo tocante a la seguridad y defensa de sus dominios invadidos por el Emperador de los franceses, y demás urgencias de primera necesidad, a consecuencia de la ocupación casi total de los reinos y provincias de España, de donde ha resultado la dispersión de todos o casi todos los que componían la expresada junta, y por consiguiente el cese de sus funciones. Y aunque, según las últimas o penúltimas noticias derivadas de Cádiz, parece haberse sustituido otra forma de gobierno con el título de Regencia, sea lo que fuese de la certeza o incertidumbre de este hecho, y de la nulidad de su formación, no puede ejercer ningún mando ni jurisdicción sobre estos países, porque ni ha sido constituido por el voto de estos fieles habitantes, cuando han sido ya declarados, no colonos, sino partes integrantes de la Corona

27 El original manuscrito del Acta se halla en el «Libro de Actas, resoluciones y acuerdos del Muy Ilustre Ayuntamiento (de Caracas)» correspondiente a los años 1810-1814. El texto reproducido ha sido tomado de la obra titulada *Acta del 19 de abril. Documentos de la Suprema Junta de Caracas*, editada por el mencionado Concejo Municipal, Caracas, 1960.

de España, y como tales han sido llamados al ejercicio de la soberanía interina, y a la reforma de la constitución nacional; y aunque pudiese prescindirse de esto, nunca podría hacerse de la impotencia en que ese mismo gobierno se halla de atender a la seguridad y prosperidad de estos territorios, y de administrarles cumplida justicia en los asuntos y causas propios de la suprema autoridad, en tales términos que por las circunstancias de la guerra, y de la conquista y usurpación de las armas francesas, no pueden valerse a sí mismos miembros que compongan el indicado nuevo gobierno, en cuyo caso el derecho natural y todos los demás dictan la necesidad de procurar los medios de su conservación y defensa; y de erigir en el seno mismo de estos países un sistema de gobierno que supla las enunciadas faltas, ejerciendo los derechos de la soberanía, que por el mismo hecho ha recaído en el pueblo, conforme a los mismos principios de la sabia constitución primitiva de la España, y a las máximas que ha enseñado y publicado en innumerables papeles la junta suprema extinguida. Para tratar, pues, el muy ilustre Ayuntamiento de un punto de la mayor importancia, tuvo a bien formar un cabildo extraordinario sin la menor dilación, porque ya pretendía la fermentación peligrosa en que se hallaba el pueblo con las novedades esparcidas, y con el temor de que por engaño o por fuerza fuese inducido a reconocer un gobierno ilegítimo, invitando a su concurrencia al señor Mariscal de campo don Vicente de Emparan, como su presidente, el cual lo verificó inmediatamente, y después de varias conferencias, cuyas resultas eran poco o nada satisfactorias al bien público de este leal vecindario, una gran porción de él congregada en las inmediaciones de estas casas consistoriales, levantó el grito, aclamando con su acostumbrada fidelidad al señor don Fernando Séptimo y a la soberanía interina del mismo pueblo; por lo que habiéndose aumentado los gritos y aclamaciones, cuando ya disuelto el primer tratado marchaba el cuerpo capitular a la iglesia metropolitana, tuvo por conveniente y necesario retroceder a la sala del Ayuntamiento, para tratar de nuevo sobre la seguridad y tranquilidad pública. Y entonces, aumentándose la congregación popular y sus clamores por lo que más le importaba, nombró para que representasen sus derechos, en calidad de diputados, a los señores doctores don José Cortés de Madariaga, canónigo de merced de la mencionada iglesia, doctor Francisco José de Rivas, presbítero, don José Félix Sosa y don Juan Germán Roscio, quienes llamados y conducidos a esta sala con los prelados de las religiones fueron admitidos, y estando juntos con los señores de este muy ilustre cuerpo entraron en las conferencias conducentes, hallándose también presentes el señor don Vicente Basadre, intendente del ejército y real hacienda, y el señor brigadier don Agustín García, comandante subinspector de artillería; y abierto el tratado por el señor Presidente, habló en primer lugar después de S. S. el diputado primero en el orden con que quedan nombrados, alegando los fundamentos y razones del caso, en cuya inteligencia dijo entre otras cosas el señor Presidente, que no quería ningún mando, y saliendo ambos al balcón notificaron al pueblo su deliberación; y resultando conforme en que el mando supremo quedase depositado en este Ayuntamiento muy ilustre, se procedió a lo demás que se dirá, y se reduce a que cesando igualmente en su empleo el señor don Vicente Basadre, quedase subrogado en su lugar el señor don Francisco de Berrio, fiscal de Su Majestad en la real audiencia de esta capital, encargado del despacho de su real hacienda: que cesase igualmente en su respectivo mando el señor brigadier don Agustín García, y el señor don José Vicente de Anca, auditor de guerra, asesor general de gobierno y teniente gobernador, entendiéndose el cese para todos estos empleos: que continuando los demás tribunales en sus respectivas funciones, cesen del mismo modo en el ejercicio de su ministerio los señores que actualmente componen el de la real audiencia, y que el muy ilustre Ayuntamiento, usando de la suprema autoridad depositada en él, subrogue en lugar de ellos los letrados que merecieron su confianza: que se conserve a cada uno de los empleados comprendidos en esta suspensión el sueldo fijo de sus respectivas plazas y graduaciones militares; de tal suerte, que el de los militares ha de quedar reducido al que merezca su grado, conforme a ordenanza: que continúen las órdenes de policía por ahora, exceptuando las que se han dado sobre vagos, en cuanto no sean conformes a las leyes y prácticas que rigen en estos dominios legítimamente comunicadas, y las dictadas novísimamente sobre anónimos, y sobre exigirse pasaporte y filiación de las personas conocidas y notables, que no pueden equivocarse ni confundirse con otras intrusas, incógnitas y sospechosas: que el muy ilustre Ayuntamiento para el ejercicio de sus funciones colegiadas haya de asociarse con los diputados del pueblo, que han de tener en él voz y voto en todos los negocios: que los demás empleados no comprendidos en el cese continúen por ahora en sus respectivas funciones, quedando con la misma calidad sujeto el mando de las armas a las órdenes inmediatas del teniente coronel don Nicolás de Castro y capitán don Juan Pablo Ayala, que obrarán con arreglo a las que recibieren del muy ilustre Ayuntamiento como depositario de la suprema autoridad: que para ejercerla con mejor orden en lo sucesivo, haya de formar cuanto antes el plan de administración y gobierno que sea más conforme a la voluntad general del pueblo: que por virtud de las expresadas facultades pueda el ilustre Ayuntamiento tomar las providencias del momento que no admitan demora, y que se publique por bando esta acta, en la cual también se insertan los demás diputados que posteriormente fueron nombrados por el pueblo, y son el teniente de caballería don Gabriel de Ponte, don José Félix Ribas y el teniente retirado don Francisco Javier Ustáriz, bien entendido que los dos primeros obtuvieron sus nombramientos por el *gremio de pardos*, con la calidad de suplir el uno las ausencias del otro, sin necesidad de su simultánea concurrencia. En este estado notándose la equivocación padecida en cuanto a los diputados nombrados por el gremio de pardos se advierte ser solo el expresado don José Félix Ribas. Y se acordó añadir que por ahora toda la tropa de actual servicio tenga prest y sueldo doble, y firmaron y juraron la obediencia a este nuevo gobierno.

Vicente de Emparan. — Vicente Basadre. — Felipe Martínez y Aragón. Antonio Julián Álvarez. — José Gutiérrez del Rivera. — Francisco de Berrío. — Francisco Espejo. — Agustín García. — José Vicente de Anca. — José de las Llamosas. — Martín Tovar Ponte. — Feliciano Palacios. — J. Hilario Mora. — Isidoro Antonio López Méndez. — Licenciado Rafael González. — Valentín de Rivas. — José María Blanco. Dionisio Palacios. — Juan Ascanio. — Pablo Nicolás González. Silvestre Tovar Liendo. — Doctor Nicolás Anzola. — Lino de Clemente. — Doctor José Cortés, como Diputado del Clero y del Pueblo. — Doctor Francisco José Rivas, como Diputado del Clero y del Pueblo. — Como Diputado del Pueblo doctor Juan Germán Roscio. — Como Diputado del Pueblo, doctor Félix Sosa. — José Félix Ribas. — Francisco Javier Ustáriz. — Fr. Felipe Mota, prior. — Fr. Marcos Romero, guardián de San Francisco. — Fr. Bernardo Lanfranco, comendador de la Merced. — Doctor Juan Antonio Rojas Queipo, rector del seminario. — Nicolás de Castro. — Juan Pablo Ayala. — Fausto Viaña, escribano real y del nuevo Gobierno. — José Tomás Santana, secretario escribano.

Publicación del Acta del Ayuntamiento En el mismo día, por disposición de lo que se manda en el acuerdo que antecede, se hizo publicación de éste en los parajes más públicos de esta ciudad, con general aplauso y aclamaciones del pueblo, diciendo: viva nuestro rey Fernando VII: nuevo gobierno, muy ilustre Ayuntamiento y diputados del pueblo que lo representan: lo que ponemos por diligencia, que firmamos los infrascritos escribanos de que damos fe.

Viaña, Santana.

4. 1810. Creación de la Sociedad Patriótica de Agricultura y Economía[28]

Por la Secretaría de Estado se ha expedido el Decreto siguiente: Para que se fomente cuanto es posible la agricultura del País, se adelanten las artes más compatibles con nuestras necesidades actuales, progrese el comercio, se generaliza y perfeccione la educación pública de la juventud de ambos sexos, y toquen mejor el objeto de su destino los establecimientos de beneficencia que tenemos, o se promuevan otros en alivio de la humanidad; ha determinado la Suprema Junta que se forme y establezca una sociedad patriótica de Agricultura y economía, que teniendo por fin principal de su instituto el adelantamiento de todos los ramos de industria rural de que es susceptible el clima de Venezuela, se extienda también en sus investigaciones a cuanto pueda ser objeto de un honrado, celoso y bien entendido patriotismo. Para que se verifique un proyecto tan importante con que su S. A. desea proporcionar todas las ventajas posibles a los habitan-

28 El decreto de creación de la Sociedad Patriótica, del 14 de agosto de 1810, se publicó en la *Gazeta de Caracas*, n.° 114, vol. 1, de 24 de agosto de 1810. Se ha reproducido en *Textos oficiales de la Primera República de Venezuela*, vol. 1 de la Biblioteca de la Academia Nacional de la Historia, Caracas, 1959.

tes del País y a los de las Provincias del departamento que quieran asociarse a el; ha decretado encargar a alguno de sus vocales la formación de un Reglamento que sirva de base a las tareas de esta corporación: y deseando igualmente que todo el que quiera contribuir con sus conocimientos y luces al mejor acierto de este pensamiento, pueda ejecutarlo sin embarazo alguno; lo comunica al público para su inteligencia y que los Sres. doctor don Juan Germán de Roscio y don Francisco Javier de Ustáriz recibirán los avisos o memorias que se les dirijan sobre el particular y satisfarán los reparos, la curiosidad y los deseos de los que quisieren acercarse a ellos para imponerse del estado y progreso de este trabajo. —Comuníquese a quien corresponda y publíquese en la Gazeta. Caracas, 14 de agosto de 1810.

5. Los teorizadores

a) Juan Germán Roscio. Patriotismo de Nirgua y abuso de los Reyes. 1811[29]

Advertencia

Una parte del vecindario de Nirgua, engañada con las dobles calumnias que inventaron y propagaron contra Caracas en punto de religión varios eclesiásticos regulares y seculares de Valencia, con el designio de subvertir el sagrado sistema de

29 Los textos de Roscio reproducidos en la presente selección provienen de sus *Obras*, editadas en 3 Vols., Secretaría General de la Décima Conferencia Interamericana, Caracas, 1953, compiladas y anotadas por Pedro Grases.
El texto de 1811, «El Patriotismo de Nirgua y abuso de los Reyes», se publicó en Caracas en un folleto. Las notas al texto son de Roscio. El escrito es del «Palacio Federal de Venezuela, a 18 de septiembre de 1811».

Venezuela, y preparar esta Provincia a los tiros napoleónicos, bajo el ominoso nombre de Fernando VII, había adolecido de este mal cerca de tres días: pero, desengañada por la ilustración y patriotismo de su vecina la ciudad de San Felipe, volvió al camino de la verdad, juró su independencia con demostraciones muy distinguidas, y, comunicándolo al Gobierno por medio de su Ayuntamiento, obtuvo la siguiente contestación: Ya se había librado a usted la orden de 11 del corriente para que informase al supremo poder ejecutivo sobre la conducta que hubiese observado en consecuencia del cisma abortado en Valencia por la intriga, los embustes y perfidia de los enemigos de la libertad de Venezuela y de toda la América cuando, por mano de su diputado en congreso, recibió S. A. el testimonio de la acta del día 2 que comprende el pormenor de las ocurrencias. Por ella se califica la prudencia con que usted evadió el peligro, y la sublimidad de sentimientos que manifestó, arrojando en una hoguera en esa plaza pública el retrato y armas de Fernando, el hijo de María Luisa, y el pendón que, como monumentos de ignominia y servidumbre, permanecían en la sala de ese cuerpo capitular, depositados por transmisión de nuestros progenitores fascinados con la idolatría que se tributa a los reyes, apoyada y propagada de generación en generación, por el monopolio que éstos tenían con varios eclesiásticos que, abusando de su ministerio y de las santas Escrituras, empeñaban su palabra en mantener la ilusión en los pueblos para que no se instruyesen del vicioso origen de los reyes, langostas del género humano que tanto ha gemido bajo su sanguinario cetro de hierro, empuñado por lo común sin otro título que el de la fuerza y usurpación.

Piensan muchos ignorantes que el vivir sin rey es un pecado y este pensamiento, fomentado por los tiranos y sus aduladores, se ha hecho tan común, que para definir el vulgo a un hombre malvado suele decir que vive sin rey y sin ley. Sin ley, es verdad, nadie puede vivir, porque está impresa en el corazón de todos los hombres por el Autor de la Naturaleza, y sería un monstruo cualquiera que viviese sin ella; pero sin rey cualquiera puede y debe vivir, porque es un gobierno pésimo, nacido casi siempre de la violencia y del fraude, fomentado por el fanatismo y la superstición y transmitido por esta vía desde el gentilismo hasta nuestros días.

Sin rey vivieron nuestros primeros padres; sin rey vivieron sus descendientes antes del Diluvio; sin rey vivieron los de la familia de Noé y toda su posteridad más de doscientos años después del Diluvio, y vivieron con menos males que los que sobrevivieron a la aparición de los reyes; sin rey vivieron las repúblicas de la antigua Grecia y entonces florecieron en ellas las virtudes, las artes y las ciencias; sin rey vivieron los romanos más de 500 años, desde la muerte de los Tarquinos hasta la usurpación de César, Lépido, Marco Antonio y Octavio, o hasta la batalla de Accio: más de cinco siglos vivieron republicanamente y entonces fueron tantas las virtudes del pueblo romano, que a ellas atribula San Agustín la gloria y grandeza de su república, la extensión y los triunfos de sus armas. Sin rey vivieron otras muchas repúblicas modernas, y sin rey vive la primera que recobró su independencia y libertad en este Nuevo Mundo; sin rey vivió Abraham y su sobrino Loth; sin rey vivió su numerosa descendencia más de 800 años, hasta que su ingratitud mereció ser castigada con el gobierno de los reyes en tiempo de Samuel. Ninguno más que este profeta sabía la viciosa conducta de los reyes: él la refiere en un discurso excelente y acomodado a las cortes de nuestros tiempos, cuyos desórdenes son los mismos que entonces manifestaba el divino Samuel, transmitidos por desgracia hasta nosotros y derivados todos de la idolatría.

Dios no crió reyes ni emperadores, sino hombres hechos a imagen y semejanza suya. Pecó el hombre, y su pecado trajo sobre sí y sobre su posteridad la muerte y todo género de penas. La tierra por todas partes producía abrojos y espinas para vengar la prevaricación de Adán; pero la divina Justicia rehusaba castigar su desorden primitivo con el gobierno monárquico: fue menester que otra ingratitud del pueblo escogido exigiese el azote de los reyes bajo la sombra de la idolatría.

Aunque pecó el hombre quedó siempre ilesa su voluntad y libre albedrío para establecer el gobierno que fuese más conveniente a su felicidad, y de esta fuente nace el derecho que tienen los pueblos para quitar, alterar o reformar el gobierno establecido cuando así lo exige la salud pública, y el convencimiento de ser establecido para servir, no para dominar a los hombres; para hacerlos felices, no para abatirlos; para conservar su vida, su libertad y sus propiedades, no para oprimirlos ni sustraerles sus fueros sagrados e imprescriptibles.

El gobierno republicano fue el primero porque es más conforme a la naturaleza del hombre. Antes del Diluvio y mucho tiempo después, se conservó el gobierno popular, se conservaron las repúblicas, y no conocían ni monarquías ni aristocracias. Aún no había llegado a tanto grado la codicia y ambición, que un solo hombre aspirase a enseñorearse de sus semejantes, a esclavizarlos y venderlos como ganado o mercancía. Aún no eran conocidas entre los hombres aquellas alteraciones que posteriormente sirvieron de pretexto a la clasificación de los individuos de la especie humana. La uniformidad de color y otros accidentes sostenían el sistema republicano entre los descendientes de Adán y de Noé.

Se multiplica la generación de este patriarca, desconfía de la palabra con que Dios le había prometido no enviar más diluvio universal sobre la tierra y emprende la fábrica de la torre de Babel. Se disipa esta empresa, no con la introducción de reyes, sino con la confusión de lenguas. Sesenta y dos idiomas forman otras tantas divisiones que, desistiendo de la fábrica de la torre, se esparcen sobre la redondez del globo, se multiplican y crecen; pero no alteran el sistema de gobierno popular sino cuando, abandonando la ley natural y cayendo de vicio en vicio, sustituyeron al divino culto la idolatría. Entonces es que aparece en medio de ella la primera alteración. Un joven valiente y astuto, acostumbrado a la caza de fieras, es el primero que adquiere entre los asirios o babilonios un gran séquito de admiradores, domina por la fuerza a sus semejantes, sustituye el nombre del rey al de usurpador o ladrón, que eran sinónimos, y de la caza de fieras se convirtió en cazador de los hombres. *Venator hominum*, le llama la Escritura.

Su mal ejemplo en el siglo III, después del Diluvio, excitó la imitación de otros ambiciosos y avaros. Al paso que se aumentaba la idolatría, se aumentaba también el número de los imitadores de Nembrod. Este era el nombre del primero que se tituló monarca y señor de los que tuvieron la desgracia de vivir bajo su mando. En la idolatría que los produjo hallaron medios de multiplicarse y conservarse sin necesidad de la fuerza continuada de las armas. Valía más que ellas la falsa opinión que inspiraba el error y la ignorancia. De aquí resultó considerarse ya como punto de religión el engrandecimiento y desmesurada ambición de estos opresores. Con este escudo lograron el amparo de su opresión, y que los oprimidos se abstuviesen de recuperar con frecuencia sus derechos usurpados. Lograron mucho más. Degradado el hombre por su falsa creencia, adquirió tanto exceso la degradación, que no contentos con la muchedumbre de dioses celestiales, también adoraban como tales innumerables sublunares. Las más despreciables sabandiras, las más humildes yerbas eran otras tantas deidades que multiplicaban asombrosamente el politeísmo. El hombre más borracho y la mujer más prostituta también se deifican, y son colocados en el catálogo de los dioses. Baco y Venus reciben adoraciones entre los gentiles, y ya los reyes no tenían sino un brevísimo paso que dar para llegar también a ser reputados y adorados como deidades.

La licencia del demonio en aquellos tiempos, y los sacerdotes de los ídolos fueron los medios de que se valieron los reyes para lograr sus designios. Por medio de ellos engañan a los pueblos y les hacen creer que su autoridad venía inmediatamente de los cielos: que ningún monarca tenía superior sobre la tierra, que su voluntad era la de los dioses, que aunque fuesen tiranos y malévolos, debían ser reconocidos, obedecidos y adorados como divinos: que solo Júpiter, el gran padre de los dioses, podía exigirles cuenta y razón de su procedimiento, juzgarlos y corregirlos: que sus leyes todas, como inspiradas por el santo Numen, debían ser obedecidas y ejecutadas, por más injustas y perniciosas que fuesen.

Tantos absurdos infundidos entre aquella gente idólatra por medio de sus sacerdotes, eran considerados como artículos de fe y sostenían el despojo escandaloso que los pueblos habían sufrido en su soberanía. He aquí el origen del orgullo y de la más dura tiranía de los reyes. Abatidos los hombres con la creencia de tantos embustes, perdieron su dignidad y así como, envilecidos hasta lo sumo, adoraban a las enfermedades que afligían al género humano, así también idolatraban a sus tiranos y usurpadores. Sus personas eran otros, tantos ídolos ante quienes doblaban la rodilla sus ciegos adoradores. Otras veces recibían en sus estatuas las adoraciones que les tributaban el fanatismo y la superstición de tantos súbditos oprimidos. Es muy notable el ejemplo de

Nabucodonosor, pero no fue invención suya el hacerse adorar en estatua: era ya costumbre inveterada de sus predecesores y casi no había uno entre sus semejantes que dejase de usurpar y profanar tan escandalosamente los derechos de la divinidad. ¿Qué mucho, pues, que usurpasen la soberanía de los pueblos? Usurpación de los derechos del cielo, usurpación de los derechos del pueblo, era todo el compendio de la ley que practicaban los tiranos que imitaban y sucedían a Nembrod en el siglo V después del Diluvio. Para más hacer valer el dictado de rey, fue fácil imponerlo a sus falsas deidades, así como habían logrado atribuirle los mismos vicios del hombre depravado, el rapto, el adulterio y las usurpaciones.[30] Oscurecida la tierra con las tinieblas de la idolatría, no producía sino los amargos frutos de la ignorancia y del desorden de las costumbres. Este era su lastimoso estado cuando, compadecidos los cielos de los males que gravitaban sobre ella, la preservan de su total corrupción: resuena entonces la voz de Dios verdadero y se establece en una pequeña parte del globo aquella excepción feliz, de donde había de nacer el encargado de quebrantar las cadenas de la tiranía. Abraham es llamado para que en su persona y familia se conserve la religión verdadera, y un gobierno contrapuesto al de los reyes. Odioso el nombre de estos déspotas entre los hombres libres, lo era mucho más para el Santo Patriarca; pero Dios quería que su aversión fuese mayor y, con esta mira, permite que su sobrino Loth caiga en manos de cuatro reyes que andaban coligados en sus acostumbradas correrías, talando y saqueando el valle de la Pentápolis. Irritado Abraham con esta noticia, se arma con 318 de sus domésticos, sale a la

30 Sembrada de absurdos la astrología de aquellos tiempos, también tuvo parte en la lisonja de estos déspotas, fingiendo al cielo tan interesado en sus personas, que destinase a los cometas para anunciar su fallecimiento.

campaña en busca de estos cuatros vándalos, los bate, los derrota, rescata a su sobrino y vuelve a su casa cargado de ricos despojos.

Más aborrecido que antes el nombre de los reyes en la casa de este patriarca, se multiplican sus descendientes, detestando la dominación de aquellos tiranos y son dominados bajo otro sistema de amor y beneficencia, el más conforme a las leyes de la naturaleza. En Egipto, después de la muerte de sus favorecedores, se fomenta el odio de los reyes bajo la tiranía de otro Faraón que gobernaba a los israelistas con vara de hierro; pero ellos, acaudillados del mejor Patriota de aquellos tiempos, quedaron independientes y libres de su imperio a pesar del juramento de obediencia que los ligaba. Enojando a Dios de tiempo en tiempo, son reducidos por castigo a la opresión y cautiverio de otros monarcas extranjeros; pero arrepentidos de su ingratitud vuelven a su primitivo estado de independencia y libertad, y escarmentados por el despotismo de sus opresores permanecían siempre firmes en el propósito de no tener jamás monarquía en su pueblo. El pésimo ejemplo de los gentiles dominados todos por reyes a la sombra de la idolatría inficionaba muchas veces a los hebreos y los inducía a este pecado. De esta imitadora manía resultó también el apetito de llevar con los idólatras el yugo de la real servidumbre. Conciben la idea de ser gobernados monárquicamente como los paganos y hacen a Dios esta loca petición. Por medio de Samuel les manifiesta Dios su necedad y los males que sufrirían si fuesen dominados por el rey. No admitía ninguna réplica el célebre discurso con que les hablaba el profeta. Nada tenían que oponer contra él los israelitas que fuese capaz de cohonestar su insensata pretensión. Insisten, sin embargo, en ella y no alegan sino el mal ejemplo de las naciones del paganismo. Determina Dios castigar su ingratitud y necedad dándoles rey; pero de tal condición que él solo bastase a comprobar las verdades que les había predicho Samuel. Fácil era haber concedido el derecho de reinar sobre ellos a uno de los monarcas confinantes con la tierra de promisión. No era menester buscarlo a dos o tres mil leguas de distancia, pero tan repugnante era esta providencia al orden natural de las sociedades políticas, al bien y felicidad de sus individuos, que no quiso Dios redoblar con ello el azote que descargaba sobre aquel pueblo ingrato. Tampoco quiso abusar del nombre madre patria para sacar de ella el rey que solicitaban los hebreos. Habitado estaba el país donde había nacido el padre de los creyentes; pobladas se hallaban entonces las orillas del Tigris y del Éufrates, donde empezaron a multiplicarse los hijos del primer poblador. No carecían de habitantes las llanuras de Senaar, que fueron las primeras que ocuparon los descendientes de Adán cuando ya no cabían en las márgenes de aquellos ríos: era numerosa la población del territorio donde se establecieron y crecieron después del Diluvio los individuos de la familia del segundo poblador universal. Todos estos semilleros primitivos eran otras tantas madres patrias verdaderas y no falsas como la vieja madrastra española.[31] Mas, careciendo de todos tiempos este título de la facultad de dominar. Saúl, que había nacido en el mismo pueblo que debía gobernar y vivía entre los que habían de sujetarse a su gobierno, es el primer rey que corresponde al desordenado apetito de los hebreos. Termina trágicamente la carrera de sus delitos y le sucede David. Fue santo este monarca, pero su santidad no procedió de su real nombramiento: ella hubiere sido mayor si David no hubiese subido al trono de Israel: entonces le fal-

31 Lejos de contribuir la España a la población de estos países la disminuyó con el destrozo de once millones; y le faltó, por consiguiente, el mérito para titularse madre patria; cuyo honor pertenece a la Tartaria oriental, de donde salieron los pobladores de esta parte del mundo.

tarían las ocasiones que lo indujeron al adulterio de Bethsabé y homicidio de Urias. Salomón sucede a su padre David, y su dinastía es reconocida y jurada en todo Israel. A pesar de estos vinculas bastó solo el exceso de las contribuciones para que todo el pueblo proclamase con razón su independencia y libertad luego que falleció Salomón. Raboan, su primogénito, insistiendo en hollar como su padre la soberanía de las tribus, es el autor de esta novedad y por ella su reinado queda reducido a lo mínimo. El patriota Jeroboan dirige esta revolución, y sus méritos y servicios ponen en sus manos las riendas del gobierno por unánime consentimiento de la diez tribus que se habían desprendido justamente de la casa de David.[32]

Viene al mundo el Mesías prometido, no con la idea de fundar monarquías, sino una república de salud eterna, cuando casi todos gemían bajo la tiranía del demonio y de sus vicarios los reyes y emperadores. Para que fuese más notable la redención de Jesucristo permite Dios que gimiesen entonces los mortales bajo esta doble servidumbre. Jesucristo, cuyo carácter era el de Libertador y redentor, no podía aprobar la usurpación de los emperadores de Roma y demás opresores de aquella época. Protestando no haber venido a quebrantar la ley, sino a cumplirla, era imposible que atacase el derecho natural de la soberanía de los pueblos que tantas veces habían recuperado y sostenido los israelitas con expresa aprobación del mismo Dios. Pagó tributo al César; pero su contribución no denotaba otra cosa que aquella obediencia pasiva que exige de los individuos la autoridad

32 Una misma y sola familia, una sola y misma monarquía, una sola y misma nación eran las doce tribus; y ellas, por la sola violación de un derecho, quedan con justicia divididas en dos potencias independientes y libres.

constituida, salvo siempre el derecho de las sociedades para recobrar sus poderes usurpados.

La doctrina de Jesucristo era una declaración de los derechos del hombre y de los pueblos. Sin cesar les hablaba de su igualdad primitiva, los consolaba de los horrores de la tiranía, los exhortaba en términos muy expresos a que no tomasen la cualidad de señor[33] porque solo tenían uno que era el mismo Jesucristo, y todos los demás hombres eran hermanos. Recomendaba la obediencia a los superiores aunque fuesen díscolos, pero su recomendación jamás se dirigía a los pueblos soberanos. Hablaba a los particulares no a las sociedades políticas de quienes es el deber de formar sus gobiernos. Obediencia pasiva e individual que no podía imponerse a la majestad y soberanía de los pueblos superiores a los monarcas: sumisión racional y no ciega era lo que exigía de los individuos este divino Libertador por boca del Apóstol[34] en su carta a los romanos. Nada agradaba a los emperadores de Roma ni a sus satélites esta doctrina. Ellos temían que se hundiese el coloso de su potencia y despotismo si los pueblos llegaban a instruirse perfectamente de ella. De este temor resultó la persecución que movieron contra el cristianismo. Más de tres siglos se practicó en el imperio romano. Los perseguidores procuraron ahogar el cristianismo en la sangre de los mártires, pero en vano trabajaron, su persecución aumentaba el número de los cristianos y cuanto más crecía el de los mártires tanto más se propagaba la religión católica.

Frustrados los tirios por esta vía sanguinaria desistieron de ella y entraron en otra más favorable a su tiranía. Intentaron entonces corromper al cristianismo, introduciendo las riquezas en la Iglesia y otras cosas del siglo. Donaciones,

33 Math., V. 8, 9 y 10.
34 Ad Roman., 12, v. 1.

empleos, dignidades temporales fueron los nuevos recursos que emprendieron los enemigos del nombre cristiano para obtener por esta senda lo que no hablan podido lograr por medio de la persecución. Profesaban el cristianismo con esta mira política; concedían franquezas y privilegios a las iglesias y eclesiásticos, halagaban con señoríos seculares a los primeros prelados y pusieron en movimiento otros resortes halagüeños para ganar la voluntad y correspondencias de sus beneficiados. En cambio de todas estas liberalidades nada más esperaban que sostener y fomentar su despotismo por medio de los eclesiásticos, y aun de la misma religión de Jesucristo que abiertamente les condenaba. A la sombra de estas falacias ganaron tanto terreno en favor de su opresión y tiranía que, según dice San Bernardo, en poco estuvo que las hijas sofocasen a la madre. Los pontífices y los déspotas formaron una liga criminal para remachar los grillos a las naciones. Desde entonces aquellos delirios políticos abortados por la idolatría, el fanatismo y la superstición de los gentiles, y tan lisonjeros para los monarcas, empezaron a reproducirse desgraciadamente en la Iglesia. Interesados en su reproducción, los prelados que obtenían dignidades seculares de la capciosa generosidad de los príncipes del siglo, los escribían y predicaban para canonizar el despojo que sufrían los pueblos en sus derechos sagrados. Los mismos pontífices, convertidos en reyezuelos temporales contra la expresa voluntad de Jesucristo que había protestado *No ser su reino de este mundo*, y contra los cánones primitivos de la Iglesia, que prohibían a los clérigos y monjes mezclarse en las cosas del siglo, apoyaban aquella falsa y perniciosa doctrina que fijaba exclusivamente en el cielo el origen de los reyes y de su autoridad, con agravio y usurpación de la soberanía de los pueblos.

Desde entonces desfiguraba con este rigorismo diabólico aquella ley de gracia tan sublime y ventajosa a la de Moisés, era prohibido al pueblo cristiano el usar de aquellos derechos inalienables que tantas veces había recuperado el pueblo hebreo.[35] Desde entonces las Santas Escrituras, padeciendo en muchos lugares violentas interpretaciones por la malicia de los aduladores del imperio, también concurren al cortejo de la tiranía.[36] Se entregan al silencio los textos más decisivos de la soberanía del pueblo; y nunca, o casi nunca, se oye el célebre discurso del profeta Samuel contra los reyes.

Desde entonces el despotismo, que es un grande error, llamó en su ayuda a la ignorancia para esconder bajo el celemín las verdades fundamentales de los derechos del pueblo; y ambos de convenio intentaron asociar a sus delitos una religión que los condena, y nos ha transmitido los monumentos antiguos del ingenio: una religión que es ofendida, cuando los príncipes y sus aduladores le atribuyen que ella ordena una sumisión ciega, mientras que por el contrario ella llama la discusión y la luz cuando ordena que sea racional nuestro obsequio y nuestra obediencia; una religión que, subordinando el interés personal al social, manda al hombre que se penetre de su dignidad, que cultive su razón; que perfeccione sus facultades para concurrir a la felicidad de nuestros semejantes, en la cual quiere que cifremos la nuestra, y de esta manera ensanchar a nuestra vista la carrera de todo lo bello y lo grande.

Desde entonces aquella máxima de moral que prescribe la obediencia pasiva, y que solo pertenece a tos individuos fue

35 Gracia non destruit sed potius perficit naturam. S. Aug. La más bien perfeccionada naturaleza.

36 De aquí la perogrullada —per me reges regnant—, como si hubiese algún agente que no obrase por Dios, o como si los demás gobiernos que no son monárquicos obrasen por su propia virtud o por el influjo solo de los demonios.

aplicada por la mala fe de los aduladores a las sociedades políticas, y quisieron concluir de ella los tiranos que un pueblo jamás tenía derecho para sacudir las cadenas fraguadas por el despotismo. Desde entonces la elación de los reyes fue insufrible; y aunque no se hacían adorar en estatua como Nabucodonosor, ni deificarse como los emperadores de Roma en su apoteosis, exigían sin embargo muchos honores correspondientes solo a la Divinidad, y todas las funciones y atributos propios de la soberanía de los pueblos.

Desde entonces empezaron a salir condenados por la liga de los reyes con los ministros del culto varios libros y proposiciones políticas que nada tenían de criminales, antes bien, eran todos muy conformes al derecho natural y divino. Proposiciones condenadas por la Iglesia fue el lenguaje inventado por esta coalición para disimular su tiranía, intimar a los lectores y contener a los escritores, condenación ajustada a las miras ambiciosas de los déspotas y ofensiva al interés verdadero de la religión. Aquel tribunal[37] erigido para conservar pura la doctrina del cristianismo, fue degradado, envilecido y entregado a la lisonja de los tiranos, condenando a los escritos que enseñaban al hombre y a los pueblos sus derechos y reprobaban la opresión y tiranía de los reyes. En las asambleas de la Iglesia, instituidas para tratar del dogma y de la disciplina eclesiástica, adquirieron tanto influjo con su intervención, que, desviándose los padres muchas veces del objeto de su instituto, fulminaban decretos y censuras en favor de la monarquía despótica.[38] Toledo fue testigo de este desorden; y los padres del concilio constancience, por adular a los reyes de Francia, condenaron en las sesiones 13 y 15 las

37 Este es aquel tribunal conocido con el nombre de santo que desapareció de entre nosotros el memorable día 11 de noviembre de 1811.

38 Así están excomulgando a los dignos patriotas de México el tribunal de la inquisición y tres indignos prelados europeos incitados por el intruso virrey Venegas. El Español, n.° 13, pág. 23.

proposiciones del virtuoso y sabio Wiclef, que demostraban los elementos del derecho natural y de gentes, comprobados todos con vanos lugares de la Escritura; pero señaladamente con el libro tercero, capítulo 12, de los reyes.

Para los de España fue tan placentera esta condenación que, aceptándola en todas sus partes, la mandaron observar en las universidades y colegios, como punto cardinal de sus estatutos, ordenando que ninguno pudiese obtener cátedra ni grado literario sin que antes jurase no defender, ni aun como probable, la opinión del regicidio y tiranicidio que antes de Wiclef había enseñado el célebre Francisco Juan Petit, y sostuvieron posteriormente los jesuitas. He aquí la verdadera causa porque fueron arrojados de los reinos y provincias de España; todo lo demás fue un pretexto de que se valieron los tiranos para simular el despotismo y contener la censura y venganza que merecía el decreto bárbaro de su expulsión. También lograron extinguir la compañía, y nada tiene de extraño este remate para quien sepa que llegó a tanto grado el desorden de los que cortejaban la tiranía que hubo en el siglo XV un Papa que se atreviese a donar a los reyes de Castilla un mundo que no era suyo, ni de la silla apostólica; inmensas tierras poseídas de muchos millares y millones de propietarios con justo título.

Así violaba Alejandro VI el divino precepto de su misión: en lugar de apacentar las ovejas como lo había encargado Jesucristo, las trasquila Y enajena, despojándolas de todos sus derechos y entregándolas a la servidumbre y rapacidad de unos reyes que si, por arrojar de sus dominios a los moros y judíos, habían merecido el epíteto de católicos, eran dignos del último anatema por la escandalosa usurpación y simonía con que cebaron su codicia y ambición sobre este continente americano.[39]

A vista de tantos desórdenes, mayores que los cometidos bajo de esta línea en los tiempos anteriores al cristianismo, nada hay que admirar cuando aparecen los presentes contaminados de las falsas ideas con que fue obsequiada en el paganismo la viciosa autoridad de los reyes. Una tradición funesta para la libertad de los pueblos ha sido el canal por donde se ha transmitido hasta nuestros días. Otros abusos de los gentiles, derivados por la misma vía, no han sido tan contrarios a la felicidad de los hombres. Los juegos de carnaval no son sino las bacanales con que la ciega gentilidad obsequiaba a su fantástico dios Baca; pero ellos no han car-

39 Vendit Alexander claves, altaria, Christum.
Vendere jure potest emerat ille prius.
Sextus Tarquinus, sextus Nero, sextus el ipse.
Semper sub sextis perdita Roma Fuit.
De vitio in vitium de jloamma cedit in ignem.
Roma sub hispano deperitura jugo.

Vendió Alejandro las llaves, vendió los altares y vendió a Cristo.
No pudo vender con derecho, porque primero lo había comprado.
Tarquina fue sexto, Nerón fue sexto y sexto fue Alejandro.
Siempre imperando los sextos, Roma estuvo perdida.
Cae de vicio y de la llama en el fuego.
Roma perecerá bajo el yugo español.

Compendiosamente trata en estos versos de la conducta pacifica de Alejandro VI, el gran diccionario histórico de Moreri, a cuya vista nadie extrañará la escandalosa y arbitraria enajenación de las Américas.

Alejandro VI es acusado por los historiadores de simoníaco; y esto indican los dos primeros versos. Tarquina, sexto rey de Roma, y Nerón, sexto emperador, fueron un complejo de todos los vicios, y lo mismo se dice de Alejandro, que fue entre los papas el sexto de este nombre. Roma iba de mal en peor, pues salió del yugo de los romanos para caer en el de los españoles, de cuya nación era Alejandro, que se nombrara antes de su pontificado Rodrigo de Borja.

comido como aquéllos los privilegios de la libertad, ni han derramado la sangre con que ese otro fanatismo religioso ha manchado la superficie de la tierra.

Imbuidos de tantas fábulas por sistema de un gobierno desolador, los españoles, americanos y europeos, no es de admirar que haya echado tantas raíces este género de ignorancia: que todavía estén creyendo muchos de ellos que los reyes son deidades, y que agobiados del peso de esta preocupación y fanatismo, teman aún separarse de su dominación, por más esclarecidas que sean las razones que justifican la independencia y separación. Habituados a la esclavitud por tantos siglos, tienen tan relajados los muelles del corazón y del entendimiento, que todavía imaginan que es un delito el quitarse la cadena y proclamar la libertad como lo han practicado todas las naciones del universo.

¡Qué raros son los monarcas que deben este nombre y su autoridad al consentimiento espontáneo y libre de los pueblos, única raíz legítima del poder soberano de los hombres! Casi todos los demás no reconocen otro origen que la fuerza y usurpación.[40] Desde que ella y el fraude empezaron a encadenar a los hombres y a los pueblos enteros, empezaron también los tiranos a profanar el santo nombre de Dios, valiéndose del juramento para reforzar las cadenas de la opresión. No fue destinado a este ultraje aquel acto de religión. No es ella quien lo convierte en vínculo de inquietud, ésta es obra del mismo fanatismo y superstición que sirvieron de apoyo a la tiranía y usurpación de los reyes. No inspiró Dios a los hombres la invocación y garantía de su divino nombre para su ruina y envilecimiento, sino para su bien y felicidad. Faltando estos requisitos, o irrogando males, cualquier juramento deja de ser obligatorio, y sería un criminal

40 Tiranos llamaba Aristóteles a todos los reyes por esta razón. Tot. libr. polit.

quien exigiese su observancia. Es una monstruosidad que aturde, confunde y admira en que tantos millares y millones de hombres sean llevados a profanar la santidad de este acto religioso, sometiéndose como bestias a la dominación de un solo hombre; y lo que es más escandaloso, a la de sus herederos y sucesores. Confundida la dignidad del hombre con las fincas y muebles que quedan por fallecimiento de los propietarios, también ha sido comprendido en la sucesión hereditaria de sus opresores. Sería una impiedad creer que hubiese Dios de recibir con agrado y como obsequio el abatimiento de tantos individuos hechos a imagen y semejanza suya. Mayor impiedad sería el sostener que un juramento dirigido a mantener esta ilusión y desorden fuese valedero y de la divina aceptación.

Desaparezca, pues, de entre nosotros esta maldad y delirio. Sepan todos que el derecho bárbaro de conquista que alegan los usurpadores es incompatible con el sagrado vínculo del juramento, y que su duración no puede ser otra que la de la fuerza del conquistador. Una vez que los conquistados adquieren suficientes fuerzas o coyunturas con que recuperar la carta de sus derechos usurpados, ellos pueden y deben restituirse a su primitivo estado de independencia y libertad. *Nihil tam naturale est, quam unumquodque dissolvi, eo modo, quo colligatum.*[41] Es un principio de derecho recibido aun entre los mismos usurpadores, y contra el cual no puede prevalecer en el orden político ningún juramento ni ninguna duración de tiempo. Los que padecieron la desgracia de ser tan insensatos y preocupados, que no quieren penetrarse de estas verdades eternas, consulten siquiera la historia de todos los siglos y en cada uno de ellos hallarán practicadas estas máximas sin perjurio ni otro género de

41 Nada es más natural que disolverse las cosas del mismo modo que se formaron.

pecado mortal. Abran los libros históricos de la misma España, y la verán proclamando en varios tiempos su independencia y libertad contra varios monarcas a quienes se había sometido con juramento.

Ella había jurado obediencia y vasallaje a los reyes fenicios y cartagineses, y con el auxilio de las armas romanas recobra su independencia y libertad, sin recato de perjurio ni de otra culpa mortal. Juraron los españoles obediencia y vasallaje al imperio romano, y ellos, capitaneados de los godos, vándalos y demás naciones bárbaras del Norte, quedan independientes y libres de los emperadores de Roma. Dominadas por los moros las Españas, juraban los españoles obediencia y vasallaje a los monarcas sarracenos establecidos en los reinos de Córdoba, de Granada, de Sevilla y de Toledo; pero nada obstan sus repetidos homenajes para volver a entrar en sus derechos sin reato de pecado mortal, cuando se hallan en estado de declarar su independencia y libertad primitiva.

Portugal dependiente de la corona de España, ¿no se separó absolutamente de ella y fundó su monarquía independiente? ¿No dependía la Holanda de los reyes de Castilla con reiterados juramentos de subordinación y vasallaje como los portugueses? ¿Y no proclamó su independencia y libertad absoluta, y para siempre, en el reinado de Felipe II? ¿Por qué, pues, no la proclamará también la América, cuando tiene más razón y más justicia que ninguna otra parte del mundo para ser independiente y libre de la dominación española? ¿Habrá alguno tan insensato que haya calificado de traidores a los españoles, a los portugueses y holandeses por que se hallan hecho independientes y libres de las dominaciones referidas? ¿Y podrá tolerarse que repruebe en los americanos lo mismo que ellos han ejecutado y estimado como un deber de primera magnitud? ¿Son acaso los nacidos bajo la zona tórrida de peor condición que los nacidos más allá de los trópicos? Señalen los fanáticos y supersticiosos cuál es el lugar de las Santas Escrituras, del Nuevo y Viejo Testamento, donde haya Dios despojado al continente colombiano de aquel deber universal, inspirado a todos los hombres por su innata constitución. ¿Apelarán a los preadamitas los enemigos de la felicidad de este país? ¿Serán incursos en la herejía que supone proceden los americanos de otra raza anterior a la creación de Adán, y destinada solo para surtir a éste, a sus hijos y descendientes de siervos y lacayos perdurables? Fuera de nosotros tal blasfemia; redúzcase a la nada quien tal pensase. Y si todavía resultasen algunos entre nosotros tan preocupados y tenaces en su capricho que no cedan a las voces encantadoras de la filosofía, sea el cañón, el acero o el cáñamo quien los convenza para oprobio de su memoria y la de sus imitadores.

Su alteza tiene la complacencia de hacer a V. S. estas reflexiones para mejorar el desengaño de todo ese fiel y honrado vecindario; en el concepto de que jamás dudará de la firme y constante resolución que ha visto comprobada eón los hechos, de sepultarse entre sus ruinas antes que permitir siquiera la más ligera entrada al fanatismo y superstición con que los enemigos de la independencia y libertad de Venezuela y de la América entera pretenden alucinar a los incautos.

Dios guarde a V. S. muchos años. Palacio federal de Venezuela.

18 de septiembre de 1811, primero de su Independencia.

J. G. R.

SEÑORES DE LA MUNICIPALIDAD DE NIRGUA

b) Juan Germán Roscio. Triunfo de la libertad sobre el despotismo. 1817[42]

Prólogo

A la confesión de mis errores políticos he querido dar el título del *Triunfo de la libertad sobre el despotismo*, por la victoria que ella obtuvo de mis antiguas preocupaciones; por el deseo de verla triunfante en toda la tierra; y por la esperanza de igual suceso en cuantos la leyeren sin atender más que el argumento de la obra y sus pruebas. En ella está declarado el objeto de este trabajo. Manifestaré aquí el motivo especial que me determinó a emprenderlo. Yo vi desplomarse en España el edificio de su nueva Constitución. Liberal, sin duda, con el territorio de la Península, con las islas Baleares y Canarias, era muy mezquina con los países de ultramar en cuanto al derecho de representación. Por más que desde los primeros pasos de la revolución se había proclamado igualdad omnímoda de derechos, claudicaban las proclamas en la práctica, y fueron luego desmentidas en el nuevo código constitucional. Lloré sin embargo su ruina, y suspiraba por su restablecimiento y mejora. Me bastaba para estos sentimientos el mirar declarado en la nueva carta el dogma de la soberanía del pueblo; sentadas las bases de la convención social; abierto el camino de la felicidad a una porción de mis semejantes; y marcado el rumbo de la perfección de una obra que debía ser imperfecta o viciosa en su cuna. Conocía luego la causa principal del trastorno, obrado por el Rey y su facción en Valencia, a su regreso de Valencey. Me confirmé en mi concepto, cuando de la prensa ya esclavizada, empezaron

42 *El Triunfo de la libertad sobre el despotismo o confesión de un pecador arrepentido*, Filadelfia, 1817.

a salir papeles y libros contra principios naturales y divinos profesados en la Constitución. Unos textos de Salomón y San Pablo eran los habitadores de la falange, que acababa de triunfar, de las ideas liberales que han exasperado en todos los tiempos el alma de los ambiciosos y soberbios.

Algunos años antes de este acontecimiento había yo renunciado las falsas doctrinas, que amortiguadas en el corto reinado de la filosofía, renacían con más vigor a la vuelta de Fernando. Yo era en otro tiempo uno de los servidores de la tiranía más aferrados a ella. Por desgracia y por virtud de un sistema pésimo de gobierno, ellas eran el pasto de las aulas de Teología y jurisprudencia, que yo había frecuentado en la carrera de mis estudios. Yo suspiraba por una obra que refutase estos errores, no con razones puramente filosóficas, sino con la autoridad de los mismos libros de donde la facción contraria deducía sofismas, con que defender y propagar la ilusión. Tanto más deseada llegó a ser para mí esta obra cuanto que uno de los impresos en circulación decía que, «aunque atendida la filosofía de los Gentiles, no podía negarse al pueblo la calidad de soberano; los que profesábamos la religión de Cristo, debíamos defender lo contrario, y confesar que el poder y la fuerza venían derechamente de lo alto a la persona de los Reyes y príncipes».

En vano busqué lo que yo deseaba: No hallé más que discursos filosóficos, tan cargados de razón, que para nada contaban con la Biblia. Yo estaba muy lejos de pensar que faltasen defensores de la libertad, fundados en la autoridad de libros religiosos. Yo no podía creer que desde que el ídolo de la tiranía erigió su imperio sobre el abuso de las Escrituras, hubiese dejado de tener impugnadores armados de la sana inteligencia de ellas. A mi noticia llegaron los nombres de muchos de ellos, ya más, ya menos antiguos. Pero no aparecía en sus escritos, cuando más urgía la necesidad del desengaño y de la impugnación de un error reproducido con mayor insolencia. En tal conflicto debía suplirse esta falta de cualquier modo, considerando que tanto vale el no aparecer lo que se busca, como el no existir. Por más que se haya profanado la Escritura en obsequio del poder arbitrario, son incansables los tiranos en imprimir y reimprimir sus abusos. ¿Por qué, pues, no imitar su tesón, multiplicando y reproduciendo el contraveneno? Me resolví a la imitación para que no quedasen del todo impunes los folletos y cuadernos que con entera licencia atacaban la libertad, y santificaban el despotismo. Me dediqué al estudio de la Vulgata, no en los indigestos y dolosos comentarios que me llenaron el tiempo, mientras yo cursé la cátedra de escritura, sino como debieron estudiarla los autores de ellos, y como la estudia quien no está consagrado en cuerpo y alma al servicio de la tiranía.

Desengañado yo por mayor, no creía que en el por menor pudiese dar con alguna ley del nuevo y viejo Testamento que favoreciese la opresión. Para esta buena fe me bastaba saber que los pueblos cristianos y no cristianos, habían usado muchas veces del derecho que ahora en el Gobierno español se tenía y predicaba como crimen de impiedad e irreligión. Me bastaba haber visto a Carlos tercero auxiliando a los Americanos del Norte en su insurrección e independencia. Me bastaba la excelencia de la moral del Evangelio para conocer que unos usos y costumbres tales, como los de la monarquía absoluta y despótica, no podían conciliarse con el cristianismo. Predispuesto de esta manera, me entregué a la lectura y meditación de la Biblia, para instruirme de todos los documentos políticos que en ella se encuentran. Jamás fue mi intención tocar en nada de aquello, cuyo criterio está reservado a la iglesia. Mis miras puramente políticas, nada tenían que hacer con el dogma y demás concerniente al reino de la gracia y de la gloria. Mi fe era invariable en estos puntos. Ella misma me enseñaba que no era el resorte de la gloria, ni de su infalibilidad, lo que se dejaba ver en el código de la revelación perteneciente a otras artes y ciencias. Así me dediqué a lo político, como pudiera dedicarse un albañil al examen de todas las obras de arquitectura que se refieren en la Escritura, o como pudiera hacerlo un militar que quisiese criticar, conforme a las reglas de su arte, todas las campañas que allí se leen, marchas, expediciones, disciplina y táctica de los Hebreos y sus enemigos.

Por fruto de mis tareas saqué argumentos contra la tiranía, y por la libertad nuevas pruebas del carácter sublime y divino de una religión que hace las delicias del hombre libre, y el tormento de sus opresores. Yo no me jactaré del complemento y perfección de mis trabajos; pero puedo decir que nada he omitido de cuanto estaba a mi alcance, para que ellos fuesen útiles a las personas fascinadas como yo en otro tiempo. A ellas dirijo principalmente lo que escribo; con aquéllas hablo en primer lugar que deslumbradas con la falsa doctrina de sus opresores, le sirven de instrumento y máquina para oprimir mayor número, y asegurar la opresión. Adopté el método de confesión, imitando las de San Agustín, por haberme parecido el más propio y expresivo de la multitud de preocupaciones que me arrastraban en otro tiempo. Quien tuviere la fortuna de no haberlas contraído jamás, ni rozádose con gente impregnada de ellas, no crea por eso que son raros los ilusos de esta especie. Fije los ojos sobre la conducta de los déspotas, y los verá no menos atentos a la organización y fomento de sus fuerzas físicas, que al incremento y vuelo de la fuerza moral de sus errores políticos y religiosos. Vea el diario empleo de sus prensas, de sus oradores y confesores: acérquese al despacho de sus inquisidores; y los hallará a todos dedica dos con preferencia a la propagación y mantenimiento de las fábulas que hacen el material de mi confesión. No crea que la multitud posee sus luces: no la imagine, en punto de Religión y gobierno, de un espíritu tan despreocupado como el suyo. Mire y remire, que el pensar así, cuidando muy poco o nada el desengaño de los ilusos en esta materia, es otro género de preocupaciones, halagüeño al despotismo, y fatal a la libertad. El número de los necios es infinito. Lo era, cuando escribía el Eclesiástico; y ahora mucho más; porque entonces aún no se conocían este linaje de necedad que propagan y fomentan con tanto ahínco los tiranos. Le ruego no olvide el caso de Craso, y su desgraciada jornada con los Parthos. Su ilustración le hacía mirar como insignificantes y vanas, todas las ceremonias supersticiosas con que se preparaban a la guerra los Romanos, y a combatir con los extranjeros. No considera este General, que sus tropas preocupadas, miraban como indispensable y sagrada la práctica de sus agüeros y demás ritos de la superstición. Todo lo omite. Se empeña en el combate sin desengañar a sus comba tientes, sin prepararlos religiosamente. Esta omisión desalienta al ejército, enerva el coraje del soldado; y es vencido y derrotado por los nuevos enemigos de la República. Seamos como Craso en lo tocante a excomuniones, anatemas y condenas del tribunal inquisitorial en lo político. Hagamos conocer al vulgo, que en esta línea no hay otros herejes entredichos y proscriptos, que los mismos inquisidores, y cuantos a su imitación abusan de lo más sagrado contra la salud del pueblo. Inspirémosle todo el horror que merecen estos excomulgados vitandos, como profanadores del santuario de la Libertad. Cooperemos todos al exterminio de la tiranía, al desagravio de la Religión ofendida por el déspota que la invoca en su despotismo; unamos nuestras fuerzas para el restablecimiento de la alta dignidad de nuestros semejantes oprimidos. Copiosa es la remuneración que nos espera en la patria, y muy satisfactorio el placer de quien se emplea en la obra más digna y meritoria que se conoce debajo del firmamento: ¡Obra divina y excelsa, que demanda con justicia nuestros sacrificios! Si fuere menester que por ella sacrifiquemos también nuestra vida, el santo amor de la patria nos animará, y moriremos con la muerte de los justos, diciendo: *dulce, el decorum est pro patria mori.*

c) Miguel José Sanz. Política. 1810

Consideraciones Preliminares

Cuando los redactores del *Semanario de Caracas* determinaron publicarle, no tuvieron otros fines que los de concurrir con sus débiles luces a la prosperidad de su Patria; y para conseguirlo eligieron materias que fuesen capaces de justificar la pureza e integridad de sus intenciones y deseos. Los Redactores creen no haber errado en su elección, ni poder presentar a los Pueblos de Caracas objetos más interesantes.

El *Semanario de Caracas* será el órgano de la verdad, adornado con las galas que esta virtud le franquee y animado por las impresiones del verdadero patriotismo, del amor a la gloria y de aquella santa y racional libertad que solo está reñida con los negros decretos del despotismo, y que permiten la justicia y sabiduría de las leyes, el orden público y los deberes de la sociedad. El Semanario será libre; pero lo será como debe ser, amando y respetando la ley, y obedeciendo a sus ejecutores: él será libre con dignidad.

Si algún día, lo que no permita el Cielo, se viese obligado a torcer el hermoso camino que ha emprendido, desaparecerán de entre nosotros, y los redactores quedarán recompensados con la sola pero íntima satisfacción que trae consigo el deseo de hacer bien.

Pero pues por la primera vez le presentan a la vista de los habitantes de Venezuela, los Redactores creen igualmente de su obligación justificar las causas que influyeron en la elección de las materias que le componen.

Política

El hombre debe ser considerado o como un habitante de las selvas, o como un miembro de la sociedad. El hombre salvaje abandonado a todos los impulsos y movimientos de la naturaleza, no es más en sus operaciones que la primera de las fieras; sus pasiones no tienen freno, ni delicadeza sus deseos; vive entregado a toda la influencia de una naturaleza casi irresistible; y reduce su felicidad al pequeño círculo de la satisfacción de sus bárbaros y materiales placeres. Fiero como el tigre y voluptuoso como el orangután, es más violento en todas sus inclinaciones, porque es más capaz de serlo.

El hombre reunido en sociedad está sujeto a la fuerza de prohibiciones conque se contiene la impetuosidad de sus torcidas y violentas inclinaciones; está contenido por reglas destinadas a conservar el orden, la armonía y la virtud. Estas reglas y prohibiciones forman la ley y su transgresión el delito, dan la prosperidad a los pueblos y la felicidad a las familias y son el vasto imperio en donde reina la Política.

Una sociedad no puede ser feliz si ve con desprecio o indiferencia la ley. El pueblo que la ama y respeta, el que obedece a los Magistrados, ese obrará con verdad y rectitud, tendrá tranquilidad y reposo, la paz reinará en los individuos y la felicidad llenará de dulzura todas las familias que le componen.

El pueblo que teniendo leyes sabias y Magistrados excelentes ama aquéllas y obedece a éstos, ese es libre porque sus operaciones jamás serán de las que le están prohibidas; la ley solo prohibe lo malo o lo injusto. No hay ni debe haber otra libertad en el hombre; la que él desea en la oscuridad de la ignorancia, o en el alto furor de las pasiones, es contraria al orden social y a la tranquilidad de los pueblos. El hombre no debe ser libre en cuanto quiere; lo es solamente en lo que la ley no le prohibe; él no debe ejecutar sino lo que es útil y permitido por la ley, lo que no es perjudicial a la sociedad.

De esta manera el hombre es libre, porque puede hacer lo que debe sin temor de ser corregido por ello; su libertad está protegida por la ley y en el seno de la más tranquila paz goza la propiedad y seguridad, porque vela el Magistrado en conservárselas; y éste es aquel feliz estado de libertad, sin el cual no hay sociedad, ni es apreciable la existencia.

El pueblo que ama y obedece a la ley y al Magistrado debe estàr profundamente sometido al poder que puso en sus manos, al poder que no debe temer, porque siendo libre y justo no ha de excitar su severidad. Si él olvidando sus más solemnes juramentos se arroga una parte de este poder, esta libertad es una violación de la ley, obra contra lo que le está prohibido y la sociedad puesta en convulsión es infelizmente conducida al miserable estado en que repartidas la fuerza y autoridad entre el pueblo y el Gobierno, no hay freno que contenga al malvado, las pasiones corren sin rienda; los crímenes se multiplican, desaparece la seguridad y es destruido el orden. Este es el más infeliz estado de la sociedad; el estado de Roma en los primeros meses del consulado de Cicerón.

Solo el pueblo que es libre como debe serlo, puede tener patriotismo. No es el suelo en que por la primera vez se vio la luz del día lo que constituye la patria; son las leyes sabias, el orden que nace de ellas y el cúmulo de circunstancias que se unen para elevar al hombre a la cumbre de su felicidad. El que respeta y obedece la ley, ama su patria, y por conservarla, por gozar en el reposo los bienes que ella le franquea, desarrolla aquella especie de amor intenso que se conoce con el nombre de patriotismo. Quien no obedeciéndola ni respetando la autoridad de los Magistrados da este nombre sagrado a pasiones exaltadas que quizá le son opuestas, éste atenta contra la libertad de la patria, y será a lo más comprendido en la clase de un entusiasta: mal peligroso, que toma todas las formas y obra siempre con una venenosa influencia.

El pueblo que es libre tiene leyes que al paso que velan en la conservación de su seguridad y propiedad, premian el mérito y la virtud y recompensan las tareas que un don gracioso de la Providencia hizo más apreciables y dignas en uno que en otro individuo. No pueden ser igualmente recompensados, el hombre de bien que sacrifica valerosamente sus días en defensa de su patria, y el cobarde que cubierto de crímenes huye al primer estallido del cañón; ni pueden recibir igual premio el estudioso Magistrado que dotado de talentos superiores consagra su quietud al Gobierno de los pueblos y el indolente y estúpido holgazán que vive en la molicie más vergonzosa y en el seno de la disolución. La naturaleza ha dictado estos principios y repartido estos dones a su arbitrio; y el hombre mismo allá en el fondo de su corazón oye una voz que imperiosamente le obliga a apreciar al bueno y a detestar al malvado.

El hombre se afana y cumple con sus deberes por el honor, por el interés, o por la gloria; él igualmente es recompensado por bienes personales, o por la seguridad de verlos dilatarse en sus hijos y sus nietos. La hermosa perspectiva de una feliz posteridad le anima del propio modo que su felicidad individual y seria injusta la sociedad que con una misma mano distribuyese iguales premios a una familia cuyos progenitores y descendientes hayan merecido con sus hechos y virtudes la protección y generosidad de las leyes, y a otra cuyas generaciones e individuos puedan contarse por el número de sus crímenes.

Bajo estos innegables principios un pueblo libre debiendo tener honores, distinciones y demás premios con que se recompensan el mérito y la virtud, no puede admitir una igualdad absoluta; ella es opuesta a su libertad. La historia del mundo está llena de pruebas de esta verdad. Roma, la celosa, Roma la miró como una quimera; y aún humea en los campos de la Francia la sangre de un millón de víctimas sacrificadas a esta imaginaria deidad. Catorce años de llanto y desolación fueron necesarios para derribar sus altares, y vieron por fin elevarse sobre sus ruinas el trono ensangrentado del más astuto de todos los déspotas; trono sustentado por una desigualdad mayor que aquélla, por cuya destrucción se arrojaron a la arena y tolerada por el convencimiento de los males que causó su funesto delirio.

Pero si el de una igualdad absoluta hace al hombre precipitarse en un caos inmenso de crímenes; el furor de todas sus pasiones le entrega a excesos más o menos delincuentes y perjudiciales a la sociedad, según el linaje de sus causas. Es necesario que el hombre tenga correctivos que le moderen; que tenga leyes penales. Mas como las pasiones no gozan naturalmente de igual violencia en toda la especie que se halla colocada sobre todos los puntos del globo, es preciso una sensible diferencia en estas leyes. Los climas que modifican de una u otra manera las organizaciones, influyen directa, y casi irresistiblemente en los medios y órganos de las operaciones del espíritu; y de aquí los habitantes de un clima tienen con generalidad más violentas inclinaciones que los de otros. No deben ser castigados igualmente los que necesitan oponer una resistencia vigorosa a la fuerza de una pasión vehemente, que los que apenas oponen para refrenarla una resistencia débil. El que vaga por los abrasados arenales de la Zona Tórrida tiene ciertas inclinaciones más vehementes que el que habita los helados países de las Zonas frías. El hombre de Venezuela con respecto a sus pasiones e inclinaciones, no debe ser corregido del mismo modo, ni con las mismas leyes que el habitante de Copenhague.

No puede la felicidad reinar en una sociedad, si la bondad y sabiduría de sus leyes y ejecutores no es reconocida y amada generalmente; el extremo opuesto produce la diversidad de opiniones y de aquí resultan los males que son más funestos: la desconfianza, el egoísmo, el desprecio de la ley, la disminución de su poder, la audacia de los mal intencionados y otro número indefinido de accidentes. No se ama lo que no se considera bueno, ni este amor es general, si no lo es la opinión de su bondad; y de estos principios se deduce claramente la importancia de la opinión pública. El estado y fuerza política de la ley es un resultado de esta opinión.

Pero ella no es el fruto de un momento; es indispensable formarla gradualmente y acostumbrar al hombre a amar la ley porque es buena y porque es el fundamento de su felicidad. Es indispensable formarle una costumbre de este amor respetuoso; y como él por su estado físico admite impresiones más profundas cuando en la niñez sus órganos son más delicados, es igualmente necesario que las ideas de esta bondad se le pongan presentes en estos tiempos y circunstancias. La educación pública es el primer fundamento del amor generala la ley y de la felicidad de los pueblos.

La felicidad general y la particular están íntimamente unidas: una sociedad no puede serlo, si del mismo modo no lo son las familias que la componen y la ley debe ser extensiva a ellas.

Mas no pueden serlo si falta el orden y si las necesidades urgentes llenan de desconsuelo los días de los miserables que las forman. Crear necesidades excusadas y superfluas es el funesto manantial de los males que destruyen este orden. Será infeliz la sociedad cuyos individuos corran sin freno en este campo y la miren como un deber que solo autoriza el amor propio; o más claramente, el orgullo insensato. El lujo inmoderado en todos objetos es el circulo de estas necesidades; y por ideas mal entendidas de engrandecimiento se abandonan las familias a él y se sacrifica la felicidad general. Son por consecuencia necesarias leyes suntuarias, que refrenando este desorden de las familias causen el orden general, y que conteniendo a unos en los límites de su libertad, impidan los males que sin ellas se producirían indirectamente en otros.

Examinadas estas reflexiones, concluiremos que la felicidad de los pueblos es el resultado de buenas leyes, de su amor a ellas, de la justa y racional libertad de sus individuos, de la educación y opinión públicas, y de la excelencia y rectitud del Gobierno. Los medios e ideas que se ponen en movimiento para conseguir unos fines tan importantes son las partes esenciales que componen la política. El *Semanario de Caracas* no perderá de vista jamás estos objetos a que ha sido principalmente consagrado.

d) Guillermo Burke. Tolerancia Religiosa. 1811[43]

Desde que la conquista o la fatal casualidad reunieron en un solo Imperio las varias monarquías de que estaba compuesta la península española, el pueblo perdió allí toda su libertad y a las sabias Constituciones de Aragón y de Valencia se sustituyeron la voluntad y el capricho de autoridades desenfrena-

43 Este artículo apareció en el n.º 20. de 19 de febrero de 1811 de la *Gazeta de Caracas*. Entre 1810 y 1811, Guillermo Burke publicó en la *Gazeta de Caracas* una serie de editoriales con el título general de Derechos de la América del Sur y México, recogidos en dos tomos en 1811.

das y arbitrarias. Yo el Rey y por ser así mi voluntad, fueron desde entonces los únicos fundamentos en que se apoyaban las leyes y mandatos, cuyo único objeto era lisonjear las pasiones de los gobernantes. Pero como el pueblo no podía ser tan indolente, que viese siempre con un ojo indiferente el yugo de hierro con que le tenían abrumado los tiranos, el primer cuidado de éstos fue poner a sus iniquidades y su arbitrariedad bajo la salvaguardia de la Religión. Se hizo creer que la autoridad de los reyes no era delegada por la sociedad, sino derivada del cielo; que las personas de ellos, aun cuando tiranizaban, eran inviolables; que su voluntad era la del mismo Dios y que no podía ser cristiano el que hablase de derechos del hombre y de la sociedad. Tales eran las execrables máximas de los déspotas y de sus j[44]

Pero en vano habrían trabajado los apóstoles de la tiranía si, induciendo al fanatismo, no hubiesen privado también la libertad de pensar y santificado la ignorancia. Allí, pues, se vieron prohibidos como heréticos cuantos libros podían instruir a los pueblos de sus derechos, no se dejó oír sino la desfallecida voz del humilde vasallo y jamás se dio entrada al ciudadano, ni al sabio, y solo para excluir a los extranjeros del país e impedir su comunicación y la introducción y el progreso de todo conocimiento útil y liberal en España, se

44 Si el orden del discurso ha obligado al autor de estas páginas a tratar una materia tan delicada en este país, como la tolerancia religiosa, lo hace con la esperanza de que el respetable Clero y Pueblo americano, no verán en sus raciocinios sino un deseo de restablecer la más caridad cristiana y de promover la felicidad del país. Los textos sagrados de que usa son claros y terminantes; el resto son hechos indubitables. El autor cree no estar errado, su conciencia le absuelve, pero se someterá voluntariamente al que le demuestre su engaño. El no teme ser sindicado de irreligioso; además de haber nacido en un país católico, todo el mundo sabe cuánto cuesta serlo a los irlandeses y que para ello han sufrido mil vejaciones y las más duras privaciones políticas. (Nota de Burke).

vio por la primera vez en ella en 1478, un tribunal, que bajo el pretexto de defender la religión contra los moros y judíos, sostenía los tiranos y sancionaba la ignorancia y el despotismo. No importa que las miras de este tribunal fuesen enteramente distintas de las que tuvo el establecido en Roma por Inocencio III en 1204; bastaba que ellas fuesen conformes a la usurpación del poder y de los opresores; no importa que él arrancase a la España más de 70.000 artistas y agricultores; aunque los talleres quedasen desiertos y los campos incultos y despoblados, era suficiente que las tierras de sus habitantes fuesen luego conocidas como propiedad y herencia de los déspotas. No importa, finalmente, que un tribunal que aún se dice santo, hollase con los pies las leyes del Evangelio; se trataba de afirmar cada vez más a una autoridad opresora y usurpada y aquel código de libertad y de caridad fue prostituido hasta convertirlo en égida de los usurpadores.

He aquí el origen que las más tristes páginas de la historia nos presentan de la intolerancia religiosa en España y de la exclusión de extranjeros.

¿Pero es aquélla conforme a los preceptos de Jesucristo, y ésta a la felicidad de los pueblos? No, por dondequiera que abramos aquel código de vida y de salud que nos dejó el Salvador del género humano, no encontramos otra cosa que consejos, benevolencia, amor fraternal y es imposible que el Evangelio, que es la ciencia de la caridad, pueda aconsejar la violencia ni la persecución para aumentar el número de los discípulos de la verdad. ¿De qué medios usaron Jesucristo y sus Apóstoles para propagar su religión? ¿Cuál fue la conducta de nuestro Divino Maestro, aun para con el que le negó y el que le vendió? Una ojeada amistosa produjo el arrepentimiento de aquél, y éste no fue juzgado sino al fin de sus días. El inconcuso principio de que las leyes humanas no pueden tener por objeto sino las acciones y que cada hombre será responsable solo a su Creador del modo que haya juzgado más conveniente para adorarle, no es puramente una convención humana, sino que está fundado en el mismo texto sagrado. Cuando los discípulos Jacobo y Juan dijeron al Redentor que hiciese llover fuego sobre Samaria, en donde no les querían recibir, les reprendió aquel Dios de paz diciéndoles: ¿Ignoráis cuál debe ser el espíritu que os anime? El Hijo del Hombre no ha venido a perder a las almas sino a salvarlas.[45] El, a cada paso, decía a sus discípulos: Si alguno oye mis palabras y no las guarda, yo no le juzgo, porque yo no he venido a juzgar al mundo sino a salvarlo. El que me desprecia y no oye mis palabras, tiene quien le juzgue; ellas mismas le juzgarán en el día final.[46] Dios no envió a su Hijo a juzgar al mundo, sino a que el mundo se salvase por El.[47] Tales son los preceptos de tolerancia, talla regla que dejó Jesucristo a sus Apóstoles y a sus Ministros; y San Pablo, íntimamente persuadido de ellas, predicaba a sus fieles: ¿Tú, cómo te atreves a juzgar a tu hermano?, y tú, ¿cómo te atreves a despreciar a tú hermano? Todos compareceremos ante el tribunal de Cristo. Cada uno de nosotros dará cuenta a Dios de sí mismo. No nos juzguemos pues recíprocamente, sino cuidad sobre todo de no ofender o escandalizar a tu hermano.[48] No quieras perder a ninguno por quien Cristo ha muerto.[49] Ofendiendo a vuestros hermanos, hiriendo la conciencia de aquéllos que van errados ofendéis a Cristo. Yo me abstendría eternamente de la comida si ella pudiese escandalizar a mi hermano. De otra manera jamás podría cumplir el gran precepto del Señor de amar a nuestro prójimo como a nosotros mismos; jamás cumpliríamos la ley su-

45 Luc., IX, v. 55, 6. (Nota de Burke).
46 Joann, XII, v. 47, 48. (Nota de Burke).
47 V. 111, v. 17. (Nota de Burke).
48 Ad Rom., XIV, v. 10, 12, 15. (Nota de Burke).
49 Ad Corinth., VIII, v. 11, 13. (Nota de Burke).

blime de la justicia, de no hacer a otros lo que no queremos que se nos haga, y mereceríamos la indignación del mismo Dios, que nos dice: Yo castigaré a los que ofenden el salario del mercenario; a los que injurian al extranjero; a los que oprimen a la viuda y al huérfano. Convengamos, pues, en que la ley del Señor reprueba la intolerancia y en que siendo el principal objeto del Evangelio establecer una santa unión entre los hombres, él inspira el entusiasmo de la virtud y los esfuerzos capaces de mantener la felicidad entre los pueblos, y condena todas las empresas destinadas a turbar aquella unión.

Pero aunque no se encuentra en el Evangelio ningún precepto que justifique la intolerancia, ni el sistema de la opresión ¿podría decirse que toca al celo cristiano impedir la comunicación con los extranjeros, no sea que se mancille la santa y augusta religión que heredamos de nuestros mayores? ¿Que el error podrá jamás prevalecer delante de la verdad? ¡Cuántas veces no hemos visto, dice San Pablo, santificado el varón infiel por la mujer fiel, y cuántas santificada la mujer infiel por el varón fiel! ¡Ni de dónde podrá saber tú, oh, mujer, si salvarás a tu marido; ni de dónde sabrás tú, oh, marido, si salvarás a tu mujer! Si el espíritu de intolerancia hubiese animado en todo tiempo a la Iglesia, la ilustre Mónica habría sido privada del triunfo que la inmortalizó y la religión cristiana de una columna como el glande Agustín. Es una verdad histórica que la secta de los Hugonotes se extinguió del todo en donde los trataron con dulzura y benevolencia y que la persecución de ellos en las demás partes, no hizo más que estimular su pertinencia y su obstinación en el error. No es sino con la tolerancia y la oración como el cristianismo ha hecho sus mayores progresos; el indiscreto celo de un Fray Jacobo Clemente no puede confundirse con la piedad y ciencia de los Masillones y de los Calmet;

y jamás ha habido en los tiempos de persecución un pastor que pueda compararse al sabio religioso Fleuri. No seamos intolerantes, el cristianismo no hará progresos sólidos sino mientras que sus directores sigan las huellas de su Fundador y de sus Apóstoles.

Cuando una lamentable y ciega obstinación hace perpetuar la división y el odio religioso, la experiencia ha demostrado que jamás se consigue el objeto del Evangelio, que es promover la moral y felicidad de la sociedad. Es por el bien común por lo que las leyes en Inglaterra permiten la tolerancia, y es un principio en los Estados Unidos, reconocido por un derecho, que no debiendo cada hombre responder de su creencia sino a Dios, ninguna ley humana puede obligarle a esta o aquella creencia, ni dar culto a su Dios de un modo que no sea conforme a los sentimientos que animan su interior. Tampoco se puede privar a nadie de darle el culto que le dicte su corazón; derecho que corresponde igualmente a todos y que supone siempre una obligación de parte de otros, y una indulgencia recíproca. A pesar de esta libertad, en ningún país hay ciertamente una corporación más piadosa que el Clero de los Estados Unidos, ni un pueblo más religioso, moral y ordenado que los norteamericanos. En todas las partes se han palpado igualmente los perniciosos efectos de la persecución y de la intolerancia y las grandes ventajas de una política justa, liberal e ilustrada. Inglaterra debe el progreso de sus más importantes manufacturas a la impolítica revocación del Edicto de Nantes que, arrojando de Francia a una numerosa, industriosa y útil clase de ciudadanos, los obligó a refugiarse en aquel país con sus familias y propiedades, y a trasladar allí aquellas útiles y provechosas artes que su patria neciamente y para su eterno oprobio expelía de su seno. Es un hecho histórico que el origen e incremento de las grandes ciudades industriosas en Inglaterra ha sido el resultado de la mayor tolerancia política que en ellas se gozaba. Innumerables artistas y mecánicos se reunieron allí a participar de la libertad religiosa que se les negaba en otros lugares, y mientras que otras ciudades se precipitaban a su decadencia, aquéllas fueron luego abundantes fuentes de riqueza y de industria. No hay mejor prueba de los felices efectos que una temprana tolerancia produjo en el Estado de Pensilvania en el Norteamérica, que la superioridad de aquel Estado sobre los demás en población, comercio, artes, Ciencias y prosperidad general. La relajación de las bárbaras leyes penales contra los desgraciados católicos de Irlanda, si no ha perfeccionado, ha aumentado considerablemente la prosperidad, de que se había privado a aquel lozano, pero maltratado y desgraciado país. Y la misma Roma, si siempre hubiese sido intolerante, habría perdido toda su gloria, y confundida con los demás pueblos incultos, no quedaría ni aun la memoria de lo que era cuando la ley de la caridad para con todo el género humano era allí la primera ley.

Así es, que dondequiera que se han derribado las barreras de la Intolerancia, han corrido inmediatamente torrentes de población, industria, ilustración, riquezas y felicidad a fertilizar y hermosear aquel país. ¿Por qué, pues, no me ha de ser permitido dirigir mis débiles palabras al numeroso y augusto Clero de la América Meridional? Yo les rogaré, por los intereses de la patria de quien todos ellos son hijos, que no opongan el escrúpulo al espíritu de una apacible tolerancia. Les manifestaré que es necesario a este país el ingreso de muchos extranjeros, que, además de aumentar aquella población, que tanto exige, por varias razones, sus circunstancias, traerán consigo los elementos de la fortaleza y prosperidad nacional, las artes, las ciencias útiles, de que necesita y que no puede recibir sino de afuera. Yo les suplicaré en nombre de la Santa Religión que profesan y de las lecciones de caridad y de benevolencia que su Divino Fundador dio a todos los hombres, que reciban a los extranjeros que vengan a vivir entre ellos, no por haber una coincidencia de opiniones, sino como amigos, como hermanos, como hijos de un mismo Criador y de un mismo Dios, que abandonan su país natural, sus más caras conexiones y amigos, y que emprenden el dilatado viaje a este mundo occidental, por contribuir con sus labores, su industria y sus talentos, de concierto con los hijos de la América, a elevar ésta al alto grado de prosperidad que prometen su extensión y medios naturales bajo los auspicios de un Gobierno sabio, patriótico y liberal.

De esta manera el Clero de la América Meridional habría observado el espíritu del Evangelio, y habría seguido el precepto de San Juan que, agobiado ya con el peso de los años y con las consecuencias de una vida laboriosa y perseguida, no hacía más que predicar: Mis hijitos, mis muy amados, pues que Dios nos ama tanto a todos, amémonos también los unos a los otros. Y este respetable Clero vería también por los intereses de su país y daría a todas las creencias y a todos los cristianos que bajo distintas denominaciones hay en cada parte del mundo, un brillante ejemplo de generosidad, de amor fraternal y de verdadera cristiandad.

e) 1813. Simón Bolívar. Carta a Manuel Antonio Pulido Gobernador de Barinas, de 12 de agosto de 1813, desde Caracas, con sus ideas sobre la organización del Estado, después de haber finalizado la Campaña Admirable.

Al Gobernador de Barinas.

A nada menos quisiera prestar materia que a las sospechas de los celosos amantes del federalismo que pueden atribuir a miras de propia elevación las providencias indispensables para la salvación de mi país; pero cuando pende de ellos la existencia y fortuna de un millón de habitantes, aun la emancipación de la América entera, toda consideración debe ceder a objeto tan interesante y primero.

Lamento ciertamente que en el oficio de V. S. de 27 de julio se reproduzcan las viciosas ideas políticas que entregaron a un débil enemigo una República incomparablemente más poderosa en proporción. Recorra V. S. La presente campaña y hallará que un sistema muy opuesto ha restablecido la libertad. Malograríamos todos los esfuerzos y sacrificios hechos si volviésemos a las embarazosas y complicadas formas de la administración que nos perdió. Vea V. S. cómo no son naciones poderosas y respetadas sino las que tienen un gobierno central y enérgico. La Francia y la Inglaterra disponen hoy del mundo, nada más que por la fuerza de su gobierno, porque un Jefe sin embarazos, sin dilaciones, puede hacer cooperar millones de hombres a la defensa pública.

¿Cómo pueden ahora pequeñas poblaciones, impotentes y pobres, aspirar a la soberanía y sostenerla? Me objetará V. S. las soberanías de los Estados Unidos; pero primero estas soberanías no se establecieron sino a los doce años de la revolución, cuando terminada la guerra aquella Confederación estaba reconocida de sus propios opresores y enemigos; hasta entonces los mismos vencedores habían sido los jefes superiores del Estado, y a sus órdenes todo salía sin réplica: ejércitos, armas y tesoro. Segunda, que las provincias de los Estados Unidos, aunque soberanas, no lo son más que para la administración de la justicia y la política interior. La hacienda, la guerra, las relaciones exteriores de todas las soberanías, están enteramente bajo la autoridad del solo Presidente de los Estados. Ninguna provincia tampoco es soberana, sin una población y riqueza bastante para hacerla respetar por sí sola. Ochocientos mil habitantes es la menor población de la más débil soberanía de aquellos Estados.

En la Nueva Granada la lucha de pretensiones semejantes a las de V. S., degeneró en una abominable guerra civil que hizo correr la sangre americana, e iba a fenecer la independencia de aquella vasta región, sin mis esfuerzos para mediar una conciliación y el reconocimiento de una suprema autoridad. Jamás la división del poder ha establecido y perpetuado gobiernos, solo su concentración ha infundido respeto para una nación, y yo no he libertado a Venezuela sino para realizar este mismo sistema. ¡Ojalá hubiera llegado el momento de que pasara mi autoridad a otras manos! Pero mientras dure el actual e inminente peligro, en despecho de toda oposición, llevaré adelante el plan enérgico que tan buenos sucesos me ha proporcionado.

Observa V. S. que no teniendo en sus manos el poder soberano sobre esa provincia, se entorpece el curso de los negocios y no atiende V. S. a los embarazos que añade a la expedición de ellos la necesidad de que intervengan las disposiciones de muchos hombres a efecto de que se haga una sola cosa. Para intimar mis órdenes debo entenderlas, comunicarlas y archivarlas. Esto que por sí tiene sus lentitudes, debía ser lo único y suficiente; mas si es necesario que una y otra autoridad delibere sobre lo mismo, interprete y practique las más formalidades, se atrasan los momentos y no se ejecutan debidamente, o más bien jamás, las disposiciones necesarias a toda la nación, pues una de dos cosas: o deben obedecer las órdenes supremas y entonces otro soberano no es más que un rodeo, inconducente y lento; o puede desobedecerlas y modificarlas, y está destruida la cooperación o disuelto el Estado.

Mientras más resortes haya que mover en una máquina, tanto más lenta será su acción; mas si no hay sino un solo resorte, gira con rapidez y son más sus efectos. Simplifiquemos, pues, los elementos del gobierno, reduzcámoslos a un resorte, si es posible, y hará en menos tiempo más utilidades que los perjuicios reales que con muchos resortes haría por dilatado tiempo. En conclusión, para que no quede lugar alguno a la calumnia y para que haya en V. S. una suma de autoridad semejante a la soberana, dejo al cargo de V. S. la suprema administración de la justicia civil y criminal sin apelación, reservándome, como en todos los gobiernos que existen, los demás departamentos del poder: la guerra, la paz, las negociaciones con las potencias extranjeras y la Hacienda Nacional. V. S., entre tanto, como Gobernador de la Provincia, será el órgano para la ejecución de las órdenes que se expidan sobre los objetos indicados.

Si un gobierno descendiera a contentar la ambición y avaricia humanas, piense V. S. que no existirían pueblos que lo obedeciesen.

Es menester sacrificar en obsequio del orden y del vigor de nuestra administración, las pretensiones interesadas; y mis innovaciones, que en nada exceden la práctica del más libre gobierno del mundo, serán sostenidas a toda costa por exigirlo mi deber y mi responsabilidad.

Dios guarde, etc.

Caracas, agosto 12 de 1813.

Simón Bolívar

f) 1813. La organización del estado[50]

Consulta de Bolívar

50 Vencedor en la Campaña Admirable, Bolívar dirige el 13 de agosto de 1813, una semana después de haber conquistado Caracas, una consulta a Francisco Javier Ustáriz sobre la organización del gobierno. Sometió luego a otros colaboradores patriotas el consejo de Ustáriz. Reproducimos en: A) el texto de Ustáriz; en B) y C) las ideas de

Miguel José Sanz; y en D) la recomendación de Miguel Peña. Hubo más.

La publicación del escrito de Ustáriz iba precedida del siguiente aviso: «Deseoso el General en Jefe del Ejército Libertador de restablecer la República de Venezuela sobre las bases de la Libertad política y civil, de dar al Gobierno el vigor y nervio necesarios para adelantar la guerra contra nuestros pertinaces enemigos y de facilitar todos los recursos que en las críticas circunstancias del día puedan sostener el Estado, ha consultado a algunos Ciudadanos de conocidas luces y virtudes políticas, para que le ilustren sobre la forma que convenga dar a la Administración Suprema. El Ciudadano Javier Ustáriz, cuyos conocimientos en el derecho público y jurisprudencia civil, bastante se han mostrado en las sabias Constituciones que hizo para la Confederación de Venezuela, ha presentado en la siguiente contestación oficial un plan, que el General en Jefe da a la luz pública para que sus Conciudadanos manifiesten en otras o semejantes Memorias, 98 A) Contestación Oficial del Ciudadano Francisco Javier Ustáriz al General en Jefe del Ejército Libertador Más por acceder a las insinuaciones de V. S., que porque crea que puedo aconsejar en la materia que me recomienda por su carta del 13, diré mi parecer sobre el plan del Gobierno) fundamentos de la Constitución que debe regimos; pero como estos objetos, en las circunstancias actuales, no deben considerarse aisladamente como circunscriptos a un pequeño círculo de operaciones, sino bajo todos los respectos que les impone el orden, la seguridad y las ventajas permanentes de una multitud de Pueblos, daré alguna extensión a mis ideas para que se perciban mejor las bases, a mi parecer sólidas, sobre que descansa el Plan provisorio de Gobierno que comprenderá la continuación de esta carta y los importantes oficios que deben acompañarlo.

Por el curso de los acontecimientos en que de su parte ha puesto V. S. toda la actividad, celo y esfuerzos necesarios para arrojar del País la última tiranía, y ponernos otra vez en el camino de la libertad, está V. S. naturalmente llamado a la dirección y manejo de un negocio, de los más grandes o interesantes que pueden ofrecerse al espíritu humano, ya sea que atienda a la naturaleza y cualidad de las consecuencias, al tiempo de su duración, o al influjo que deben tener, y mutaciones que han de producir sobre todas las relaciones morales, políticas y mercantiles que existen sobre la tierra. Un Continente vasto y fértil, llevado poco ha al conocimiento del Mundo antiguo, arrebatado a la barbarie y rusticidad de sus primitivos habitantes, y conservado estrechamente bajo la entera dependencia del

A) Contestación oficial del ciudadano Francisco Javier Ustáriz al General en Jefe del Ejército Libertador

Más por acceder a las insinuaciones de V. S., que porque crea que puedo aconsejar en la materia que me recomienda por su carta del 13, diré mi parecer sobre el plan de Gobierno y fundamentos de la Constitución que debe regirnos; pero como estos objetos, en las circunstancias actuales, no deben considerarse aisladamente como circunscriptos a un pequeño círculo de operaciones, sino bajo todos los respectos que les impone el orden, la seguridad y las ventajas permanentes de una multitud de Pueblos, daré alguna extensión a mis ideas para que se perciban mejor las bases, a mi parecer sólidas, sobre que descansa el Plan provisorio de Gobierno que comprenderá la continuación de esta carta y los importantes oficios que deben acompañarlo.

Por el curso de los acontecimientos en que de su parte ha puesto V. S. toda la actividad, celo y esfuerzos necesarios para arrojar del País la última tiranía, y ponernos otra vez en el camino de la libertad, está V. S. naturalmente llamado a la dirección y manejo de un negocio, de los más grandes o interesantes que pueden ofrecerse al espíritu humano, ya sea que atienda a la naturaleza y cualidad de las consecuencias, al tiempo de su duración, o al influjo que deben tener, y mutaciones que han de producir sobre todas las relaciones mo-

---

interés exclusivo de una parte de la Europa, no había podido manifestar todo el poder y extensión de los recursos y medios que le prodigó la naturaleza para bien de la humanidad; y en este momento se mueve, se esfuerza a ejecutarlo por todas partes. Si conoce bien sus su opinión acerca de materia tan importante y trascendental; pues atendiendo únicamente a la felicidad y satisfacción de todos, invita también a todos, para que expongan los proyectos o reformas que crean justos y necesarios». (N. de P. G.)

rales, políticas y mercantiles que existen sobre la tierra. Un continente vasto y fértil, llevado poco ha al conocimiento del Mundo antiguo, arrebatado a la barbarie y rusticidad de sus primitivos habitantes, y conservado estrechamente bajo la entera dependencia del interés exclusivo de una parte de la Europa, no había podido manifestar todo el poder y extensión de los recursos y medios que le prodigó la naturaleza para bien de la humanidad; y en este momento se mueve, se esfuerza a ejecutarlo por todas partes. Si conoce bien sus intereses, si sabe dirigirlos con acierto, unirse y constituirse, teniendo respeto a todo lo que lo afecta interior y exteriormente, será memorable la época actual en la historia de las Naciones, y la más recomendable a nuestra posteridad; pero si prevalece el espíritu de partido, de ambición y otras bajas pasiones, sobre los avisos de la fría y sana razón; si se sofocan, más bien que se excitan, los dulces afectos de amistad y unión que el común interés inspira por todas partes, y que la Religión, el genio, el carácter, el idioma y el origen fortifican igualmente, corre peligro de verse borrado otra vez de la listad? los Pueblos, y reducido acaso a una tiranía más espantosa que la que sufría, cuando desembarazada la Europa de la guerra y de los negocios que absorben ahora toda su atención, vuelva la vista a estas envidiables regiones.

Tal es el objeto que se ofrece a la vista de V. S., si con previsión madura calcula todo el alcance de las consecuencias; objeto en cuya prosecución, como he indicado al principio, se ha hecho muy recomendable por los servicios hechos a la causa desde los primeros pasos de nuestra revolución, por los que acaba de tributarle ahora y por los conocimientos y relaciones amistosas recientemente adquiridas en la Nueva Granada y Provincias del interior; al mismo tiempo que la naturaleza, la edad, el genio y otras favorables circunstancias convidan a V. S. a continuar tomando en él toda la parte que pueda.

Me abstengo ahora de descender a las pruebas evidentes que aconsejan, instan por esta unidad de Nación como inevitable y necesaria, porque hablando con V. S., creo deber excusarlo; y me basta notar oportunamente, con respecto a las resoluciones actuales, que este mismo era el espíritu y el voto del Congreso general de Venezuela (la Corporación que más legítimamente ha sido órgano de la voluntad general de estas Provincias); éste el que procuró propagar incesantemente por la Nueva Granada en sus gestiones oficiales y en la correspondencia privada que muchos de sus miembros llevaban con sujetos recomendables de aquella región y si el imperio de las circunstancias obligó al Congreso a presentar una Constitución sin consultar a aquellos Pueblos, procediendo al parecer por este mismo hecho, inconsecuente con el gran designio a que quería dirigirse, también dejó bien marcado el fondo de sus ideas en diferentes lugares de ella, y amplió mucho las miras limitadas y estrechas a que se extendía la Constitución primogénita de la Provincia de Cundinamarca.

El Gobierno y Constitución de Venezuela debe, pues, ceder y acomodarse a tantas graves consideraciones, sin las cuales los Pueblos que se acercan a ésta no la verán al cabo con indiferencia, ni ella misma podrá prometerse seguridad alguna en sus decisiones políticas. Sentadas estas bases, como indestructibles, para proporcionar el logro y permanencia de cuantos esfuerzos fatigan ahora a la América, hasta colocarse en el grado de grandeza y felicidad que le señala la Naturaleza, pasemos al encadenamiento y detalle de las providencias del día (Gobierno provisorio, y fundamentos para la Constitución de Venezuela), siempre refiriéndolas al objeto principal que debe procurarse, aunque parezca distante, y colocándolas sobre las bases equitativas y racionales.

La seguridad del País, o lo que es lo mismo, la entera y completa expulsión de los enemigos que pretenden subyugarlo por diferentes puntos de su territorio, es la primera, más recomendable, más urgente y casi exclusiva atención que de pronto debe ocupara V. S. Piénsese que nada se ha hecho mientras no se termine la carrera de operaciones que se le refieren; pues por si acaso no se lograre el fin propuesto en el sentido genuino y literal de la palabra, se aventuraría la seguridad de los mismos Granadinos que tanto interés se han tomado por nuestra libertad. Si esto es innegable, es igualmente cierto que todo lo que retarde, entorpezca o embarace el curso de las mismas operaciones, es un verdadero desorden, un trabajo perdido, un frívolo entretenimiento; como útil e interesante todo lo que pueda concurrir a dar más expedición y facilidad a los negocios hasta tocar el objeto en cuestión.

Aunque V. S. y el Congreso de la Nueva Granada han dicho en sus respectivas Proclamas que vienen las fuerzas actuales a restablecer las antiguas Autoridades del País, volviéndonos nuestra perdida libertad; y aunque real y sinceramente, como lo creo y doy por hecho, sea éste en lo substancial el designio verdadero de estos esfuerzos, no hay una absoluta necesidad de hacerlo ahora en el momento mismo que pone V. S. el pie en la Capital de Venezuela; sino cuando abandonados de los enemigos todos los puntos del territorio en que pretenden sostenerse, y por donde amenazan atentar otra vez contra nuestra seguridad, manteniendo el país en una continua agitación y desorden, se haya restablecido la tranquilidad y la confianza pública.

Para entonces tampoco hay necesidad de llamar y aposesionar los mismos antiguos funcionarios, ni menos podrá lograrse hallándose dispersos en el ejercicio de la guerra, u otras ocupaciones del mismo Gobierno. Bastará, pues, procurar un equivalente de ellos para cumplir rigurosa y honradamente con los objetos de la comisión de V. S., consultando para ello la voluntad general, el espíritu del Gobierno antiguo y el bien entendido, sólido y verdadero interés de estos pueblos; sin cuya justa y oportuna consideración todo lo hecho hasta aquí acaso se reduciría a una ostentación inútil y a una vana agitación de opiniones, fuerzas, armamentos, odios personales y muertes, que impelerían más y más el país hacia el peligro de una venidera esclavitud.

Hay también otras reflexiones que hacer muy oportunas para convencernos de que en medio mismo de las operaciones militares que preferentemente absorben la atención actual, debe prevalecer sobre cualquier otra atención puramente política, la de procurar esta Unión tan deseada y necesaria de Venezuela con la Nueva Granada; pues si ésta procura nuestra libertad actual, no es seguramente para exponer la suya propia, sino para consolidarla mejor; y estos manifiestos designios necesariamente envuelven el de la unidad de Nación; objeto preparado mucho tiempo ha en la opinión común, consentido por diferentes individuos de una y otra parte, y solo capaz de tranquilizar completamente nuestros cuidados a la faz de los peligros presentes y futuros, que amenazan nuestra existencia política.

Si es aquélla, pues, tan importante, como lo conocerá cualquiera que detenidamente reflexione en la gravedad de la materia, no debe perderse instante, ni medio alguno en procurar su ejecución, no exponiendo más un negocio de tal naturaleza al arbitrio de los acasos, y a los choques furiosos de la ignorancia y de las pasiones. De consiguiente, si V. S. al mismo tiempo que proporcione celeridad para el despacho de los negocios del día, por medio de un Gobierno provisorio (casi el mismo que existe, con algunos ligeros retoques), procura promover la Unión dicha, consultando en lo posible la voluntad general de Venezuela, cumplirá exactísimamente con la confianza pública, y nada habrá en su conducta que pueda ser vituperado por sus mayores enemigos, por los Discurridores, los Demagogos locuaces etc., etc., aunque no le vean convocar de pronto al Congreso de Venezuela, al Poder Ejecutivo, Cámara de Caracas y otras Autoridades que, he dicho, es imposible (y sería peligroso, embarazoso, costoso) reunir en el día.

A vista de cuanto dejo expuesto, paso ahora a proponer sencillamente el plan de Gobierno provisorio que me parece más adaptable a las circunstancias del día, y de las operaciones de otro orden, que igualmente debe V. S. poner en ejecución. Por lo dicho hasta aquí, se percibirán las razones que he consultado para uno y otro, sin necesidad de más explicaciones.

Plan de Gobierno Provisorio Para Venezuela

1.° El Supremo Poder Legislativo residirá en el General en Jefe del Ejército Libertador, sin otras restricciones que las que provengan del Congreso General de la Nueva Granada su comitente, hasta la paz.

2.° El Poder Ejecutivo residirá igualmente en él, bajo las mismas restricciones, con especialidad en todo lo que respecta a la fuerza armada de mar y de tierra.

3.° En todo lo gubernativo, económico y de Policía estará a cargo de sus respectivos Magistrados, bajo la dependencia del mismo General en Jefe.

4.° La parte judicial, civil, criminal o contenciosa del Ejército y de las Rentas Nacionales, al cargo de sus respectivos Jueces o Tribunales, con entera independencia de toda otra autoridad que la de las leyes establecidas, o que se expidieren.

5.º En cada Provincia de las de Venezuela habrá un Gobernador político y otro militar, por sus respectivos objetos.

6.º Los Gobernadores políticos de las Provincias, exceptuando el de Caracas, serán Jefes de la Hacienda Nacional de su Provincia, con dependencia del Director y Superintendente General de las rentas del Estado, que residirá en Caracas.

7.º El Gobierno militar de la Provincia de Caracas residirá en el General en Jefe cuando se hallare en la capital, y cuando saliere a expediciones, recaerá en la persona que él nombrare, o en el Oficial Americano de mayor graduación que a su salida estuviere empleado en la misma Capital.

8.º Para dar más celeridad al despacho de los asuntos gubernativos, y proporcionar con mayor facilidad y prontitud el acopio de abastos, bagajes y otras cosas necesarias a los Ejércitos, en los Pueblos por donde ocurra que transiten durante la guerra, cada Provincia se dividirá en grandes Corregimientos, cada uno al cargo y dirección de un Jefe Corregidor, de que dependerán los demás Corregidores del Partido en lo Gubernativo, como cada Jefe Corregidor lo será del Gobierno político de la Provincia. (Esta división facilitará además las comunicaciones y cumplimiento de las órdenes generales).

9.º Serán Jefes-Corregidores en la Provincia de Caracas, todos los de las ciudades y villas existentes para sus respectivos Partidos Capitulares, con las excepciones siguientes: (Algunos Partidos son muy cortos, y deben agregarse a otros; y otros son muy grandes, y deben dividirse).

10.º En el Partido Capitular de Caracas, habrá un Jefe-Corregidor en Guarenas para los Pueblos y Valles de Guatire, Marasma, Curiepe, Tacarigua, Mamporal, Caucagua, Aragüita, Macaira, Tapipa, Panaquire, Guapo, Río-Chico y Cúpira. En la Guaira otro Jefe-Corregidor para los partidos de Caruao, Naiguatá, Caraballeda, Cojo, Macuto, Maiquetía, Carayaca y Tarmas. En la Sabana de Ocumare otro para los Pueblos de Tacata, Paracotos, Charallave, Yare, Santa Teresa y Santa Lucía. Y en la Capital de Caracas otro, que lo será el primer Corregidor, para todos los Pueblos y Corregimientos de Petare, Chacao, Hatillo, Baruta, Valle, San Antonio, Sudares, Vega, Antímano, Macaraci y Teques. En la Victoria de los Valles de Aragua, habrá otro Jefe-Corregidor para los Pueblos del Buen Consejo, San Mateo, Turmero, Maracay, Cagua, el Escobar, Magdalena y la Villa de Cura. En Valencia, otro para San Joaquín, Guacara, los Guayos, Güigüe, Tocuyito, Naguanagua y San Diego. Y en Puerto Cabello, otro para Choronl, Cuyagua, Cata, Ocumare, Patanemo, Borburata, Guaiguaza, Morón y Alpargatón. En Nirgua, otro para su Partido Capitular, exceptuando a Morón y Alpargatón, agregados a Puerto Cabello. En San Felipe otro para su Partido Capitular; lo mismo en Carora y su Partido; en Barquisimeto; en el Tocuyo; en Guanare; en Araure; agregando la Villa de Ospino (es una sola población todo su Partido Capitular); en la Villa de San Carlos, para su Partido; en Calabozo, para el suyo; y en el Partido de San Sebastián, habrá tres; uno en la Ciudad que comprenderá los Pueblos de San Juan de los Morros, Ortiz, Parapara, Sombrero, Barbacoas, Calvario, Güiripa, San Francisco de Cara, Camatagua y Cura; otro en San Rafael de Orituco, para Taguai, Altagracia y Lezama; y otro en Chaguaramas, para los Pueblos restantes de su Partido Capitular hasta Santa Rita, y Cabruta.

11.º En las Provincias se proporcionará esta división por los Gobiernos políticos de ellas, de acuerdo con el Militar y con el Cabildo de la Capital.

12.º En lo Contencioso ordinario civil y criminal, todos los Corregidores, Jefes o subalternos continuarán ejerciendo las mismas funciones judiciales de primera instancia que han acostumbrado en sus respectivas jurisdicciones, y las demás a que no se sujetan por esta división, reducida meramente a lo gubernativo de cada Departamento o Corregimiento.

13.° Para que el curso de los negocios de justicia tenga la expedición posible en las presentes circunstancias, se establecerá un Tribunal Supremo de Justicia en la Capital de Caracas, compuesto de tres Letrados, a donde se lleven las apelaciones de todos los Tribunales de primera instancia de la misma Provincia y de las otras del Departamento de Venezuela. (Acaso con la guerra, las causas civiles o criminales se suspenderán un cierto tiempo por todas partes y con esta consideración será prudente nombrar solamente los Magistrados de este Tribunal, sin designación de sueldo para que se reúnan eventualmente cuando ocurra alguna causa, a costa de las partes litigantes con arreglo a arancel).

14.° Los Cabildos continuarán bajo el mismo pie en que se hallan, excepto que de pronto se mandarán restituir a sus funciones Municipales los que las ejercían al tiempo de la entrada de Monteverde, eligiéndose los que faltan, conforme a la práctica establecida durante el Gobierno Republicano de Caracas; pero si ocurriese motivo alguno poderoso para la creación de nuevos Cabildos, el Gobernador político de cada Provincia podrá erigirlos con arreglo a la práctica establecida.

15.° La Dirección de las Rentas Nacionales estará a cargo de un Magistrado Supremo, cuyas facultades se extenderán a todas las Provincias, en lo gubernativo, económico, contencioso y criminal, en la misma forma que lo eran los antiguos Intendentes y los Directores de la Renta del tabaco; este Magistrado será una persona distinta del Secretario de Hacienda.

Para Reglamento Provisorio basta y aún sobra. Yo añadiré sin embargo una medida útil también al curso de los negocios. Esta es la formación de un Consejo para consultarlo en las cosas de gravedad; pero no hay necesidad de que esta Corporación sea permanente ni costosa al Estado; basta que eventualmente se reúna cuando ocurra motivo de hacerlo, y aun sus Miembros pueden variarse, aumentarse o suprimirse, según sean diferentes los asuntos de Guerra, de Marina, de Renta o de Comercio que se juzgue oportuno traer a la discusión y examen de sujetos inteligentes en las respectivas materias, y se quiera oír su aviso, no para sujetarse a él religiosamente, sino para ilustrar y facilitar una acertada resolución.

En cuanto a la Política, no hay necesidad por ahora de Corporaciones y consultas de esta clase, si se quiere no exponer el curso de los negocios actuales, abriendo la puerta a la variedad de opiniones, que, cuando se trata del Poder Supremo, sugiere la intriga, la ambición y otras privadas pasiones. La cosa está bien hilada y bien cimentada en el estado que tiene, y va a dirigirse rectamente a su verdadero fin. Lo único que hay que hacer con este respecto, es lo referente a la Unión, que va a dar al Edificio una solidez y duración que ninguna otra cosa puede proporcionarle. Para esto basta convocar de pronto un equivalente del Congreso de Venezuela, con el solo y exclusivo objeto de que escoja y nombre un cierto número de Diputados, que investidos de las más plenas y amplias facultades, vayan inmediatamente a incorporarse en el Congreso de la Nueva Granada, para tratar esta Unión, ordenarla y fijarla sobre las firmes y permanentes bases de una buena Constitución.

No hay necesidad de que esta Corporación se reúna en un solo lugar de Venezuela; cada Provincia podrá reunir la suya, compuesta del número de Diputados que le pertenecía enviar al Congreso antiguo, para nombrar el que, o los que le corresponde remitir a la Nueva Granada. De estos deberá ir uno por las Provincias de Cumaná, Barcelona y Margarita; para cuya nominación se reunirán los Diputados Electorales de las tres en la ciudad de Cumaná. Barinas remitirá otro, y su Corporación Electoral se tendrá en la Capital. Mérida y Trujillo se reunirán para nombrar y remitir otro y la Corporación Electoral se tendrá en la ciudad de Mérida, central poco más o menos a la extensión de ambas Provincias. A Caracas le toca enviar cuatro, en razón de su población, que es el cálculo que me sirve de base para esta distribución; pero, como su territorio es demasiado extenso para facilitar esta operación, que debe verificarse con la mayor brevedad posible, o reúnase la Corporación Electoral más en el centro de la Provincia, que lo que está la ciudad de Caracas; por ejemplo, en San Carlos o Valencia; o divídase en dos Secciones: una en Caracas o La Victoria, de los Diputados Electorales de Caracas, de Valencia, de la Villa de Cura, de San Sebastián y de Calabozo, que elegirán dos Diputados para el Congreso Granadino; y otra en Barquisimeto de los de aquel Partido, de Guanare, Ospino, Araure, San Carlos, Nirgua, San Felipe, Carora y El Tocuyo, que nombrará otros dos.

Por la misma razón de abreviar, por lo que tanto importa acelerar el curso de este gran negocio, y atendiendo al estado actual de guerra en que se halla el País por todas partes, verdaderamente incompatible con las reuniones populares que antes se han acostumbrado, mándese a los Cabildos que asociándose un número de vecinos respetables de su Partido, igual al de los mismos Cabildos, nombre cada uno el mismo número de Diputados que le correspondía dirigir al Congreso de Venezuela; y he aquí la pronta nominación de los Diputados Electorales de las Provincias, que han de reunirse como queda dicho, para elegir los pertenecientes al Congreso de la Nueva Granada.

Mandado hacer esto, dése luego parte al Congreso de la Nueva Granada para que esté prevenido, indicando la calidad de los poderes que llevan los Diputados, e insinuando, si es posible, la decidida resolución en que van de constituir un Gobierno con aquella Región, cediendo cuanto es necesario ceder en rentas, y sobre todo en facultades para crear un Gobierno que lo sea realmente tal. Es preciso que se escojan para esta comisión los sujetos más aptos y capaces de desempeñarla por su amor a la causa, sus virtudes, sus instrucciones y otras cualidades oportunas.

¿Y qué no lograrían en beneficio de los buenos principios del Gobierno que conviene adoptar, yendo a presentarse en aquella región con toda la recomendación de la gratitud y de la más sincera amistad? Acabaré con una observación. — Terminada la guerra, si aún no se tienen resultas de la misión de Diputados al Congreso de la Nueva Granada, los Diputados Electorales de estas Provincias que ahora los eligen, pueden convocarse por V. S. oportunamente, ya para sancionar lo que pueda ocurrir de allá durante su Sesión o para acordar con V. S. lo más conveniente al Gobierno del País, etc., etc., con tal que no se entorpezcan, ni embaracen los movimientos de la gran máquina o Gobierno general del Estado que se procura ordenar y establecer. La época es entonces oportuna para esta convocación y reunión, que se debe tener en un solo lugar de Venezuela.

Salud y Libertad.

Concepción de La Victoria, 18 de agosto de 1813.

Tercero de la Independencia, y primero de la guerra a muerte.

FRANCISCO JAVIER USTÁRIZ

Señor General en Jefe del Ejército Libertador de Venezuela.

B) Las Ideas de Miguel José Sanz. Opinión Dirigida al Ciudadano Antonio Muñoz Tébar, Secretario de Estado y Relaciones Exteriores[51]

Con los dos ejemplares de la contestación oficial del ciudadano Francisco Javier Ustáriz, o su proyecto de un Gobierno provisorio para Venezuela, recibí ayer el oficio de usted de 22 del corriente, en que me manda el General en Jefe que explique mi opinión sobre tan interesante materia, suponiéndome capaz de tanto empeño. Hallándome en el pueblo de Guatire en la comisión que me confirió el mismo General para averiguar los autores y cómplices principales de la insurrección de Curiepe en 1812, escribí al Comandante General de la provincia, ciudadano José Félix Ribas, con fecha de 3 de este mes, lo que había comenzado a observar en aquellos valles y la absoluta necesidad de que el estado se gobernase dictatorialmente, mientras durase la guerra o se temiesen incursiones; manifestándole que era el error más peligroso en que podía incurrirse, pensar ahora en concurrencias populares. Díjele esto para justificar haber mandado que se suspendiese en aquellos valles la ejecución de una orden que se había circulado, para que los Justicias, acompañados con los curas y ocho vecinos nombrasen los Tenientes; método peligroso en las circunstancias en que se hallaban los pueblos, exponiéndose las elecciones a la desconfianza del acierto en un tiempo en que más que nunca tendrían lugar la intriga, interés, parcialidad y pasiones por la repentina mudanza de sistema e influjo de nuestros enemigos, aún no bien descubiertos. Luego que me regresé a esa ciudad, leí con placer la contestación del ciudadano Ustáriz

51 *Gazeta de Caracas*, n.º X, del 28 de octubre, 1813.

y hallé en las reflexiones preliminares de este sabio y político americano cuanto deseaba para rectificar mis ideas y justificar mi opinión en materia tan ardua, que había ocupado mi imaginación desde el momento en que supe que el General Bolívar había pasado al territorio de este Estado. En electo, «por el curso de los acontecimientos, está el General en Jefe Simón Bolívar naturalmente llamado a la dirección y manejo de un negocio de los más grandes e interesantes que pueda ofrecerse al espíritu humano...» Sería, pues, contrariar la naturaleza de las cosas desviarse o apartarse de la ruta y senda que ella nos ha ofrecido para que recuperemos y consolidemos nuestra Libertad e Independencia. Seguirla puntualmente, auxiliándola por nuestra parte cuanto nos sea posible, es lo que aconsejan la razón, la conveniencia y la justicia. El General Bolívar debe, por todas estas consideraciones, reunir en sí los poderes legislativos y ejecutivo y gobernar el Estado hasta concluir y perfeccionar la grande y gloriosa obra que ha comenzado, destronando a los tiranos, limpiando la tierra de enemigos y asegurando nuestro sistema por medio de la unión con la Nueva Granada, como propone el ciudadano Ustáriz. Así es que nada tengo que observar contra su opinión; he sido y soy de la misma, por las razones y reflexiones que la justifican, no explanadas, sino solo indicadas cuidadosamente en su contestación. Sería difundirse importunamente, detenerse en disertar sobre la necesidad en que se halla Venezuela de ser gobernada por esa medida, o dar ocasión a la malignidad de los discurridores, demagogos, locuaces, etc., etc., para que equivocasen en lisonja los discursos que pudieran hacerse en la materia. El ciudadano Ustáriz ama íntimamente a su patria; conoce sus intereses; y sus deseos de la felicidad de la América son superiores a todo respeto y consideración particular. Su opinión es hija de sus sentimientos, de su vasta instrucción y de sus prácticos conocimientos. El General debe descansar sobre ella, y Venezuela toda debe tributar su confianza a los que le hablan animados de un espíritu verdaderamente patriótico para no ser sumergida en la más espantosa esclavitud. ¡Ah, tiranos, cómo no pondréis en movimiento vuestros falaces artificios para desacreditar una medida, que os ha de alejar de nuestras costas sin esperanza de volver a pisar como amos estos fértiles, ricos y apacibles terrenos. Sin embargo no dejaré de proponer al plan del ciudadano Ustáriz una objeción, que aunque parece accidental, es en mi concepto de grandísima importancia. En mi dictamen, la división del Estado en grandes corregimientos, es necesaria y el modo que propone el ciudadano Ustáriz es utilísimo en tiempo de paz, extirpados que sean los resabios y olvidadas las ideas que ha dejado en muchos habitantes el anterior Gobierno; pero por ahora sería, o es muy aventurado que el Jefe Corregidor fije su residencia en la cabeza del distrito, dejando sin una inmediata vigilancia suya los demás pueblos, que regularmente se hallan situados a largas distancias. Ya en el informe general que dirigí en 24 de este mes a este Comandante General sobre las resultas de mi comisión en los valles, le hice presente que era necesario que Aragüita, Caucagua, Panaquire, Tapipa, Cúpira, Guapo, Río-Chico, Curiepe, Tacarigua, Mamporal y Marasma formasen un Departamento; que en cada pueblo fuese un vecino juez ordinario, para las causas civiles y criminales de su jurisdicción, con apelación al Tribunal Superior; que se estableciese un Comandante General, que con un piquete de buena tropa rondase y visitase el Departamento sin residencia fija en ningún pueblo, aumentando sus fuerzas con las gentes de uno o de los demás, cuando advirtiese movimientos en otro; que este Comandante tuviese a su cargo lo gubernativo del Departamento, sin mezclarse en lo contencioso, cuidando solo de la pública seguridad;

que fuese de su resorte proponer al Gobierno los vecinos más proporcionados para jueces ordinarios; que éstos nunca pernoctasen fuera de su respectivo pueblo; y que esta carga, como si fuese consejil, turnase por todos los más honrados y capaces. Me fundé en que por ahora conviene infinito que haya una vigilancia inmediata sobre los habitantes de cada pueblo, y en especial sobre algunos eclesiásticos; y muy particularmente en los valles de la costa que dejo nominados y en los de Santa Lucía, Sabana de Ocumare, etc. Los Jefes Corregidores que propone nuestro ciudadano Ustáriz, fijos y sentados, como sucede siempre, en la cabeza de su partido, no saben por sí mismos lo que pasa en los demás pueblos de su jurisdicción y están precisados a valerse de otras personas para informarse. La experiencia nos manifiesta cuánto se yerra en las instrucciones que se toman de esta manera, en que influyen el interés, la parcialidad, los resentimientos y demás pasiones. Es cuanto cabe en mi alcance para cumplir con la obediencia y desempeñar la confianza con que me honra el General. Espero que usted así se lo signifique.

Dios guarde a usted muchos años.

Caracas, septiembre 26 de 1813, tercero y primero.

Miguel José Sanz

Ciudadano Secretario de Estado.

C) Bases para un Gobierno Provisional en Venezuela por Miguel José Sanz[52]

Discurso Preliminar Nada es tan difícil al hombre en sociedad, por ilustrado que sea, como sentar con acierto las bases de un Gobierno, o establecer con suceso las leyes fundamentales de un Estado. Insuperable viene a ser esta dificultad,

52 Valencia, 1813, Imprenta de Víctor Chasseriau, *Proyecto del Ciudadano Miguel Joseph Sanz, para un gobierno provisional de Venezuela. Año de 1813. El Tercero y el Primero.*

cuando las circunstancias obligan a proceder con una mano tímida y temblorosa para lijar el centro y dirigir los rayos hacia una circunferencia oscura que no puede divisarse. Tal es el aspecto con que actualmente se nos presenta Venezuela.

El imperioso deseo de sacudir el yugo de un Gobierno opresor, de figurar en el mundo con la dignidad de hombre y de mejorar su suerte en la industria, agricultura y comercio, hizo que sus habitantes se emancipasen de la España, declarándose independientes y libres. Muchos de ellos habían adquirido luces suficientes sobre sus derechos: la extensión y fertilidad de sus terrenos convidaban a los labradores, su cercanía de las islas facilitaban la emigración de artesanos y su carácter afable y obsequioso era propio y el más adecuado para el trato y comunicación con las demás naciones.

Pero al mismo tiempo que los hombres ilustrados, animados de espíritu patriótico se dedicaban a infundir estas luces en el pueblo, para que viese y conociese las utilidades y ventajas del nuevo sistema —su razón, justicia y conveniencia— algunos ambiciosos y malvados, divisando en él la decadencia de su imperio, se empeñaban en desacreditarlo usando de unas armas que son irresistibles cuando la ignorancia y la superstición han degradado y entorpecido las facultades del alma racional. Era desigual la lucha, porque la luz no podía, sino despacio y con mucho trabajo, romper y disipar la espesa niebla de las habitudes, preocupaciones y falsas ideas, endurecida con tantos años de esclavitud, en que se había estudiado el modo de embotar el talento de los americanos, para mantenerlos en tan oscura y degradante opresión.

El espantoso terremoto del 26 de marzo de 1812 y las circunstancias que lo acompañaron, decidieron el combate, declarándose la victoria contra la libertad. Debería correrse un velo sobre los efectos morales de este acontecimiento inesperado, para no transmitir a la posteridad las vergonzosas humillaciones de un pueblo conducido a la extravagancia por la superstición; pero conviene que los hombres se instruyan para que se precavan de los prestigios de la ambición cuando se supone que habla por mandado de Dios. Se le hizo creer que aquel fenómeno era un especial castigo sobre Caracas, por haberse separado de la España y negádose a la obediencia del Rey. Tomó fuerzas el engaño, fueron ineficaces las proclamas de las autoridades, diabólicas las insinuaciones de los hombres ilustrados, dirigidas a persuadir que aquel terremoto estaba en el orden de la naturaleza. Nada fue atendido: los indiferentes se adhirieron al partido de los ignorantes, para salvar sus almas; enmudecían los racionales; se desvaneció el sistema de independencia; se trastornó la República, y con ella desaparecieron la brillantez, majestad y decencia que momentáneamente iba adquiriendo Venezuela. Todo era penitencias extravagantes, todo clamores, desaliño y abandono. Las calles y casas en una horrorosa soledad entregadas al pillaje; las cuestas vecinas resonaban con las melancólicas voces de la superstición; hombres errantes, mujeres espantadas; magistrados indecisos; escasez, pobreza y miseria: ¡he aquí el verdadero retrato de la ciudad de Caracas en aquellos tristes y desgraciados días!; solo aquellos que se aprovechaban y burlaban de la nimia credulidad del pueblo estaban satisfechos.

Fue en estas circunstancias que invadió la Provincia el tirano Monteverde, y a favor de la general consternación penetró por ella sin dificultad ninguna. Se apoderó de la capital y faltando a la Capitulación de San Mateo, a sus solemnes promesas posteriores y a todas las leyes de la política, de la decencia y de la humanidad, estableció un sistema de persecución, que ocasionó tantas atroces muertes, tantos ultrajes y violencias sobre la gente del país. En tanto desconsuelo, luto y llanto, solo Dios, justo y misericordioso, se acordaba de los perseguidos venezolanos y había determinado consolarlos por medios reservados a su Providencia.

Un joven caraqueño, con otros compañeros igualmente animados del noble y generoso deseo de libertar su Patria se escapa en medio del tumulto y desorden de las prisiones, de las feroces garras del tirano, y con permiso de éste se embarca para Curazao. Vuela por Cartagena a la Nueva Granada. Afligida, cuidadosa y sobresaltada ésta con la infeliz suerte de Caracas, adopta generosa y compasiva las ideas y proyectos del Héroe que había destinado Dios para la grande y gloriosa empresa en que había de triunfar la libertad. Lo auxilia con la mayor franqueza y se interesa como en negocio propio: El principal y casi único objeto (dicen las instrucciones de aquel Congreso) es expeler a los enemigos de la Patria. En su virtud, el Ciudadano SIMÓN BOLÍVAR, Brigadier de la Unión y General en Jefe de sus tropas se introducen en Venezuela; desbarata y derrota a los enemigos, huye atónito el tirano, se encierra acobardado en Puerto Cabello y Bolívar entra triunfante en Caracas.

Estaba encargado de reponer las autoridades que había cuando entró Monteverde y lo había ejecutado con los Estados que dejaba libres de la tiranía; pero varias razones y consideraciones políticas impidieron o imposibilitaron esa reposición en el de Caracas. Muchas personas que ocupaban antes los empleos, habían desaparecido o no gozaban de favorable concepto; otras, aun de las mismas empleadas, opinaban contra ellas y consideraban necesario un Gobierno provisional; y el intentar una nueva elección era muy peligroso y aventurado en tales circunstancias. ¿Cómo exponerse al resultado de ocurrencias populares en un país infestado de enemigos declarados y ocultos, que por todas partes promueven insurrecciones insensatas para que se derrame la sangre americana? ¿Cómo entregarse sin desconfianza y temor al influjo de los que sordamente minan el sistema, haciendo concebir al pueblo vanas y lisonjeras esperanzas de imaginarios beneficios? ¿Cómo debilitar con importunos recursos la autoridad y celeridad de las armas con las intrigas de semejantes concursos, más inextricables en la situación presente? ¿Cómo, en fin, abandonar el principal y único objeto de expeler a los enemigos de la Patria, por ocurrir a la reposición dudosa de autoridades que contribuyeron, miraron con indiferencia, o no pudieron impedir el exterminio de la libertad? Monteverde había aprisionado y ahuyentado a todos los hombres de bien; había procurado desacreditar el sistema de Independencia, había embrutecido o embaído a los habitantes, hasta introducir un odio mortal entre padres e hijos, maridos y mujeres, hermanos, amigos y parientes; la población aún está desconcertada, esparcida, errante. ¿Podrá haber libertad, desinterés, confianza, acierto y seguridad para unas elecciones populares, justas y convenientes, en juntas concurridas de semejantes electores? No es posible. Antes de pensar en el restablecimiento del Gobierno representativo, deben expelerse los enemigos exteriores; deben aniquilarse los interiores; deben aniquilarse las falsas ideas y resabios que introdujo el terremoto y protegió cuidadosamente Monteverde por medio de sus satélites; y deben instruirse los pueblos de las utilidades y ventajas del sistema de Independencia, para proceder al nombramiento de Representantes en concurrencias sosegadas y libres. Entonces, y no antes, será la reposición conforme al espíritu del Congreso de la Nueva Granada.

Cuando ocupó a Venezuela Monteverde, había un Generalísimo que reunía en sí los poderes legislativo y ejecutivo, que le transmitió el Poder Ejecutivo Federal, con la misma extensión y plenitud que a éste los había transmitido el Congreso venezolano en su receso. Todas las autoridades de Caracas expresamente prestaron su consentimiento, y el General Miranda estaba revestido de un poder ilimitado por estas transmisiones. No está en Venezuela este hombre extraordinario y aunque estuviera sería una torpeza reponerle. Los pueblos, por sus Representantes juzgaron ser necesario reunir y concentrar todo el Gobierno en una sola mano, para que teniendo todos los recursos, actividad y energía, pudiese expeler a los enemigos y sostener la Independencia del país. Medida política, indispensable y prudente. Medida que habría producido sus efectos, si las pueriles y desenfrenadas pasiones de aquel Jefe no hubieran desconcertado todos los ramos de administración, y hecho temible y detestable su conducta.

Aún es más apurado el caso en que se halla ahora Venezuela por la pintura que dejamos trazada; y nunca más que en estas circunstancias necesita de un Jefe Supremo, que obrando con independencia y libertad concluya la obra comenzada. Por la voluntad presunta de los pueblos, considerándolos consecuentes en el deseo de afirmar y consolidar su sistema; por la aclamación de las victorias conseguidas; por la aptitud y capacidad que ha mostrado en las operaciones militares; por el grande peligro de las variaciones y mudanzas de los magistrados y jefes, especialmente en tiempo de guerra; por la confianza en la protección de la fortuna, que regularmente se declara por los buenos talentos; por la gratitud y correspondencia de los beneficios recibidos, patrióticas y rectas intenciones; por no separarse de la senda indicada por Dios para recuperar la libertad, y porque el curso de los acontecimientos natural y políticamente le llaman para continuar la empresa como General en Jefe de las armas libertadoras; es el ciudadano Simón Bolívar, nuestro compatriota y amigo, quien debe ejercer y seguir en la plena posesión de las facultades que se concedieron al General Miranda. Sobre todo, la necesidad hará callar las escrupulosas cavilaciones de una política sutil, desmentida por tantas experiencias. Ninguna más celosa de su libertad que Roma y en sus conflictos nombraba Dictadores. Por este medio logró defenderla y conservarla; y jamás tuvo que arrepentirse de haberla usado. Laudable es anhelar la autoridad para hacer bien; y es afrentosa debilidad dejarla sin haberlo hecho.

Por todas estas consideraciones presté mi conformidad al Proyecto de un Gobierno provisional para Venezuela, formado por el benemérito ciudadano Francisco Javier Ustáriz, miembro que era del Poder Ejecutivo Federal. Sin embargo, más reflexionada la materia, opinaría yo que no es conveniente que el General Bolívar extienda la autoridad que le corresponde a todos los ramos de Administración. Esto seguramente le sería muy embarazoso y le distraería del principal y casi único objeto a que debe dirigirse, que es expeler a los enemigos interiores y exteriores de la Patria. En los asuntos de Estado, de Guerra y de Hacienda, debe tener omnímodas y absolutas facultades, porque no pudiendo hacerse la guerra sin noticias exactas y sin rentas, es preciso que intervenga y disponga arbitrariamente de todas, y que respecto de estos ramos sea Legislador y Ejecutor, solo con dependencia del Congreso de Nueva Granada, hasta que pacificadas las Provincias, esparcidas y afianzadas las verdaderas ideas, extirpadas las falsas y los pueblos instruidos, nombren sus Representantes en concurrencias libres y legítimas, y éstos formen la Constitución permanente y estable de que partan leyes justas, equitativas y acomodadas a la naturaleza del país, carácter y clases de sus habitantes. Pensar de otra manera, es querer recaer en el abismo de males en que estaba sumergida y de que va saliendo Venezuela. La experiencia de lo que ha pasado nos indica el modo, circunspección y prudencia con que debemos conducirnos para no dar oídos a los cavilosos, charlatanes exaltados, a los que nada temen y provocan el desorden para el robo; y menos a los que hasta aquí se han empeñado tanto en envolvernos para continuarnos en la esclavitud por particular provecho suyo, en perjuicio de la libertad y felicidad de sus hermanos. Esto supuesto, teniendo muy presentes las últimas palabras de la Proclama del Congreso de la Nueva Granada, expedida en Tunja a 20 de mayo de este año, es mi opinión la siguiente:

Bases para un Gobierno Provisional en Venezuela

Primera
El ciudadano Simón Bolívar, Brigadier de la Unión y General en Jefe de las tropas libertadoras, natural y políticamente es llamado a ejercer los Poderes Legislativos y Ejecutivo en materias de Estado, Guerra y Hacienda, en todo el territorio de Venezuela, sin más limitaciones que entenderse y acordarse con el Congreso de la Nueva Granada.

Segunda
En consecuencia, tiene la facultad exclusiva de entablar las negociaciones convenientes y necesarias con las Potencias del Mundo, para que éstas reconozcan la Independencia de Venezuela, y con el Congreso de la Nueva Granada para la unión proyectada.

Tercera
Tiene la facultad de procurar que haya un comercio expedito con todas las Naciones, protegiendo la agricultura y valiéndose de todos los medios generales conducentes a la felicidad del país.

Cuarta

Dispone de todas las rentas para llenar sus miras y franquear el tráfico, comunicación y correspondencia interior de los habitantes, dejando moderadamente lo necesario para sueldos y entretenimiento de los empleados políticos, que juzgue merecerlo, y de los eclesiásticos.

Quinta

Ninguna sentencia de muerte se ejecutará en los Estados sin consultársela y obtener su permiso; excepto los casos de conmoción u otros semejantes en que la tardanza del castigo amenace evidente peligro de la seguridad general.

Sexta

Luego que haya pacificado el país y asegurado su Libertad e Independencia convocará el Congreso de Venezuela, avisando a las Municipalidades de las capitales de los Estados, para que éstas, por el Reglamento que les remitirá, promuevan en sus distritos el nombramiento de Representantes para dicho Congreso; en el cual, instalado que sea, dimitirá el mando.

Séptima

En cada Estado debe haber un Gobernador político o primer Magistrado civil, nombrado por el General Bolívar, a proposición de tres personas beneméritas, que harán las municipalidades de las capitales de los Estados para sus distritos.

Octava

Estos primeros Magistrados políticos obedecerán y ejecutarán sin repugnancia ni dilación las órdenes y providencias del General Bolívar, como Jefe Supremo de Venezuela, prestando cuantos auxilios pida y sean de su resorte; sobre lo cual serán responsables ante él mismo por cualquier omisión, falta o defecto; como también por su mala administración en sus respectivos Estados.

Novena
Estos Gobernadores de los Estados gobernarán sus distritos por providencias generales y reglamentos que juzguen necesarios para el buen gobierno; lo comunicarán al Jefe Supremo para su inteligencia; y no se mezclarán en demandas y juicios contenciosos entre partes, dejando que de ellos conozcan los Corregidores y Jueces ordinarios, a quienes incitarán y obligarán para que procedan conforme a las leyes, sobre cuyo incumplimiento deben velar exactamente y a su responsabilidad.

Décima
Estos Gobernadores serán Jueces de las apelaciones que se interpusieren de las sentencias de los Corregidores y Jueces ordinarios del distrito, y conocerán de ellas sin más recurso ni grado, con dos Acompañados que en cada caso les nombrará la Municipalidad de la capital o de la ciudad o villa en que se hallaren.

Caracas, octubre 22 de 1813. 3.° y 1.°
Miguel José Sanz

D) Opinión del Ciudadano Miguel Peña Sobre el Proyecto de Gobierno Provisorio del Ciudadano Francisco Javier Ustáriz[53]

Con el oficio de usted de dos del presente mes he recibido dos ejemplares del plan de Gobierno provisorio, que el ciudadano Francisco Javier Ustáriz ha presentado en tuerza de

53 *Gazeta de Caracas*, n.° IX y X, de 21 y 28 de octubre, 1813.

insinuación del General en Jefe del Ejército Libertador, los que me remite para que le exponga mi parecer sobre sus artículos y contenido.

Este ilustrado Ciudadano, hecho cargo de las críticas y delicadas circunstancias en que nos encontramos, trata la materia con el juicio y tino que le es característico; la examina bajo todos sus diversos aspectos, sin olvidar los males que produjo el sistema anterior, lento e ineficaz para salvarnos en estado de agresión y propone, en fin, un plan de Gobierno provisorio en que la unidad del poder dé toda la energía y celeridad necesaria a las providencias gubernativas y a los planes y operaciones militares tan urgentes en un tiempo en que la expulsión del enemigo más allá de los mares, es la más importante atención del General.

Querría sin embargo que dejándose la parte judicial civil y criminal de que trata el Artículo 4 al cargo de sus respectivos Jueces o Tribunales con entera independencia de toda otra autoridad que la de las Leyes establecidas y que se expidieren, se concediese en las penas de muerte un recurso de humanidad, y no de justicia, al General Libertador, cuando las circunstancias del reo fuesen tan extraordinarias que pudiesen ameritar su perdón; y querría también que los Cabildos de que trata el Artículo 14, lejos de mandarse a restituir con los mismos miembros que estaban al tiempo de la entrada de Monteverde, quedasen conforme se han constituido ahora; no tanto por el desaire de los actuales funcionarios, cuanto porque éstos se han escogido con conocimiento del carácter que mostraron durante la opresión, y porque algunos de aquéllos han incurrido en defectos que sería doloroso echárselos a la cara y expelerles del Cuerpo, no permitiendo las circunstancias actuales que entren en tan honroso ejercicio porque la política haya perdonado sus excesos.

Las reflexiones del Ciudadano Ustáriz acerca de la restitución de las autoridades en Venezuela son sustancialmente conformes con las que voy a proponer, y solo diversas porque intento persuadir que el General en Jefe del Ejército Libertador cumple a la letra y exactamente con la comisión del Congreso de la Nueva Granada, manteniendo en un todo el poder hasta que los enemigos de la Libertad no abandonen los puntos del territorio donde intenten sostenerse, o hasta que dejen de atentar contra nuestra seguridad; mientras que el Ciudadano Ustáriz solo cree que cumple interpretativamente con la confianza pública por el allanamiento general.

El Ciudadano Ustáriz conviene en que según las circunstancias del país debe ejercerse el Poder por una sola mano; también conviene en que por el curso de los acontecimientos, en que el General Libertador ha puesto toda la actividad, celo y esfuerzos necesarios para arrojar del país la última tiranía y ponernos otra vez en el camino de la libertad, está llamado naturalmente a la dirección y manejo de las Provincias, conviene en que es imposible, o cuando menos peligroso, embarazoso y costoso reunir en el día el Congreso, la Cámara Provincial y demás Poderes, y conviene por último en que estos Cuerpos obstruirían la rapidez y harían lánguidas las providencias de seguridad pública; añadiendo que convocándose Diputados que pasen al Congreso de la Nueva Granada, a establecer la unión, bajo de bases sólidas y constitucionales, cumple el General Libertador interpretativamente con la comisión que se le ha conferido.

En nada menos pienso yo que en que dejen de enviarse los Diputados; con esto se estrecharán las ligas que deben unirnos y se proporcionarán más sólidos recursos para la expulsión de nuestros enemigos, aumentándose la confianza de ambos Estados por el conocimiento de las opiniones; pero la mía es que el General Libertador cumple, no interpretativa, sino exactamente con la comisión del Congreso de la Nueva Granada, manteniendo en su sola persona las facultades dictatoriales que se concedieron y a que correspondió mal don Francisco Miranda.

No hay duda que Venezuela se constituyó en un Gobierno Federal; que su Congreso fue la Corporación más legítima, como emanada de la voluntad general de los Pueblos; que las Provincias se gobernaron por sí mismas, durante el período de la tranquilidad; y que solo dependían de la soberanía nacional, que residía en el Congreso, en los puntos confederados; mas cuando el peligro de la agresión de los españoles fue inminente, y su aproximación a la Villa de San Carlos nos obligó a tomar providencias eficaces para rechazarles; y cuando el riesgo aumentó sus extremos por las continuas ventajas del enemigo, entonces los Representantes en el Congreso, el Poder Ejecutivo Federal y todos los demás Cuerpos representativos Provinciales convinieron en que las trabas de la división de los Poderes, hacían lenta y difícil la marcha de los negocios y en que era necesario disolverse dejando todas sus facultades en las manos de Miranda.

Si esta resolución no salvó el País, fue, tal vez, por su ineptitud, o porque las facciones y partidos renunciaron tarde a sus celosas pretensiones, cuando los gritos de las victorias del enemigo casi alcanzaban a sus oídos. La providencia en sí era bastante a mantener la libertad, o por lo menos, era el único medio de sostenerla. Los temores que inventaron las pasiones acerca de la persona de Miranda; el fanatismo de muchos; la superstición popular y otras varias causas concurrieron a que la libertad expirase y sucumbiesen al Tirano las armas venezolanas; pero todas las autoridades que eran el órgano de la voluntad de los pueblos, convinieron en que el Gobierno Dictatorial era el que convenía a Venezuela, en las circunstancias de una guerra desoladora, y este fue el que efectivamente le dieron.

Ahora, pues, las Provincias se hallan en el mismo estado que entonces tenían: están rodeadas de enemigos por todas partes, y por consiguiente la comisión que el Congreso de la Nueva Granada dio al General Libertador para restablecer el Gobierno de Venezuela, debe entenderse que es el mismo que le conviene en las circunstancias de la guerra, el que se declaró convenirle por las autoridades popularmente elegidas, y el mismo que se encontraba en el período de su aniquilamiento. De que se infiere que manteniendo en su mano todo el Poder, como único árbitro de librarnos de los impulsos de la tiranía, en las delicadas circunstancias de la guerra a muerte, que hemos declarado a nuestros enemigos y que debemos sostener con tanta energía cuanta sea bastante a preservarnos del exterminio que ellos en vano aunque obstinadamente, se esfuerzan por ejecutar, está literalmente cumplida la comisión; pues debe considerarse como un natural sucesor de las facultades de Miranda. Y en verdad, si Venezuela tenía un Gobierno de Dictadura, y a él debe restituírsela ¿qué otro Jefe militar podría obtener tan delicado e importante encargo, sino el mismo que ha sido Libertador de su suelo? El debe investirse de esta dignidad en cumplimiento de la comisión del Congreso de la Nueva Granada, y es llamado a ella por mil imperiosas razones que todos conocen, de que voy a expresar algunas en obsequio de la justicia, y gratitud que debemos a tan digno Jefe.

Primera: porque él ha conducido sus armas victoriosas, desde la Provincia de Cartagena hasta esta Capital, con tanta intrepidez, valor y gloria, que nos ha dado no solo la libertad civil y política, de que estábamos despojados, sino también la natural de que carecíamos cargados de hierros o encerrados en oscuras mazmorras. Segunda: porque experimentado en el arte de la guerra, los soldados tienen la confianza de vencer siempre con él. Tercera: porque permaneciendo aún los restos de nuestros enemigos en Puerto Cabello, Coro, Maracaibo, Guayana y muchos puntos de esta Provincia, es al Dictador a quien está confiada su expulsión, y, como Jefe de las armas, el General Libertador es llamado a la posesión de esta dignidad. Cuarta: porque la República se ha establecido teniendo a su cabeza al General Simón Bolívar, activo, laborioso y aguerrido. Quinta y última porque como Libertador de su Patria es naturalmente llamado, o debe tenerse como un sucesor de las facultades que ejerció Miranda.

Desvanecidas, pues, las objeciones que podían proponerse al lleno de la comisión conferida al General Bolívar, por el Congreso de la Nueva Granada, nada me queda que añadir a la prudente exposición y proyecto de Gobierno del Ciudadano Ustáriz, ni en cuanto a los Poderes; pues establecida la paz general y abdicada la Dictadura, entra Venezuela en el goce de sus indestructibles derechos de constituirse sólidamente, único objeto de los votos del General Libertador.

Si la elección de un Consejo para tratar asuntos de Guerra, Marina, Rentas o Comercio en los términos que lo propone el Ciudadano Ustáriz reunido sin gasto alguno, y solamente conducido por el deseo de ser útil a la Patria, podía producir algunas opiniones de que podría hacer uso el Jefe Supremo de la República, o los empleados en estos ramos y que por tanto me parece de bastante utilidad, no es menos digna de consideración la de este Ciudadano en cuanto a la nominación de Diputados que vayan a incorporarse en el Congreso de la Nueva Granada, investidos de plenas y amplias facultades para tratar de la unión, ordenarla y fijarla bajo las bases sólidas de una buena Constitución. Es aquella Región tan digna de nuestra gratitud, están tan íntimamente ligada su existencia y bienestar al nuestro; la agresión a nuestras costas le es tan perjudicial; y nuestros auxilios mutuos son tan importantes que es necesario ligarnos por pactos solemnes y formar un Cuerpo de Nación que nos haga aparecer sobre la escena del Mundo con la dignidad de un Pueblo capaz de constituirse y defenderse de cualesquiera enemigos. Estos bienes nos debe producir la confederación con aquel territorio, y la pronta incorporación de nuestros Diputados en el Congreso de la Nueva Granada producirá mil bienes a éste y a aquellos Estados.

Es cuanto me ocurre qué decir sobre el proyecto que se me ha enviado para opinar sobre su contenido, y ojalá que haya podido desempeñar dignamente la confianza con que me ha honrado el General en Jefe a quien transmitirá usted estas observaciones en cumplimiento de sus órdenes.

Dios guarde a usted muchos años. Caracas, 18 de octubre de 1813.

Dr. Miguel Peña

Ciudadano Secretario de Estado.

g) Simón Rodríguez

Sociedades Americanas en 1828[54]

Ciérrense estas reflexiones con una Observación, que debe preceder a los Considerandos, del Proyecto de ley que se propone.

Obsérvese que...

los que ayudan a mandar, son AMIGOS del que manda, porque participan de su condición y corren la misma suerte —los que favorece lo son, porque los manda menos.

54 *Sociedades Americanas en 1828*, fue editada por el propio Simón Rodríguez, Arequipa (Perú), 1842, la reeditó en Lima, ampliándola. Ambas ediciones aparecen facsimilarmente en *Escritos de Simón Rodríguez*, editados en 3 vols., Sociedad Bolivariana de Venezuela, Caracas, 1954-1958.

No hay simpatía verdadera sino entre Iguales. Simpatizan EN APARIENCIA, los Súbditos con los Superiores, porque, el que obedece protege las ideas del que manda; pero la antipatía es el Sentimiento natural de la Inferioridad que nunca es agradable.

Proyecto de ley
Sobre las 2 atenciones de futuro { Colonización y Educación Popular

Colonización

Considerando
1.º que el género humano... como todo viviente... tiene un derecho, que recibe con la Existencia, para ocupar un lugar en el globo, y defenderlo, para conservarse, por los medios que su Instinto le dicta

2.º que el hombre se distingue, de los demás animales, por 2 sentimientos... uno de Compasión, porque conoce que los animales padecen como él —y otro de Predilección por sus Semejantes, porque conoce que, en su compañía, padece menos y goza más, que estando Solo, o en compañía de otros animales.

3.º que el hombre, en el trato con sus Semejantes, perfecciona sus sentimientos —reduce la Compasión y la Predilección a un solo sentimiento que llama HUMANIDAD— se lo hace obligatorio llama la unión con sus Semejantes = SOCIEDAD,

los actos de humanidad = VIRTUDES SOCIALES,

los puntos de reunión = CIUDADES,

y de Ciudad deriva un nombre, que comprende todas las pruebas de Sociabilidad que un Pueblo da en su conducta = este nombre es CIVILIZACIÓN

Permítanse [Exclamaciones en los Considerandos]

¿¡Qué lejos está esta definición, de la que cada uno da a la palabra CIVILIZADO, cuando la acomoda a las cualidades de que se cree adornado!? Considerando: en

4.° lugar, que los Campos de América están, en gran parte, despoblados, ¡los pocos habitantes que tiene, apiñados, en desorden, alrededor de los templos, esperando de la Providencia lo que no les ha prometido, miserables en medio de la abundancia!, ¡sin esperanzas de ocupar su imaginaria propiedad, en muchos siglos, por falta de dirección —que lo hace horrorosa la Sociedad, es la inhabilidad de hacerla habitable, para vivir en ella!, ¡que la industria es un compañero que infunde valor, al más apocado!

5.° que los Europeos con exceso de Industria, y los Americanos con exceso de Suelo, gimen bajo las necesidades de la vida, sin poder satisfacerla, y que asociándose harían su felicidad y prepararían la de sus hijos

6.° que el peso de la familia hace que el pudiente descienda a la pobreza, y el pobre a la miseria, por falta de orden o de Ideas

7.° que las empresas de Colonización por Particulares, no pueden convenir a los Colonos ni al país, porque los especuladores no consultarán otros intereses que los suyos

8.° que si se da libre entrada a cuantos vengan a establecerse en el país, resultará un desorden mayor que el que ha causado la emigración, y a los emigrados un mal peor que el que los aflige = allá son miserables en la edad fuerte, acá lo serán en la vejez

9.° que los Americanos están divididos en 2 bandos: el uno pidiendo que se niegue la entrada a todo Extranjero, y el otro ofreciendo el país a todo el que quiera venir a ocuparlo

10.º que solo al Gobierno toca dirigir los establecimientos Industriales, que se hagan en el territorio, porque solo él debe considerar las conveniencias económicas, civiles, morales y políticas de la industria, y la condición de los Productores Considerando esto y lo más que pueda añadir, se propone la siguiente LEY

art. 1.º Colonícese el país con sus propios habitantes, dividiéndolos en 2 especies de Colonos = Adultos y Párvulos

art. 2.º Los Adultos (jóvenes, hombres y viejos) que la Sociedad, por su descuido, ha dejado caer en la miseria, serán considerados = los viejos como carga de la Sociedad = los hombres y los jóvenes serán Colonos. Se dará destino a los hombres que sepan trabajar, y los jóvenes que no quieran ser Colonos, serán destinados a la milicia.

art. 3.º Las Colonias de Adultos se establecerán en las fronteras de los Indios. Los límites serán respetados.

art. 4.º A los Colonos Adultos, se agregarán los Artesanos extranjeros, que quieran seguir la Condición de los nativos

art. 5.º Se asegurará la posesión de la industria a los artesanos establecidos; no admitiendo otros que vengan a rivalizar con ellos. Si llega algún extranjero, con algo que adelante la industria establecida, se le comprará por cuenta de las Colonias: pero no se le permitirá establecerse en ellas, sino por consentimiento de la Dirección

art. 6.º Cada Provincia o Departamento establecerá su Colonia, con sus habitantes, a su costa, y la dirigirá entendiéndose con la Dirección general

art. 7.º Las Colonias; ocuparán, en propiedad, las tierras baldías que el Estado les adjudique —y donde no haya baldías, se arrendarán a los propietarios que las tengan sobrantes. Las Colonias no adquirirán la propiedad, sino por contrato con el propietario art. 8.° Cada Colonia tendrá su milicia urbana, sostenida a sus expensas —guardará su frontera, y no será movida por el Gobierno

art. 9.° Las Colonias de niños pobres se establecerán entre los adultos y los poblados, y en ellas se admitirán los niños Europeos, que vengan recomendados por los Gobiernos de su país. No se admitirá ninguno que pase de once años, ni que tenga menos de ocho: y serán considerados como Americanos. Ni su país natal ni sus padres podrán reclamarlos, sino pagando lo que deban, según resulte de la cuenta que se ha llevado con ellos por sus gastos, y por lo que hayan devengado con su trabajo

art. 10.° Al 410 año de establecidas las Colonias de adultos, empezarán a pagar una contribución directa al erario de la nación —y las de Pávulos al cabo de 5

La parte disciplinal y económica de la Colonización —la especie de Instrucción que deba darse a los niños —y los arbitrios para el establecimiento, piden un tratado. Solo se advertirá, en cuanto a arbitrios, que, en Bolivia, se creó, el año 25 un fondo de Beneficencia, de 15 millones de pesos fuertes, sin perjudicar propiedades.

El que no VE lo que toca está ciego
el que no lo SIENTE está muerto.

h) Andrés Bello. El Repertorio Americano. 1826[55]

55 El *Repertorio Americano*, es la revista que el humanista caraqueño y Juan García del Río empezaron a publicar en Londres en octubre de 1826. Hasta agosto de 1827, salieron cuatro entregas de la revista. Aunque apareció sin firma, el *Prospecto* es obra de Bello y García del Río. Ha sido reproducido de la reedición facsímil de la revista. Caracas, 1973. (Nota de P G.)

Prospecto

Años ha que los amantes de la civilización americana deseaban la publicación de una obra periódica, que defendiese con el interés de una causa propia la de la independencia y libertad de los nuevos estados erigidos en aquel nuevo mundo sobre las ruinas de la dominación española: de una obra que, fuera de tratar los asuntos literarios más a propósito para despertar la atención de los americanos, concediese un lugar preferente a su geografía, población, historia, agricultura, comercio y leyes; extractando lo mejor que en estos ramos diesen a la luz los escritores nacionales y extranjeros, y recogiendo también documentos inéditos.

¿Cuántos de estos, por la falta de proporciones para publicarlos en América, yacen sepultados en las arcas de los curiosos? ¿Cuántos perecen en manos de la ignorancia y la desidia, defraudando a la patria de noticias útiles, y a sus autores de la alabanza y gratitud públicas? Una obra como la que hemos indicado, al paso que conservase estas producciones interesantes, contribuiría probablemente a multiplicarlas; y cuando no se esperase recoger de ella otro fruto, creemos que este solo debería recomendarla a todo americano ilustrado, que amase la gloria y el adelantamiento de su patria.

En el estado presente de América y Europa, Londres es acaso el lugar más adecuado para la publicación de esta obra periódica. Sus relaciones comerciales con los pueblos transatlánticos le hacen en cierto modo el centro de todos ellos; y los auxilios que la circulación industrial suministra a la circulación literaria son demasiado obvios para que sea necesario enumerarlos. Pero Londres no es solamente la metrópoli del comercio: en ninguna parte del globo son tan activas como en la Gran Bretaña las causas que vivifican y fecundan el espíritu humano; en ninguna parte es más audaz la investigación, más libre el vuelo del ingenio, más profundas las especulaciones científicas, más animosas las tentativas de las artes. Rica en sí misma, reúne las riquezas de sus vecinos; y si en algún ramo de las ciencias naturales les cede la palma de la invención o de la perfección, hace a todos ellos incomparable ventaja en el cultivo de los conocimientos más esencialmente útiles al hombre, y que más importa propagar en América.

Dudamos también que una obra de esta especie pudiese darse a luz con igual libertad en ninguna otra parte de Europa; Y el estado del arte tipográfico en América haría sumamente difícil la impresión de un periódico de tanta extensión como la que requieren los objetos arriba indicados.

Tales fueron las consideraciones que tuvimos presentes para la publicación de la Biblioteca Americana, que empezó a salir en Londres el año de 1823. No se nos ocultaba la debilidad de nuestras fuerzas para llevar a cabo tamaña empresa; pero creíamos que en abrir solamente el camino hacíamos ya un servicio importante a nuestros compatriotas; y nos lisonjeábamos de que, reconocida la utilidad de la obra; y lo difícil del acierto, se nos auxiliaría con luces y noticias, y se mirarían con alguna indulgencia los defectos de la ejecución, sobre todo en los primeros ensayos. No nos equivocamos de este concepto. El favor con que el primer tomo de la Biblioteca se recibió en América, excedió en mucho nuestras esperanzas. El número de ejemplares impresos, aunque considerable, no bastó a satisfacer la demanda; y de todas partes se recibieron comunicaciones lisonjeras, que alentaban a continuar la empresa, y ofrecían auxilios para llevarla adelante.

Obstáculos que no pudimos prever ni superar, habían ya suspendido la publicación del segundo tomo. Afortunadamente, la parte que han tomado en la de este periódico los

Señores Bossange, Barthés y Lowel, libreros en Londres, y Bossange padre, en París, nos permite poner otra vez manos a la obra, con la perspectiva de que su continuación no dependerá de contingencias semejantes a las que la interrumpieron la primera vez; de que un sistema mejor combinado en la distribución y circulación de los ejemplares los llevará a manos de los lectores transatlánticos en el término más corto posible, aprovechando siempre las primeras ocasiones que se presenten en los puertos de la Gran Bretaña; y de que en las circunstancias cada día más prósperas de los nuevos estados, la constancia de nuestros esfuerzos para merecer la aprobación de sus ilustrados ciudadanos, y nuestra docilidad en seguir las indicaciones que se nos hagan, tanto en orden a la clase de materias como al modo de tratarlas, nos asegurarán su buena acogida, y los excitarán a favorecernos con materiales y comunicaciones.

Desde luego nos hemos propuesto hacer la obra aún más rigurosamente americana que cual la concebimos y trazamos en nuestro prospecto del 6 de abril de 1823; y con esta mira reduciremos mucho la SECCIÓN de Ciencias naturales y físicas, limitándola a puntos de una aplicación más directa e inmediata a la América, y contentándonos bajo otros respectos con dar una ligera noticia de las mejores obras que de ellas se publiquen.

En las otras dos secciones de humanidades y Ciencias intelectuales y morales, es también nuestro ánimo descartar todo aquello que no nos parezca estar en proporción con el estado actual de la cultura americana.

A estas variaciones en la sustancia acompañarán otras en la forma, con el objeto de hacer menor el coste, y más moderado el precio de la obra, que solo tendrá ya una estampa, y de 300 a 320 páginas de impresión; pero que en limpieza y corrección tipográfica no será inferior a la Biblioteca.

Nuestro periódico, diferente ya bajo algunos respectos del que publicamos en 1823, tendrá por consiguiente otro título.

Pero el REPERTORIO AMERICANO (que así le nombraremos) seguirá puntualmente el plan de la Biblioteca en cuanto a dar un lugar preferente a todo lo que tenga relación con América, y especialmente a las producciones de sus hijos, y a su historia. Trataremos (como lo anunciamos en aquella obra) la biografía de los héroes y demás varones claros que han ilustrado nuestro país, acompañando, siempre que nos sea posible, sus venerables efigies. Por medio de ensayos originales y dé documentos históricos, nos proponemos ilustrar algunos de los hechos más interesantes de nuestra revolución, desconocida en gran parte del mundo, y aun a los americanos mismos. Es también nuestro ánimo sacar a luz mil anécdotas curiosas, en que resplandecen, ya los talentos y virtudes de nuestros inmortales caudillos, ya los procedimientos y sacrificios de un pueblo heroico, que ha comprado su libertad a más caro precio que ninguna de cuantas naciones celebra la historia, la clemencia de unos, la generosidad de otros, y el patriotismo de casi todos. Adoptando bajo este respecto la opinión de un escritor distinguido, creemos que «el patrimonio de todo país libre consiste en la gloria de sus grandes hombres».

En una palabra, examinar bajo sus diversos aspectos cuáles son los medios de hacer progresar en el nuevo mundo las artes y las ciencias, y de completar su civilización; darle a conocer los inventos útiles para que adopte establecimientos nuevos, se perfeccione su industria, comercio y navegación, se le abran nuevos canales de comunicación, y se le ensanchen y faciliten los que ya existen; hacer germinar la semilla fecunda de la libertad, destruyendo las preocupaciones vergonzosas con que se le alimentó desde la infancia; establecer sobre la base indestructible de la instrucción el culto de la moral; conservar los nombres y las acciones que figuran en nuestra historia, asignándoles un lugar en la memoria del tiempo; he aquí la tarea noble, pero vasta y difícil, que nos ha impuesto el amor de la patria.

Tendremos especial cuidado en hacer que desaparezca de esta obra toda predilección a favor de ninguno de nuestros estados o pueblos; escribimos para todos ellos, y el Repertorio, fiel a su divisa, será verdaderamente americano.

Adoptaremos todo aquello que pueda ser útil, y hablaremos el lenguaje de la verdad. Amamos la libertad, escribimos en la tierra clásica de ella, y no nos sentimos dispuestos a adular al poder, ni a contemporizar con preocupaciones que consideramos perniciosas.

¡Felices nosotros si conseguimos, en premio de nuestras tareas, que la verdad esparza sus rayos por todo el ámbito del nuevo mundo; que la naturaleza despierte al ingenio de su dilatado sueño, y nazcan a su voz los talentos y las artes; que a la luz de la filosofía se disipen mil errores funestos; que civilizado el pueblo americano por las letras y las ciencias, sienta el benéfico influjo de las bellas creaciones del entendimiento, y recorra a pasos gigantescos el vasto camino abierto al través de las edades por los pueblos que le han precedido; hasta que llegue la época dichosa, en que la América, a la sombra de gobiernos moderados, y de sabias instituciones sociales, rica, floreciente, libre, vuelva con usura a la Europa el caudal de luces que hoy le pide prestado, y, llenando sus altos destinos, reciba las bendiciones de la posteridad.

i) Andrés Bello. La Civilización Americana. 1829[56]

56 «La Civilización Americana», es parte de un estudio crítico sobre las Poesías de José Fernández Madrid que Bello publicó en *El Mercurio Chileno*, Santiago, n.° 16, de 15 de julio, 1829. Pedro Grases, *Doce estudios sobre Andrés Bello*, Buenos Aires, 1950.

Londres 1 de julio, de 1826.
Sabemos que han llegado de Europa muchos ejemplares de la obra que anunciamos, y que van a ponerse en venta en esta capital. Recomendamos su lectura, y su pronto despacho nos lisonjearía como una prueba de los progresos del buen gusto literario.

Cuan necesario sea éste en una sociedad culta es asunto que no requiere pruebas ni comentarios. Cuán fácil sería su adquisición en un país que adelanta como el nuestro, es idea que asaltará a los ojos de cualquiera que estudie las circunstancias en que vivimos. Tenemos por decir así cierta virginidad de impresiones muy favorable al desarrollo de nuestras aptitudes literarias. Apenas son conocidos los modelos clásicos; apenas hemos empezado a saborear los goces poéticos, y éstos son, los que encadenando la fantasía, y ablandando los sentimientos, llegan a ejercer un gran influjo en las costumbres y en las ideas.

En los pueblos que gozan de una civilización antigua la razón pública se ha formado por la lenta acción de los siglos, y sufriendo grandes intervalos, en los cuales los extravíos y los errores han ocupado el lugar de la sensatez y de la verdadera cultura. La perfección presente supone la asidua labor de la experiencia, y ésta no se forma sino con escarmientos y retractaciones. La moda, la ignorancia, el capricho ensalzan algunos modelos, y éstos cimentan la opinión, que en semejantes casos aplaude y adopta a ciegas. Antes que llegue la época del desengaño ¡cuánto papel se ha impreso en balde! ¡Cuánto tiempo se ha perdido! Las bibliotecas están llenas de poetas de la escuela gongorina; escuela que ha producido mil veces más imitadores y adeptos que las de León y Meléndez. Los primeros esfuerzos de los que abatieron aquel coloso fueron coronados del éxito más satisfactorio. Trigueros, los Iriartes, Samaniego, Moratín padre fueron los ídolos de su época. A su vez fueron destronados por Jovellanos, Cienfuegos, Noroña, Meléndez y Quintana. Y sin embargo, aunque tan modernos, todavía se ha dado un paso adelante. La severidad del gusto moderno censura en unos de estos poetas la afectación, en otros la superficialidad; en éste una blandura afeminada; en aquél un tono demasiado amanerado y simétrico. Los poetas del día huyen de estos defectos, y favorecidos por una época fecunda en grandes sucesos, y que necesariamente ha debido excitar los sentimientos más intensos y generosos, aspiran a ponerse a la altura de su siglo, y consignar en sus versos los recuerdos de las vicisitudes de que hemos sido espectadores.

Al mismo tiempo los sentimientos afectuosos, considerados como asuntos poéticos, se van despojando de la hojarasca mitológica y pastoril, con que los han disfrazado los poetas anteriores. La filosofía ha descubierto que para movernos y seducirnos el amor no necesita de la flecha ni del cayado, y aunque este espíritu de seriedad ha traspasado sus límites, y ha degenerado a veces en una afición desmedida a impresiones fuertes y horrorosas, éstas son más dignas del hombre, que los coloquios almibarados, y las insipideces bucólicas.

Esta misma filosofía ha dictado sus lecciones en rimas armoniosas, y uniéndose al patriotismo ha presentado cuadros grandiosos que satisfacen la razón, y halagan la fantasía. Ella ha enseñado a los hombres el secreto de sus pasiones, el enigma de las catástrofes históricas, el arte de adornar dignamente la verdad, y al mismo tiempo ha perfeccionado el instrumento de la poesía, dando al lenguaje elevación, majestad, exactitud, armonía y haciéndolo susceptible de representar todas las imágenes, de expresar todos los afectos, de interpretar lo más sublime de la meditación, y lo más profundo del raciocinio.

Nosotros tenemos la fortuna de hallar tan adelantada la obra de la perfección intelectual, que todo está hecho y preparado para nuestros goces y para nuestros progresos. Las convulsiones políticas externas nos han sido igualmente favorables. La nación cuya lengua hablamos ha sufrido una crisis que ha dispersado en suelos extranjeros sus ingenios más esclarecidos, y allí, sin las trabas del doble despotismo político y religioso que los aquejaba, han ampliado la esfera de sus trabajos y los han puesto al nivel de los de los hombres superiores de los pueblos más cultos. Las otras repúblicas americanas han entrado también en la arena intelectual, y han dado ya a luz producciones que llevan el sello de la perfección, a que propenden en la época actual todos los esfuerzos del genio y de la razón.

6. Acta de la independencia. 1811[57]

En el nombre de Dios Todopoderoso,

Nosotros, los representantes de las Provincias unidas de Caracas. Cumaná, Barinas. Margarita, Barcelona, Mérida y Trujillo, que forman la Confederación Americana de Venezuela en el Continente Meridional, reunidos en Congreso, y considerando la plena y absoluta posesión de nuestros derechos, que recobramos justa y legítimamente desde el 19 de abril de 1810, en consecuencia de la Jornada de Bayona y la ocupación del Trono español por la conquista y sucesión de otra nueva dinastía constituida sin nuestro consentimiento, queremos, antes de usar de los derechos de que nos tuvo privados la fuerza, por más de tres siglos, y nos ha restituido el

57 No existe aún, lamentablemente, una edición crítica acrisolada del Acta de la Independencia de Venezuela, que tenga en cuenta las variantes ofrecidas por los diversos textos conocidos, de entre los cuales son los más importantes: a) el que figura, manuscrito, en el Libro de Actas del Congreso Constituyente de 1811 (Libro que estuvo perdido hasta 1907); b) el que se publicó en el periódico oficial del Congreso *El Publicista de Venezuela*, de 11 de julio de 1811; e) el inserto en la *Gazeta de Caracas* de 16 de julio de ese mismo año; d) el publicado en la *Gaceta de Venezuela* en 1834; e) el que recogió la obra bilingüe, editada en Londres, 1812, por orden del Gobierno de Venezuela, bajo el título *Documentos interesantes relativos a Caracas -Interesting documents relating to Caracas*. Un buen análisis de los problemas planteados por estos textos lo hace Ramón Díaz Sánchez en el capítulo inicial de su obra *La Independencia de Venezuela y sus perspectivas*, Caracas, 1959. Para la presente selección, nos hemos atenido al texto dado por la Academia Nacional de la Historia de Venezuela, en el volumen 6.° de su Biblioteca, titulado *La Constitución Federal de Venezuela de 1811 y documentos afines*, con Estudio Preliminar de Caracciolo Parra Pérez, Caracas, 1959. (N. de P. G.)

orden político de los acontecimientos humanos, patentizar al Universo las razones que han emanado de estos mismos acontecimientos y autorizan el libre uso que vamos a hacer de nuestra Soberanía.

No queremos, sin embargo, empezar alegando los derechos que tiene todo país conquistado, para recuperar su estado de propiedad e independencia: olvidamos generosamente la larga serie de males, agravios y privaciones que el derecho funesto de conquista ha causado indistintamente a todos los descendientes de los descubridores, conquistadores y pobladores de estos países, hechos de peor condición, por la misma razón que debía favorecerlos; y corriendo un velo sobre los trescientos años de dominación española en América, solo presentaremos los hechos auténticos y notorios que han debido desprender y han desprendido de derecho a un mundo de otro, en el trastorno, desorden y conquista que tiene ya disuelta la nación española.

Este desorden ha aumentado los males de la América, inutilizándole los recursos y reclamaciones, y autorizando la impunidad de los gobernantes de España para insultar y oprimir esta parte de la nación, dejándola sin el amparo y garantía de las leyes.

Es contrario al orden, imposible al Gobierno de España, y funesto a la América, el que, teniendo ésta un territorio infinitamente más extenso, y una población incomparablemente más numerosa, dependa y esté sujeta a un ángulo peninsular del continente europeo.

Las. Sesiones y abdicaciones de Bayona; las jornadas de El Escorial y de Aran juez, y las órdenes del lugarteniente Duque de Berg, a la América debieron poner en uso los derechos que hasta entonces habían sacrificado los americanos a la unidad e integridad de la nación española.

Venezuela, antes que nadie, reconoció y conservó generosamente esta integridad por no abandonar la causa de sus hermanos, mientras tuvo la menor apariencia de salvación.

La América volvió a existir de nuevo, desde que pudo y debió tomar a su cargo su suerte y conservación; como España pudo reconocer, o no, los derechos de un Rey que había apreciado más su existencia que la dignidad de la nación que gobernaba.

Cuantos Barbones concurrieron a las inválidas estipulaciones de Bayona, abandonando el territorio español, contra la voluntad de los pueblos, faltaron, despreciaron y hollaron el deber sagrado que contrajeron con los españoles de ambos mundos, cuando, con su sangre y sus tesoros, los colocaron en el Trono a despecho de la casa de Austria; por esta conducta quedaron inhábiles e incapaces de gobernar a un pueblo libre, a quien entregaron como un rebaño de esclavos.

Los intrusos gobiernos que se abrogaron la representación nacional aprovecharon pérfidamente las disposiciones que la buena fe, la distancia, la opresión y la ignorancia daban a los americanos contra la nueva dinastía que se introdujo en España por la fuerza; y contra sus mismos principios, sostuvieron entre nosotros la ilusión a favor de Fernando, para devorarnos y vejamos impunemente cuando más nos prometían la libertad, la igualdad y la fraternidad, en discursos pomposos y frases estudiadas, para encubrir el lazo de una representación amañada, inútil y degradante.

Luego que se disolvieron, sustituyeron y destruyeron entre sí las varias formas de gobierno de España, y que la ley imperiosa de la necesidad dictó a Venezuela el conservarse a sí misma para ventilar y conservar los derechos de su Rey y ofrecer un asilo a sus hermanos de Europa contra los males que les amenazaban, se desconoció toda su anterior conducta, se variaron los principios, y se llamó insurrección, perfidia e ingratitud, a lo mismo que sirvió de norma a los gobiernos de España, porque ya se les cerraba la puerta al monopolio de administración que querían perpetuar a nombre de un Rey imaginario.

A pesar de nuestras protestas, de nuestra moderación, de nuestra generosidad, y de la inviolabilidad de nuestros principios, contra la voluntad de nuestros hermanos de Europa, se nos declara en estado de rebelión, se nos bloquea, se nos hostiliza, se nos envían agentes a amotinarnos unos contra otros, y se procura desacreditarnos entre las naciones de Europa implorando sus auxilios para oprimirnos.

Sin hacer el menor aprecio de nuestras razones, sin presentarlas al imparcial juicio del mundo, y sin otros jueces que nuestros enemigos, se nos condena a una dolorosa incomunicación con nuestros hermanos; y para añadir el desprecio a la calumnia se nos nombran apoderados, contra nuestra expresa voluntad, para que en sus Cortes dispongan arbitrariamente de nuestros intereses bajo el influjo y la fuerza de nuestros enemigos.

Para sofocar y anonadar los efectos de nuestra representación, cuando se vieron obligados a concedérnosla, nos sometieron a una tanta mezquina y diminuta y sujetaron a la voz pasiva de los Ayuntamientos, degradados por el despotismo de los gobernadores, la forma de la elección: lo que era un insulto a nuestra sencillez y buena fe, más bien que una consideración a nuestra incontestable importancia política.

Sordos siempre a los gritos de nuestra justicia, han procurado los gobiernos de España desacreditar todos nuestros esfuerzos declarando criminales y sellando con la infamia, el cadalso y la confiscación, todas las tentativas que, en diversas épocas, han hecho algunos americanos para la felicidad de su país, como lo fue la que últimamente nos dictó la propia seguridad, para no ser envueltos en el desorden que presentíamos, y conducidos a la horrorosa suerte que vamos ya a apartar de nosotros para siempre: con esta atroz política, han logrado hacer a nuestros hermanos insensibles a nuestras desgracias, armarlos contra nosotros, borrar de ellos las dulces impresiones de la amistad y de la consanguinidad, y convertir en enemigos una parte de nuestra gran familia.

Cuando nosotros, fieles a nuestras promesas, sacrificábamos nuestra seguridad y dignidad civil por no abandonar los derechos que generosamente conservamos a Fernando de Borbón, hemos visto que a las relaciones de la fuerza que le ligaban con el emperador de los franceses ha añadido los vínculos de sangre y amistad, por los que hasta los gobiernos de España han declarado ya su resolución de no reconocerle sino condicionalmente.

En esta dolorosa alternativa hemos permanecido tres años en una indecisión y ambigüedad política, tan funesta y peligrosa, que ella sola bastaría a autorizar la resolución que la fe de nuestras promesas y los vínculos de la fraternidad nos habían hecho diferir; hasta que la necesidad nos ha obligado a ir más allá de lo que nos propusimos, impelidos por la conducta hostil y desnaturalizada de los gobiernos de España, que nos ha relevado del juramento condicional con que hemos sido llamados a la augusta representación que ejercemos.

Mas nosotros, que nos gloriamos de fundar nuestro proceder en mejores principios, y que no queremos establecer nuestra felicidad sobre la desgracia de nuestros semejantes, miramos y declaramos como amigos nuestros, compañeros de nuestra suerte, y partícipes de nuestra felicidad, a los que, unidos con nosotros por los vínculos de la sangre, la lengua y la religión, han sufrido los mismos males en el anterior orden; siempre que, reconociendo nuestra absoluta independencia de él y de toda otra dominación extraña, nos ayuden a sostenerla con su vida, su fortuna y su opinión, declarándolos y reconociéndolos (como a todas las demás naciones), en guerra enemigos, y en paz amigos, hermanos y compatriotas.

En atención a todas estas sólidas, públicas e incontestables razones de política, que tanto persuaden la necesidad de recobrar la dignidad natural, que el orden de . los sucesos nos ha restituido, en uso de los imprescriptibles derechos que tienen los pueblos para destruir todo pacto, convenio o asociación que no llena los fines para que fueron instituidos los gobiernos, creemos que no podemos ni debemos conservar los lazos que nos ligan al gobierno de España, y que, como todos los pueblos del mundo, estamos libres y autorizados, para no depender de otra autoridad que la nuestra, y tomar entre las potencias de la tierra, el puesto igual que el Ser Supremo y la naturaleza nos asignan y a que nos llama la sucesión de los acontecimientos humanos y nuestro propio bien y utilidad.

Sin embargo de que conocemos las dificultades que trae consigo y las obligaciones que nos impone el rango que vamos a ocupar en el orden político del mundo, y la influencia poderosa de las formas y habitudes a que hemos estado, a nuestro pesar, acostumbrados, también conocemos que la vergonzosa sumisión a ellas, cuando podemos sacudirlas, sería más ignominiosa para nosotros, y más funesta para nuestra posteridad, que nuestra larga y penosa servidumbre, y que es ya de nuestro indispensable deber proveer a nuestra conservación, seguridad y felicidad, variando esencialmente todas las formas de nuestra anterior constitución.

Por tanto, creyendo con todas estas razones satisfecho el respeto que debemos a las opiniones del género humano y a la dignidad de las demás naciones, en cuyo número vamos a entrar, y con cuya comunicación y amistad contamos: nosotros, los representantes de las Provincias unidas de Venezuela, poniendo por testigo al Ser Supremo de la justicia de nuestro proceder y de la rectitud de nuestras intenciones, implorando sus divinos y celestiales auxilios, y ratificándole, en el momento en que nacemos a la dignidad, que su providencia nos restituye el deseo de vivir y morir libres, creyendo y defendiendo la Santa Católica y Apostólica Religión de Jesucristo. Nosotros, pues, a nombre y con la voluntad y autoridad que tenemos del virtuoso pueblo de Venezuela, declaramos solemnemente al mundo que sus Provincias unidas son, y deben ser desde hoy, de hecho y de derecho, Estados libres, soberanos e independientes y que están absueltos a toda sumisión y dependencia de la corona de España o de los que se dicen o dijeren sus apoderados o representantes, y que como tal Estado libre e independiente tiene un pleno poder para darse la forma de gobierno que sea conforme a la voluntad general de sus pueblos, declarar la guerra, hacer la paz, formar alianzas, arreglar tratados de comercio, límite y navegación, hacer y ejecutar todos los demás actos que hacen y ejecutan las naciones libres e independientes. Y para hacer válida, firme y subsistente esta nuestra solemne declaración, damos y empeñamos mutuamente unas Provincias a otras, nuestras vidas, nuestras fortunas y el sagrado de nuestro honor nacional. Dada en el Palacio Federal de Caracas, firmada de nuestra mano, sellada con el gran sello Provisional de la Confederación, refrendada por el Secretario del Congreso, a 5 días del mes de julio del año de 1811 el primero de nuestra independencia.

—Por la Provincia de Caracas. —Isidoro Antonio López Méndez, Diputado de la Ciudad de Caracas. —Juan Germán Roscio, por el partido de la Villa de Calabozo. —Felipe

Fermín Paul, por el partido de San Sebastián. —Francisco Javier Ustáriz, por el partido de San Sebastián.

—Nicolás de Castro, Diputado de Caracas. —Juan Antonio Rodríguez Domínguez, Presidente, Diputado de Nutrias en Barinas. —Luis Ignacio Mendoza, Vicepresidente, Diputado de Obispos en Barinas. —Fernando de Peñalver, Diputado de Valencia. —Gabriel Pérez de Pagola, Diputado de Ospino. —Salvador Delgado, Diputado de Nirgua. —El marqués del Toro, Diputado de la Ciudad del Tocuyo. —Juan Antonio Díaz Argote, Diputado de la Villa de Cura. —Gabriel de Ponte, Diputado de Caracas.

—Juan José Maya, Diputado de San Felipe. —Luis José de Cazarla, Diputado de Valencia. —Doctor José Vicente Unda, Diputado de Guanare.

—Francisco Javier Yanes, Diputado de Araure. —Fernando Toro, Diputado de Caracas. —Martín Tovar Ponte, Diputado de San Sebastián.

—Juan Toro, Diputado de Valencia. —José Ángel de Álamo, Diputado de Barquisimeto. —Francisco Hernández, Diputado de San Carlos.

—Lino de Clemente, Diputado de Caracas. —Por la Provincia de Cumaná, Francisco Javier de Mayz, Diputado de la Capital. —José Gabriel de Alcalá, Diputado de idem. —Juan Bermúdez, Diputado del Sur. —Mariano de la Cova, Diputado del Norte. —Por la de Barcelona.

—Francisco Miranda, Diputado del Pao. — Francisco Policarpo Ortiz, Diputado de San Diego, —Por la de Barinas. —Juan Nepomuceno de Quintana, Diputado de Achaguas. —Ignacio Fernández, Diputado de la Capital de Barinas. —Ignacio Ramón Briceño, representante de Pedraza. —José de Sata y Bussy, Diputado de San Fernando de Apure.

—José Luis Cabrera, Diputado de Guanarito. —Ramón Ignacio Méndez, Diputado de Guasdualito. —Manuel Palacio, Diputado de Mijagual.

—Por la de Margarita. —Manuel Plácido Maneyro. —Por la de Mérida.

—Antonio Nicolás Briceño, Diputado de Mérida. —Manuel Vicente de Maya, Diputado de la Grita. —Por la de Trujillo. —Juan Pablo Pachaco.

—Por la Villa de Aragua, Provincia de Barcelona. —José María Ramírez.

Refrendado: Hay un sello. Francisco lsnardy, Secretario.

Decreto del Supremo Poder Ejecutivo
Palacio Federal de Caracas, 8 de julio de 1811.

Por la Confederación de Venezuela, el Poder Ejecutivo ordena que el Acta antecedente sea publicada, ejecutada y autorizada con el sello del Estado y Confederación.

Cristóbal de Mendoza, Presidente en turno Juan de Escalona.

Baltasar Padrón.

Miguel José Sanz, Secretario de Estado.

Carlos Machado, Canciller mayor.

José Tomás Santana, Secretario de Decretos.

Aquí el Sello.

En consecuencia él Supremo Poder Ejecutivo ordena y manda que se pase oficio de ruego y encargo al Muy Reverendo Arzobispo de esta Diócesis, para que disponga que el día de la solemne publicación de nuestra Independencia, que debe ser el domingo 14, se dé, como voluntariamente ha ofrecido y corresponde, un repique de campanas en todas las iglesias de esta capital, que manifieste el júbilo y alegría del virtuoso pueblo caraqueño y su prelado apostólico. Y que en acción de gracias al Todopoderoso por sus beneficios, auxilios y suma bondad en restituirnos al estado en que su providencia y sabiduría infinita creó el hombre, se cante el 16 Misa Solemne con Te-Deum en la Santa Iglesia Metropolitana, asistiendo a la función todos los cuerpos y comunidades en la forma acostumbrada.

Que se haga salva general por las tropas al acto de dicha publicación y se enarbole la bandera y pabellón nacional en el cuartel de San Carlos, pasándose al efecto la orden al Gobernador militar por la Secretaría de Guerra; y desde hoy en adelante se use por todos los ciudadanos, sin distinción, la escarapela y divisa de la confederación venezolana, compuesta de los colores azul celeste al centro, amarilla y encarnado a las circunferencias, guardando en ella uniformidad.

Que se ilumine por tres noches la ciudad, de un modo noble y sencillo, sin profusión ni gastos importunos, empezando desde el propio día domingo.

Que inmediatamente se reciba a la tropa el juramento de reconocimiento y fidelidad, prescrito por el Supremo Congreso, cuyo acto solemne se hará públicamente, y a presencia del referido Gobernador militar y demás jefes de la guarnición.

Que en los días subsecuentes al de esta publicación, comparezcan ante S. A. el Supremo Poder Ejecutivo todos los cuerpos de esta ciudad, políticos, eclesiásticos y militares, a prestar el propio juramento, y que por lo embarazoso y dispendioso que se haría este acto, si hubiesen de prestarlo también todos los individuos ante S. A., se comisiona a los Alcaldes de cuartel, para que con la escrupulosidad, circunspección y exactitud que corresponde en materia tan delicada, procedan a tomarle, y recibirle por la fórmula que se les comunicará, conforme a lo prescrito por el Supremo Congreso, concurriendo a sus casas, o donde señalaren los de cada cuartel, desde el miércoles 17 del corriente, a las nueve de la mañana hasta la una; y por la tarde, desde las cuatro hasta las siete de la noche; prevenidos de que este juramento será el acto característico de su naturalización y calidad de ciudadano, como también de la obligación en que quedará el Estado a proteger su honor, persona y bienes; sentando en un libro esta operación que deben firmar los juramentados, si supieren, o en su defecto otro a su ruego, cuyo libro deberán remitir dentro de veinte días, que se asignan de término para esto, a la Secretaría de Estado para archivarse.

Que se pase por las respectivas Secretarías aviso a los Comandantes militares y políticos de los puertos de La Guaira y Cabello, y a las demás justicias y regimientos de las ciudades, villas y lugares de esta provincia, con copia de la acta, y decreto del Supremo Congreso, relativo a ella, para que dispongan su ejecución, publicación y cumplimiento, y se haga el juramento, según queda ordenado.

Que se comunique también a las provincias confederadas para su inteligencia y observancia, como lo ordena el Supremo Congreso. Y finalmente, que en el concepto de que por la declaratoria de Independencia han obtenido los habitantes de estas provincias y sus confederadas, la digna y honrosa vestidura de ciudadanos libres, que es lo más apreciable de la sociedad, el verdadero título del hombre racional, el terror de los ambiciosos y tiranos, y el respeto y consideración de las naciones cultas, deben por lo mismo sostener a toda costa esta dignidad, sacrificando sus pasiones a la razón y a la justicia, uniéndose afectuosa y recíprocamente; y procurando conservar entre sí la paz, fraternidad y confianza que hacen respetables, firmes y estables los estados, cuyos miembros proscriben las preocupaciones insensatas, odios y personalidades, que tanto detestan las sabias máximas naturales, políticas y religiosas; en el concepto de que el Supremo Gobierno sabe muy bien que no hay para los ciudadanos nada más sagrado que la patria, ni más digno de castigo que lo contrario a sus intereses; y que por lo mismo sabrá imponer con la mayor severidad las penas a que se hagan acreedores los que de cualquier modo perturben la sociedad y se hagan indignos a los derechos que han recuperado por esta absoluta independencia ya declarada, y sancionada legítimamente con tanta razón, justicia, conveniencia y necesidad.

El Supremo Poder Ejecutivo, finalmente, exhorta y requiere, ordena y manda a todos, y a cada uno de los habitantes, que uniéndose de corazón y resueltos de veras, firmes, fuertes y constantes, sostengan con sus facultades corporales y espirituales la gloria que con tan sublime empresa adquieren en el mundo, y conservarán en la historia con inmortal renombre.

Dado en el Palacio Federal de Caracas, firmado de los Ministros que componen el Supremo Poder Ejecutivo, sellado con el provisional de la confederación, y refrendado del infrascrito secretario, con ejercicio de decretos.

Cristóbal de Mendoza, Presidente en turno. Juan de Escalona. Baltazar Padrón. José Tomás Santana, Secretario.

7. 1811. Constitución Federal para los estados de Venezuela[58]

Hecha por los representantes de Margarita, de Mérida, de Cumaná, de Barinas, de Barcelona, de Trujillo y de Caracas, reunidos en Congreso General

58 Texto impreso por Juan Baillío, 1812. (N. del E.)

En el Nombre de Dios Todopoderoso

Nos, el pueblo de los Estados de Venezuela, usando de nuestra soberanía y deseando establecer entre nosotros la mejor administración de justicia, procurar el bien general, asegurar la tranquilidad interior, proveer en común a la defensa exterior, sostener nuestra libertad e independencia política, conservar pura e ilesa la sagrada religión de nuestros mayores, asegurar perpetuamente a nuestra posteridad el goce de estos bienes, y estrecharnos mutuamente con la más inalterable unión y sincera amistad, hemos resuelto confederarnos solemnemente para formar y establecer la siguiente constitución, por la cual se han de gobernar y administrar estos Estados.

Preliminar

Bases del pacto federativo que ha de constituir la autoridad general de la confederación

En todo lo que por el Pacto Federal no estuviere expresamente delegado a la Autoridad general de la Confederación, conservará cada una de las Provincias que la componen, su Soberanía, libertad e Independencia; en uso de ellas, tendrán el derecho exclusivo de arreglar su Gobierno y Administración territorial, bajo las leyes que crean convenientes con tal que no sean de las comprendidas en esta Constitución, ni se opongan o perjudiquen a los Pactos Federativos que por ella se establecen. Del mismo derecho gozarán todos aquellos territorios que por división del actual, o por agregación a él, vengan a ser parte de esta Confederación cuando el Congreso General reunido les declare la representación de tales, o la obtengan por aquella vía, y forma que él establezca para las ocurrencias de esta clase cuando no se halle reunido.

Hacer efectiva la mutua garantía y seguridad que se prestan entre sí los Estados, para conservar su libertad civil, su independencia política y su culto religioso, es la primera, y la más sagrada de las facultades de la Confederación, en quien reside exclusivamente la Representación Nacional. Por ella está encargada de las relaciones extranjeras, —de la defensa común y general de los Estados Confederados, —de conservar la paz pública contra las conmociones internas, o los ataques exteriores, —de arreglar el comercio exterior y el de los Estados entre sí, —de levantar y mantener ejércitos, cuando sean necesarios para mantener la libertad, integridad e independencia de la Nación, —de construir y equipar bajeles de guerra, —de celebrar y concluir tratados y alianzas con las demás naciones, —de declararles la guerra y hacer la paz, —de imponer las contribuciones indispensables para estos fines, u otros convenientes a la seguridad, tranquilidad y felicidad común, con plena y absoluta autoridad para establecer las leyes generales de la Unión, juzgar y hacer ejecutar cuanto por ellas quede resuelto y determinado.

El ejercicio de esta autoridad confiada a la Confederación no podrá jamás hallarse reunido en sus diversas funciones. El Poder Supremo debe estar dividido en Legislativo, Ejecutivo y Judicial, y confiado a distintos Cuerpos independientes entre sí, en sus respectivas facultades. Los individuos que fueren nombrados para ejercerlas se sujetarán inviolablemente al modo y reglas que en esta Constitución se les prescriben para el cumplimiento y desempeño de sus destinos.

Capítulo primero. De la religión

1. La Religión Católica, Apostólica, Romana, es también la del Estado, y la única y exclusiva de los habitantes de Venezuela. Su protección, conservación, pureza e inviolabilidad será uno de los primeros deberes de la Representación

nacional, que no permitirá jamás, en todo el territorio de la Confederación, ningún otro culto, público ni privado, ni doctrina privada contraria a la de Jesucristo.

2. Las relaciones que en consecuencia del nuevo orden político deben entablarse entre Venezuela y la Silla Apostólica serán también peculiares a la Confederación, como igualmente las que deban promoverse con los actuales Prelados Diocesanos, mientras no se logre el acceso directo a la autoridad Pontificia.

Capítulo segundo. Del Poder legislativo

Sección primera

División, límites y funciones de este Poder

3. El Congreso general de Venezuela estará dividido en una Cámara de Representantes y un Senado, a cuyos dos Cuerpos se confía todo el Poder legislativo, establecido por la presente Constitución.

4. En cualquiera de los dos podrán tener principio las leyes; y cada uno respectivamente podrá proponer al otro reparos, alteraciones o adiciones, o rehusar a la ley propuesta su consentimiento por una negativa absoluta.

5. Solo las leyes sobre contribuciones, tasas e impuestos, están exceptuadas de esta regla. Estas no pueden tener principio sino en la Cámara de Representantes, quedando al Senado el derecho ordinario de adicionarías, alterarlas o rehusarlas.

6. Cuando el proyecto de ley haya sido admitido conforme a las reglas de debate que se hayan prescripto estas Cámaras, sufrirá tres discusiones en sesiones distintas con intervalo de un día a lo menos entre cada una, sin lo cual no podrá pasarse a deliberar sobre él.

7. Las proposiciones urgentes están exceptuadas de estos trámites; pero para ello debe discutirse y declararse previamente la urgencia en cada una de las cámaras.

8. Ninguna proposición rechazada por una de ellas podrá repetirse hasta después de un año, pero podrán hacerse otras que contengan parte de las rechazadas.

9. Ningún proyecto de ley, o proposición constitucionalmente aceptado, discutido y deliberado en ambas Cámaras, podrá tenerse por Ley del Estado, hasta que, presentado al Cuerpo Ejecutivo, sea firmado por él. Si no lo hiciere, enviará el proyecto con sus reparos a la Cámara donde hubiere tenido su iniciativa, y en ésta se tomará razón íntegra de los reparos en el registro de sus sesiones, y se pasará a examinar de nuevo la materia que, resultando segunda vez aprobada por la pluralidad de dos terceras partes, pasará bajo iguales trámites a la otra Cámara, y, obtenida en ella igual aprobación, tendrá desde entonces el proyecto fuerza de ley. En todos estos casos se expresarán los votos de las Cámaras por si o no, quedando registrados los nombres de los que votaron en pro o en contra.

10. Si el Cuerpo Ejecutivo no volviese el proyecto a la Cámara de su origen dentro del término de diez días, contados desde su recibo, con exclusión de los feriados, tendrá fuerza de Ley, y deberá ser promulgada como tal constitucionalmente; pero si por emplazamiento, suspensión o receso del Congreso, no pudiese volver a él el proyecto antes del término señalado, quedará sin efecto, a menos que el Poder Ejecutivo no resuelva aprobarlo sin reparos o adiciones; pero en caso de ponerlas, podrá presentarse el proyecto con ellas a las Cámaras en la inmediata Asamblea siguiente a la expiración del plazo.

11. Las demás resoluciones, decretos, dictámenes y actas de las Cámaras (excepto las de emplazamiento) deberán

también pasarse al Poder Ejecutivo para su conformidad antes de tener efecto. En el caso de que éste no se conforme, volverán a seguir los trámites prescriptos para las leyes; y siendo de nuevo confirmados como ellas, deberán llevarse a ejecución. Las leyes, decretos, dictámenes, actas y resoluciones urgentes están también sujetas a esta regla; pero el Poder Ejecutivo debe poner sus reparos sobre la urgencia y sobre lo substancial de la misma ley simultáneamente dentro de dos días después de su recibo, y no haciéndolo se tendrán como aprobadas por él.

12. La fórmula de redacción con que han de pasar las leyes, actas, decretos y resoluciones de una a otra Cámara, y al Poder Ejecutivo, será un preámbulo que contenga: El día de la sesión en que se discutió en cada Cámara la materia; la fecha de las respectivas resoluciones, incluso la de urgencia cuando la haya; y la exposición de las razones y fundamentos que han motivado la resolución. Cuando se omita algunos de estos requisitos, deberá volverse el acta dentro de dos días a la Cámara donde se note la omisión o a la del origen si hubiere ocurrido en ambas.

13. Estos requisitos no acompañarán a la ley en su promulgación: ella saldrá entonces redactada clara, sencilla, precisa y uniformemente, sin otra cosa que un membrete que explique su contenido con la nominación de ley, acta, o decreto, y lo dispositivo de la misma ley, bajo la fórmula de estilo siguiente: El Senado y la Cámara de Representantes de los Estados Unidos de Venezuela, juntos en Congreso, decretan: y enseguida la parte dispositiva de la ley, acto o decreto. Estas fórmulas podrán variarse si las circunstancias y la conformidad de los pueblos que se agreguen a esta Confederación, lo creyesen necesario.

Sección segunda

Elección de la Cámara de Representantes

14. Los que compongan la Cámara de Representantes deben ser nombrados por los electores populares de cada Provincia para servir por cuatro años este encargo, y el número total respectivo se renovará cada dos por mitad, sin que ninguno de ellos pueda ser reelegido inmediatamente.

15. Nadie podrá ser elegido antes de la edad de veinticinco años, si no ha sido por cinco, inmediatamente antes de la elección, ciudadano de la Confederación de Venezuela y si no goza en ella una propiedad de cualquier clase.

16. La condición de domicilio y residencia requerida aquí para los Representantes, no excluye a los que hayan estado ausentes en servicio del Estado, ni a los que hayan permanecido fuera de él con permiso del Gobierno en asuntos propios, con tal que su ausencia no haya pasado de tres años, ni a los naturales del territorio de Venezuela que, habiendo estado fuera de él, se hubiesen restituido y hallado presentes a la declaratoria de su absoluta Independencia, y la hubiesen reconocido y jurado.

17. La población de las Provincias será la que determine el número de los Representantes que les corresponda, en razón de uno por cada veinte mil almas de todas condiciones, sexos y edades. Por ahora servirá para el cómputo el censo civil practicado últimamente, que en lo sucesivo se renovará cada cinco años; y si, hechas las divisiones de veinte mil, resultare algún residuo que pase de diez mil, habrá por él un Representante más.

18. Esta proporción de uno por veinte mil, continuará siendo la regla de la representación, hasta que el número de los Representantes llegue a sesenta; y aunque se aumentase la población, no se aumentará por eso el número, sino se elevará la proporción hasta que corresponda un Representante

a cada treinta mil almas. En este estado continuará la proporción de uno por treinta mil, hasta que lleguen a ciento los Representantes; y entonces, como en el caso anterior, se elevará la proporción a cuarenta mil por uno, hasta que lleguen a doscientos por el aumento progresivo de la población, en cuyo caso se procederá de modo que la regla de proporción no suba de uno por cincuenta mil almas.

19. Cuando por muerte, renuncia, u otra causa vacare alguna plaza de Representante, entrará a servirla el que en las últimas elecciones hubiese obtenido la segunda mayoría de votos, y se considerará nombrado por el tiempo que falte al primero. Si éste fuese menos de un año, no se le contará como obstáculo para poder ser elegido en las inmediatas elecciones.

20. Estas se ejecutarán con uniformidad en todo el territorio de la Confederación, procediendo para ello del modo siguiente:

21. El día primero de noviembre de cada dos años, se reunirán los sufragantes en todas las parroquias del Estado, para elegir, libre y espontáneamente, los electores parroquiales que han de nombrar el Representante o Representantes que correspondan aquel bienio a su Provincia.

22. A cada mil almas de población, y a cada Parroquia, aunque no llegue a este número, se dará un elector; luego que estén nombrados se disolverá la Congregación parroquial y los electores se hallarán reunidos indefectiblemente el 15 de noviembre en la Ciudad o Villa que fuere cabeza del Partido capitular, para nombrar los Representantes.

23. El resultado de la Congregación electoral se remitirá por ahora inmediatamente al Gobierno provincial; y cuando éste se reforme popularmente, al Presidente del Senado o primera Cámara del Cuerpo legislativo de ella, que en todas deberá hallarse reunido en los primeros días de diciembre.

24. El Jefe del Gobierno actual, o el Presidente del Senado cuando lo haya, abrirá, a presencia de la Legislatura provincial, que se hallará reunida, las votaciones que se remitan de los Partidos para contar los votos. Se tendrán elegidos para Representantes los que hayan reunido a su favor la mayoría del número total de los Electores nombrados; y en caso de igualdad de mayoría entre dos o más personas, elegirá entre ellos la Legislatura; pero si ninguna llegase a reunir la mitad, la Legislatura entonces escogerá de los que hayan tenido más votos, un número triple, o doble si fuere preciso de los Representantes que toquen a su Provincia, para elegir entre éstos los que deban serlo. Para esta elección podrá atenderse a cualquier especie de mayoría, añadiendo a los votos de la Legislatura los que cada uno hubiese obtenido desde las Congregaciones electorales de las cabezas de Partido. En caso de igualdad en la última elección de la Legislatura, decidirá el voto del Presidente.

25. Mientras no se organizan constitucional y uniformemente las Legislaturas de las Provincias, podrán hacer sus Gobiernos actuales lo prevenido anteriormente, juntándose en un lugar determinado todos sus miembros en unión de las Municipalidades de la Capital, y doce personas de arraigo conocido elegidas previamente por las mismas Municipalidades.

26. Todo hombre libre tendrá derecho de sufragio en las Congregaciones Parroquiales, si a esta calidad añade la de ser ciudadano de Venezuela, residente en la Parroquia o Pueblo donde sufraga; si fuere mayor de veintiún años, siendo soltero, o menor siendo casado, y velado, y si poseyere un caudal libre del valor de seiscientos pesos en las Capitales de Provincia siendo soltero, y de cuatrocientos siendo casado, aunque pertenezcan a la mujer, o de cuatrocientos en las demás poblaciones en el primer caso, y doscientos en

el segundo; o si tuviere grado u aprobación pública en una ciencia o arte liberal o mecánica; o si fuere propietario o arrendador de tierras para sementeras o ganado con tal que sus productos sean los asignados para los respectivos casos de soltero o casado.

27. Serán excluidos de este derecho los dementes, los sordomudos, los fallidos, los deudores a caudales públicos con plazo cumplido, los extranjeros, los transeúntes, los vagos públicos y notorios, los que hayan sufrido infamia no purgada por la Ley, los que tengan causa criminal de gravedad abierta, y los que siendo casados no vivan con sus mujeres, sin motivo legal.

28. Además de las cualidades referidas para los sufragantes parroquiales, deben, los que han de tener voto en las Congregaciones electorales, ser vecinos del partido Capitular donde votaren y poseer una propiedad libre de seis mil pesos en la Capital de Caracas, siendo soltero, y de cuatro mil siendo casado, cuya propiedad será en las demás Capitales, Ciudades y Villas de cuatro mil siendo soltero, y tres mil siendo casado.

29. También se conceden los mismos derechos a los empleados públicos con sueldo del Estado, con tal que éste sea de trescientos pesos anuales, para votar en las Congregaciones parroquiales, y de mil para los Electores capitulares. Pero todos ellos están inhábiles para ser miembros de la Cámara de Representantes, mientras no renuncien al ejercicio de sus empleos y al goce de sus respectivos sueldos por todo el tiempo que dure la representación.

30. Es un derecho exclusivo y propio de las respectivas Municipalidades el convocar, conforme a la Constitución, las Asambleas primarias y electorales y todas las demás que resolviere el Gobierno de su Provincia.

31. Cualquiera de sus miembros, o de los Jueces y personas notables de los Pueblos de su distrito podrán ser autorizados por ellas para presidir y concluir las Asambleas parroquiales; pero las Electorales las presidirá uno de los Alcaldes, y las autorizará el escribano municipal.

32. Si hubiese por parte de las Municipalidades omisión en hacer oportunamente estas convocatorias, podrán los ciudadanos reunirse espontáneamente en los días señalados por la Constitución para ellas, y hacer con orden, tranquilidad y moderación lo que no hubiese hecho el Cuerpo Municipal, hasta comunicar después de disueltas las Congregaciones el resultado al Gobierno Provincial respectivo.

33. El uso de esta facultad, tanto por parte de las Municipalidades, como de los ciudadanos, fuera de los casos y tiempos prevenidos en esta Constitución, será un atentado contra la seguridad pública y una traición a las leyes del Estado, y nunca pasarán las funciones de estas Congregaciones del nombramiento de Electores o Representantes del Congreso General o Legislatura Provincial respectiva, sin tratar en manera alguna de otra cosa que no prevenga la Constitución.

34. Las calificaciones de propiedad serán peculiares a las respectivas Municipalidades que llevarán permanentemente un registro civil de los ciudadanos aptos para votar en las Congregaciones parroquiales y electorales de su partido, en la forma que estableciere la respectiva Constitución Provincial.

35. La falta actual que hay del registro civil ordenado por el Artículo anterior para establecer las calificaciones de los ciudadanos, podrá suplirse autorizando los Cabildos a los mismos que nombren para presidir las Asambleas primarias o parroquiales para formar un censo en cada Parroquia con vista del último formado para el actual Congreso, y del

eclesiástico autorizado por el Cura, o su Teniente y cuatro vecinos honrados, padres de familia, y propietarios del pueblo que, bajo juramento testifiquen tener los comprendidos en el censo las calidades requeridas para ser sufragantes o electores.

36. Obtenida por este medio la población total de la Parroquia, se sabrá el elector o electores que le correspondan, y se formará una lista por ella de los ciudadanos que resulten con derecho a sufragio, y otra de los que estén hábiles para ser electores en la Congregación capitular.

37. Estas tres listas se llevarán por el comisionado a la Asamblea primaria o parroquial, para que los sufragantes, con conocimiento de ella, procedan a nombrar de los de la última lista el elector o electores que correspondan a aquella Parroquia.

38. Verificado esto se presentará todo ello por el comisionado al Cuerpo Municipal del partido, para que sirva a formar el registro civil provisional, mientras por el Congreso no se establezca otra fórmula.

39. El acto de elección parroquial y electoral será público, como es propio de un pueblo libre y virtuoso, y en él se procederá del modo siguiente.

40. Los electores primarios o sufragantes parroquiales llevarán sus votos en persona, por escrito, o de palabra al Alcalde de cuartel o Juez que se nombrare dentro del término de ocho días, desde aquél en que se abriese la elección; y en el primero de noviembre se procederá al escrutinio ante el mismo Juez con seis personas respetables de la Parroquia, a cuyas puertas se fijará la votación y su resultado.

41. En las Congregaciones electorales dará su voto cada elector en un billete firmado, o en secreto a la voz al Presidente de la Congregación que lo hará escribir en el acto por el Secretario a presencia de dos testigos. Reunidos los votos

en secreto, se practicará en público el escrutinio, formando lista por orden alfabético, y se leerán luego en voz alta los votos con el nombre de cada elector.

42. Las dudas o dificultades que se susciten en las Asambleas primarias y electorales sobre cualidades o formas, se decidirán en las primeras por el Presidente y sus asociados, y en las segundas por la misma Congregación; pero de ambas podrá apelarse en último recurso a la Legislatura provincial, sin que entretanto se suspenda por eso el efecto de la elección respectiva.

43. La Cámara de Representantes, al principiar sus Sesiones elegirá para el tiempo que duraren éstas, un Presidente y Vicepresidente de sus miembros, que podrá mudar en caso de prórroga o convocación extraordinaria; también nombrará fuera de su seno el Secretario y demás Oficiales que juzgue necesarios para el desempeño de sus trabajos, siendo de su autoridad la asignación de sueldos o gratificaciones de los referidos empleados.

44. Todos los empleados de la Confederación están sujetos a la inspección de la Cámara de Representantes en el desempeño de sus funciones, y por ella serán acusados ante el Senado de todos los casos de traición, colusión, o malversación, y éste admitirá, oirá, rechazará, y juzgará estas acusaciones, sin que puedan someterse a su juicio por otro órgano que el de la Cámara, a quien toca exclusivamente este derecho.

Sección tercera

Elección de los Senadores

45. El Senado de la Confederación lo compondrá por ahora un número de individuos, cuya proporción no pasará de la tercera, ni será menos de la quinta parte del número de los Representantes: cuando éstos pasen de ciento, estará la

proporción de aquéllos entre la cuarta y la quinta parte; y cuando de doscientos, entre la quinta y la sexta.

46. Este cálculo indica al presente que debe haber de cada Provincia un Senador por cada setenta mil almas de todas condiciones, sexos y edades con arreglo a los censos que rigen; pero siempre nombrará uno la que no llegue al número señalado y otro la que, deducida la cuota de setenta mil, tenga un residuo de treinta mil almas.

47. El término de las funciones de Senador será el de seis años, y cada dos se renovará el Cuerpo por terceras partes, siendo los primeros a quienes toque este turno a los dos años de la primera reunión, los de las Provincias que hubieren dado mayor número, y así sucesivamente, de modo que ninguno pase de los seis años asignados.

48. La elección originaria y sucesiva en los años de turno, se hará por la Legislatura provincial, según la forma que ellas se prescriban, pero con las condiciones de que:

49. Para ser Senador ha de tener el elegido treinta años de edad, diez años de ciudadano avecindado en el territorio de Venezuela inmediatamente antes de la elección con las excepciones comprendidas en el párrafo dieciséis, y ha de gozar en él una propiedad de seis mil pesos.

50. El Senado elegirá fuera de su seno un Secretario y los demás Oficiales y empleados que necesite, siendo privativa al mismo Cuerpo la asignación de sueldos, ascensos y gratificaciones de estos empleados, y también un Presidente y Vicepresidente, como previene el párrafo 43 para los Representantes.

51. Cuando vacare alguna plaza de Senador por muerte, renuncia u otra causa durante el receso de la Legislatura provincial a que corresponda la vacante, el Poder Ejecutivo de ella podrá nombrar interinamente quien la sirva hasta la

próxima reunión de la Legislatura, en que habrá que proveerse en propiedad.

Sección cuarta

Funciones y Facultades del Senado

52. El Senado tiene todo el poder natural, e incidente de una Corte de Justicia para admitir, oír, juzgar y sentenciar a cualesquiera de los empleados principales en servicio de la Confederación, acusados por la Cámara de Representantes de felonía, mala conducta, usurpación o corrupción en el uso de sus funciones, arreglándose a la evidencia, y a la justicia en estos procedimientos, y prestando para ello un juramento especial sobre los Evangelios antes de empezar la actuación.

53. También podrá juzgar y sentenciar a cualquiera otro de los empleados inferiores cuando, instruido de sus faltas o delitos, advierta omisión en sus respectivos jefes para hacerlo, precediendo siempre la acusación de la Cámara.

54. Inmediatamente pasará al acusado copia legal de la acusación, y le señalará tiempo y lugar para evacuar el juicio, sirviéndose para esto del Ministro o comisionado que tenga a bien elegir, y teniendo consideración a la distancia en que resida el acusado y a la naturaleza del juicio que va a sufrir.

55. Luego que haya tenido su efecto la citación, y emplazamiento del Senado compareciendo en fuerza de ella el acusado, se le oirán libremente las pruebas y testigos que presentare, y la defensa que hiciere por sí o por Letrado; pero si por renuncia u omisión dejare de comparecer, examinará el Senado los cargos y pruebas que haya contra él, y pronunciará un juicio tan válido y efectivo, como si el acusado hubiese comparecido y respuesto a la acusación.

56. En estos juicios, si no hubiese Letrado en el Cuerpo del Senado, deberá éste citar para que dirija el juicio a al-

guno de los Ministros de la Alta Corte de Justicia u a otro Letrado de crédito que merezca su confianza, a los cuales solo se concederá voto consultativo en la materia.

57. Para que puedan tener efecto y validación las sentencias pronunciadas por el Senado en estos juicios, han de concurrir precisamente a ellas las dos terceras partes de los votos de los Senadores que se hallaren presentes en el número necesario para formar sesión constitucionalmente.

58. Estas sentencias no tendrá otro efecto que el de deponer al acusado de su empleo, en fuerza de la verdad conocida por averiguación previa, declarándolo incapaz de obtener cargo honorífico o lucrativo en la Confederación, sin que esto lo releve de ser ulteriormente perseguido, juzgado y sentenciado por los competentes Tribunales de Justicia.

Sección quinta

Funciones económicas y prerrogativas comunes a ambas Cámaras

59 La calificación de elecciones, calidades y admisión de sus respectivos miembros, será del resorte privativo de cada Cámara, como igualmente la resolución de las dudas que sobre esto puedan ocurrir. Del mismo modo, podrán fijar el número constitucional para las sesiones, que nunca podrá ser menos de las dos terceras partes; y en todo caso el número existente, aunque sea menor, podrá compeler a los que falten a reunirse bajo las penas que ellas establecieren.

60. El Presidente de cada una de las Cámaras será siempre el conducto por donde se verifiquen tanto estas medidas coactivas, como las demás convocaciones extraordinarias que constitucionalmente exijan las circunstancias.

61. El proceder de cada Cámara en sus sesiones, debates y deliberaciones será establecido por ellas mismas y bajo estas reglas podrá castigar a cualquiera de sus miembros que

las infrinja, o que de otra manera se haga culpable, con las penas que establezca, hasta expelerlos de su seno cuando, reunidas las dos terceras partes de sus miembros, lo decida la unanimidad de los dos tercios presentes.

62. Las Cámaras gozarán en el lugar de sus sesiones el derecho exclusivo de Policía, y tendrán a sus órdenes inmediatas una guardia nacional capaz de mantener el decoro de su representación, y el sosiego, orden y libertad de sus resoluciones.

63. En uso de este derecho podrán también castigar con arresto que no exceda de treinta días a cualquier individuo que desordenada y vilipendiosamente faltase al respeto en su presencia, o que amenazare de cualquier modo atentar contra el Cuerpo o contra la persona o bienes de alguno de sus individuos durante las sesiones, o yendo y viniendo a ellas por cualquier cosa que hubiese dicho o hecho en los debates, o que embarazase o perturbase sus deliberaciones, molestando y deteniendo a los oficiales o empleados de las Cámaras en la ejecución de sus órdenes, o que asaltase y detuviese cualquier testigo u otra persona citada y esperada por cualquiera de las dos Cámaras, o que pusiese en libertad a cualquiera persona detenida por ellas, conociendo y constándole ser tal.

64. El proceder de cada Cámara constará solemnemente de un Registro diario en que se asienten sus debates y resoluciones; de éstas se promulgarán las que no deban permanecer ocultas, según el acuerdo de cada una y siempre que lo reclame la quinta parte de los miembros presentes, deberán expresarse nominalmente los votos de sus individuos sobre toda moción o deliberación.

65. Ninguna de las Cámaras, mientras se hallen reunidas, podrá suspender sus sesiones más de tres días, sin el consentimiento de la otra, ni emplazarse o citarse para otro

lugar distinto de aquel en que residieren las dos sin el mismo consentimiento.

66. Los Representantes y Senadores recibirán por sus servicios la indemnización que la ley señale sobre los fondos comunes de la Confederación, computándose por el Congreso el tiempo que deben haber invertido en venir de sus domicilios al lugar de la reunión, y restituirse a ellos concluidas las sesiones.

Sección sexta

Tiempo, lugar y duración de las sesiones legislativas de ambas Cámaras

67. El día quince de enero de cada año se verificará la apertura del Congreso en la ciudad federal que está señalada por ley particular, y que nunca podrá ser la capital de ninguna Provincia, y sus sesiones no podrán exceder del término ordinario de un mes; pero si se creyese necesario prorrogarlas extraordinariamente, deberá preceder una resolución expresa del Congreso, señalando un término definido que no podrá exceder tampoco de otro mes prorrogable del mismo modo; y si antes de concluirse cualquiera de estos determinados períodos hubiere dado evasión a los negocios que llamaron su atención, podrá terminar desde luego sus sesiones.

68. Durante éstas, podrá también disolverse y emplazarse para otro tiempo y lugar, expresa y previamente designados, y el Poder Ejecutivo no podrá tener otra intervención en estas resoluciones, sino la de fijar, en caso de discordia entre ambas Cámaras, sobre el tiempo y lugar, un término que no exceda el mayor de la disputa para la reunión en el mismo lugar en que se encontraren entonces.

69. La inmunidad personal de los Representantes y Senadores, en todos los casos, excepto los prevenidos en el párrafo sesenta y uno, y los de traición o perturbación de la

paz pública, se reduce a no poder ser aprisionado durante el tiempo que desempeñan sus funciones legislativas, y el que gastaran en venir a ellas o restituirse a sus domicilios, y no poder ser responsables de sus discursos u opiniones en otro lugar que en la Cámara en que los hubiesen expresado.

70. Ninguno de ellos, durante el tiempo para que ha sido elegido, y aunque no esté en ejercicio de sus funciones, podrá aceptar empleos ni cargo alguno civil que haya sido creado o aumentado en sueldos o emolumentos durante el tiempo de su autoridad legislativa.

Sección séptima

Atribuciones especiales del Poder Legislativo

71. El Congreso tendrá pleno poder y autoridad de levantar y mantener ejércitos para la defensa común, y disminuirlos oportunamente, —de construir, equipar y mantener una marina nacional, —de formar reglamentos y ordenanzas para el gobierno, administración y disciplina de las referidas tropas de tierra y mar, —de hacer reunir las milicias de todas las Provincias, o parte de ellas, cuando lo exija la ejecución de las leyes de la Unión y sea necesario contener las insurrecciones y repeler las invasiones, —de disponer la organización, armamento y disciplina de las referidas milicias y la administración y gobierno de la parte de ella que estuviere empleada en servicio del Estado, reservando a las Provincias la nominación de sus respectivos Oficiales, en la forma que prescribieren sus constituciones particulares y la facultad de dirigir, citar y ejecutar por si mismas la enseñanza de la disciplina ordenada por el Congreso, —de establecer y percibir toda suerte de impuestos, derechos y contribuciones que sean necesarias para sostener los ejércitos y escuadras, siempre que lo exijan la defensa y seguridad común y el bien general del Estado, con tal que las referidas contribuciones se impongan

y perciban uniformemente en todo el territorio de la Confederación, —de contraer deudas por medio de empréstito de dinero sobre el crédito del Estado, —de reglar el comercio con las naciones extranjeras, determinando la cuota de sus contribuciones y la recaudación e inversión de sus productos en las exigencias comunes y para reglar el de las Provincias entre sí, —de disponer absolutamente del ramo del tabaco, moa y chimó, derechos de importación y exportación, reglando y dirigiendo en todas la inversión de los gastos y la recolección de los productos que han de entrar por ahora en la Tesorería nacional como renta privilegiada de la Confederación y la más propia para servir a la defensa y seguridad común, —de acuñar y batir moneda, determinar su valor y el de las extranjeras, introducir la de papel si fuere necesario y fijar uniformemente los pesos y medidas en toda la extensión de la Confederación, —de arreglar y establecer las postas y correos generales del Estado y asignar la contribución para ellas y para designar los grandes caminos, dejando al cargo y deliberación de las Provincias las ramificaciones secundarias que faciliten la comunicación de sus pueblos interiores entre sí y con las vías generales, —de declarar la guerra y hacer la paz, conceder en todo tiempo patentes de corso y de represalias, y establecer reglamentos para las presas de tierra y de mar; sea para conocer y decidir sobre su legalidad, como para determinar el modo con que deben dividirse y emplearse, —de hacer leyes sobre el modo de juzgar y castigar las piraterías y todos los atentados cometidos en alta mar contra el derecho de gentes, —de constituir Tribunales inferiores que conozcan de los asuntos propios de la Confederación en todo el territorio del Estado, bajo la autoridad y jurisdicción del Supremo Tribunal de Justicia y detallar los Agentes subalternos del Poder Ejecutivo en el mismo territorio que no expresare esta Constitución, —de establecer una forma permanente y uniforme de naturalización en todas las Provincias de la Unión, y leyes sobre las bancarrotas, —de formar las relativas al castigo de los falsificadores de efectos públicos y de la moneda corriente del Estado, —de ejercer un derecho exclusivo de legislación en todos los casos, sobre toda suerte de objetos del resorte legislativo, federal o provincial en el lugar donde, por el consentimiento de los Representantes de los pueblos que componen y se unieren a la Confederación, se determinare fijar en último resorte la residencia del Gobierno federal, — de examinar todas las leyes que formasen las Legislaturas provinciales y exponer su dictamen sobre si se oponen o no a la autoridad de la Confederación; y de hacer todas las leyes y ordenanzas que sean necesarias y propias a poner en ejecución los poderes antecedentes y todos los otros concedidos por esta Constitución al Gobierno de los Estados Unidos.

Capítulo tercero. Del Poder ejectivo

Sección primera

De su naturaleza, cualidades y duración

72. El Poder Ejecutivo constitucional de la Confederación residirá en la Ciudad federal depositado en tres individuos elegidos popularmente, y los que lo fueren deberán tener las cualidades siguientes:

73. Han de ser nacidos en el continente colombiano o sus islas (llamado antes América española) y han de haber residido en el territorio de la unión diez años inmediatamente antes de ser elegidos con las excepciones prevenidas en el párrafo dieciséis, sobre residencia y domicilio para los Representantes, debiendo además gozar alguna propiedad de cualquier clase de bienes libres.

74. No están excluidos de la elección los nacidos en la Península Española e Islas Canarias que, hallándose en Ve-

nezuela al tiempo de su Independencia política, la reconocieron, juraron y contribuyeron a sostenerla, y que tengan además la propiedad y años de residencia prescriptos en el anterior párrafo.

75. La duración de sus funciones será de cuatro años, y al cabo de ellos serán reemplazados los tres individuos del Poder Ejecutivo en la misma forma que ellos fueron elegidos:

Sección segunda

Elección del Poder Ejecutivo

76. Luego que se hallen reunidas el día quince de noviembre cada cuatro años las Congregaciones electorales que para la elección de Representantes designa el párrafo veintidós, y hayan hecho la de éstos, procederán el día siguiente a dar su voto los mismos electores, por escrito o de palabra, para los individuos que han de componer el Poder Ejecutivo federal.

77. Cada elector nombrará tres personas, de las cuales una, cuando menos, ha de ser habitante de otra Provincia distinta de la en que vota.

78. Concluida la votación, verificado el cálculo y escrutinio y publicado en voz alta como en la elección de Representantes, se formará con distinción las listas de las personas en quienes se hubiere votado para miembros del Poder Ejecutivo con expresión del número de votos que cada uno hubiese obtenido.

79. Estas listas se firmarán y certificarán por el Presidente, electores y Secretario de las respectivas Congregaciones y se remitirán cerradas y selladas al Presidente que fuere del Senado de la Confederación.

80. Luego que éste las haya recibido, las abrirá todas a presencia del Senado y Cámara de Representantes, que a este fin se hallarán reunidos en una sala para contar los votos.

81. Las tres personas que hubieren reunido mayor número de votos para miembros del Poder Ejecutivo lo serán, si el tal número compusiese las tres mayorías del número total de los electores presentes en todas las Congregaciones del Estado; si ninguno hubiese obtenido esta mayoría, se tomarán entonces las nueve personas que hubiesen reunido mayor número de votos, y de ellos escogerá tres por cédulas la Cámara de Representantes para componer el Poder Ejecutivo que lo serán aquellas que obtuvieren una mayoría de la mitad de los miembros de la Cámara que se hallaren presentes a la elección.

82. Si ninguno obtuviese esta mayoría escogerá el Senado por cédula tres de entre las seis personas que hubiesen sacado más votos en la Cámara, y quedarán elegidos los que reúnan mayor número en el Senado. Todas estas operaciones de las Cámaras se harán también cuando no los tres, sino uno o dos, sean los que no hayan obtenido la mayoría absoluta, escogiéndose en tales casos el número doble o triple que está designado para los tres, en su proporción respectiva.

83. El ascendiente y el descendiente en línea recta, los hermanos, el tío, y el sobrino, los primos hermanos, y los aliados por afinidad en los referidos grados, no podrán ser a un mismo tiempo miembros del Poder Ejecutivo: en caso de resultar electos dos parientes en los grados insinuados quedará excluido el que hubiere obtenido menor número de votos; y en caso de igualdad decidirá la suerte la exclusión.

84. El que obtenga en el cálculo de ambas Cámaras la mayoría más inmediata a las tres requeridas para los miembros del Poder Ejecutivo, se tendrá por elegido para Lugarteniente de éste en las ausencias, enfermedades, muerte, renuncia o deposición de alguno de los miembros; y si resultasen dos con igualdad de votos, sorteará la Cámara el que haya de quedar en este caso.

85. Cuando por alguna de las causas indicadas faltase alguno de los miembros del Poder Ejecutivo, y entrase en su lugar el Teniente de que habla el párrafo anterior, se entenderá nombrado desde luego para reemplazarle el que hubiese obtenido en las elecciones la inmediata mayoría de votos, que valdrá del mismo modo a los demás en las faltas y reemplazos sucesivos.

Sección tercera

Atribuciones del Poder Ejecutivo

86. El Poder Ejecutivo tendrá en toda la Confederación el mando supremo de las armas de mar y tierra y de las milicias nacionales cuando se hallen en servicio de la Nación.

87. Podrá pedir, y deberán darle los principales oficiales del resorte Ejecutivo en todos sus ramos, cuantos informes necesitare, por escrito o de palabra, relativos a la buena administración general del Estado y desempeño de la confianza respectiva que depositare en los empleados públicos de todas clases.

88. En favor y amparo de la humanidad podrá perdonar y mitigar la pena, aunque sea capital, en los crímenes de Estado, y no en otros; pero debe consultar al Poder Judicial expresándole las razones de conveniencia política que lo inducen a ello, y solo podrá tener efecto el perdón o conmutación cuando sea favorable el dictamen de los Jueces que hayan actuado en el proceso.

89. Solo en el caso de injusticia evidente y notoria, que irrogue perjuicio irreparable, podrá rechazar y dejar sin efecto las sentencias que le pase el Poder Judicial; pero cuando por solo su dictamen crea que éstas son contrarias a la ley, deberá pasar en consulta sus reparos al Senado, cuando esté reunido, o a la comisión que él dejará autorizada en su receso para ocurrir a estos casos.

90. El Senado o sus Delegados en estas consultas, servirán de Jueces y pronunciarán sobre ellas definitivamente, declarando si tiene lugar o no la negativa del Poder Ejecutivo al cumplimiento de la sentencia, que deberá ejecutarse en el segundo caso inmediatamente, y en el primero devolverse al Poder Judicial para que, asociado con dos miembros más, elegidos por el Senado o su comisión, se vea la causa y reforme dicha sentencia.

91. Pero si la sentencia hubiese recaído sobre acusación hecha por la Cámara de Representantes, solo podrá el Poder Ejecutivo suspenderla hasta la próxima reunión del Congreso, a quien solo compete en estos casos el perdón o relajamiento de la pena.

92. Cuando una urgente utilidad y seguridad pública lo exijan, podrá el Poder Ejecutivo decretar y publicar indultos generales durante el receso del Congreso.

93. Con previo aviso, consejo y consentimiento del Senado, sancionado por el voto de las dos terceras partes de los Senadores, que se hallaren presentes en número constitucional, podrá el Poder Ejecutivo concluir tratados y negociaciones con las otras Potencias o Estados extraños a esta Confederación.

94. Bajo las mismas condiciones y requisitos nombrará los Embajadores, Enviados, Cónsules y Ministros, los Jueces de la Alta Corte de Justicia, y todos los demás Oficiales y empleados en el Gobierno del Estado, que no estén expresamente indicados en la Constitución, o por alguna Ley establecida, o que se establezca por el Congreso.

95. Por leyes particulares podrá éste descargar al Poder Ejecutivo y al Senado del ímprobo trabajo de nombrar todos los subalternos del Gobierno, sometiendo su nombramiento a solo el Poder Ejecutivo, a las Cortes de Justicia o a los je-

fes de los varios ramos de administración según lo estimare conveniente.

96. También necesitará el Poder Ejecutivo del previo aviso, consejo y consentimiento del Senado para conceder grados militares y otras recompensas honoríficas compatibles con la naturaleza del Gobierno, aunque sea por acciones de guerra u otros servicios importantes, y si estas recompensas fuesen pecuniarias deberá preceder el consentimiento de la Cámara de Representantes para su concesión.

97. Pero durante el receso del Senado, podrá el Poder Ejecutivo proveer por sí solo los empleos que vacasen, concediéndolos como en comisión hasta la Sesión siguiente, si antes no se reuniese por acaso el Senado.

98. Por sí solo podrá el Poder Ejecutivo elegir y nombrar los sujetos que han de servir las Secretarias que el Poder Legislativo haya creído necesarias para el despacho de todos los ramos del Gobierno federal, y nombrará también los Oficiales y empleados en ellas cuando sean ciudadanos de la Confederación; pero no siéndolo, deberá consultar y seguir el dictamen y deliberación del Senado en semejantes nombramientos.

99. Como consecuencia de esta facultad podrá removerlos también de sus destinos cuando lo juzgue conveniente; pero si esta remoción la hiciere no por faltas o crímenes indecorosos, sino por ineptitud, incapacidad u otros defectos compatibles con la inocencia e integridad, deberá entonces recomendar al Congreso el mérito anterior de estos empleados, para que sean recompensados e indemnizados competentemente en otros destinos con utilidad de la Nación.

Sección cuarta

Deberes del Poder Ejecutivo

100. El Poder Ejecutivo, conformándose a las leyes y resoluciones que en las varias ocurrencias le comunique el Congreso, proveerá con todos los recursos del resorte de su autoridad, a la seguridad interior y exterior del Estado, dirigiendo para esto proclamas a los pueblos de lo interior, intimaciones, órdenes y todo cuanto crea conveniente.

101. Aunque por una consecuencia de estos principios puede hacer una guerra defensiva para repeler cualquier ataque imprevisto, no podrá continuarla sin el consentimiento del Congreso, que convocará inmediatamente, si no se hallare reunido, y nunca podrá, sin este consentimiento, hacer la guerra fuera del territorio de la Confederación.

102. Todos los años presentará al Congreso, en sus dos Cámaras, una razón circunstanciada del estado de la nación en sus rentas, gastos y recursos, indicándole las reformas que deban hacerse en los ramos de la administración pública, y todo lo demás que en general deba tomarse en consideración por las Cámaras, sin presentarle nunca proyectos de ley, formados o redactados como tales.

103. En todo tiempo dará también a las Cámaras las cuentas, informes e ilustraciones que por ellas se le pidan, pudiendo reservar las que por entonces no sean de publicar, y en igual caso podrá reservar también del conocimiento de la Cámara de Representantes, aquellas negociaciones o tratados secretos que hubiere entablado con aviso, consejo y consentimiento del Senado.

104. En toda ocurrencia extraordinaria deberá convocar al Congreso, o a una de sus Cámaras, y en caso de diferencia entre ellas sobre la época de su emplazamiento, podrá fijarles un término para su reunión, como se previene en el párrafo 68.

105. Será uno de sus principales deberes velar sobre la exacta, fiel e inviolable ejecución de las leyes; y para esto y cualquiera otra medida del resorte de su autoridad, podrá delegarla en los oficiales y empleados del Estado que estimare conveniente al mejor desempeño de esta importante obligación.

106. Para los mismos fines, y arreglándose a la forma que prescribiere el Congreso, podrá el Poder Ejecutivo comisionar, cerca de los Tribunales y Cortes de Justicia de la Confederación, Agentes o Delegados para requerirlas sobre la observancia de las formas legales y exacta aplicación de las leyes antes de terminarse los juicios, comunicando al Congreso las reformas que crea necesarias, según el informe de estos comisionados.

107. El Poder Ejecutivo, como jefe permanente del Estado, será el que reciba, en nombre suyo, los Embajadores y demás Enviados y Ministros públicos de las naciones extranjeras.

Sección quinta
Disposiciones generales relativas al Poder Ejecutivo

108. Los Poderes Ejecutivos provinciales o los Jefes encargados del Gobierno de las provincias, serán en ella los agentes naturales e inmediatos del Poder Ejecutivo federal para todo aquello que por el Congreso general no estuviere cometido a empleados particulares en los ramos de Marina, Ejército y Hacienda nacional en los puertos y plazas de las provincias.

109. Inmediatamente que el Poder Ejecutivo o alguno de sus miembros sean acusados y convencidos, ante el Senado, de traición, venalidad o usurpación, serán desde luego destituidos de sus funciones y sujetos a las consecuencias de este juicio, que se expresan en el párrafo 58.

Capítulo cuarto. Del Poder judicial

Sección primera

Naturaleza, elección y duración de este Poder

110. El Poder Judicial de la Confederación estará depositado en una Corte Suprema de Justicia, residente en la ciudad federal, y los demás Tribunales subalternos y Juzgados inferiores que el Congreso estableciere temporalmente en el territorio de la unión.

111. Los ministros de la Corte Suprema de Justicia y los de las demás Cortes subalternas serán nombrados por el Poder Ejecutivo en la forma prescrita en el párrafo 94.

112. El Congreso señalará y determinará el número de ministros que deben componer las Cortes de Justicia, con tal que los elegidos sean de edad de treinta años para la Suprema y de veinticinco para las demás, y tengan las calidades de vecindad, concepto, probidad, y sean abogados recibidos en el Estado.

113. Todos ellos conservarán sus empleos por el tiempo que no se hagan incapaces de continuar en ellos por su mala conducta.

114. En períodos fijos determinados por la ley, recibirán por este servicio los sueldos que se les asignaren y que no podrán ser en manera alguna disminuidos mientras permanecieren en sus respectivas funciones.

Sección segunda

Atribuciones del Poder Judicial

115. El Poder Judicial de la Confederación estará circunscrito a los casos cometidos por ella, y son: todos los asuntos contenciosos civiles o criminales que se deriven del contenido de esta Constitución, los tratados o negociaciones hechas bajo su autoridad, todo lo concerniente a embajadores, ministros y cónsules; los asuntos pertenecientes al Almirantaz-

go y jurisdicción marítima, las diferencias en que el Estado federal tenga o sea parte, las que se susciten entre dos o más provincias, entre una provincia y uno o muchos ciudadanos de otra, entre ciudadanos de una misma provincia que disputaren tierras concedidas por diferentes provincias, entre una provincia o ciudadanos de ella y otros Estados, ciudadanos o vasallos extranjeros.

116. En estos casos ejercerá su autoridad la Suprema Corte de Justicia por apelación, según las reglas y excepciones que le prescribiere el Congreso; pero en todos los concernientes a Embajadores, Ministros y Cónsules, y en los que alguna provincia fuere parte interesada, la ejercerá exclusiva y originalmente.

117. Todos los juicios criminales ordinarios que no se deriven del derecho de acusación concedido a la Cámara de Representantes por el párrafo 44, se terminarán por jurados luego que se establezca en Venezuela este sistema de legislación criminal, cuya actuación se hará en la misma provincia en que se hubiese cometido el delito; pero cuando el crimen sea fuera de los límites de la Confederación contra el derecho de gentes, determinará el Congreso por una ley particular el lugar en que haya de seguirse el juicio.

118. La Suprema Corte de Justicia tendrá el derecho exclusivo de examinar, aprobar y expedir títulos a todos los Abogados de la Confederación que acrediten sus estudios con testimonio de su respectivo Gobierno; y los que los obtengan en esta forma, estarán autorizados para abogar en toda ella, aun donde haya colegios de abogados cuyos privilegios exclusivos para actuación quedan derogados, y tendrán opción a los empleos y comisiones propias de esta profesión, siendo presentados los referidos títulos al Poder Ejecutivo de la unión, antes de ejercerla, para que les pongan el correspondiente pase; lo que igualmente se practicará con

los abogados que habiendo sido recibidos fuera de Venezuela, quieran abogar en ella.

Capítulo quinto. De las provincias

Sección primera

Límites de la autoridad de cada una

119. Ninguna provincia particular puede ejercer acto alguno que corresponda a las atribuciones concedidas al Congreso y al Poder Ejecutivo de la Confederación, ni hacer ley que comprometa los contratos generales de ella.

120. Por consiguiente, ni dos ni más provincias pueden formar alianzas o confederaciones entre sí, ni concluir tratados particulares sin el consentimiento del Congreso; y para obtenerlo deben especificarse el fin, términos y duración de estos tratados o convenciones particulares.

121. Tampoco pueden sin los mismos requisitos y consentimiento levantar, ni mantener tropas o bajeles de guerra en tiempo de paz, ni entablar o concluir pactos, estipulaciones ni convenios con ninguna potencia extranjera.

122. De los mismos requisitos y anuencia necesitan para poder establecer derechos de tonelada, importación y exportación al comercio extranjero en sus respectivos puertos, y al comercio interior y de cabotaje entre sí; pues que las leyes generales de la unión deben procurar uniformarlo en la libertad de toda suerte de trabas funestas a su prosperidad.

123. Sin los mismos requisitos y consentimiento no podrán emprender otra guerra que la puramente defensiva en un ataque repentino o riesgo inminente e inevitable de ser atacadas, dando inmediatamente parte de estas ocurrencias al Gobierno federal para que provea a ellas oportunamente.

124. Para que las leyes particulares de las provincias no puedan nunca entorpecer la marcha de las federales, se someterán siempre al juicio del Congreso antes de tener fuerza

y valor de tales en sus respectivos departamentos, pudiéndose, entre tanto, llevar a ejecución mientras las revisa el Congreso.

Sección segunda

Correspondencia recíproca entre sí

125. Los actos públicos de todas clases y las sentencias judiciales sancionadas, por los poderes, magistrados y jueces de una provincia tendrán entera fe y crédito en todas las demás conforme a las leyes generales que el Congreso estableciere para el uniforme e invariable efecto de estos actos y documentos.

126. Todo hombre libre de una provincia, sin nota de vago o reato judicial, gozará en las demás de todos los derechos de ciudadano libre de ellas; y los habitantes de la una tendrán libre y franca la entrada y salida en las otras, y gozarán en ellas de todas las ventajas y beneficios de su industria, comercio e instrucción, sujetándose a las leyes, impuestos y restricciones del territorio en que se hallaren, con tal que estas leyes no se dirijan a impedir la traslación de una propiedad introducida en una provincia para cualquiera de las otras que quisiere el propietario.

127. Las provincias, a requerimiento de sus respectivos Poderes Ejecutivos, se entregarán recíprocamente cualesquiera de los reos acusados de crimen de Estado, hurto, homicidio u otros graves refugiados en ellas, para que sean juzgados por la autoridad provincial a que corresponda.

Sección tercera

Aumento sucesivo de la Confederación

128. Luego que libres de la opresión que sufren las provincias de Coro, Maracaibo y Guayana, puedan y quieran unirse a la Confederación, serán admitidas a ella, sin que

la violenta separación en que a su pesar y el nuestro han permanecido, pueda alterar para con ellas los principios de igualdad, justicia y fraternidad de que gozarán, desde luego, como todas las demás provincias de la Unión.

129. Del mismo modo, y bajo los mismos principios serán también admitidas e incorporadas cualesquiera otras del continente colombiano (antes América Española) que quieran unirse bajo las condiciones y garantías necesarias para fortificar la Unión con el aumento y enlace de sus partes integrantes.

130. Aunque el conocimiento, examen y resolución de estas materias y cualesquiera otras que tengan relación con ellas, es del exclusivo resorte del Congreso, durante el tiempo de su receso podrá el Poder Ejecutivo promover y ejecutar cuanto convenga a los progresos de la Unión, bajo las reglas que para ello le prescribiere el Congreso.

131. A éste toca también conocer exclusivamente de la formación o establecimiento de nuevas provincias en la Confederación, ya sea por división del territorio de otra, o por la reunión de dos o más, o de partes de cada una de ellas; pero nunca quedará concluido el establecimiento sin el acuerdo y consentimiento del Congreso y de las provincias interesadas en la reunión o división.

132. El Congreso será igualmente árbitro para disponer de todo territorio y propiedad del Estado bajo las leyes, reglamentos y ordenanzas que para ello expidiere, con tal que en ellas no se altere ni interprete parte alguna de esta Constitución de modo que dañe a los intereses generales de la Unión, o a los particulares de las provincias.

Sección cuarta

Mutua garantía de las provincias entre sí

133. El Gobierno de la Unión asegura y garantiza a las provincias la forma del Gobierno republicano que cada una de ellas adoptare para la administración de sus negocios domésticos, sin aprobar Constitución alguna provincial que se oponga a los principios liberales y francos de representación admitidos en ésta, ni consentir que en tiempo alguno se establezca otra forma de Gobierno en toda la Confederación.

134. También afianza a las mismas provincias su libertad e independencia recíprocas en la parte de su soberanía que se han reservado; y, siendo justo y necesario, protegerá y auxiliará a cada una de ellas contra toda invasión o violencia doméstica, con la plenitud de poder y fuerza que se le confía para la conservación de la paz y seguridad general; siempre que fuere requerido para ello por la Legislatura provincial o por el Poder Ejecutivo cuando el Legislativo no estuviese reunido ni pudiere ser convocado.

Capítulo sexto. Revisión y reforma de la Constitución

135. En todos los casos en que las dos terceras partes de cada una de las Cámaras del Congreso o de las Legislaturas provinciales se propusieren y aprobaren original y recíprocamente algunas reformas o alteraciones que crean necesarias en esta Constitución, se tendrá éstas por válidas y harán desde entonces parte de la misma Constitución.

136. Ya provenga la reforma del Congreso o de las Legislaturas, permanecerán los artículos sometidos a la reforma en toda su fuerza y vigor hasta que uno de los Cuerpos autorizados para ella haya aprobado y sancionado lo propuesto por el otro en la forma prevenida en el párrafo anterior.

Capítulo séptimo. Sanciono ratificación de la Constitución

137. El pueblo de cada provincia por medio de convenciones particulares, reunidas expresamente para el caso o por el órgano de sus electores capitulares, autorizados determinadamente al intento, o por la voz de los sufragantes parroquiales que hayan formado las Asambleas primarias para la elección de representantes, expresará solemnemente su voluntad libre y espontánea de aceptar, rechazar o modificar en todo o en parte esta Constitución.

138. Leída la presente Constitución a las Corporaciones que hubiere hecho formar cada Gobierno provincial, según el Artículo anterior, para su aprobación, y verificada ésta con las modificaciones o alteraciones que ocurrieren por pluralidad, se jurará su observancia solemnemente y se procederá dentro del tercer día a nombrar los funcionarios que les correspondan de los poderes que forman la representación nacional, cuya elección se hará en todo caso por los electores que van designados.

139. El resultado de ambas operaciones se comunicará por las respectivas Municipalidades al Gobierno de su provincia, para que presentándolo al Congreso cuando se reúna, se resuelva por él lo conveniente.

140. Las provincias que se incorporen de nuevo a la confederación llenarán, en su oportunidad estas mismas formalidades, aunque el no hacerlo ahora por causas poderosas o insuperables no será obstáculo para reunirse en el momento en que sus Gobiernos lo pidan por comisionados o delegados al Congreso, cuando esté reunido, o al Poder Ejecutivo durante el receso.

Capítulo octavo. Derechos del hombre que se reconocerán y respetarán en toda la extensión del estado

Sección primera

Soberanía del pueblo

141. Después de constituidos los hombres en sociedad han renunciado a aquella libertad ilimitada y licenciosa a que fácilmente los conducían sus pasiones, propia solo del estado salvaje. El establecimiento de la sociedad presupone la renuncia de estos derechos funestos, la adquisición de otros más dulces y pacíficos y la sujeción a ciertos deberes mutuos.

142. El pacto social asegura a cada individuo el goce y posesión de sus bienes, sin lesión del derecho que los demás tengan a los suyos.

143. Una sociedad de hombres reunidos bajo unas mismas leyes, costumbres y Gobierno forma una soberanía.

144. La soberanía de un país o supremo poder de reglar o dirigir equitativamente los intereses de la comunidad reside, pues, esencial y originalmente, en la masa general de sus habitantes y se ejercita por medio de apoderados o representantes de éstos, nombrados y establecidos conforme a la Constitución.

145. Ningún individuo, ninguna familia, ninguna porción o reunión de ciudadanos, ninguna corporación particular, ningún pueblo, ciudad o partido puede atribuirse la soberanía de la sociedad, que es imprescriptible, inenajenable e indivisible en su esencia y origen, ni persona alguna podrá ejercer cualquiera función pública del Gobierno, si no lo ha obtenido por la Constitución.

146. Los magistrados y oficiales del Gobierno, investidos de cualquiera especie de autoridad, sea en el Departamento Legislativo, en el Ejecutivo o en el Judicial, son de con-

siguiente meros agentes y representantes del pueblo en las funciones que ejercen y en todo tiempo responsables a los hombres o habitantes de su conducta pública por vías legítimas y constitucionales.

147. Todos los ciudadanos tienen derecho indistintamente a los empleos públicos del modo, en las formas y con las condiciones prescritas por la ley, no siendo aquéllos la propiedad exclusiva de alguna clase de hombres en particular; y ningún hombre, corporación o asociación de hombres tendrá otro título para obtener ventajas y consideraciones particulares, distintas de las de los otros en la opción a los empleos que forman una carrera pública, sino el que proviene de los servicios hechos al Estado.

148. No siendo estos títulos ni servicios en manera alguna hereditarios por la naturaleza, ni transmisibles a los hijos, descendientes u otras relaciones de sangre, la idea de un hombre nacido magistrado, legislador, juez, militar o empleado de cualquiera suerte, es absurda y contraria a la naturaleza.

149. La ley es la expresión libre de la voluntad general o de la mayoría de los ciudadanos, indicada por el órgano de sus representantes legalmente constituidos. Ella se funda sobre la justicia y la utilidad común, y ha de proteger la libertad pública e individual contra toda opresión o violencia.

150. Los actos ejercidos contra cualquiera persona fuera de los casos y contra las formas que la ley determina son inicuos, y si por ellos se usurpa la autoridad constitucional o la libertad del pueblo serán tiránicos.

Sección segunda

Derechos del hombre en sociedad

151. El objeto de la sociedad es la felicidad común y los Gobiernos han sido instituidos para asegurar al hombre en ella,

protegiendo la mejora y perfección de sus facultades físicas y morales, aumentando la esfera de sus goces y procurándole el más justo y honesto ejercicio de sus derechos.

152. Estos derechos son la libertad, la igualdad, la propiedad y la seguridad.

153. La libertad es la facultad de hacer todo lo que no daña a los derechos de otros individuos, ni al cuerpo de la sociedad cuyos límites solo pueden determinarse por la ley, porque de otra suerte serian arbitrarios y ruinosos a la misma libertad.

154. La igualdad consiste en que la ley sea una misma para todos los ciudadanos, sea que castigue o que proteja. Ella no reconoce distinción de nacimiento, ni herencia de poderes.

155. La propiedad es el derecho que cada uno tiene de gozar y disponer de los bienes que haya adquirido con su trabajo e industria.

156. La seguridad existe en la garantía y protección que da la sociedad a cada uno de sus miembros sobre la conservación de su persona, de sus derechos y de sus propiedades.

157. No se puede impedir lo que no está prohibido por la ley y ninguno podrá ser obligado a hacer lo que ella no prescribe.

158. Tampoco podrán los ciudadanos ser reconvenidos en juicio, acusados, presos, ni detenidos, sino en los casos y en las formas determinadas por la ley; y el que provocare, solicitare, expidiere, subscribiere, ejecutare o hiciere ejecutar órdenes y actos arbitrarios deberá ser castigado; pero todo ciudadano que fuese llamado o aprehendido en virtud de la ley debe obedecer al instante, pues se hace culpable por la resistencia.

159. Todo hombre debe presumirse inocente hasta que no haya sido declarado culpable con arreglo a las leyes; y si

entretanto se juzga indispensable asegurar su persona, cualquier rigor que no sea para esto sumamente necesario debe ser reprimido.

160. Ninguno podrá ser juzgado, ni condenado al sufrimiento de alguna pena en materias criminales, sino después que haya sido oído legalmente. Toda persona en semejantes casos tendrá derecho para pedir el motivo de la acusación intentada contra ella y conocer de su naturaleza para ser confrontada con sus acusadores y testigos contrarios, para producir otros en su favor y cuantas pruebas puedan serie favorables dentro de términos regulares, por sí, por su poder o por defensor de su elección, y ninguna será compelida, ni forzada en ninguna causa a dar testimonio contra sí misma, como tampoco los ascendientes y descendientes, ni los colaterales, hasta el cuarto grado de consanguinidad y segundo de afinidad.

161. El Congreso, con la brevedad posible, establecerá por una ley detalladamente el juicio por jurados para los casos criminales y civiles a que comúnmente se aplica en otras naciones con todas las formas propias de este procedimiento, y hará entonces las declaraciones que aquí correspondan en favor de la libertad y seguridad personal, para que sean parle de ésta y se observen en todo el Estado.

162. Toda persona tiene derecho a estar segura de que no sufrirá pesquisa alguna, registro, averiguación, capturas o embargos irregulares o indebidos de su persona, su casa y sus bienes; y cualquiera orden, de los magistrados para registrar lugares sospechosos sin probabilidad de algún hecho grave que lo exija, ni expresa designación de los referidos lugares, o para apoderarse de alguna o algunas personas y de sus propiedades, sin nombrarlas, ni indicar los motivos del procedimiento, ni que haya precedido testimonio, o de-

posición jurada de personas creíbles, será contraria a aquel derecho, peligrosa a la libertad y no deberá expedirse.

163. La casa de todo ciudadano es un asilo inviolable. Ninguno tiene derecho a entrar a ella, sino en los casos de incendio, inundación o reclamación que provenga del interior de la misma casa, o cuando lo exija algún procedimiento criminal conforme a las leyes, bajo la responsabilidad de las autoridades constituidas que expidieren los decretos; las visitas domiciliarias y ejecuciones civiles solo podrán hacerse de día, en virtud de la ley, y con respecto a la persona y objetos expresamente indicados en el acta que ordenare la visita o la ejecución.

164. Cuando se acordaren por la pública autoridad semejantes actos, se limitarán éstos a la persona y objetos expresamente indicados en el decreto en que se ordena la visita y ejecución, el cual no podrá extenderse al registro y examen de los papeles particulares, pues éstos deben mirarse como inviolables; igualmente que las correspondencias epistolares de todos los ciudadanos que no podrán ser interceptadas por ninguna autoridad, ni tales documentos probarán nada en juicio, sino es que se exhiban por la misma persona a quien se hubiesen dirigido por su autor y nunca por otra tercera, ni por el reprobado medio de la intercepción. Se exceptúa los delitos de alta traición contra el Estado, el de falsedad y demás que se cometen y ejecutan precisamente por la escritura, en cuyos casos se procederá al registro, examen y aprehensión de tales documentos con arreglo a lo dispuesto por las leyes.

165. Todo individuo de la sociedad, teniendo derecho a ser protegido por ella en el goce de su vida, de su libertad y de sus propiedades con arreglo a las leyes, está obligado de consiguiente a contribuir por su parte para las expensas de esta protección y a prestar sus servicios personales o un

equivalente de ellos cuando sea necesario; pero ninguno podrá ser privado de la menor porción de su propiedad, ni ésta podrá aplicarse a usos públicos sin su propio consentimiento o el de los Cuerpos Legislativos representantes del pueblo; y cuando alguna pública necesidad legalmente comprobada exigiere que la propiedad de algún ciudadano se aplique a usos semejantes, deberá recibir por ella una justa indemnización.

166. Ningún subsidio, carga, impuesto, tasa o contribución podrá establecerse, ni cobrarse, bajo cualquier pretexto que sea, sin el consentimiento del pueblo expresado por el órgano de sus representantes. Todas las contribuciones tienen por objeto la utilidad general y los ciudadanos el derecho de vigilar sobre su inversión y de hacerse dar cuenta de ellas por el referido conducto.

167. Ningún género de trabajo, de cultura, de industria o de comercio serán prohibidos a los ciudadanos, excepto aquéllos que ahora forman la subsistencia del Estado que después oportunamente se libertarán cuando el Congreso lo juzgue útil y conveniente a la causa pública.

168. La libertad de reclamar cada ciudadano sus derechos ante los depositarios de la autoridad pública, con la moderación y respeto debidos, en ningún caso podrá impedirse, ni limitarse. Todos, por el contrario, deberán hallar un remedio pronto y seguro, con arreglo a las leyes, de las injurias y daños que sufrieren en sus personas, en sus propiedades, en su honor y estimación.

169. Todos los extranjeros, de cualquier nación que sean, se recibirán en el Estado. Sus personas y propiedades gozarán de la misma seguridad que las de los demás ciudadanos, siempre que respeten la Religión Católica, única del país, y que reconozcan la independencia de estos pueblos, su sobe-

ranía y las autoridades constituidas por la voluntad general de sus habitantes.

170. Ninguna ley criminal, ni civil, podrá tener efecto retroactivo, y cualquiera que se haga para juzgar o castigar acciones cometidas antes que ella exista será tenida por injusta, opresiva e inconforme con los principios fundamentales de un Gobierno libre.

171. Nunca se exigirán cauciones excesivas, ni se impondrán penas pecuniarias desproporcionadas con los delitos, ni se condenarán los hombres a castigos crueles, ridículos y desusados. Las leyes sanguinarias deben disminuirse, como que su frecuente aplicación es inconducente a la salud del Estado y no menos injusta que impolítica, siendo el verdadero designio de los castigos corregir y no exterminar el género humano.

172. Todo tratamiento que agrave la pena determinada por la ley es un delito.

173. El uso de la tortura queda abolido perpetuamente.

174. Toda persona que fuere legalmente detenida o presa deberá ponerse en libertad luego que dé caución o fianza suficiente, excepto en los casos en que haya pruebas evidentes, o grande presunción de delitos capitales. Si la prisión proviene de deudas y no hubiere evidencia o vehemente presunción de fraude, tampoco deberá permanecer en ella, luego que sus bienes se hayan puesto a la disposición de sus respectivos acreedores, conforme a las leyes.

175. Ninguna sentencia pronunciada por traición contra el Estado o cualquiera otro delito arrastrará infamia a los hijos y descendientes del reo.

176. Ningún ciudadano de las provincias del Estado, excepto los que estuvieren empleados en el Ejército, en la Marina o en las Milicias, que se hallaren en actual servicio,

deberá sujetarse a las leyes militares ni sufrir castigos provenidos de ella.

177. Los militares, en tiempo de paz, no podrán acuartelarse, ni tomar alojamiento en las casas de los demás ciudadanos particulares sin el consentimiento de sus dueños, ni en tiempo de guerra, sino por orden de los magistrados civiles, conforme a las leyes.

178. Una milicia bien reglada e instruida, compuesta de los ciudadanos, es la defensa natural más conveniente y más segura a un Estado libre. No deberá haber, por tanto, tropas veteranas en tiempo de paz, sino las rigurosamente precisas para la seguridad del país, con el consentimiento del Congreso.

179. Tampoco se impedirá a los ciudadanos el derecho de tener y llevar armas lícitas y permitidas para su defensa; y el poder militar, en todos casos, se conservará en una exacta subordinación a la autoridad civil y será dirigido por ella.

180. No habrá fuero alguno personal: solo la naturaleza de las materias determinará los magistrados a que pertenezca su conocimiento, y los empleados de cualquier ramo, en los casos que ocurran sobre asuntos que no fueren propios de su profesión y carrera, se sujetarán al juicio de los magistrados y Tribunales ordinarios, como los demás ciudadanos.

181. Será libre el derecho de manifestar los pensamientos por medio de la imprenta; pero cualquiera que lo ejerza se hará responsable a las leyes si ataca y perturba con sus opiniones la tranquilidad pública, el dogma, la moral cristiana, la propiedad, honor y estimación de algún ciudadano.

182. Las legislaturas provinciales tendrán el derecho de petición al Congreso y no se impedirá a los habitantes el de reunirse ordenada y pacíficamente en sus respectivas parroquias para consultarse y tratar sobre sus intereses, dar instrucciones a sus representantes en el Congreso o en la

provincia, o dirigir peticiones al uno o al otro Cuerpo legislativo, sobre reparación de agravios o males que sufran en sus propios negocios.

183. Para todos estos casos, deberá proceder necesariamente solicitud expresa por escrito de los padres de familia y hombres buenos de la parroquia, cuando menos en número de seis, pidiendo la reunión a la respectiva Municipalidad, y ésta determinará el día y comisionará algún magistrado o persona respetable del partido para que presida la Junta y después de concluida y extendida el acta, la remita a la Municipalidad, que le dará la dirección conveniente.

184. A estas Juntas solo podrán concurrir los ciudadanos sufragantes, o electores, y las legislaturas no están absolutamente obligadas a conceder las peticiones, sino a tomarlas en consideración para proceder en sus funciones del modo que pareciere más conforme al bien general.

185. El poder de suspender las leyes o de detener su ejecución nunca deberá ejercitarse, sino por las legislaturas respectivas o por autoridad dimanada de ellas para solo aquellos casos particulares que hubieren expresamente provisto fuera de los que expresa la Constitución; y toda suspensión o detención que se haga en virtud de cualquiera autoridad sin el consentimiento de los representantes del pueblo, se rechazará como un atentado a sus derechos.

186. El Poder Legislativo suplirá provisionalmente a todos los casos en que la Constitución respectiva estuviere muda y proveerá con oportunidad arreglándose a la misma Constitución la adición o reforma que pareciere necesario hacer en ella.

187. El derecho del pueblo para participar en la legislatura es la mejor seguridad y el más firme fundamento de un Gobierno libre; por tanto, es preciso que las elecciones sean libres y frecuentes y que los ciudadanos en quienes concu-

rren las calificaciones de moderadas propiedades y demás que procuran un mayor interés a la comunidad, tengan derecho para sufragar y elegir los miembros de la legislatura a épocas señaladas y poco distantes, como previene la Constitución.

188. Una dilatada continuación en los principales funcionarios del Poder Ejecutivo es peligrosa a la libertad; y esta circunstancia reclama poderosamente una rotación periódica entre los miembros del referido Departamento para asegurarla.

189. Los tres departamentos esenciales del Gobierno, a saber: el Legislativo, el Ejecutivo y el Judicial, es preciso que se conserven tan separados e independientes el uno del otro cuanto lo exija la naturaleza de un Gobierno libre o cuanto es conveniente con la cadena de conexión que liga toda la fábrica de la Constitución en un modo indisoluble de amistad y unión.

190. La emigración de unas provincias a otras será enteramente libre.

191. Los Gobiernos se han constituido para la felicidad común, para la protección y seguridad de los pueblos que los componen, y no para benéfico honor o privado interés de algún hombre, de alguna familia o de alguna clase de hombres en particular que solo son una parte de la comunidad. El mejor de todos los Gobiernos será el que fuere más propio para producir la mayor suma de bien y de felicidad, y estuviere más a cubierto del peligro de una mala administración; y cuantas veces se reconociere que un Gobierno es incapaz de llenar estos objetos o que fuere contrario a ellos la mayoría de la nación, tiene indubitablemente el derecho inenajenable e imprescriptible de abolirlo, cambiarlo o reformarlo del modo que juzgue más propio para procurar el bien público. Para obtener esta indispensable mayoría, sin daño de

la justicia ni de la libertad general, la Constitución presenta y ordena los medios más razonables, justos y regulares en el capítulo de la revisión y las provincias adoptarán otros semejantes o equivalentes en sus respectivas Constituciones.

Sección tercera
Deberes del hombre en la sociedad

192. La declaración de los derechos contiene las obligaciones de los legisladores; pero la conservación de la sociedad pide que los que la componen conozcan y llenen igualmente las suyas.

193. Los derechos de los otros son el límite moral de los nuestros y el principio de nuestros deberes relativamente a los demás individuos del Cuerpo social. Ellos reposan sobre dos principios que la naturaleza ha grabado en todos los corazones, a saber: Haz siempre a los otros todo el bien que quisieras recibir de ellos. No hagas a otro lo que no quisieras que se te hiciese.

194. Son deberes de cada individuo para con la sociedad vivir sometido a las leyes, obedecer y respetar a los magistrados y autoridades constituidas, que son sus órganos, mantener la libertad y la igualdad de derechos; contribuir a los gastos públicos y servir a la Patria cuando ella lo exija, haciéndole el sacrificio de sus bienes y de su vida, si es necesario.

195. Ninguno es hombre de bien, ni buen ciudadano, si no observa las leyes fiel y religiosamente, si no es buen hijo, buen hermano, buen amigo, buen esposo y buen padre de familia.

196. Cualquiera que traspasa las leyes abiertamente o que, sin violarlas a las claras, las elude con astucia, o con rodeos artificiosos y culpables, es enemigo de la sociedad, ofende

los intereses de todos y se hace indigno de la benevolencia y estimación públicas.

Sección cuarta

Deberes del Cuerpo social

197. La sociedad afianza a los individuos que la componen el goce de su vida, de su libertad, de sus propiedades y demás derechos naturales; en esto consiste la garantía social que resulta de la acción reunida de los miembros del Cuerpo y depositada en la soberanía nacional.

198. Siendo instituidos los gobiernos para el bien y felicidad común de los hombres, la sociedad debe proporcionar auxilios a los indigentes y desgraciados, y la instrucción a todos los ciudadanos.

199. Para precaver toda transgresión de los altos poderes que nos han sido confiados, declaramos: Que todas y cada una de las cosas constituidas en la anterior declaración de derechos están exentas y fuera del alcance del Poder general ordinario del Gobierno y que, conteniendo o apoyándose sobre los indestructibles y sagrados principios de la naturaleza, toda ley contraria a ellas que se expido por la legislatura federal o por las provincias, será absolutamente nula y de ningún valor.

Capítulo noveno

Disposiciones generales

200. Como la parte de ciudadanos que hasta hoy se ha denominado indios no ha conseguido el fruto apreciable de algunas leyes que la monarquía española dictó a su favor, porque los encargados del Gobierno en estos países tenían olvidada su ejecución; y como las bases del sistema de Gobierno que en esta Constitución ha adoptado Venezuela no son otras que las de la justicia y la igualdad, encarga muy

particularmente a los Gobiernos provinciales que así como han de aplicar sus fatigas y cuidados para conseguir la ilustración de todos los habitantes del Estado, proporcionarles escuelas, academias y colegios en donde aprendan todos los que quieran los principios de Religión, de la sana moral, de la política, de las ciencias y artes útiles y necesarias para el sostenimiento y prosperidad de los pueblos, procuren por todos los medios posibles atraer a los referidos ciudadanos naturales a estas casas de ilustración y enseñanza, hacerles comprender la íntima unión que tienen con todos los demás ciudadanos, las consideraciones que como aquéllos merecen del Gobierno y los derechos de que gozan por solo el hecho de ser hombres iguales a todos los de su especie, a fin de conseguir por este medio sacarlos del abatimiento y rusticidad en que los ha mantenido el antiguo estado de las cosas y que no permanezcan por más tiempo aislados y aun temerosos de tratar a los demás hombres, prohibiendo desde ahora que puedan aplicarse involuntariamente a prestar sus servicios a los Tenientes o Curas de sus parroquias, ni a otra persona alguna, y permitiéndoles el reparto en propiedad de las tierras que les estaban concedidas y de que están en posesión, para que a proporción entre los padres de familia de cada pueblo las dividan y dispongan de ellas como verdaderos señores, según los términos y reglamentos que formen los gobiernos provinciales.

201. Se revocan, por consiguiente, y quedan sin valor alguno las leyes que en el anterior Gobierno concedieron ciertos tribunales, protectores y privilegios de menor edad a dichos naturales, las cuales, dirigiéndose al parecer a protegerlos, les han perjudicado sobremanera, según ha acreditado la experiencia.

202. El comercio inicuo de negros prohibido por decreto de la Junta Suprema de Caracas en 14 de agosto de 1810,

queda solemne y constitucionalmente abolido en todo el territorio de la Unión, sin que puedan de modo alguno introducirse esclavos de ninguna especie por vía de especulación mercantil.

203. Del mismo modo, quedan revocadas y anuladas en todas sus partes las leyes antiguas que imponían degradación civil a una parte de la población libre de Venezuela conocida hasta ahora bajo la denominación de pardos; éstos quedan en posesión de su estimación natural y civil restituidos a los imprescriptibles derechos que les corresponden como a los demás ciudadanos.

204. Quedan extinguidos todos los títulos concedidos por el anterior Gobierno y ni el Congreso, ni las Legislaturas provinciales podrán conceder otro alguno de nobleza, honores o distinciones hereditarias, ni crear empleos u oficio alguno cuyos sueldos o emolumentos puedan durar más tiempo que el de la buena conducta de los que los sirvan.

205. Cualquiera persona que ejerza algún empleo de confianza u honor, bajo la autoridad del Estado, no podrá aceptar regalo, título o emolumento de algún Rey, príncipe o Estado extranjero sin el consentimiento del Congreso.

206. El Presidente y miembros que fueren del Ejecutivo; los senadores, los representantes, los militares y demás empleados civiles, antes de entrar en el ejercicio de sus funciones deberán prestar juramento de fidelidad al Estado, de sostener y defender la Constitución, de cumplir bien y fielmente los deberes de sus oficios y de proteger y conservar pura e ilesa, en estos tiempos, la Religión Católica, Apostólica, Romana que ellos profesan.

207. El Poder Ejecutivo prestará el juramento en manos del Presidente del Senado, a presencia de las dos Cámaras; y los senadores y representantes en manos del Presidente en

turno del Ejecutivo y a presencia de los otros dos individuos que lo componen.

208. El Congreso determinará la fórmula del juramento y ante qué personas deban prestarlo los demás oficiales y empleados de la Confederación.

209. El pueblo de cada Provincia tendrá facultad para revocar la nominación de sus Delegados en el Congreso, o alguno de ellos en cualquier tiempo del año, y para enviar otros en lugar de los primeros, por el que a estos faltare al tiempo de la revocación.

210. El medio de inquirir y saber la voluntad general de los pueblos, sobre estas revocaciones, será del resorte exclusivo y peculiar de las Legislaturas provinciales, según lo que para ello establecieren sus respectivas Constituciones.

211. Se prohibe a todos los ciudadanos asistir con armas a las Congregaciones parroquiales y electorales que prescribe la Constitución y las reuniones pacificas de que habla el párrafo y siguiente, bajo la pena de perder por diez años el derecho de votar y de concurrir a ellas.

212. Cualquiera que fuere legítimamente convencido de haber comprado o vendido sufragios en las referidas Congregaciones, o de haber procurado la elección de algún individuo con amenazas, intrigas, artificios u otro género de seducción, será excluido de las mismas Asambleas y del ejercicio de toda función pública por espacio de veinte años, y, en caso de reincidencia, la exclusión será perpetua, publicándose una y otra en el distrito del Partido capitular, por una proclama de la Municipalidad que circulará en los papeles públicos.

213. Ni los sufragantes parroquiales, ni los electores capitulares recibirán recompensa alguna del Estado por concurrir a sus respectivas Congregaciones, y ejercer en ellas lo

que previene la Constitución, aunque sea necesario a veces emplear algunos días para concluir lo que ocurriere.

214. Los ciudadanos solo podrán ejercer sus derechos políticos en las Congregaciones parroquiales y electorales, y en los casos y formas prescriptas por la Constitución.

215. Ningún individuo, o asociación particular podrá hacer peticiones a las autoridades constituidas en nombre del Pueblo, ni menos abrogarse la calificación de Pueblo Soberano; y el ciudadano, o ciudadanos que contravinieren a este párrafo, hollando el respeto y veneración debidas a la representación y voz del pueblo, que solo se expresa por la voluntad general, o por el órgano de sus Representantes legítimos en las Legislaturas, serán perseguidos, presos y juzgados con arreglo a las leyes.

216. Toda reunión de gente armada, bajo cualquier pretexto que se forme, si no emana de órdenes de las autoridades constituidas, es un atentado contra la seguridad pública, y debe dispersarse inmediatamente por la fuerza, y toda reunión de gentes sin armas que no tenga el mismo origen legítimo, se disolverá primero por órdenes verbales; y siendo necesario, se destruirá por las armas en caso de resistencia, o de tenaz obstinación.

217. Al Presidente y miembros del Poder Ejecutivo, Senadores, Representantes y demás empleados por el Gobierno de la Confederación se abonarán sus respectivos sueldos del tesoro común de la Unión.

218. No se extraerá de él cantidad alguna de numerario en plata, oro, papel u otra forma equivalente, sino para los objetos e inversiones ordenadas por la ley, y anualmente se publicará por el Congreso un estado y cuenta regular de las entradas y gastos de los fondos públicos, para conocimiento de todos, luego que el Poder Ejecutivo verifique lo dispuesto en el párrafo 102.

219. Nunca se impondrá capitación u otro impuesto directo sobre las personas de los ciudadanos, sino en razón del número de población de cada Provincia, según lo indicaren los censos que el Congreso dispondrá se ejecuten cada cinco años en toda la extensión del Estado.

220. No se dará preferencia a los puertos de una Provincia sobre los de otra, por reglamento alguno de comercio o de rentas, ni se concederán privilegios o derechos exclusivos en compañías de comercio o corporaciones industriales, ni se impondrán otras limitaciones a la libertad de comercio y al ejercicio de la agricultura y de la industria, sino las que previene expresamente la Constitución.

221. Toda ley prohibitiva sobre estos objetos, cuando las circunstancias la hagan necesaria, deberá estimarse por pura y esencialmente provisional; y para tener efecto por más de un año, se deberá renovar con formalidad al cabo de este periodo, repitiéndose lo mismo sucesivamente.

222. Mientras el Congreso no determinare una fórmula permanente de naturalización para los extranjeros, adquirirán éstos el derecho de ciudadanos y aptitud para votar, elegir y tomar asiento en la Representación nacional si, habiendo declarado su intención de establecerse en el país ante una Municipalidad, héchose inscribir en el registro civil de ella y renunciado al derecho de ciudadano en su patria adquirieren un domicilio y residencia en el territorio del Estado, por el tiempo de siete años, y llenaren las demás condiciones prescriptas en la Constitución, para ejercer las funciones referidas.

223. En todos los actos públicos se usará de la Era Colombiana, y, para evitar toda confusión en los cómputos al comparar esta época con la vulgar Cristiana, casi generalmente usada en todos los pueblos cultos, comenzará aquélla

a contarse desde el día primero de enero del año de N. S. 1811, que será el primero de nuestra Independencia.

224. El Congreso suplirá con providencias oportunas a todas las partes de esta Constitución que no puedan ponerse en ejecución inmediatamente, y de un modo general, para evitar los perjuicios e inconvenientes que de otra suerte pudieran resultar al Estado.

225. El que hallándose en una Provincia violare sus leyes, será juzgado con arreglo a ellas por sus Magistrados provinciales; pero si infringiese las de la Unión, lo será conforme a éstas por los funcionarios de la misma Confederación; y para que ni sea necesario que en todas partes haya Tribunales de la Confederación, ni que sean extraídos de sus vecindarios los individuos comprendidos en estos casos, el Congreso determinará por ley los Tribunales y la forma con que éstos darán comisiones para examinar y juzgar las ocurrencias en las mismas Provincias.

226. Nadie tendrá en la Confederación de Venezuela otro título ni tratamiento público que el de ciudadano, única denominación de todos los hombres libres que componen la Nación, pero a las Cámaras representativas, al Poder Ejecutivo y a la Suprema Corte de Justicia se dará por todos los ciudadanos el mismo tratamiento con la adición de honorable para las primeras, respetable para el segundo, y recto para la tercera.

227. La presente Constitución, las leyes que en consecuencia se expidan para ejecutarla, y todos los tratados que se concluyan bajo la autoridad del Gobierno de la Unión, serán la ley suprema del Estado en toda la extensión de la Confederación, y las autoridades y habitantes de las Provincias, estarán obligados a obedecerlas, y observarlas religiosamente sin excusa, ni pretexto alguno; pero las leyes que se expidieren contra el tenor de ella no tendrán ningún valor, sino

cuando hubieren llenado las condiciones requeridas para una justa, y legítima revisión, y sanción.

228. Entretanto que se verifica la composición de un código civil y criminal, acordado por el Supremo Congreso en 8 de marzo último, adaptable a la forma de Gobierno establecido en Venezuela, se declara en su fuerza y vigor el código que hasta aquí nos ha regido en todas las materias y puntos que, directa o indirectamente, no se opongan a lo establecido en esta Constitución.

Y por cuanto el Supremo Legislador del Universo ha querido inspirar en nuestros corazones la amistad y unión más sinceras entre nosotros mismos, y con los demás habitantes del Continente Colombiano que quieran asociársenos para defender nuestra Religión, nuestra Soberanía natural y nuestra Independencia: por tanto nosotros, el referido pueblo de Venezuela, habiendo ordenado con entera libertad la Constitución precedente que contiene las reglas, principios y objetos de nuestra Confederación y alianza perpetua, tomando a la misma Divinidad por testigo de la sinceridad de nuestras intenciones, e implorando su poderoso auxilio para gozar por siempre las bendiciones de la libertad, y de los imprescriptibles derechos que hemos merecido a su beneficencia generosa, nos obligamos y comprometemos a observar y cumplir inviolablemente todas y cada una de las cosas que en ella se comprenden, desde que sea ratificada en la forma que en la misma se previene, protestando, sin embargo, alterar y mudar en cualquier tiempo estas resoluciones, conforme a la mayoría de los pueblos de Colombia que quieran reunirse en un Cuerpo nacional para la defensa y conservación de su libertad e independencia política, modificándolas, corrigiéndolas y acomodándolas oportunamente y a pluralidad y de común acuerdo entre nosotros mismos, en todo lo que tuviere relaciones directas con los intereses generales de los referidos pueblos, y fuere convenido por el órgano de sus legítimos Representantes reunidos en un Congreso general de la Colombia, o de alguna parte considerable de ella, y sancionado por los comitentes; constituyéndonos entretanto en esta Unión, todas y cada una de las Provincias que concurrieron a formarla, garantes las unas a las otras de la integridad de nuestros respectivos territorios y derechos esenciales, con nuestras vidas, nuestras fortunas y nuestro honor; y confiamos y recomendamos la inviolabilidad y conservación de esta Constitución a la fidelidad de los Cuerpos legislativos, de los Poderes Ejecutivos, Jueces y empleados de la Unión y de las Provincias, y a la vigilancia y virtudes de los padres de familia, madres, esposas y ciudadanos del Estado.

Dada en el Palacio Federal de Caracas, a 21 de diciembre del año del Señor 1811, primero de nuestra Independencia.

Juan Toro, Presidente Bajo los reparos que se expresan al pie de esta acta n.º 2, firmo esta Constitución.

Isidoro Ant. Lopez Mendez

Juan José de Maya

Nicolás de Castro

Lino de Clemente

José María Ramírez

Domingo de Alvarado

Manuel Placido Maneyro

Francisco de Miranda, Vicepresidente.

Subscribo a todo, menos al Artículo 180, reiterando mi protesta en 5 del corriente.

JUAN NEPOMUCENO QUINTANA. Subscribo a todo, menos al Artículo 180 que trata de abolir el fuero personal de los clérigos, sobre el que he protestado solemnemente, lo que se insertará a continuación de esta Constitución.

MANUEL VICENTE DE MAYA

MARIANO DE LA COVA
FRANCISCO XAVIER DE MAÍZ
ANTONIO NICOLÁS BRIZEÑO
FRANCISCO X. YANES
MANUEL PALACIO
JOSÉ DESATA Y BUSSY
JOSÉ IGNACIO BRIZEÑO
JOSÉ GABRIEL DE ALCAla
FRANCISCO POLICARPO ORTIZ
MARTÍN TOVAR
FELIPE FERMIN PAUL Subscribo en los mismos términos que el señor Maya, acompañándose la protesta que he entregado hoy.
LUIS JOSÉ CAZORLA.
Subscribo a toda la Constitución, menos al capítulo del fuero.
LUIS JOSÉ DE RIVAS Y TOVAR.
Bajo mi protesta del acuerdo de dieciséis de los corrientes.
SALVADOR DELGADO Subscribo a todo, excepto el desafuero.
JOSÉ LUIS CABRERA
FRANCISCO HERNANDEZ
FRANCISCO DEL TORO
JOSÉ ÁNGEL DE ÁLAMO
GABRIEL PEREZ DE PAGOLA
FRANCISCO X. USTÁRIZ
JUAN GERMÁN ROSCIO
FERNANDO PEÑALVER L. S.
JOSÉ VICENTE UNDA Subscribo la presente Constitución, con exclusión del Artículo 180, y con arreglo a la protesta que hice en 5 del corriente, y acompaña la Constitución; y en los mismos términos que corre la de Don Juan Quintana.

LUIS IGNACIO MENDOZA Subscribo a todo lo sancionado en esta Constitución, a excepción del Capítulo que habla del fuero eclesiástico, según las protestas que he hecho en las actas del día 5 del presente.

JUAN ANTONIO DIAZ ARGOTE FRANCISCO ISNARDY, Secretario

8. Alocución del Congreso Federal de Venezuela al presentar a los pueblos la constitución de 1811[59]

Venezolanos: Antes de cumplirse los dos primeros años de vuestra libertad, vais a fijar el destino de la Patria, pronunciándose sobre la Constitución que os presentan vuestros representantes.

Ni las revoluciones del otro hemisferio, ni las convulsiones de los grandes imperios que lo dividen, ni los intereses opuestos de la política europea, han venido a detener la marcha pacífica y moderada que emprendisteis el memorable 19 de abril de 1810.

El interés general de la América, puesto en acción por vuestro glorioso ejemplo, del patriotismo guiado por la filantropía y la libertad ayudada de la justicia, han sido los agentes que han dirigido vuestra conducta para dar al mundo el primer ejemplo de un pueblo libre, sin los horrores de la anarquía ni los crímenes de las pasiones revolucionarias.

59 La Constitución Federal de las Provincias Unidas de Venezuela fue sancionada en Caracas el 21 de diciembre de 1811, por el Congreso Constituyente, el cual la presentó a los pueblos mediante una alocución firmada por Juan Toro, presidente del Cuerpo Colegiado, y por el secretario Francisco lsnardy, fechada a 23 de diciembre. Ambos documentos fueron impresos juntos por Juan Baillío y circularon profusamente en Caracas y en las Provincias. La Alocución ha sido reproducida del anteriormente citado vol. 6 de la Biblioteca de la Academia Nacional de la Historia, el cual contiene el texto de la Constitución. (N. de P. G.)

Eterno será en los fastos de la América el corto período en que habéis hecho lo que ha costado a todas las naciones épocas funestas de sangre y desolación; y si la consternada Europa no tuviese que admirar nada en vuestra Constitución, confesará al menos que son dignos de ella los que han sabido conseguirla sin devorarse, y sabrán sancionarla con la dignidad de hombres libres.

Llegó el momento, venezolanos, en que tengáis un gobierno que en la exactitud de sus elementos contenga la garantía de su duración y asegure con ella vuestra unión y felicidad.

Tal fue el deber que impusisteis a vuestros mandatarios el 2 de marzo: a vosotros toca juzgar si lo han cumplido, y a ellos el aseguraros que sus fervorosos deseos, su infatigable constancia y su buena fe, es lo único que puede hacerles esperar la aprobación de unas tareas emprendidas y consumadas solo para vuestro bien.

Patriotas del 19 de abril, que habéis permanecido incontrastables en los reveses de la fortuna e inaccesibles a los choques de las acciones. Guerreros generosos, que habéis derramado vuestra sangre por la Patria. Ciudadanos que amáis el orden y la tranquilidad, aceptad como prenda de tantos bienes el gobierno que os ofrecen vuestros Representantes.

El solo puede, señalándoos vuestros derechos y vuestros deberes, proporcionaros la garantía social y con ella la libertad, la paz, la abundancia y la felicidad.

Independencia política y felicidad social fueron vuestros votos el 5 de julio de 1811: independencia política y felicidad social, han sido los principios que han dirigido desde entonces a los que para llenar el destino a que los elevó vuestra confianza, han sacrificado su existencia a tan ardua como importante empresa.

Venezolanos: ciudadanos todos, unión y confianza es lo único que os pedimos en recompensa de los desvelos y sacrificios que nos han merecido vuestra suerte: reuníos todos en una sola familia por los intereses de una patria, y caiga un velo impenetrable sobre todo lo que sea anterior a la época augusta que vais a establecer.

Siglos enteros de gloria han pasado para la América, desde que resolvisteis ser libres, hasta que conseguisteis serlo por medio de la Constitución, sin la cual aun no habíais expresado solemnemente al mundo vuestra voluntad ni el modo de llevarla a efecto.

El término de la revolución se acerca: apresuraos a llegar a él por medio de la Constitución que os ofrecemos, si queréis sumir en la nada los proyectos de nuestros enemigos y apartar para siempre de nosotros los males que ellos nos han causado.

Pueblo soberano, oye la voz de tus mandatarios: el proyecto del contrato social que ellos te ofrecen fue sugerido solo por el deseo de tu felicidad: tú solo debes sancionarlo: colócate antes entre lo pasado y lo futuro, consulta tu interés y tu gloria y la patria quedará salvada.

Palacio federal de Venezuela, 23 de diciembre de 1811, primero de la Independencia.

JUAN TORO, Presidente.

FRANCISCO ISNARDI, Secretario.

9. Ley para abolir el tribunal de la Inquisición en toda la Confederación de Venezuela[60]

El Congreso de Venezuela creería que no había cumplido exactamente con sus deberes ni correspondido dignamen-

60 Esta ley fue aprobada por el Congreso Constituyente el 6 de febrero de 1812 y refrendada por el Triunvirato Ejecutivo el 12 de dicho mes. Se inició su publicación en el número de la *Gazeta de Caracas* correspondiente al viernes 22 de febrero, y se concluyó en el núme-

te a la confianza de los pueblos, si al acercarse su receso y después de haber señalado el período de su reunión con reformas que quizá la posteridad agradecerá, dejase permanecer aún por algunos momentos, ni siquiera el nombre del terrible Tribunal de la Inquisición. El Congreso que entre otros deberes tiene a su cargo el de velar sobre la pureza de nuestra Santa Religión, ha visto después de maduras y detenidas meditaciones que la subsistencia de este Tribunal, lejos de cooperar a tan importante objeto se opone a él y le embaraza; así es que la Inquisición que solo por ironía se pudo llamar defensora y conservadora de la Religión Cristiana, es en su institución, en su conducta y en sus formas, diametralmente opuesta a la dulzura y caridad que caracterizan esta Religión divina. So color de defender el depósito sagrado de la fe, empezó por usurpar a los Obispos estas facultades, armó unos príncipes contra otros y sembró los campos de cadáveres de miserables alucinados. Investida después de todo el aparato judicial, armada del poder de los déspotas, sacrificó con tranquilidad y a sangre fría centenares de víctimas sobre el cadalso y la hoguera, usurpando a Dios su venganza, confundiendo el delito, que por atacar a la sociedad humana, debe castigarse con penas temporales, con el pecado que ofendiendo solo a Dios, a él solo y a su Iglesia toca el castigo con penas espirituales, haciendo creer al pueblo sencillo y fiel que el manso Jesús, nuestro divino Redentor, se complacía con estos horrendos sacrificios, del mismo modo que los Caribes y otras naciones salvajes creen aplacar a sus falsas divinidades inmolándoles víctimas humanas. La Inquisición ha hecho gemir la humanidad, ha despedazado los vínculos más sagrados de la naturaleza; ha arrancado la esposa de los brazos del esposo y a los hijos

---

ro siguiente, del martes 25 de febrero de 1812. El texto se ha tomado directamente de la *Gazeta*. (N. de P. G.)

del regazo de su madres; ha sepultado en las llamas a niños inocentes, solo porque persistían con tenacidad en conservar las fórmulas de piedad que sus padres erradamente les habían enseñado; ha erigido cárceles perpetuas en donde, a título de misericordia, encerraba para siempre a los herejes o judíos que abjuraban sus errores. Tal ha sido la conducta del Tribunal de la Inquisición desde su establecimiento; su forma de proceder y juzgar ha sido análoga y los horrores y tinieblas que la cubren hacen estremecer a todo el que ama la libertad y la justicia. En este Tribunal el delator o acusador es desconocido y oculto; en toda la causa permanece el reo sin comunicación, ignora igualmente los testigos y sus nombres, y, por consiguiente, no puede tacharlos; todos los trámites son sigilosos y particulares; no hay apelación sino de la sentencia de tortura y en la definitiva queda al arbitrio de los jueces, consultar en las causas graves, no hay recurso de fuerza de ningún género, no hay más que una sola instancia, en las causas de herejía se empieza por el secuestro de bienes; el reo no puede nombrar su defensor, pues éste es siempre uno de los miserables asalariados que el Tribunal tiene para este efecto; todo, en fin, es espantoso, hasta la forma misma de los castigos celebrados como un triunfo de los autos de fe y, sobre todo, el tormento, el horrible tormento aplicado siempre con la ingeniosa malignidad de suponer al paciente testigo y no reo. Así juzgaban la Inquisición y los tiranos que la protegían con el pueblo que los adoraba; así hollaban los derechos imprescriptibles del hombre y del ciudadano, fingiendo defender los de Dios, como si unos y otros fuesen incompatibles. Afortunadamente la opinión pública a veces superior al despotismo ha templado en parte estos horrores y aunque no se han dejado de ver en estos últimos tiempos los hombres del primer crédito de España y América perseguidos y oprimidos por la Inquisición; al menos, no se ha ofendido nuestra vista con autos de fe, hogueras y cadalsos. El Tribunal del Santo Oficio ha tenido que limitarse a una opresión sórdida y baja, prohibiendo toda especie de escritos buenos y malos, y dejando únicamente correr los que contribuían a sostener la tiranía, oponiéndose a toda doctrina y enseñanza útil, reprendiendo y castigando al que seguía opiniones diferentes de las suyas y perpetuando por este medio la ignorancia y la superstición. Tal ha sido hasta nuestros días este Tribunal. Venezuela ha debido al desprecio con que la miraban sus antiguos opresores la fortuna de no tenerlo en su seno con todas aquellas formas y aparatos que lo rodeaban en Lima y Cartagena; pero no por eso dejaba de sentir sus funestos efectos. El Congreso, pues, se apresura a destruirlos, destruyendo la Inquisición viciosa que los protegía y fomentaba, y no quedando satisfechas las sanas intenciones de este Cuerpo con la obediencia de los pueblos, ha querido tranquilizar la conciencia y piedad de éstos con la extensa exposición que acaba de hacer. Queda, pues, extinguido para siempre y en todas las provincias de la Confederación de Venezuela el Tribunal de la Inquisición.

10. 1812. Simón Bolívar. Memoria Dirigida a los Ciudadanos de la Nueva Granada por un Caraqueño[61]

[Conciudadanos]

Libertar a la Nueva Granada de la suerte de Venezuela y redimir a ésta de la que padece, son los objetos que me he

61 Con el título de «Memoria dirigida a los ciudadanos de la Nueva Granada por un Caraqueño», este escrito, primera de las piezas importantes de carácter público emanadas del Libertador, fue impreso en Cartagena de Indias muy a comienzos de 1813. El texto está fechado en dicha ciudad el 15 de diciembre de 1812. Lo reproducimos de: Vicente Lecuna, ed., *Proclamas y Discursos del Libertador*, Caracas, 1939. (N. de P. G.)

propuesto en esta memoria. Dignaos, oh mis conciudadanos, de aceptarla con indulgencia en obsequio de miras tan laudables.

Yo soy, granadinos, un hijo de la infeliz Caracas, escapado prodigiosamente de en medio de sus ruinas físicas y políticas, que siempre fiel al sistema liberal y justo que proclamó mi patria, he venido a seguir los estandartes de la independencia, que tan gloriosamente tremolan en estos Estados.

Permitidme que animado de un celo patriótico me atreva a dirigirme a vosotros, para indicaros ligeramente las causas que condujeron a Venezuela a su destrucción, lisonjeándome que las terribles y ejemplares lecciones que ha dado aquella extinguida República, persuadan a la América a mejorar su conducta, corrigiendo los vicios de unidad, solidez y energía que se notan en sus gobiernos.

El más consecuente error que cometió Venezuela al presentarse en el teatro político fue, sin contradicción, la fatal adopción que hizo del sistema tolerante; sistema improbado como débil e ineficaz, desde entonces, por todo el mundo sensato, y tenazmente sostenido hasta los últimos períodos, con una ceguedad sin ejemplo.

Las primeras pruebas que dio nuestro gobierno de su insensata debilidad, las manifestó con la ciudad subalterna de Coro, que denegándose a reconocer su legitimidad, la declaró insurgente, y la hostilizó como enemigo.

La Junta Suprema, en lugar de subyugar aquella indefensa ciudad, que estaba rendida con presentar nuestras fuerzas marítimas delante de su puerto, la dejó fortificar y tomar una aptitud tan respetable, que logró subyugar después la confederación entera, con casi igual facilidad que la que teníamos nosotros anteriormente para vencerla, fundando la Junta su política en los principios de humanidad mal entendida que no autorizan a ningún gobierno para hacer por la fuerza libres a los pueblos estúpidos que desconocen el valor de sus derechos.

Los códigos que consultaban nuestros magistrados no eran los que podían enseñarles la ciencia práctica del Gobierno, sino los que han formado ciertos buenos visionarios que, imaginándose repúblicas aéreas, han procurado alcanzar la perfección política, presuponiendo la perfectibilidad del linaje humano. Por manera que tuvimos filósofos por jefes, filantropía por legislación, dialéctica por táctica, y sofistas por soldados. Con semejante subversión de principios y de cosas, el orden social se sintió extremadamente conmovido, y desde luego corrió el Estado a pasos agigantados a una disolución universal, que bien pronto se vio realizada.

De aquí nació la impunidad de los delitos de Estado cometidos descaradamente por los descontentos, y particularmente por nuestros natos e implacables enemigos los españoles europeos, que maliciosamente se habían quedado en nuestro país, para tenerlo incesantemente inquieto y promover cuantas conjuraciones les permitían formar nuestros jueces, perdonándolos siempre, aun cuando sus atentados eran tan enormes, que se dirigían contra la salud pública.

La doctrina que apoyaba esta conducta tenía su origen en las máximas filantrópicas de algunos escritores que defienden la no residencia de facultad en nadie para privar de la vida a un hombre, aun en el caso de haber delinquido éste en el delito de lesa patria. Al abrigo de esta piadosa doctrina, a cada conspiración sucedía un perdón, y a cada perdón sucedía otra conspiración que se volvía a perdonar; porque los gobiernos liberales deben distinguirse por la clemencia. ¡Clemencia criminal, que contribuyó más que nada a derribar la máquina que todavía no habíamos enteramente concluido! De aquí vino la oposición decidida a levantar tropas veteranas, disciplinadas y capaces de presentarse en el campo de batalla, ya instruidas, a defender la libertad con suceso y gloria. Por el contrario, se establecieron Innumerables cuerpos de milicias indisciplinadas, que además de agotar las cajas del erario nacional con los sueldos de la plana mayor, destruyeron la agricultura, alejando a los paisanos de sus lugares e hicieron odioso el Gobierno que obligaba a éstos a tomar las armas y a abandonar sus familias.

Las repúblicas, decían nuestros estadistas, no han menester de hombres pagados para mantener su libertad. Todos los ciudadanos serán soldados cuando nos ataque el enemigo. Grecia, Roma, Venecia, Génova, Suiza, Holanda, y recientemente el Norte de América, vencieron a sus contrarios sin auxilio de tropas mercenarias siempre prontas a sostener el despotismo y a subyugar a sus conciudadanos.

Con estos antipolíticos e inexactos raciocinios fascinaban a los simples; pero no convencían a los prudentes que conocían bien la inmensa diferencia que hay entre los pueblos, los tiempos y las costumbres de aquellas repúblicas y las nuestras. Ellas, es verdad que no pagaban ejércitos permanentes; mas era porque en la antigüedad no los había, y solo confiaban la salvación y la gloria de los Estados, en sus virtudes políticas, costumbres severas y carácter militar, cualidades que nosotros estamos muy distantes de poseer. Y en cuanto a las modernas que han sacudido el yugo de sus tiranos, es notorio que han mantenido el competente número de veteranos que exige su seguridad; exceptuando al Norte de América, que estando en paz con todo el mundo y guarnecido por el mar, no ha tenido por conveniente sostener en estos últimos años el completo de tropa veterana que necesita para la defensa de sus fronteras y plazas.

El resultado probó severamente a Venezuela el error de su cálculo, pues los milicianos que salieron al encuentro del enemigo, ignorando hasta el manejo del arma, y no estando habituados a la disciplina y obediencia, fueron arrollados al comenzar la última campaña, a pesar de los heroicos y extraordinarios esfuerzos que hicieron sus jefes para llevarlos a la victoria. Lo que causó un desaliento general en soldados y oficiales, porque es una verdad militar que solo ejércitos aguerridos son capaces de sobreponerse a los primeros infaustos sucesos de una campaña. El Soldado bisoño lo cree todo perdido, desde que es derrotado una vez, porque la experiencia no le ha probado que el valor, la habilidad y la constancia corrigen la mala fortuna.

La subdivisión de la provincia de Caracas, proyectada, discutida y sancionada por el Congreso federal, despertó y fomentó una enconada rivalidad en las ciudades y lugares subalternos, contra la capital; «la cual, decían los congresales ambiciosos de dominar en sus distritos, era la tirana de las ciudades y la sanguijuela del Estado». De este modo se encendió el fuego de la guerra civil en Valencia, que nunca se logró apagar con la reducción de aquella ciudad; pues conservándolo encubierto, lo comunicó a las otras limítrofes, a Coro y Maracaibo; y éstas entablaron comunicaciones con aquéllas, facilitaron, por este medio, la entrada de los españoles que trajo consigo la caída de Venezuela.

La disipación de las rentas públicas en objetos frívolos y perjudiciales, y particularmente en sueldos de infinidad de oficinistas, secretarios, jueces, magistrados, legisladores, provinciales y federales, dio un golpe mortal a la República, porque la obligó a recurrir al peligroso expediente de establecer el papel moneda, sin otra garantía que las fuerzas y las rentas imaginarias de la confederación. Esta nueva moneda pareció a los ojos de los más, una violación manifiesta del derecho de propiedad, porque se conceptuaban despojados de objetos de intrínseco valor, en cambio de otros cuyo precio era incierto y aun ideal. El papel moneda remató el descontento de los estólidos pueblos internos, que llamaron al comandante de las tropas españolas, para que viniese a librarlos de una moneda que veían con más horror que la servidumbre.

Pero lo que debilitó más el Gobierno de Venezuela fue la forma federal que adoptó siguiendo las máximas exageradas de los derechos del hombre, que autorizándole para que se rija por sí mismo, rompe los pactos sociales y constituye a las naciones en anarquía. Tal era el verdadero estado de la Confederación. Cada provincia se gobernaba independientemente; y a ejemplo de éstas, cada ciudad pretendía iguales facultades alegando la práctica de aquéllas, y la teoría de que todos los hombres y todos los pueblos gozan de la prerrogativa de instituir a su antojo el gobierno que les acomode.

El sistema federal, bien que sea el más perfecto y más capaz de proporcionar la felicidad humana en sociedad, es, no obstante, el más opuesto a los intereses de nuestros nacientes estados. Generalmente hablando, todavía nuestros conciudadanos no se hallan en aptitud de ejercer por sí mismos y ampliamente sus derechos; porque carecen de las virtudes políticas que caracterizan al verdadero republicano; virtudes que no se adquieren en los gobiernos absolutos, en donde se desconocen los derechos y los deberes del ciudadano.

Por otra parte, ¿qué país del mundo, por morigerado y republicano que sea, podrá, en medio de las facciones intestinas y de una guerra exterior, regirse por un gobierno tan complicado y débil como el federal? No es posible conservarlo en el tumulto de los combates y de los partidos. Es preciso que el Gobierno se identifique, por decirlo así, al carácter de las circunstancias, de los tiempos y de los hombres que lo rodean. Si éstos son prósperos y serenos, él debe ser dulce y protector; pero si son calamitosos y turbulentos, él debe mostrarse terrible y armarse de una firmeza igual a los peligros, sin atender a leyes, ni constituciones, ínterin no se restablece la felicidad y la paz.

Caracas tuvo mucho que padecer por defecto de la confederación, que lejos de socorrerla le agotó sus caudales y pertrechos; y cuando vino el peligro la abandonó a su suerte, sin auxiliarla con el menor contingente. Además, le aumentó sus embarazos habiéndose empeñado una competencia entre el poder federal y el provincial, que dio lugar a que los enemigos llegasen al corazón del Estado, antes que se resolviese la cuestión de si deberían salir las tropas federales o provinciales, o rechazarlos cuando ya tenían ocupada una gran porción de la Provincia. Esta fatal contestación produjo una demora que fue terrible para nuestras armas. Pues las derrotaron en San Carlos sin que les llegasen los refuerzos que esperaban para vencer.

Yo soy de sentir que mientras no centralicemos nuestros gobiernos americanos, los enemigos obtendrán las más completas ventajas; seremos indefectiblemente envueltos en los horrores de las disensiones civiles, y conquistados vilipendiosamente por ese puñado de bandidos que infestan nuestras comarcas.

Las elecciones populares hechas por los rústicos del campo y por los intrigantes moradores de las ciudades, añaden un obstáculo más a la práctica de la federación entre nosotros, porque los unos son tan ignorantes que hacen sus votaciones maquinalmente, y los otros tan ambiciosos que todo lo convierten en facción; por lo que jamás se vio en Venezuela una votación libre y acertada, lo que ponía el gobierno en manos de hombres ya desafectos a la causa, ya ineptos, ya inmorales. El espíritu de partido decidía en todo, y por consiguiente nos desorganizó más de lo que las circunstancias hicieron. Nuestra división, y no las armas españolas, nos tornó a la esclavitud.

El terremoto de 26 de marzo trastornó, ciertamente, tanto lo físico como lo moral, y puede llamarse propiamente la causa inmediata de la ruina de Venezuela; mas este mismo Suceso habría tenido lugar, sin producir tan mortales efectos, si Caracas se hubiere gobernado entonces por una sola autoridad, que obrando con rapidez y vigor hubiese puesto remedio a los daños, sin trabas ni competencias que retardando el efecto de las providencias dejaban tomar al mal un incremento tan grande que lo hizo incurable.

Si Caracas, en lugar de una confederación lánguida e insubsistente, hubiese establecido un gobierno sencillo, cual lo requería su situación política y militar, tú existieras ¡oh Venezuela! y gozaras hoy de tu libertad.

La influencia eclesiástica tuvo, después del terremoto, una parte muy considerable en la sublevación de los lugares y ciudades subalternas, y en la introducción de los enemigos en el país, abusando sacrílegamente de la santidad de su ministerio en favor de los promotores de la guerra civil. Sin embargo, debemos confesar ingenuamente que estos traidores sacerdotes se animaban a cometer los execrables crímenes de que justamente se les acusa porque la impunidad de los delitos era absoluta, la cual hallaba en el Congreso un escandaloso abrigo, llegando a tal punto esta injusticia que de la insurrección de la ciudad de Valencia, que costó su pacificación cerca de mil hombres, no se dio a la vindicta de las leyes un solo rebelde, quedando todos con vida, y los más con sus bienes.

De lo referido se deduce que entre las causas que han producido la caída de Venezuela, debe colocarse en primer lugar la naturaleza de su constitución, que, repito, era tan contraria a sus intereses como favorable a los de sus contrarios. En segundo, el espíritu de misantropía que se apoderó de nuestros gobernantes. Tercero: la oposición al establecimiento de un cuerpo militar que salvase la República y repeliese los choques que le daban los españoles. Cuarto: el terremoto acompañado del fanatismo que logró sacar de este fenómeno los más importantes resultados; y últimamente las facciones internas que en realidad fueron el mortal veneno que hicieron descender la patria al sepulcro.

Estos ejemplos de errores e infortunios no serán enteramente inútiles para los pueblos de la América meridional, que aspiran a la libertad e independencia.

La Nueva Granada ha visto sucumbir a Venezuela; por consiguiente debe evitar los escollos que han destrozado a aquélla. A este efecto presento como una medida indispensable para la seguridad de la Nueva Granada, la reconquista de Caracas. A primera vista parecerá este proyecto inconducente, costoso y quizá impracticable; pero examinado atentamente con ojos previsivos, y una meditación profunda, es imposible desconocer su necesidad como dejar de ponerlo en ejecución, probada la utilidad.

Lo primero que se presenta en apoyo de esta operación es el origen de la destrucción de Caracas, que no fue otro que el desprecio con que miró aquella ciudad la existencia de un enemigo que parecía pequeño, y no lo era considerándolo en su verdadera luz.

Coro ciertamente no habría podido nunca entrar en competencia con Caracas, si la comparamos, en sus fuerzas intrínsecas, con ésta; mas como en el orden de las vicisitudes humanas no es siempre la mayoría de la masa física la que decide, sino que es la superioridad de la fuerza moral la que inclina hacia sí la balanza política, no debió el Gobierno de Venezuela, por esta razón, haber descuidado la extirpación de un enemigo, que aunque aparentemente débil tenía por auxiliares a la Provincia de Maracaibo; a todas las que obedecen a la Regencia; el oro y la cooperación de nuestros eternos contrarios, los europeos que viven con nosotros; el partido clerical, siempre adicto a su apoyo y compañero el despotismo; y sobre todo, la opinión inveterada de cuantos ignorantes y supersticiosos contienen los límites de nuestros estados. Así fue que apenas hubo un oficial traidor que llamase al enemigo, cuando se desconcertó la máquina política, sin que los inauditos y patrióticos esfuerzos que hicieron los defensores de Caracas, lograsen impedir la caída de un edificio ya desplomado por el golpe que recibió de un solo hombre.

Aplicando el ejemplo de Venezuela a la Nueva Granada y formando una proporción, hallaremos que Coro es a Caracas como Caracas es a la América entera; consiguientemente el peligro que amenaza a este país está en razón de la anterior progresión, porque poseyendo la España el territorio de Venezuela, podrá con facilidad sacarle hombres y municiones de boca y guerra, para que bajo la dirección de jefes experimentados contra los grandes maestros de la guerra, los franceses, penetren desde las Provincias de Barinas y Maracaibo hasta los últimos confines de la América Meridional.

La España tiene en el día gran número de oficiales generales, ambiciosos y audaces, acostumbrados a los peligros y a las privaciones, que anhelan por venir aquí, a buscar un imperio que reemplace el que acaban de perder.

Es muy probable que al expirar la Península, haya una prodigiosa emigración de hombres de todas clases, y particularmente de cardenales, arzobispos, obispos, canónigos y clérigos revolucionarios, capaces de subvertir, no solo nuestros tiernos y lánguidos estados, sino de envolver el Nuevo Mundo entero en una espantosa anarquía. La influencia religiosa, el imperio de la dominación civil y militar, y cuantos prestigios pueden obrar sobre el espíritu humano, serán otros tantos instrumentos de que se valdrán para someter estas regiones.

Nada se opondrá a la emigración de España. Es verosímil que la Inglaterra proteja la evasión de un partido que disminuye en parte las fuerzas de Bonaparte en España, y trae consigo el aumento y permanencia del suyo en América. La Francia no podrá impedirla; tampoco Norteamérica; y nosotros menos aún pues careciendo todos de una marina respetable, nuestras tentativas serán vanas.

Estos tránsfugos hallarán ciertamente una favorable acogida en los puertos de Venezuela, como que vienen a reforzar a los opresores de aquel país y los habilitan de medios para emprender la conquista de los estados independientes.

Levantarán quince o veinte mil hombres que disciplinarán prontamente con sus jefes, oficiales, sargentos, cabos y soldados veteranos. A este ejército seguirá otro todavía más temible de ministros, embajadores, consejeros, magistrados, toda la jerarquía eclesiástica y los grandes de España, cuya profesión es el dolo y la intriga, condecorados con ostentosos títulos, muy adecuados para deslumbrar a la multitud; que derramándose como un torrente, lo inundarán todo arrancando las semillas y hasta las raíces del árbol de la libertad de Colombia. Las tropas combatirán en el campo; y éstos, desde sus gabinetes, nos harán la guerra por los resortes de la seducción y del fanatismo.

Así pues, no queda otro recurso para precavernos de estas calamidades, que el de pacificar rápidamente nuestras provincias sublevadas, para llevar después nuestras armas contra las enemigas; y formar de este modo soldados y oficiales dignos de llamarse las columnas de la patria.

Todo conspira a hacernos adoptar esta medida; sin hacer mención de la necesidad urgente que tenemos de cerrarle las puertas al enemigo, hay otras razones tan poderosas para determinarnos a la ofensiva, que sería una falta militar y política inexcusable, dejar de hacerla. Nosotros nos hallamos invadidos, y por consiguiente forzados a rechazar al enemigo más allá de la frontera. Además, es un principio del arte que toda guerra defensiva es perjudicial y ruinosa para el que la sostiene; pues lo debilita sin esperanza de indemnizarlo; y que las hostilidades en el territorio enemigo siempre son provechosas, por el bien que resulta del mal del contrario; así, no debemos, por ningún motivo, emplear la defensiva.

Debemos considerar también el estado actual del enemigo, que se halla en una posición muy crítica, habiéndoselas desertado la mayor parte de sus soldados criollos; y teniendo al mismo tiempo de guarnecer las patrióticas ciudades de Caracas, Puerto Cabello, La Guaira, Barcelona, Cumaná y Margarita, en donde existen sus depósitos, sin que se atrevan a desamparar estas plazas, por temor de una insurrección general en el acto de separarse de ellas. De modo que no sería imposible que llegasen nuestras tropas hasta las puertas de Caracas, sin haber dado una batalla campal.

Es una cosa positiva que en cuanto nos presentemos en Venezuela, se nos agregan millares de valerosos patriotas, que suspiran por vernos parecer, para sacudir el yugo de sus tiranos y unir sus esfuerzos a los nuestros en defensa de la libertad.

La naturaleza de la presente campaña nos proporciona la ventaja de aproximarnos a Maracaibo por Santa Marta, y a Barinas por Cúcuta.

Aprovechemos, pues, instantes tan propicios; no sea que los refuerzos que incesantemente deben llegar de España, cambien absolutamente el aspecto de los negocios y perdamos, quizás para siempre, la dichosa oportunidad de asegurar la suerte de estos estados.

El honor de la Nueva Granada exige imperiosamente escarmentar a esos osados invasores, persiguiéndolos hasta sus últimos atrincheramientos. Como su gloria depende de tomar a su cargo la empresa de marchar a Venezuela, a libertar la cuna de la independencia colombiana, sus mártires y aquel benemérito pueblo caraqueño, cuyos clamores solo se dirigen a sus amados compatriotas los granadinos, que ellos aguardan con una mortal impaciencia, como a sus redentores. Corramos a romper las cadenas de aquellas víctimas que gimen en las mazmorras, siempre esperando su salvación de vosotros; no burléis su confianza; no seáis insensibles a los lamentos de vuestros hermanos. Id veloces a vengar al muerto, a dar vida al moribundo, soltura al oprimido, y libertad a todos.

Cartagena de Indias, diciembre 15 de 1812.

Simón Bolívar

11. 1813. Simón Bolívar. Decreto de Guerra a Muerte[62]

A sus conciudadanos.

Venezolanos: Un ejército de hermanos, enviado por el Soberano Congreso de la Nueva Granada, ha venido a libertaros, y ya lo tenéis en medio de vosotros, después de haber expulsado a los opresores de las Provincias de Mérida y Trujillo.

62 Fue promulgado por Bolívar en la ciudad de Trujillo el 15 de junio de 1813. Tiene, en realidad, forma de proclama o de bando, pero tradicionalmente ha recibido la denominación de decreto, que merece sin duda si se atiende a su trascendencia. En el Archivo del Libertador, en Caracas, existe una versión manuscrita, autorizada por el Secretario de Bolívar, Coronel Pedro Briceño Méndez, y un ejemplar impreso en hoja suelta por Juan Baillío en Caracas, después de haber entrado el Libertador en esta ciudad. Se ha adoptado la versión del impreso, que por lo demás no difiere sustancialmente de la otra, tomándola de Lecuna, *op. cit.* (N. de P. G.)

Nosotros somos enviados a destruir a los españoles, a proteger a los americanos y a establecer los gobiernos republicanos que formaban la Confederación de Venezuela. Los Estados que cubren nuestras armas están regidos nuevamente por sus antiguas constituciones y magistrados, gozando plenamente de su libertad e independencia; porque nuestra misión solo se dirige a romper las cadenas de la servidumbre que agobian todavía a algunos de nuestros pueblos sin pretender dar leyes ni ejercer actos de dominio, a que el derecho de la guerra podría autorizarnos.

Tocados de vuestros infortunios no hemos podido ver con indiferencia las aflicciones que os hacían experimentar los bárbaros españoles; que os han aniquilado con la rapiña y os han destruido con la muerte; que han violado los derechos sagrados de las gentes; que han infringido las capitulaciones y los tratados más solemnes; y en fin han cometido todos los crímenes reduciendo la República de Venezuela a la más espantosa desolación. Así, pues, la justicia exige la vindicta, y la necesidad nos obliga a tomarla. Que desaparezcan para siempre del suelo colombiano los monstruos que lo infestan y han cubierto de sangre; que su escarmiento sea igual a la enormidad de su perfidia, para lavar de este modo la mancha de nuestra ignominia y mostrar a las naciones del universo que no se ofende impunemente a los hijos de América.

A pesar de nuestros justos resentimientos contra los inicuos españoles, nuestro magnánimo corazón se digna, aún, abrirles por la última vez una vía a la conciliación y a la amistad; todavía se les invita a vivir entre nosotros pacíficamente, si detestando sus crímenes y convirtiéndose de buena fe, cooperan con nosotros a la destrucción del gobierno intruso de la España y al restablecimiento de la República de Venezuela.

Todo español que no conspire contra la tiranía en favor de la justa causa por los medios más activos y eficaces, será tenido por enemigo y castigado como traidor a la patria, y por consecuencia será irremisiblemente pasado por las armas. Por el contrario, se concede un indulto general y absoluto a los que pasen a nuestro ejército con sus armas o sin ellas; a los que presten sus auxilios a los buenos ciudadanos que se están esforzando por sacudir el yugo de la tiranía. Se conservarán en sus empleos y destinos a los oficiales de guerra y magistrados civiles que proclamen el Gobierno de Venezuela y se unan a nosotros; en una palabra, los españoles que hagan señalados servicios al Estado serán reputados y tratados como americanos.

Y vosotros, americanos, que el error o la perfidia os ha extraviado de la senda de la justicia, sabed que vuestros hermanos os perdonan y lamentan sinceramente vuestros descarríos, en la íntima persuasión de que vosotros no podéis ser culpables y que solo la ceguedad e ignorancia en que os han tenido hasta el presente los autores de vuestros crímenes, han podido induciros a ellos. No temáis la espada que viene a vengaros y a cortar los lazos ignominiosos con que os ligan a su suerte vuestros verdugos. Contad con una inmunidad absoluta en vuestro honor, vida y propiedades; el solo título de Americanos será vuestra garantía y salvaguardia. Nuestras armas han venido a protegeros, y no se emplearán jamás contra uno solo de nuestros hermanos.

Esta amnistía se extiende hasta a los mismos traidores que más recientemente hayan cometido actos de felonía; y será tan religiosamente cumplida que ninguna razón, causa o pretexto será suficiente para obligarnos a quebrantar nuestra oferta, por grandes y extraordinarios que sean los motivos que nos deis para excitar nuestra animadversión.

Españoles y canarios, contad con la muerte, aun siendo indiferentes, si no obráis activamente en obsequio de la libertad de la América. Americanos, contad con la vida, aun cuando seáis culpables.

Cuartel General de Trujillo, 15 de junio de 1813. — 3.º

Es copia.

BRICEÑO MENDEZ,

Secretario Simón Bolívar

12. 1819. Simón Bolívar. Discurso[63]

Pronunciado por el Libertador en Angostura el día 15 de febrero de 1819, en el acto de la instalación del Segundo Congreso Nacional de Venezuela.

Señor: ¡Dichoso el ciudadano que bajo el escudo de las armas de su mando ha convocado la Soberanía Nacional, para que ejerza su voluntad absoluta! Yo, pues, me cuento entre los seres más favorecidos de la Divina Providencia, ya que he tenido el honor de reunir a los Representantes del Pueblo de Venezuela en este Augusto Congreso, fuente de la autoridad legítima, depósito de la voluntad soberana y árbitro del Destino de la Nación.

Al transmitir a los Representantes del Pueblo el Poder Supremo que se me había confiado, colmo los votos de mi corazón, los de mis conciudadanos y los de nuestras futuras generaciones, que todo lo esperan de vuestra sabiduría,

63 El texto fue publicado en el *Correo del Orinoco*, semanario que se editaba en dicha ciudad, en los números 19 a 22 inclusive, desde el 20 de febrero hasta el 13 de marzo de 1819. Más tarde, por indicación del propio autor, se imprimió en folleto en Bogotá, 1820.
Los descendientes del Coronel James Hamilton cedieron a Venezuela el manuscrito original, leído por El Libertador, que fue luego enmendado por el propio Bolívar. El original fue editado en facsímil en 1975, Caracas, por la Presidencia de la República (Nota P. G.)

rectitud y prudencia. Cuando cumplo con este dulce deber, me liberto de la inmensa autoridad que me agobiaba, como de la responsabilidad ilimitada que pesaba sobre mis débiles fuerzas. Solamente una necesidad forzosa, unida a la voluntad imperiosa del Pueblo, me habría sometido al terrible y peligroso encargo de Dictador Jefe Supremo de la República Pero ya respiro devolviéndoos esta autoridad, que con tanto riesgo, dificultad y pena he logrado mantener en medio de las tribulaciones más horrorosas que pueden afligir a un cuerpo social.

No ha sido la época de la República, que he presidido, una mera tempestad política, ni una guerra sangrienta, ni una anarquía popular; ha sido, sí, el desarrollo de todos los elementos desorganizadores: ha sido la inundación de un torrente infernal que ha sumergido la tierra de Venezuela. Un hombre ¡y un hombre como yo! ¿qué diques podría oponer al ímpetu de estas devastaciones? En medio de este piélago de angustias no he sido más que un vil juguete del huracán revolucionario que me arrebataba como una débil paja. Yo no he podido hacer ni bien ni mal. Fuerzas irresistibles han dirigido la marcha de nuestros sucesos. Atribuírmelos no sería justo, y sería darme una importancia que no merezco.

¿Queréis conocer los autores de los acontecimientos pasados y del orden actual? Consultad los anales de España, de América, de Venezuela: examinad las leyes de Indias, el régimen de los antiguos mandatarios, la influencia de la religión y del dominio extranjero: observad los primeros actos del Gobierno Republicano, la ferocidad de nuestros enemigos y el carácter nacional. No me preguntéis sobre los efectos de estos trastornos, para siempre lamentables, apenas se me puede suponer simple instrumento de los grandes móviles que han obrado sobre Venezuela. Sin embargo, mi vida, mi conducta, todas mis acciones públicas y privadas están sujetas a la censura del pueblo. ¡Representantes! Vosotros debéis juzgarlas. Yo someto la historia de mi mando a vuestra imparcial decisión, nada añadiré para excusarla: ya he dicho cuanto puede hacer mi apología. Si merezco vuestra aprobación habré alcanzado el sublime título de buen ciudadano, preferible para mí al de Libertador que medió Venezuela, al de Pacificador que medió Cundinamarca, y a los que el mundo entero puede darme.

¡Legisladores! Yo deposito en vuestras manos el mando supremo de Venezuela. Vuestro es ahora el augusto deber de consagraros a la felicidad de la República: en vuestras manos está la balanza de nuestros destinos, la medida de nuestra gloria: ellas sellarán los decretos que fijen nuestra libertad. En este momento el Jefe Supremo de la República no es más que un simple ciudadano, y tal quiere quedar hasta la muerte. Serviré, sin embargo, en la carrera de las armas, mientras haya enemigos en Venezuela. Multitud de beneméritos hijos tiene la patria capaces de dirigirla: talentos, virtudes, experiencia y cuanto se requiere para mandar a hombres libres, son el patrimonio de muchos de los que aquí representan al pueblo, y fuera de este Soberano Cuerpo se encuentran ciudadanos que en todas épocas han mostrado valor para arrostrar los peligros, prudencia para evitarlos, y el arte, en fin, de gobernarse y de gobernar a otros. Estos ilustres varones merecerán, sin duda, los sufragios del Congreso y a ellos se encargará del Gobierno, que tan cordial y sinceramente acabo de renunciar para siempre.

La continuación de la autoridad en un mismo individuo frecuentemente ha sido el término de los gobiernos democráticos. Las repetidas elecciones son esenciales en los sistemas populares, porque nada es tan peligroso como dejar permanecer largo tiempo en un mismo ciudadano el Poder. El pueblo se acostumbra a obedecerle, y él se acostumbra a mandarlo, de donde se origina la usurpación y la tiranía. Un justo celo es la garantía de la libertad, y nuestros ciudadanos deben temer con sobrada justicia que el mismo Magistrado, que los han mandado mucho tiempo, los mande perpetuamente.

Ya, pues, que por este acto de mi adhesión a la libertad de Venezuela puedo aspirar a la gloria de ser contado entre sus más fieles amantes, permitidme, Señor, que exponga con la franqueza de un verdadero republicano mi respetuoso dictamen en este Proyecto de Constitución, que me tomo la libertad de ofreceros en testimonio de la sinceridad y del candor de mis sentimientos. Como se trata de la salud de todos, me atrevo a creer que tengo derecho para ser oído por los Representantes del Pueblo. Yo sé muy bien que vuestra sabiduría no ha menester de consejos, y sé también que mi Proyecto acaso os parecerá erróneo, impracticable. Pero, Señor, aceptad con benignidad este trabajo, que más bien es el tributo de mi sincera sumisión al Congreso, que el efecto de una levedad presuntuosa. Por otra parte, siendo vuestras funciones la creación de un cuerpo político, y aun se podría decir, la creación de una sociedad entera, rodeada de todos los inconvenientes que presenta una situación la más singular y difícil, quizás el grito de un ciudadano puede advertir la presencia de un peligro encubierto o desconocido.

Echando una ojeada sobre lo pasado, veremos cual es la base de la República de Venezuela.

Al desprenderse la América de la monarquía española, se ha encontrado semejante al imperio romano, cuando aquella enorme masa cayó dispersa en medio del antiguo mundo. Cada desmembración formó entonces una nación independiente, conforme a su situación o a sus intereses; pero con la diferencia de que aquellos miembros volvían a restablecer sus primeras asociaciones. Nosotros ni aun conservamos los vestigios de lo que fue en otro tiempo: no somos europeos, no somos indios, sino una especie media entre los aborígenes y los españoles. Americanos por nacimiento, y europeos por derechos, nos hallamos en el conflicto de disputar a los naturales los títulos de posesión, y de mantenernos en el país que nos vio nacer contra la oposición de los invasores; así, nuestro caso es el más extraordinario y complicado. Todavía hay más: nuestra suerte ha sido siempre puramente pasiva, nuestra existencia política ha sido siempre nula, y nos hallamos en tanta más dificultad para alcanzar la libertad, cuanto que estábamos colocados en un grado inferior al de la servidumbre; porque no solamente se nos había robado la libertad, sino también la tiranía activa y doméstica. Permítaseme explicar esta paradoja.

En el régimen absoluto, el poder autorizado no admite límites. La voluntad del déspota, es la ley suprema ejecutada arbitrariamente por los subalternos que participan de la opresión organizada, en razón de la autoridad de que gozan. Ellos están encargados de las funciones civiles, políticas, militares y religiosas; pero al fin son persas los sátrapas de Persia, son turcos los bajaes del Gran Señor, son tártaros los Sultanes de la Tartaria. La China no envía a buscar mandarines a la cuna de Gengiskhán que la conquistó. Por el contrario, la América todo lo recibía de España, que realmente la había privado del goce y ejercicio de la tiranía activa; no permitiéndonos sus funciones en nuestros asuntos domésticos y administración interior. Esta abnegación nos había puesto en la imposibilidad de conocer el curso de los negocios públicos: tampoco gozábamos de la consideración personal que inspira el brillo del poder a los ojos de la multitud, y que es de tanta importancia en las grandes revoluciones. Lo diré de una vez, estábamos abstraídos, ausentes del universo, en cuanto era relativo a la ciencia del gobierno.

Uncido el pueblo americano al triple yugo de la ignorancia, de la tiranía y del vicio, no hemos podido adquirir ni saber, ni poder, ni virtud. Discípulos de tan perniciosos maestros, las lecciones que hemos recibido, y los ejemplos que hemos estudiado, son los más destructores. Por el engaño se nos ha dominado más que por la fuerza, y por el vicio se nos ha degradado más bien que por la superstición. La esclavitud es la hija de las tinieblas; un pueblo ignorante es un instrumento ciego de su propia destrucción: la ambición, la intriga abusan de la credulidad y de la inexperiencia de hombres ajenos de todo conocimiento político, económico o civil: adoptan como realidades las que son puras ilusiones; toman la licencia por la libertad, la traición por el patriotismo, la venganza por la justicia. Semejante a un robusto ciego que instigado por el sentimiento de sus fuerzas, marcha con la seguridad del hombre más perspicaz, y dando en todos los escollos no puede rectificar sus pasos.

Un pueblo pervertido, si alcanza su libertad, muy pronto vuelve a perderla; porque en vano se esforzarán en mostrarle que la felicidad consiste en la práctica de la virtud, que el imperio de las leyes es más poderoso que el de los tiranos, porque son más inflexibles, y todo debe someterse a su benéfico rigor; que las buenas costumbres, y no la fuerza son las columnas de las leyes; que el ejercicio de la justicia es el ejercicio de la libertad. Así, Legisladores, vuestra empresa es tanto más ímproba, cuanto que tenéis que constituir a hombres pervertidos por las ilusiones del error, y por incentivos nocivos. La libertad, dice Rousseau, es un alimento suculento, pero de difícil digestión. Nuestros débiles conciudadanos tendrán que robustecer su espíritu mucho antes que logren digerir el saludable nutrimento de la libertad.. Entumidos sus miembros por las cadenas, debilitada su vista en las sombras de las mazmorras, y aniquilados por las pestilencias serviles, ¿serán capaces de marchar con paso firme hacia el augusto templo de la libertad? ¿Serán capaces de admirar de cerca su espléndidos rayos y respirar sin opresión el éter puro que allí reina? Meditad bien vuestra elección, Legisladores. No olvidéis que vais a echar los fundamentos a un pueblo naciente que podrá elevarse a la grandeza que la naturaleza le ha señalado, si vosotros proporcionáis su base al eminente rango que le espera. Si vuestra elección no está presidida por el genio tutelar de Venezuela, que debe inspiraros el acierto al escoger la naturaleza y la forma de gobierno que vais a adoptar para la felicidad del pueblo; si no acertáis, repito, la esclavitud será el término de nuestra transformación.

Los anales de los tiempos pasados os presentarán millares de gobiernos. Traed a la imaginación las naciones que han brillado sobre la tierra, y contemplaréis afligidos que casi toda la tierra ha sido, y aún es, víctima de sus gobiernos. Observaréis muchos sistemas de manejar hombres, mas todos para oprimirlos; y si la costumbre de mirar al género humano conducido por pastores de pueblos, no disminuyese el horror de tan chocante espectáculo, nos pasmaríamos al ver nuestra dócil especie pacer sobre la superficie del globo, como viles rebaños destinados a alimentar a sus crueles conductores. La naturaleza, a la verdad, nos dota al nacer del incentivo de la libertad; mas sea pereza, sea propensión inherente a la humanidad, lo cierto es que ella reposa tranquila, aunque ligada con las trabas que le imponen. Al contemplarla en este estado de prostitución parece que tenemos razón para persuadirnos, que los más de los hombres tienen por verdadera aquella humillante máxima: que más cuesta mantener el equilibrio de la libertad, que soportar el peso de la tiranía. Ojalá que esta máxima, contraria a la moral de la naturaleza, fuese falsa. ¡Ojalá que esta máxima no estuviese sancionada por la indolencia de los hombres con respecto a sus derechos más sagrados! Muchas naciones antiguas y modernas han sacudido la opresión; pero son rarísimas las que han sabido gozar de algunos preciosos momentos de libertad: muy luego han recaído en sus antiguos vicios políticos; porque son los pueblos, mas bien que los gobiernos, los que arrastran tras sí la tiranía. El hábito de la dominación los hace insensibles a los encantos del honor y de la prosperidad nacional, y miran con indolencia la gloria de vivir en el movimiento de la libertad, bajo la tutela de leyes dictadas por su propia voluntad. Los fastos del universo proclaman esta espantosa verdad.

Solo la democracia, en mi concepto, es susceptible de una absoluta libertad; pero, ¿cuál es el gobierno democrático que ha reunido a un tiempo, poder, prosperidad y permanencia? ¿Y no se ha visto por el contrario la aristocracia, la monarquía cimentar grandes y poderosos imperios por siglos y siglos? ¿Qué gobierno más antiguo que el de China? ¿Qué república ha excedido en duración a la de Esparta, a la de Venecia? ¿El imperio romano no conquistó la tierra? ¿No tiene la Francia catorce siglos de monarquía? ¿Quién es más grande que la Inglaterra? Estas naciones, sin embargo, han sido o son aristocracias y monarquías.

A pesar de tan crueles reflexiones, yo me siento arrebatado de gozo por los grandes pasos que ha dado nuestra república al entrar en su noble carrera. Amando lo más útil, animada de lo más justo, y aspirando a lo más perfecto, al separarse Venezuela de la nación española, ha recobrado su independencia, su libertad, su igualdad, su soberanía nacional. Constituyéndose en una república democrática, proscribió la monarquía, las distinciones, la nobleza, los fueros, los privilegios: declaró los derechos del hombre, la libertad de obrar, de pensar, de hablar y de escribir. Estos actos, eminentemente liberales, jamás serán demasiado admirados por la pureza que los ha dictado. El primer congreso de Venezuela ha estampado en los anales de nuestra legislación, con caracteres indelebles, la majestad del pueblo dignamente expresada al sellar el acto social más capaz de formar la dicha de una nación.

Necesito recoger todas mis fuerzas para sentir con toda la vehemencia de que soy susceptible, el supremo bien que encierra en sí este Código inmortal de nuestros derechos y de nuestras leyes. ¡Pero cómo osaré decirlo! ¿Me atreveré yo a profanar con mi censura las tablas sagradas de nuestras leyes...? Hay sentimientos que no se pueden contener en el pecho de L n amante de la patria: ellos rebosan agitados por su propia violencia, y a pesar del mismo que los abriga, una fuerza imperiosa los comunica. Estoy penetrado de la idea de que el gobierno de Venezuela debe reformarse; y aunque muchos ilustres ciudadanos piensan como yo, no todos tienen el arrojo necesario para profesar públicamente la adopción de nuevos principios. Esta consideración me insta a tomar la iniciativa en un asunto de la mayor gravedad, y en que hay sobrada audacia en dar avisos a los Consejeros del Pueblo.

Cuanto más admiro la excelencia de la Constitución Federal de Venezuela, tanto más me persuado de la imposibilidad de su aplicación a nuestro Estado. Y según mi modo de ver, es un prodigio que su modelo en el Norte de América subsista tan prósperamente y no se trastorne al aspecto del primer embarazo o peligro. A pesar de que aquel pueblo es un modelo de virtudes políticas y de ilustración moral, no obstante que la libertad ha sido su cuna, se ha criado en la libertad, y se alimenta de pura libertad, lo diré todo, aunque bajo de muchos respectos, este pueblo es único en la historia del género humano, es un prodigio, repito, que un sistema tan débil y complicado como el federal haya podido regirlo en circunstancias tan difíciles y delicadas como las pasadas. Pero sea lo que fuere de este gobierno con respecto a la nación americana, debo decir, que ni rematante ha entrado en mi idea asimilar la situación y naturaleza de dos Estados tan distintos como el inglés americano y el americano español. ¿No sería muy difícil aplicar a España el código de libertad política, civil y religiosa de Inglaterra? Pues aún es más difícil adaptar en Venezuela las leyes del Norte de América. ¿No dice el Espíritu de las Leyes que éstas deben ser propias para el pueblo que se hacen? ¿Qué es una gran casualidad que las de una nación puedan convenir a otra? ¿Qué las leyes deben ser relativas a lo físico del país, al clima, a la calidad del terreno, a su situación, a su extensión, al género de vida de los pueblos? ¿Referirse al grado de libertad que la Constitución puede sufrir, a la religión de los habitantes, a sus inclinaciones, a sus riquezas, a su número, a su comercio, a sus costumbres, a sus modales? ¡He aquí el Código que debíamos consultar, y no el de Washington!!! La Constitución venezolana, sin embargo de haber tomado sus bases de la más perfecta, si se atiende a la corrección de los principios y a los efectos benéficos de su administración, difirió esencialmente de la americana en un punto cardinal, y sin duda el más importante. El Congreso de Venezuela, como el Americano, participa de algunas de las atribuciones del Poder Ejecutivo. Nosotros además subdividimos este poder, habiéndolo cometido a un cuerpo colectivo sujeto por consiguiente a los inconvenientes de hacer periódica la existencia del gobierno, de suspenderla y disolverla siempre que se separan sus miembros. Nuestro triunvirato carece, por decirlo así, de unidad, de continuación y de responsabilidad individual; está privado de acción momentánea, de vida continua, de uniformidad real, de responsabilidad inmediata; y un gobierno que no posee cuanto constituye su moralidad, debe llamarse nulo.

Aunque las facultades del Presidente de los Estados Unidos están limitadas con restricciones excesivas, ejerce por sí solo todas las funciones gubernativas que la Constitución le atribuye y es indubitable que su administración debe ser más uniforme, constante y verdaderamente propia, que la de un poder diseminado entre varios individuos cuyo compuesto no puede ser menos que monstruoso. El poder judiciario en Venezuela es semejante al americano, indefinido en duración, temporal y no vitalicio: goza de toda la independencia que le corresponde.

El primer Congreso en su constitución federal más consultó el espíritu de las provincias, que la idea sólida de formar una República indivisible y central. Aquí cedieron nuestros legisladores al empeño inconsiderado de aquellos provinciales seducidos por el deslumbrante brillo de la felicidad del pueblo americano, pensando que las bendiciones de que goza son debidas exclusivamente a la forma de gobierno, y no al carácter y costumbres de los ciudadanos. Y en efecto, el ejemplo de los Estados Unidos, por su peregrina prosperidad, era demasiado lisonjero para que no fuese seguido. ¿Quién puede resistir al atractivo victorioso del goce pleno y absoluto de la soberanía, de la independencia, de la libertad? ¿Quién puede resistir al amor que inspira un gobierno inteligente que liga a un mismo tiempo, los derechos particulares a los derechos generales: que forma de la voluntad común la ley suprema de la voluntad individual? ¿Quién puede resistir al imperio de un gobierno bienhechor que con una mano hábil, activa y poderosa dirige siempre, y en todas partes, todos sus resortes hacia la perfección social, que es el fin único de las instituciones humanas? Mas por halagüeño que parezca y sea en efecto este magnífico sistema federativo, no era dado a los venezolanos gozarlo repentinamente al salir de las cadenas. No estábamos preparados para tanto bien; el bien, como el mal, da la muerte cuando es súbito y excesivo. Nuestra constitución moral no tenía todavía la consistencia necesaria para recibir el beneficio de un gobierno completamente representativo, y tan sublime cuanto que podía ser adaptado a una república de santos.

¡Representantes del Pueblo! Vosotros estáis llamados para consagrar o suprimir cuanto os parezca digno de ser conservado, reformado, o desechado en nuestro pacto social. A vosotros pertenece el corregir la obra de nuestros primeros legisladores; yo querría decir que, a vosotros toca cubrir una parte de las bellezas que contiene nuestro código político; porque, no todos los corazones están formados para amar a todas las beldades; ni todos los ojos son capaces de soportar la luz celestial de la perfección. El libro de los Apóstoles, la moral de Jesús, la obra divina que nos ha enviado la Providencia para mejorar a los hombres, tan sublime, tan santa, es un diluvio de fuego en Constantinopla, y el Asia entera ardería en vivas llamas si este libro de paz se le impusiese repentinamente por código de religión, de leyes y de costumbres.

Séame permitido llamar la atención del Congreso sobre una materia que puede ser de una importancia vital. Tengamos presente que nuestro pueblo no es el europeo, ni el americano del norte, que más bien es un compuesto de África y de América, que una emanación de la Europa; pues que hasta la España misma deja de ser europea por su sangre africana, por sus instituciones y por su carácter. Es imposible asignar con propiedad a qué familia humana pertenecemos. La mayor parte del indígena se ha aniquilado, el europeo se ha mezclado con el americano y con el africano, y éste se ha mezclado con el indio y con el europeo. Nacidos todos del seno de una misma madre, nuestros padres, diferentes en origen y en sangre, son extranjeros, y todos difieren visiblemente en la epidermis; esta desemejanza trae un reato de la mayor trascendencia.

Los ciudadanos de Venezuela gozan todos por la Constitución, intérprete de la naturaleza, de una perfecta igualdad política. Cuando esta igualdad no hubiese sido un dogma en Atenas, en Francia y en América, deberíamos nosotros consagrarlo para corregir la diferencia que aparentemente existe. Mi opinión es, Legisladores, que el principio fundamental de nuestro sistema depende inmediata y exclusivamente de la igualdad establecida y practicada en Venezuela. Que los hombres nacen todos con derechos iguales a los bienes de la sociedad, está sancionado por la pluralidad de los sabios; como también lo está que, no todos los hombres nacen igualmente aptos a la obtención de todos los rangos; pues todos deben practicar la virtud, y no todos la practican; todos deben ser valerosos, y todos no lo son; todos deben poseer talentos, y todos no los poseen. De aquí viene la distinción efectiva que se observa entre los individuos de la sociedad más liberalmente establecida. Si el principio de la igualdad política es generalmente reconocido, no lo es menos el de la desigualdad física y moral. La naturaleza hace a los hombres desiguales en genio, temperamento, fuerzas y caracteres. Las leyes corrigen esta diferencia, porque colocan al individuo en la sociedad para que la educación, la industria, las artes, los servicios, las virtudes, le den una igualdad ficticia, propiamente llamada política y social. Es una inspiración eminentemente benéfica la reunión de todas las clases en un estado, en que, la diversidad se multiplica en razón de la propagación de la especie. Por este solo paso se ha arrancado de raíz la cruel discordia. ¡Cuántos celos, rivalidades y odios se han evitado! Habiendo ya cumplido con la justicia, con la humanidad, cumplamos ahora con la política, con la sociedad, allanando las dificultades que opone un sistema tan sencillo y natural, mas tan débil que el menor tropiezo lo trastorna, lo arruina. La diversidad de origen requiere un pulso infinitamente firme, un tacto infinitamente delicado para manejar esta sociedad heterogénea, cuyo complicado artificio se disloca, se divide, se disuelve con la más ligera alteración.

El sistema de gobierno más perfecto es aquel que produce mayor suma de felicidad posible, mayor suma de seguridad social y mayor suma de estabilidad política. Por las leyes que dictó el primer Congreso tenemos derecho de esperar que la dicha sea el dote de Venezuela; y por las vuestras, debemos lisonjeamos que la seguridad y la estabilidad eternizará esta dicha. A vosotros toca resolver el problema. ¿Cómo después de haber roto todas las trabas de nuestra antigua opresión, podemos hacer la obra maravillosa de evitar que los restos de nuestros duros hierros no se cambien en armas liberticidas? Las reliquias de la dominación española permanecerán largo tiempo antes que lleguemos a anonadarlas: el contagio del despotismo ha impregnado nuestra atmósfera, y ni el luego de la guerra, ni el específico de nuestras saludables leyes, han purificado el aire que respiramos. Nuestras manos ya están libres, y todavía nuestros corazones padecen de las dolencias de la servidumbre.

El hombre, al perder la libertad, decía Homero, pierde la mitad de su espíritu.

Un gobierno republicano ha sido, es, y debe ser el de Venezuela; sus bases deben ser la soberanía del pueblo, la división de los poderes, la libertad civil, la proscripción de la esclavitud, la abolición de la monarquía y de los privilegios. Necesitamos de la igualdad para refundir, digámoslo así, en un todo, la especie de los hombres, las opiniones políticas y las costumbres públicas. Luego, extendiendo la vista sobre el vasto campo que nos falta por recorrer, lijemos la atención sobre los peligros que debemos evitar. Que la historia nos sirva de guía en esta carrera. Atenas la primera nos da el ejemplo más brillante de una democracia absoluta, y al instante la misma Atenas nos ofrece el ejemplo más melancólico de la extrema debilidad de esta especie de gobierno. El más sabio legislador de Grecia no vio conservar su república diez años, y sufrió la humillación de reconocer la insuficiencia de la democracia absoluta para regir ninguna especie de sociedad, ni aun la más culta, morigerada y limitada, porque solo brilla con relámpago de libertad. Reconozcamos, pues, que Solón ha desengañado al mundo, y le ha enseñado cuán difícil es dirigir por simples leyes a los hombres.

La república de Esparta que parecía una invención quimérica, produjo más electos reales que la obra ingeniosa de Solón. Gloria, virtud, moral y por consiguiente la felicidad nacional, fue el resultado de la legislación de Licurgo. Aunque dos reyes en un Estado son dos monstruos para devorarlo, Esparta poco tuvo que sentir de su doble trono; en tanto que Atenas se prometía la suerte más espléndida, con»una soberanía absoluta, libre elección de magistrados, frecuentemente renovados, leyes suaves, sabias y políticas. Pisístrato, usurpador y tirano, fue más saludable a Atenas que sus leyes; y Pericles, aunque también usurpador, fue el más útil ciudadano. La república de Tebas, no tuvo más vida que la de Pelópidas y Epaminondas; porque a veces son los hombres, no los principios, los que forman los gobiernos. Los códigos, los sistemas, los estatutos por sabios que sean, son obras muertas que poco influyen sobre las sociedades: hombres virtuosos, hombres patriotas, hombres ilustrados constituyen las repúblicas.

La constitución romana es la que mayor poder y fortuna ha producido a ningún pueblo del mundo; allí no había una exacta distribución de los poderes. Los cónsules, el senado, el pueblo, ya eran legisladores, ya magistrados, ya jueces; todos participaban de todos los poderes. El ejecutivo, compuesto de dos cónsules, padecía el mismo inconveniente que el de Esparta. A pesar de su deformidad no sufrió la república la desastrosa discordancia que toda previsión habría supuesto inseparable de una magistratura compuesta de dos individuos, igualmente autorizados, con las facultades de un monarca. Un gobierno, cuya única inclinación era la conquista, no parecía destinado a cimentar la felicidad de su nación. Un gobierno monstruoso y puramente guerrero elevó a Roma al más alto esplendor de virtud y de gloria, y formó de la tierra un dominio romano, para mostrar a los hombres de cuánto son capaces las virtudes políticas, y cuán indiferentes suelen ser las instituciones.

Y pasando de los tiempos antiguos a los modernos, encontraremos la Inglaterra y la Francia, llamando la atención de todas las naciones, y dándoles lecciones elocuentes, de todas especies, en materias de gobierno. La revolución de estos dos grandes pueblos, como un radiante meteoro, ha inundado al mundo con tal profusión de luces políticas, que ya todos los seres que piensan, han aprendido cuáles son los derechos del hombre, y cuáles sus deberes; en qué consiste la excelencia de los gobiernos, y en qué consisten sus vicios. Todos saben apreciar el valor intrínseco de las teorías especulativas de los filósofos y legisladores modernos. En fin, este astro, en su luminosa carrera, aun ha encendido los pechos de los apáticos españoles, que también se han lanzado en el torbellino político, han hecho sus efímeras pruebas de libertad, han reconocido su incapacidad para vivir bajo el dulce dominio de las leyes, Y han vuelto a sepultarse en sus prisiones y hogueras inmemoriales.

Aquí es el lugar de repetiros, Legisladores, lo que os dice el elocuente Volney en la dedicatoria de sus Ruinas de Palmira: «A los pueblos nacientes de las Indias castellanas, a los jefes generosos que los guían a la libertad: que los errores e infortunios del mundo antiguo enseñen la sabiduría y la felicidad al mundo nuevo». Que no se pierdan, pues, las lecciones de la experiencia, y que las escuelas de Grecia, de Roma, de Francia, de Inglaterra, y de América nos instruya en la difícil ciencia de crear y conservar las naciones con leyes propias, justas, legítimas y sobre todo útiles. No olvidando jamás que la excelencia de un gobierno no consiste en su teoría, en su forma, ni en su mecanismo, sino en ser apropiado a la naturaleza y al carácter de la nación para quien se instituye.

Roma y la Gran Bretaña son las naciones que más han sobresalido entre las antiguas y modernas. Ambas nacieron para mandar y ser libres, pero ambas se constituyeron, no con brillantes formas de libertad, sino con establecimientos sólidos. Así, pues, os recomiendo, Representantes, el estudio de la constitución británica, que es la que parece destinada a operar el mayor bien posible a los pueblos que la adoptan; pero por perfecta que sea, estoy muy lejos de proponeros su imitación servil. Cuando hablo del gobierno británico, solo me refiero a lo que tiene de republicano, y a la verdad ¿puede llamarse monarquía un sistema en el cual se reconoce la soberanía popular, la división y el equilibrio de los poderes, la libertad civil, de conciencia, de imprenta, y cuanto es sublime en la política? ¿Puede haber más libertad en ninguna especie de república? ¿Y puede pretenderse más en el orden social? Yo os recomiendo esta constitución como la más digna de servir de modelo a cuantos aspiran al goce de los derechos del hombre y a toda la felicidad política que es compatible con nuestra frágil naturaleza.

En nada alteraríamos nuestras leyes fundamentales, si adoptásemos un poder legislativo semejante al Parlamento Británico. Hemos dividido, como los americanos, la representación nacional en dos Cámaras: la de Representantes y el Senado. La primera está compuesta muy sabiamente, goza de todas las atribuciones que le corresponden, y no es susceptible de una reforma esencial, porque la constitución le ha dado el origen, la forma, y las facultades que requiere la voluntad del pueblo para ser legítima y competentemente representada. Si el Senado, en lugar de ser electivo, fuese hereditario, sería en mi concepto la base, el lazo, el alma de nuestra república. Este cuerpo en las tempestades políticas pararía los rayos del gobierno, y rechazaría las olas populares. Adicto al gobierno, por el justo interés de su propia conservación, se opondría siempre a las invasiones que el pueblo intenta contra la jurisdicción y la autoridad de sus magistrados. Debemos confesarlo: los más de los hombres desconocen sus verdaderos intereses, y constantemente procuran asaltarlos en las manos de sus depositarios: el individuo pugna contra la masa, y la masa contra la autoridad. Por tanto es preciso que en todos los gobiernos exista un cuerpo neutro que se ponga siempre de parte del ofendido y desarme al ofensor. Este cuerpo neutro, para que pueda ser tal, no ha de deber su origen a la elección del gobierno, ni a la del pueblo, de modo que goce de una plenitud de independencia, que ni tema, ni espere nada de estas dos fuentes de autoridad. El Senado hereditario, como parte del pueblo, participa de sus intereses, de sus sentimientos y de su espíritu. Por esta causa no se debe presumir que un Senado hereditario se desprenda de los intereses populares, ni olvide sus deberes legislativos. Los senadores en Roma y los Lores en

Londres han sido las columnas más firmes sobre que se ha fundado el edificio de la libertad política y civil.

Estos senadores serán elegidos, la primera vez por el Congreso. Los sucesores al Senado llaman la primera atención del gobierno, que debería educarlos en un colegio especialmente destinado para instruir aquellos tutores, legisladores futuros de la Patria. Aprenderían las artes, las ciencias, y las letras que adornan el espíritu de un hombre público: desde su infancia ellos sabrían a qué carrera la Providencia los destinaba, y desde muy tiernos elevarían su alma a la dignidad que los espera.

De ningún modo sería una violación de la igualdad política la creación de un senado hereditario; no es una nobleza la que pretendo establecer, porque como ha dicho un célebre republicano, sería destruir a la vez la igualdad y la libertad. Es un oficio para el cual se deben preparar los candidatos, y es un oficio que exige mucho saber y los medios proporcionados para adquirir su instrucción. Todo no se debe dejar al acaso y a la ventura en las elecciones: el pueblo se engaña más fácilmente que la naturaleza perfeccionada por el arte; y aunque es verdad que estos senadores no saldrían del seno de las virtudes, también es verdad que saldrían del seno de una educación ilustrada. Por otra parte, los libertadores de Venezuela son acreedores a ocupar siempre un alto rango en la república que les debe su existencia. Creo que la posteridad verla con sentimiento anonadados los nombres ilustres de sus primeros bienhechores; digo más, es del interés público, es de la gratitud de Venezuela, es del honor nacional, conservar con gloria hasta la última posteridad, una raza de hombres virtuosos, prudentes, y esforzados, que superando todos los obstáculos, han fundado la república, a costa de los más heroicos sacrificios. Y si el pueblo de Venezuela no aplaude la elevación de sus bienhechores, es indigno de ser libre y no lo será jamás.

Un Senado hereditario, repito, será la base fundamental del Poder Legislativo, y por consiguiente, será la base de todo Gobierno. Igualmente servirá de contrapeso para el gobierno y para el pueblo: será una potestad intermedia que embote los tiros que recíprocamente se lanzan estos eternos rivales. En todas las luchas, la calma de un tercero, viene a ser el órgano de la reconciliación: así el Senado de Venezuela será la traba de este edificio delicado y harto susceptible de impresiones violentas, será el iris que calmará las tempestades y mantendrá la armonía entre los miembros y la cabeza de este cuerpo político.

Ningún estímulo podrá adulterar un cuerpo legislativo investido de los primeros honores, dependiente de sí mismo sin temer nada del pueblo, ni esperar nada del gobierno; que no tiene otro objeto que el de reprimir todo principio de mal, y propagar todo principio de bien; y que está altamente interesado en la existencia de una sociedad en la cual participa de sus efectos funestos o favorables. Se ha dicho con demasiada razón que la Cámara alta de Inglaterra, es preciosa para la nación, porque ofrece un baluarte a la libertad, y yo añado que el Senado de Venezuela, no solo sería un baluarte de la libertad, sino un apoyo para eternizar la república.

El Poder Ejecutivo británico está revestido de toda la autoridad soberana que le pertenece, pero también está circunvalado de una triple línea de diques, barreras y estacadas. Es jefe del gobierno, pero sus ministros y subalternos dependen más de las leyes que de su autoridad, porque son personalmente responsables, y ni aun las mismas órdenes de la autoridad real los eximen de esta responsabilidad. Es generalísimo del ejército y de la marina; hace la paz y declara la guerra; pero el Parlamento es el que decreta anualmente las sumas con que deben pagarse estas fuerzas militares. Si los tribunales y jueces dependen de él, las leyes emanan del Parlamento que las ha consagrado. Con el objeto de neutralizar su poder, es inviolable y sagrada la persona del rey: al mismo tiempo que le dejan libre la cabeza, le ligan las manos con que debe obrar. El soberano de Inglaterra tiene tres formidables rivales: su Gabinete que debe responder al pueblo y al Parlamento; el Senado que defiende los intereses del pueblo como representante de la nobleza de que se compone; y la Cámara de los Comunes que sirve de órgano y de tribuna al pueblo británico. Además, como los jueces son responsables del cumplimiento de las leyes, no se separan de ellas, y los administradores del erario, siendo perseguidos, no solamente por sus propias infracciones, sino aun por las que hace el mismo gobierno, se guardan bien de malversar los fondos públicos. Por más que se examine la naturaleza del Poder Ejecutivo en Inglaterra, no se puede hallar nada que no incline a juzgar que es el más perfecto modelo, sea para un reino, sea para una aristocracia, sea para una democracia. Aplíquese a Venezuela este Poder Ejecutivo en la persona de un Presidente nombrado por el pueblo o por sus representantes, y habremos dado un gran paso hacia la felicidad nacional.

Cualquiera que sea el ciudadano que llene estas funciones, se encontrará auxiliado por la Constitución: autorizado para hacer bien, no podrá hacer mal, porque siempre que se someta a las leyes, sus ministros cooperarán con él; si por el contrario, pretende infringirlas, sus propios ministros lo dejarán aislado en medio de la república, y aun lo acusarán delante del Senado. Siendo los ministros los responsables de las transgresiones que se cometan, ellos son los que gobiernan, porque ellos son los que las pagan. No es la menor ventaja de este sistema la obligación en que pone a los funcionarios inmediatos al Poder Ejecutivo de tomar la parte más interesada y activa en las deliberaciones del gobierno, y a mirar como propio este departamento. Puede suceder que no sea el Presidente un hombre de grandes talentos ni de grandes virtudes, y no obstante la carencia de estas cualidades esenciales, el Presidente desempeñará sus deberes de un modo satisfactorio, pues en tales casos, el Ministerio haciendo todo por sí mismo, lleva la carga del Estado.

Por exorbitante que parezca la autoridad del Poder Ejecutivo de Inglaterra, quizás no es excesiva en la República de Venezuela. Aquí el Congreso ha ligado las manos y hasta la cabeza a los magistrados. Este Cuerpo deliberante ha asumido una parte de las funciones ejecutivas, contra la máxima de Montesquieu, que dice, que un cuerpo representante no debe tomar ninguna resolución activa: debe hacer leyes, y ver si se ejecutan las que hace. Nada es tan contrario a la armonía entre los poderes, como su mezcla. Nada es tan peligroso con respecto al pueblo, como la debilidad del Ejecutivo; y sien un ratio, se ha juzgado necesario concederle tantas facultades, en una república son éstas infinitamente más indispensables.

Fijemos nuestra atención sobre esta diferencia, y hallaremos que el equilibrio de los poderes debe distribuirse de dos modos. En las repúblicas el Ejecutivo debe ser el más fuerte, porque todo conspira contra él, en tanto que en las monarquías el más fuerte debe ser el Legislativo, porque todo conspira en favor del monarca. La veneración que profesan los pueblos a la magistratura real es un prestigio que influye poderosamente a aumentar el respeto supersticioso que se tributa a esta autoridad. El esplendor del trono, de la corona, de la púrpura, el apoyo formidable que le presta la nobleza, las inmensas riquezas que generaciones enteras acumulan en una misma dinastía, la protección fraternal que recíprocamente reciben todos los reyes, son ventajas muy considerables que militan en favor de la autoridad real, y la hacen casi ilimitada. Estas mismas ventajas son, por consiguiente, las que deben confirmar la necesidad de atribuir a un magistrado republicano, una suma mayor de autoridad que la que posee un príncipe constitucional.

Un magistrado republicano es un individuo aislado en medio de una sociedad, encargado de contener el ímpetu del pueblo hacia la licencia, la propensión de los jueces y administradores hacia el abuso de las leyes. Está sujeto inmediatamente al Cuerpo Legislativo, al Senado, al pueblo: es un hombre solo resistiendo el ataque combinado de las opiniones, de los intereses, y de las pasiones del estado social, que como dice Carnot, no hace más que luchar continuamente entre el deseo de dominar, y el deseo de sustraerse a la dominación. Es, en fin, un atleta lanzado contra otra multitud de atletas.

Solo puede servir de correctivo a esta debilidad, el vigor bien cimentado y más bien proporcionado a la resistencia que necesariamente le oponen al Poder Ejecutivo, el Legislativo, el Judiciario y el pueblo de una república. Si no se ponen al alcance del Ejecutivo todos los medios que una justa atribución les señala, cae inevitablemente en la nulidad o en su propio abuso, quiero decir, en la muerte del gobierno, cuyos herederos son la anarquía, la usurpación y la tiranía. Se quiere contener la autoridad ejecutiva con restricciones y trabas, nada es más justo, pero que se advierta que los lazos que pretenden conservar, se fortifiquen, sí, mas no se estrechan.

Que se fortifique, pues, todo el sistema del gobierno, y que el equilibrio se establezca de modo que no se pierda, y de modo que no sea su propia delicadeza una causa de decadencia. Por lo mismo que ninguna forma de gobierno es tan débil como la democrática, su estructura debe ser de la mayor solidez, y sus instituciones consultarse para la estabilidad. Si no es así, contemos con que se establece un ensayo de gobierno, y no un sistema permanente: contemos con una sociedad díscola, tumultuaria y anárquica, y no con un establecimiento social donde tengan su imperio la felicidad, la paz y la justicia.

No seamos presuntuosos, Legisladores; seamos moderados en nuestras pretensiones. No es probable conseguir lo que no ha logrado el género humano: lo que no han alcanzado las más grandes y sabias naciones. La libertad indefinida, la democracia absoluta, son los escollos adonde han ido a estrellarse todas las esperanzas republicanas. Echad una mirada sobre las repúblicas antiguas, sobre las repúblicas modernas, sobre las repúblicas nacientes, casi todas han pretendido establecerse absolutamente democráticas, y a casi todas se les han frustrado sus justas aspiraciones. Son laudables, ciertamente, los hombres que anhelan por instituciones legítimas y por una perfección social; pero ¿quién ha dicho a los hombres que ya poseen toda la sabiduría, que ya practican toda la virtud, que exigen imperiosamente la liga del poder con la justicia? Ángeles, no hombres, pueden únicamente existir libres, tranquilos y dichosos, ejerciendo todos la potestad soberana.

Ya disfruta el pueblo de Venezuela de los derechos que legítima y fácilmente puede gozar; moderemos ahora el ímpetu de las pretensiones excesivas que quizás le suscitaría la forma de un gobierno incompetente para él: abandonemos las formas federales que no nos convienen, abandonemos el triunvirato del Poder Ejecutivo, y concentrándolo en un Presidente, confiémosle la autoridad suficiente para que logre mantenerse luchando contra los inconvenientes anexos a nuestra reciente situación, al estado de guerra que sufrimos y a la especie de los enemigos externos y domésticos, contra quienes tendremos largo tiempo que combatir. Que el Poder Legislativo se desprenda de las atribuciones que corresponden al Ejecutivo y adquiera, no obstante, nueva consistencia, nueva influencia en el equilibrio de las autoridades. Que los tribunales sean reforzados por la estabilidad y la independencia de los jueces, por el establecimiento de jurados, de códigos civiles y criminales que no sean dictados por la antigüedad, ni por reyes conquistadores, sino por la voz de la naturaleza, por el grito de la justicia y por el genio de la sabiduría.

Mi deseo es que todas las partes del gobierno y administración, adquieran el grado de vigor que únicamente puede mantener el equilibrio, no solo entre los miembros que componen el gobierno, sino entre las diferentes fracciones de que se compone nuestra sociedad. Nada importaría que los resortes de un sistema político se relajasen por su debilidad, si esta relajación no arrastrase consigo la disolución del cuerpo social y la ruina de los asociados. Los gritos del género humano en los campos de batalla, o en los cuerpos tumultuarios, claman al cielo contra los inconsiderados y ciegos legisladores que han pensado que se pueden hacer impunemente ensayos de quiméricas instituciones. Todos los pueblos del mundo han pretendido la libertad, los unos por las armas, los otros por las leyes, pasando alternativamente de la anarquía al despotismo, o del despotismo a la anarquía: muy pocos son los que se han contentado con pretensiones moderadas, constituyéndose de un modo conforme a sus medios, a su espíritu y a sus circunstancias. No aspiremos a lo imposible, no sea que por elevarnos sobre la región de la libertad, descendamos a la región de la tiranía. De la libertad absoluta se desciende siempre al poder absoluto, y el medio entre estos dos términos es la suprema libertad social. Teorías abstractas son las que producen las perniciosa idea de una libertad ilimitada. Hagamos que la fuerza pública se contenga en los límites que la: razón y el interés prescriben; que la voluntad nacional se contenga en los límites que un justo poder le señala; que una legislación civil y criminal, análoga a nuestra actual constitución, domine imperiosamente sobre el poder judiciario, y entonces habrá un equilibrio, y no habrá el choque que embaraza la marcha del Estado, y no habrá esa complicación que traba, en vez de ligar la sociedad.

Para formar un gobierno estable se requiere la base de un espíritu nacional que tenga por objeto una inclinación uniforme hacia dos puntos capitales: moderar la voluntad general y limitar la autoridad pública. Los términos que fijan teóricamente estos dos puntos, son de una difícil asignación; pero se puede concebir que la regla que debe dirigirlos es la restricción y la concentración recíproca, a fin de que haya la menos frotación posible entre la voluntad y el poder legítimo. Esta ciencia se adquiere insensiblemente por la práctica y por el estudio. El progreso de las luces es el que ensancha el progreso de la práctica, y la rectitud del espíritu es la que ensancha el progreso de las luces.

El amor a la patria, el amor a las leyes, el amor a los magistrados, son las nobles pasiones que deben absorber exclusivamente el alma de un republicano. Los venezolanos aman la patria, pero no aman sus leyes, porque éstas han sido nocivas y eran la fuente del mal; tampoco han podido amar a sus magistrados, porque eran inicuos, y los nuevos apenas son conocidos en la carrera en que han entrado. Si no hay un respeto sagrado por la patria, por las leyes y por las autoridades, la sociedad es una confusión, un abismo: es un conflicto singular de hombre a hombre, de cuerpo a cuerpo.

Para sacar de este caos nuestra naciente república, todas nuestras facultades morales no serán bastantes, si no fundimos la masa del pueblo en un todo, la composición del gobierno en un todo, la legislación en un todo, y el espíritu nacional en un todo. Unidad, unidad, unidad, debe ser nuestra divisa. La sangre de nuestros ciudadanos es diferente: mezclémosla para unirla; nuestra Constitución ha dividido los poderes: enlazémoslos para unirlos; nuestras leyes son funestas reliquias de todos los despotismos antiguos y modernos: que este edificio monstruoso se derribe, caiga, y apartando hasta sus ruinas, elevemos un templo a la justicia, y bajo los auspicios de su santa inspiración, dictemos un código de leyes venezolanas. Si queremos consultar monumentos y modelos de legislación, la Gran Bretaña, la Francia, la América Septentrional los ofrecen admirables.

La educación popular debe ser el cuidado primogénito del amor paternal del Congreso. Moral y luces son los polos de una república, moral y luces son nuestras primeras necesidades. Tomemos de Atenas su areópago, y los guardianes de las costumbres y de las leyes; tomemos de Roma sus censores y sus tribunales domésticos; y haciendo una santa alianza de estas instituciones morales, renovemos en el mundo la idea de un pueblo que no se contenta con ser libre y fuerte, sino que quiere ser virtuoso. Tomemos de Esparta sus austeros establecimientos, y formando de estos tres manantiales una fuente de virtud, demos a nuestra república una cuarta potestad cuyo dominio sea la infancia y el corazón de los hombres, el espíritu público, las buenas costumbres y la moral republicana. Constituyamos este areópago para que vele sobre la educación de los niños, sobre la instrucción nacional; para que purifique lo que se haya corrompido en la república, que acuse la ingratitud, el egoísmo, la frialdad del amor a la patria, el ocio, la negligencia de los ciudadanos: que juzgue de los principios de corrupción, de los ejemplos perniciosos, debiendo corregir las costumbres con penas morales, como las leyes castigan los delitos con penas aflictivas, y no solamente lo que choca contra ellas, sino lo que las burla; no solamente lo que las ataca, sino lo que las debilita; no solamente lo que viola la Constitución, sino lo que viola el respeto público. La jurisdicción de este tribunal, verdaderamente santo, deberá ser efectiva con respecto a la educación y a la instrucción, y de opinión solamente en las penas y castigos. Pero sus anales o registros donde se consignan sus actas y deliberaciones, los principios morales y las acciones de los ciudadanos, serán los libros de la virtud y del vicio. Libros que consultará el pueblo para sus elecciones, los magistrados para sus resoluciones, y los jueces para sus juicios. Una institución semejante por más que parezca quimérica, es infinitamente más realizable que otras que algunos legisladores antiguos y modernos han establecido con menos utilidad del género humano.

¡Legisladores! Por el proyecto de Constitución que reverentemente someto a vuestra sabiduría, observaréis el espíritu que lo ha dictado. Al proponeros la división de los ciudadanos en activos y pasivos, he pretendido excitar la prosperidad nacional por las dos más grandes palancas de la industria: el trabajo y el saber. Estimulando estos dos poderosos resortes de la sociedad, se alcanza lo más difícil entre los hombres: hacerlos honrados y felices. Poniendo restricciones justas y prudentes en las asambleas primarias y electorales, ponemos el primer dique a la licencia popular, evitando la concurrencia tumultuaria y ciega que en todos tiempos ha imprimido el desacierto en las elecciones, y ha ligado por consiguiente, el desacierto a los magistrados y a la marcha del gobierno; pues este acto primordial es el acto generativo de la libertad, o de la esclavitud de un pueblo.

Aumentando en la balanza de los poderes el peso del Congreso por el número de los legisladores, y por la naturaleza del Senado, he procurado darle una base fija a este primer cuerpo de la nación, y revestirlo de una consideración importantísima por el éxito de sus funciones soberanas.

Separando con límites bien señalados la jurisdicción ejecutiva de la jurisdicción legislativa, no me he propuesto dividir, sino enlazar con los vínculos de la armonía que nace de la independencia, estas potestades supremas, cuyo choque prolongado jamás ha dejado de aterrar a uno de los contendientes. Cuando deseo atribuir al Ejecutivo una suma de facultades superior a la que antes gozaba, no he deseado autorizar a un déspota para que tiranice la República, sino impedir que el despotismo deliberante no sea la causa inmediata de un círculo de vicisitudes despóticas en que alternativamente la anarquía sea reemplazada por la oligarquía y por la monocracia. Al pedir la estabilidad de los jueces, la creación ele jurados, y un nuevo código, he pedido al Congreso la garantía de la libertad civil, la más preciosa, la más justa, la más necesaria, en una palabra, la única libertad, pues que sin ella las demás son nulas. He pedido la corrección de los más lamentables abusos que sufre nuestra judicatura, por su origen vicioso de este piélago de legislación española, que semejante al tiempo, recoge de todas las edades y de todos los hombres, así las obras de la demencia como las del talento, así las producciones sensatas como las extravagantes, así los monumentos del ingenio como los del capricho. Esta enciclopedia judiciaria, monstruo de diez mil cabezas, que hasta ahora ha sido el azote de los pueblos españoles, es el suplicio más refinado que la cólera del cielo ha permitido descargar sobre este desdichado imperio.

Meditando sobre el modo efectivo de regenerar el carácter y las costumbres que la tiranía y la guerra nos han dado, me he sentido la audacia de inventar un Poder Moral, sacado del fondo de la oscura antigüedad y de aquellas olvidadas leyes que mantuvieron, algún tiempo, la virtud entre los griegos y romanos. Bien puede ser tenido por un cándido delirio, mas no es imposible, y yo me lisonjeo que no desdeñaréis enteramente un pensamiento que, mejorado por la experiencia y las luces, puede llegar a ser muy eficaz.

Horrorizado de la divergencia que ha reinado y debe reinar entre nosotros por el espíritu sutil que caracteriza al gobierno federativo, he sido arrastrado a rogaros para que adoptéis el centralismo y la reunión de todos los Estados de Venezuela en una República sola e indivisible. Esta medida, en mi opinión, urgente, vital, redentora, es de tal naturaleza que, sin ella, el fruto de nuestra regeneración será la muerte.

Mi deber es, Legisladores, presentaros un cuadro prolijo y fiel de mi administración política, civil y militar; mas sería cansar demasiado vuestra importante atención, y privaros en este momento de un tiempo tan precioso como urgente. En consecuencia, los Secretarios de Estado darán cuenta al Congreso de sus diferentes Departamentos, exhibiendo al mismo tiempo los documentos y archivos que servirán de ilustración para tomar un exacto conocimiento del estado real y positivo de la República.

Yo no os hablaría de los actos más notables de mi mando, si estos no incumbiesen a la mayoría de los venezolanos. Se trata, Señor, de las resoluciones más importantes de este último período. La atroz e impía esclavitud cubría con su negro manto la tierra de Venezuela, y nuestro cielo se hallaba recargado de tempestuosas nubes que amenazaban un diluvio de fuego. Yo imploré la protección del Dios de la humanidad, y luego la redención disipó las tempestades. La esclavitud rompió sus grillos, y Venezuela se ha visto rodeada de nuevos hijos, de hijos agradecidos que han convertido los instrumentos de su cautiverio en armas de libertad. Sí, los que antes eran esclavos, ya son libres: los que antes eran enemigos de una madrastra, ya son defensores de una patria. Encareceros la justicia, la necesidad, y la beneficencia de esta medida, es superfluo, cuando vosotros sabéis la historia de los ilotas, de Espartaco y de Haití: cuando vosotros sabéis que no se puede ser libre y esclavo a la vez, sino violando a la vez las leyes naturales, las leyes políticas y las leyes civiles. Yo abandono a vuestra soberana decisión la reforma o la revocación de todos mis estatutos y decretos; pero yo imploro la confirmación de la libertad absoluta de los esclavos, como imploraría mi vida y la vida de la República.

Representaros la historia militar de Venezuela, sería recordaros la historia del heroísmo republicano entre los antiguos: sería deciros que Venezuela ha entrado en el gran cuadro de los sacrificios hechos sobre el altar de la libertad. Nada ha podido llenar los nobles pechos de nuestros generosos guerreros, sino los honores sublimes que se tributan a los bienhechores del género humano. No combatiendo por el poder, ni por la fortuna, ni aun por la gloria, sino tan solo por la libertad, títulos de Libertadores de la República son sus dignos galardones. Yo, pues, fundando una sociedad sagrada con estos ínclitos varones, he instituido la Orden de los Libertadores de Venezuela. ¡Legisladores! A vosotros pertenecen las facultades de conceder honores y condecoraciones; vuestro es el deber de ejercer este acto augusto de la gratitud nacional.

Hombres que se han desprendido de todos los goces, de todos los bienes que antes poseían, como el producto de su virtud y talentos; hombres que han experimentado cuanto es cruel en una guerra horrorosa, padeciendo las privaciones más dolorosas y los tormentos más acerbos; hombres tan beneméritos de la patria han debido llamar la atención del gobierno: en consecuencia, he mandado recompensarlos con los bienes de la nación. Si he contraído para con el pueblo alguna especie de mérito, pido a sus representantes oigan mi súplica como el premio de mis débiles servicios. Que el Congreso ordene la distribución de los Bienes Nacionales, conforme a la ley que a nombre de la República he decretado a beneficio de los militares venezolanos.

Ya que por infinitos triunfos hemos logrado anonadar las huestes españolas, desesperada la corte de Madrid ha pretendido sorprender vanamente la conciencia de los magnánimos soberanos que acaban de extirpar la usurpación y la tiranía en Europa, y deben ser los protectores de la legitimidad y de la justicia de la causa americana. Incapaz de alcanzar con sus armas nuestra sumisión, recurre la España a su política insidiosa: no pudiendo vencernos ha querido emplear sus artes suspicaces. Fernando se ha humillado hasta confesar que ha menester de la protección extranjera para retomarnos a su ignominioso yugo, ¡a un yugo que todo poder es nulo para imponerlo! Convencida Venezuela de poseer la fuerza suficiente para repeler a sus opresores, ha pronunciado por el órgano del gobierno su última voluntad de combatir hasta expirar, por defender su vida política, no solo contra la España, sino contra todos los hombres, si todos los hombres se hubiesen degradado tanto que abrazasen la defensa de un gobierno devorador, cuyos únicos móviles son una espada exterminadora y las llamas de la Inquisición. Un gobierno que ya no quiere dominios, sino desiertos; ciudades, sino ruinas; vasallos, sino tumbas. La Declaración de la República de Venezuela es el Acta más gloriosa, más heroica, más digna de un pueblo libre; es la que con mayor satisfacción tengo el honor de ofrecer al Congreso, ya sancionada por la expresión unánime del pueblo libre de Venezuela.

Desde la segunda época de la República, nuestro ejército carecía de elementos militares; siempre ha estado desarmado; siempre le han faltado municiones; siempre ha estado mal equipado. Ahora los soldados defensores de la independencia, no solamente están armados de la justicia, sino también de la fuerza. Nuestras tropas pueden medirse con las más selectas de Europa, ya que no hay desigualdad en los medios destructores. Tan grandes ventajas las debemos a la liberalidad sin límites de algunos generosos extranjeros que han visto gemir la humanidad y sucumbir la causa de la razón, y no la han visto como tranquilos espectadores, sino que han volado con sus protectores auxilios y han prestado a la República cuanto ella necesitaba para hacer triunfar sus principios filantrópicos. Estos amigos de la humanidad son los genios custodios de la América, y a ellos somos deudores de un eterno reconocimiento, como igualmente de un cumplimiento religioso a las sagradas obligaciones que con ellos hemos contraído. La deuda nacional, Legisladores, es el depósito de la fe, del honor y de la gratitud de Venezuela. Respetadla como el arca santa, que encierra no tanto los derechos de nuestros bienhechores, cuanto la gloria de nuestra fidelidad. Perezcamos primero que quebrantar un empeño que ha salvado la patria y la vida de sus hijos.

La reunión de la Nueva Granada y Venezuela en un Grande Estado, ha sido el voto uniforme de los pueblos y gobierno de estas repúblicas. La suerte de la guerra ha verificado este enlace tan anhelado por todos los colombianos: de hecho estamos incorporados. Estos pueblos hermanos ya os han confiado sus intereses, sus derechos, sus destinos. Al contemplar la reunión de esta inmensa comarca, mi alma se remonta a la eminencia que exige la perspectiva colosal, que ofrece un cuadro tan asombroso. Volando por entre las próximas edades, mi imaginación se fija en los siglos futuros, y observando desde allá, con admiración y pasmo, la prosperidad, el esplendor, la vida que ha recibido esta vasta región, me siento arrebatado y me parece que ya la veo en el corazón del universo, extendiéndose sobre sus dilatadas costas entre esos océanos que la naturaleza había separado y que nuestra patria reúne con prolongados y anchurosos canales. Ya la veo servir de lazo, de centro, de emporio a la familia humana. Ya la veo enviando a todos los recintos de la tierra los tesoros que abrigan sus montañas de plata y de oro. Ya la veo distribuyendo por sus divinas plantas la salud y la vida a los hombres dolientes del antiguo universo. Ya la veo comunicando sus preciosos secretos a los sabios que ignoran cuán superior es la suma de las luces a la suma de las riquezas, que le ha prodigado la naturaleza. Ya la veo sentada sobre el trono de la libertad empuñando el cetro de la justicia, coronada por la gloria, mostrar al mundo antiguo la majestad del mundo moderno.

Dignaos, Legisladores, acoger con indulgencia la profesión de mi conciencia política, los últimos votos de mi corazón y los ruegos fervorosos que a nombre del pueblo me atrevo a dirigiros. Dignaos concederle a Venezuela un gobierno eminentemente popular, eminentemente justo, eminentemente moral, que encadene la opresión, la anarquía y la culpa. Un gobierno que haga reinar la inocencia, la humanidad y la paz. Un gobierno que haga triunfar bajo el imperio de leyes inexorables, la igualdad y la libertad.

Señor: empezad vuestras funciones: yo he terminado las mías.

13. Simón Bolívar. Carta a Guillermo White, en 1820 sobre la situación política del país[64]

San Cristóbal, mayo 26 de 1820.
(Al señor don Guillermo White).

Mi querido amigo: Aprovecho la oportunidad de dirigir a usted mi discurso al congreso, reimpreso en Bogotá, para que lo mire con más indulgencia que antes.

Me parece que usted me criticó la creación de un senado hereditario, y la educación de los senadores futuros. Lo primero está de acuerdo con la práctica de todas las repúblicas democráticas y lo segundo, me parece que no está de acuerdo con la razón. La educación forma al hombre moral, y para formar un legislador se necesita ciertamente educarlo en una escuela de moral, de justicia y de leyes. Usted me cita la Inglaterra, como un ejemplo contrario a mi establecimiento, pero ¿en Inglaterra no se deja de hacer mucho bueno? En cuanto a mi senado diré que no es una aristocracia, ni una nobleza, constituidas, la primera sobre el derecho de mandar la República, y la segunda sobre privilegios ofensivos. El oficio de mi senado es temperar la democracia absoluta; es mezclar la forma de un gobierno absoluto, con una institución moderada; porque ya es un principio recibido en la

64 Fechada en San Cristóbal, a 26 de mayo de 1820, y dirigida a William White, comerciante británico que había vivido muchos años en Venezuela y se hallaba entonces establecido en la Isla de Trinidad. White, amigo de Bolívar, a quien había tratado con cierta intimidad en Caracas, era fervoroso propagandista de la causa venezolana entre sus compatriotas. El original de esta carta se conserva en la Biblioteca de la Universidad de Yale (Estados Unidos). Tomamos el texto de: Fundación John Boulton, ed., *Cartas del Libertador*, tomo XII (Continúa la colección de Vicente Lecuna), Caracas, 1959. (N. de P. G.)

política, que tan tirano es el gobierno democrático absoluto, como un déspota; así solo un gobierno temperado puede ser libre. ¿Cómo quiere usted que yo tempere esta democracia, sino con una institución aristocrática? Ya que no podemos mezclar la forma monárquica con la popular, que hemos adoptado, debemos por lo menos hacer que haya en la república un cuerpo inalterable que le asegure su estabilidad; pues sin estabilidad todo principio político se corrompe y termina siempre por destruirse.

Tenga usted la bondad de leer con atención mi discurso, sin atender a sus partes, sino al todo de él. Su conjunto prueba que yo tengo muy poca confianza en la moral de nuestros ciudadanos, ya que sin moral republicana no puede haber gobierno libre. Para afirmar esta moral, he inventado un cuarto poder, que críe los hombres en la virtud y los mantenga en ella. También este poder le parecerá a usted defectuoso. Mas, amigo, si usted quiere República de Colombia, es preciso que quiera también que haya virtud política. Los establecimientos de los antiguos nos prueban que los hombres pueden ser regidos por los preceptos más severos.

Todo el cuerpo de la historia manifiesta que los hombres se someten a cuanto un hábil legislador pretende de ellos, y a cuanto una fuerte magistratura les aplica. Dracón dio leyes de sangre a Atenas, y Atenas las sufrió, y aun observó hasta que Solón quiso reformarlas. Licurgo estatuyó en Esparta lo que Platón no se habría atrevido a soñar en su República si no hubiese tenido por modelo al legislador de Esparta. ¡A qué no se han sometido los hombres y a qué no están sometidos aún! si hay alguna violencia justa, es aquella que se emplea en hacer a los hombres buenos y por consiguiente, felices; y no hay libertad legítima sino cuando ésta se dirige a honrar la humanidad, y a perfeccionarle su suerte. Todo lo demás es de pura ilusión, y quizá de una ilusión perniciosa. Perdone usted, amigo, esta larga digresión sobre mi discurso, pues usted bien la merecía hace mucho tiempo, y yo se la había ahorrado, más bien por desidia que por buena voluntad.

Las cosas internas y externas van, como usted sabrá, a medida de nuestro deseo. Las primeras están en un pie admirable; puedo asegurar a usted que por el sistema prudente que he adoptado, difícilmente lograrán suceso contra nosotros los enemigos. Solo Morillo es fuerte, y a ése lo tengo en inacción por mis maniobras, mientras que le tomo todas las provincias de la antigua Nueva Granada y Quito. En este año doy a usted libre toda Colombia, si una burla de la suerte no hace fallar mis empresas. Dos ejércitos tengo ofensivos; el primero marcha a Quito, y el segundo está invadiendo a la vez las provincias de Cartagena, Santa Marta y Maracaibo. En este invierno logramos la posesión de estas provincias, y en el verano envuelvo a Morillo con tropas inmensas. A mis órdenes inmediatas tengo cuatro mil veteranos y otros tantos bisoños. Si Morillo me busca, me encuentra, y lo destruyo; y si me espera, es inevitable su ruina. En estas cuatro palabras ya he dicho a usted todo. Escriba usted a Inglaterra sobre esto largamente y también mande usted mi discurso a hombres que lo entiendan, haciendo las observaciones necesarias, para que noten la diferencia de la traducción al original. Mr. Hamilton me habrá adornado: yo habría querido ser menos hermoso, pero más genuino; querría mi discurso y no el suyo.

De los negocios de España estoy muy contento, porque nuestra causa se decidió en el tribunal de Quiroga. Nos mandaban diez mil enemigos, y ellos por una filantropía muy natural, no quisieron hacer la guerra a muerte, sino la guerra de la vida; pues bien sabían que por allá se podían salvar y por acá no ¡Qué dicha, no venir y quedarse diez mil hombres que eran enemigos y son ya los mejores amigos!!! Golpe de fortuna loca. Aunque triunfe Fernando ya no puede mandar otra expedición, sabiendo ya los expedicionarios cómo se han de quedar. Además, mucho debe haberse reprobado, aun por los mismos serviles, el empeño de mandar a América ejércitos forzados. La opinión de las tropas se habrá ilustrado infinito por la seducción de los liberales. La Francia misma, quiero decir, sus Barbones, habrán temblado por la revolución de España, y habrán condenado la conducta de Fernando en esta parte, que tanto los compromete a ellos mismos. Digo otro tanto de la Inglaterra, que tiene razones más eficaces: ella teme la revolución de Europa, ella desea la revolución de América; una le da cuidados infinitos, y la otra le proporciona recursos inagotables. La América del Norte, siguiendo su conducta aritmética de negocios, aprovechará la ocasión de hacerse de las Floridas, de nuestra amistad y de un grande dominio de comercio. Es una verdadera conspiración de la España, de la Europa, y de la América, contra Fernando. Ella merece, mas ya no es glorioso pertenecer a una liga tan formidable contra un imbécil tirano. Yo que siempre he sido su enemigo, ya veo con desdén combatir contra un partido arruinado y expirante; fue sin duda muy digna de alabanza nuestra resistencia, cuando era singular: ahora se puede tener como alevosa. Tanto confío en nuestros medios y sucesos; y en los buenos servicios que siempre nos ha hecho, y nos hará, nuestro mejor amigo White.

Soy de usted con la mayor consideración su affmo, servidor y amigo.

BOLÍVAR

14. 1820. Simón Bolívar. Decreto sobre la libertad de los esclavos. Promulgado por el Congreso de Angostura República de Colombia[65]

El Soberano Congreso tomando en consideración las dos Proclamas en que el General Bolívar, entonces Jefe Supremo de la República de Venezuela, declaró la libertad de los Esclavos, primero con algunas modificaciones, y después entera y absoluta, ha reconocido con madura meditación y acuerdo, que esta medida, dictada por la justicia, y reclamada por la naturaleza, requiere para ejecutarse de un modo ventajoso a la Patria y a ellos mismos, diversas disposiciones preparatorias que en aquellas circunstancias era imposible tomar. Es preciso en el estado de ignorancia y degradación moral a que esta porción desgraciada de la humanidad se halla reducida, es preciso en tal estado hacer hombres antes de hacer Ciudadanos. Es igualmente necesario proporcionarles la subsistencia con la libertad, abriendo un vasto campo a su industria y actividad, para precaver los delitos y la corrupción, que siguen en todas partes a la miseria y a la ociosidad. El Congreso, considerando la libertad como la luz del alma, creyó también que debía dárselas por grados, como a los que recobran la vista corporal, que no se les expone de repente a todo el esplendor del día. La experiencia tiene acreditada la exactitud de esta comparación. Guiado por sus lecciones, el Congreso se proponía seguir la marcha siguiente:

65 Aprobado por el Congreso de Angostura el 11 de enero de 1820, y ratificado por el Vicepresidente de la República, Francisco Antonio Zea, el 22 del mismo mes y año, fue publicado en el *Correo del Orinoco*, n.° 51, Angostura 5 de febrero de 1820, de donde lo reproducimos. (N. de P. G.)

1.º Reconocer solemnemente como lo ha hecho en la Constitución el principio sagrado de que el hombre no puede ser la propiedad de otro hombre.

2.º Prefijar un término prudente dentro del cual quedase enteramente extinguida de hecho la esclavitud como queda abolida por derecho.

3.º Promover activamente la primera civilización de los Esclavos, por medio de diversas instituciones, enseñando a leer y escribir, a los niños, dando a todos en general alguna idea de los deberes sociales, inspirándoles amor al trabajo, y a las virtudes públicas; y haciendo depender de ellas mismas la más o menos pronta posesión de su libertad.

4.º Mantener en ella a los que ya la hubieren obtenido, y concederla sucesivamente a los que se presentaren a servir en la Milicia, supieren alguna arte u oficio, manifestaren alguna habilidad, o talento particular, o se distinguieren por su honradez, conducta y patriotismo.

5.º Poner desde luego término a la introducción de nuevos Esclavos.

6.º Formar un censo de los existentes en las Haciendas, y asignarles sobre sus productos cierta utilidad proporcional, comprometiéndose ellos a cultivarlas por cierto número de años; en cuyo caso se considerarán como sirvientes libres; pero adictos a aquella plantación o hato por el tiempo estipulado.

7.º Formar un fondo efectivo de indemnización en favor de los propietarios que no hubiesen perdido el derecho a ella, por haber tomado las armas contra su país, o por otra causa justa.

Como la ejecución de este plan exigía diversos establecimientos, instituciones, medios, y recursos; el Congreso se ocupaba de organizarlo todo; de modo que en el término preciso de cinco años se hubiera conseguido la extinción total de la esclavitud de toda Venezuela; cuando sucesos extraordinarios dieron una nueva existencia y forma colosal a la República. Era ya preciso trabajar sobre otras dimensiones, concebir otro plan más vasto, y recomenzar la obra con nuevos materiales, a tiempo en que precisamente debía poner término a sus tareas legislativas, dejando tan augustas funciones para la Representación Nacional de Colombia, que ha de reunirse a principios del año próximo, conforme a la Ley Fundamental.

Por todos estas consideraciones el Soberano Congreso, ha tenido a bien suspender hasta el año siguiente el plan que se proponía para la extinción absoluta de la esclavitud; y entretanto, ha venido en decretar y decreta lo siguiente:

Artículo 1.° La esclavitud queda abolida de derecho, y se verificará de hecho su total extinción dentro del término preciso, y por los medios prudentes, justos, y filantrópicos que el Congreso General tuviese a bien fijar en su próxima reunión.

2.° Entretanto las cosas quedarán en el estado mismo en que se hallan hoy día en cada uno de los tres Departamentos de la República, sin hacerse la menor novedad en Provincia, ni lugar alguno, permaneciendo en libertad los que la hayan obtenido, y aguardando a recibirla del Congreso General los que se encuentran en servidumbre.

3.° Sin embargo, los que fueren llamados a las armas por el Presidente de la República, o hicieren algún servicio distinguido, entrarán desde luego en posesión de su libertad, llevándose cuenta y razón para las indemnizaciones a que haya lugar.

4.° La introducción de Esclavos en el territorio de la República, ya sea para comercio, ya para establecimiento, queda prohibida bajo la multa de mil pesos por individuo.

5.º Haciendo la República profesión de respetar las Leyes, usos y costumbres de todas las Naciones, se declará [sic] que todo Esclavo fugitivo de país extranjero será puesto en prisión y restituido a su amo, castigando con la pena de pagar su estimación con los gastos y perjuicios a los que hayan favorecido su venida, y a los que los ocultaren y protegieren.

Tendrálo entendido el Supremo Poder Ejecutivo, y dispondrá lo necesario a su cumplimiento.

—Dado en el Palacio del Soberano Congreso.

—Capital de Guayana a 11 de enero de 1820. —10.º El Presidente del Congreso —Francisco Antonio Zea. —El Diputado Secretario —Diego de Vallenilla. —Palacio de Gobierno 22 de enero de 1820 —10.º El Vicepresidente de la República, ordena que la presente Ley, autorizada con el Sello del Estado, se ejecute, publique, y comunique a quienes corresponda. —Francisco Antonio Zea. —Por S. E. el Vicepresidente de la República. —El Ministro de Interior —Diego Bautista Urbaneja.

15. 1828. Simón Bolívar. Mensaje a la Convención de Ocaña[66]

A los representantes del pueblo en la Convención Nacional Conciudadanos: Os congratulo por la honra que habéis merecido de la nación, confiándoos sus altos destinos. Al representar la legitimidad de Colombia os halláis revestidos de

66 Con el objeto de resolver la crisis en que se debatía la Gran Colombia en 1826 y 1827, se reunió una Gran Convención Nacional, la cual abrió sus sesiones en la ciudad de Ocaña a comienzos de abril de 1828. Desde el 29 de febrero de ese año tenía preparado Bolívar el *Mensaje* que hizo presentar oportunamente ante la Gran Convención, pues él no fue a Ocaña. Ese *Mensaje* constituye una conmovedora radiografía de la situación de la República en aquellos tiempos calamitosos. (N. de P. G.)

los poderes más sublimes. También participo yo de la mayor ventura devolviéndoos la autoridad que se había depositado en mis cansadas manos; tocan a los queridos del pueblo las atribuciones soberanas, los derechos supremos, como delegados del omnipotente augusto de quien soy súbdito y soldado. ¿En qué potestad más eminente depondría yo el bastón de presidente y la espada de general? Disponed libremente de estos símbolos de mando y de gloria en beneficio de la causa popular, sin atender a consideraciones personales que os impidieran una reforma perfecta.

Constituido por mis deberes a manifestaros la situación de la república, tendré el dolor de ofreceros el cuadro de sus aflicciones. No juzguéis que los colores que empleo los ha encendido la exageración, ni que han salido de la tenebrosa mansión de los misterios: yo los he copiado a la luz del escándalo; su conjunto puede pareceros ideal; pero si lo fuera, ¿Colombia os llamara? Los quebrantos de la patria han empezado desde luego a remediarse, ya que congregados los escogidos se disponen a examinarlos. Vuestra empresa, en verdad, es tan difícil como gloriosa; y aunque algo se han disminuido los obstáculos con la fortuna de poderos presentar a Colombia unida y dócil a vuestra voz; he de deciros que no debemos esta inapreciable ventaja sino a las esperanzas libradas en la Convención, esperanzas que os muestran la confianza nacional y el peso que os abruma.

Os bastará recorrer nuestra historia para descubrir las causas de nuestra decadencia. Colombia, que supo darse vida, se halla exánime. Identificada antes con la causa pública, no estima ahora su deber como la única regla de salud. Los mismos que durante la lucha se contentaron con su pobreza, y que no adeudaban al extranjero tres millones, para mantener la paz han tenido que cargarse de deudas vergonzosas por sus consecuencias. Colombia, que al frente de las huestes opresoras, respiraba solo pundonor y virtud, padece como Insensible el descrédito nacional. Colombia, que no pensaba sino en sacrificios dolorosos, en servicios eminentes, se ocupa de sus derechos y no de sus deberes. Habría perecido la nación si un resto de espíritu público no la hubiese impelido a clamar el remedio y detenido al borde del sepulcro. Solamente un peligro horroroso nos haría intentar la alteración de las leyes fundamentales; solo este peligro se habría hecho superior a la pasión que profesábamos a instituciones propias y legítimas, cuyas bases nos habían procurado la deseada emancipación.

Nada añadiría a este funesto bosquejo, si el puesto que ocupo no me forzara a dar cuenta a la nación de los inconvenientes prácticos de sus leyes. Sé que no puedo hacerlo sin exponerme a siniestras interpretaciones, y que al través de mis palabras se leerán pensamientos ambiciosos; mas, yo que no he rehusado a Colombia consagrarle mi vida y mi reputación, me conceptúo obligado a este último sacrificio.

Debo decirlo: nuestro gobierno está esencialmente mal constituido. Sin considerar que acabamos de lanzar la coyunda, nos dejamos deslumbrar por aspiraciones superiores a las que la historia de todas las edades manifiesta incompatible con la humana naturaleza. Otras veces hemos equivocado los medios y atribuido el mal suceso a no habernos acercado bastante a la engañosa guía que nos extraviaba, desoyendo a los que pretendían seguir el orden de las cosas, y comparar entre sí las diversas partes de nuestra constitución, y toda ella, con nuestra educación, costumbres e inexperiencia para que no oos precipitáramos en un mar proceloso.

Nuestros diversos poderes no están distribuidos cual lo requiere la forma social y el bien de los ciudadanos. Hemos hecho del legislativo solo el cuerpo soberano, en lugar de que no debía ser más que un miembro de este soberano; le hemos sometido el ejecutivo, y dado mucha más parte en la administración general que la que el interés legítimo permite. Por colmo de desacierto se ha puesto toda la fuerza en la voluntad, y toda la flaqueza en el movimiento y la acción del cuerpo social.

El derecho de presentar proyectos de ley se ha dejado exclusivamente al legislativo, que por su naturaleza está lejos de conocer la realidad del gobierno y es puramente teórico.

El arbitrio de objetar las leyes concedido al ejecutivo, es tanto más ineficaz cuanto que se ofende la delicadeza del congreso con la contradicción. Este puede insistir victoriosamente, hasta con el voto de la quinta o con menos de la quinta parte de sus miembros; lo que no deja medio de eludir el mal.

Prohibida la libre entrada a los secretarios del despacho en nuestras cámaras, para explicar o dar cuenta de los motivos del gobierno, no queda ni este recurso que adoptar para esclarecer al legislativo en los casos de objetarse algún acuerdo. Mucho habría podido evitarse, requiriendo determinado lapso de tiempo, o un número proporcional de votos, considerablemente mayor que el que ahora se exige para insistir en las leyes objetadas por el ejecutivo.

Obsérvese que nuestro ya tan abultado código en vez de conducir a la felicidad ofrece obstáculos a sus progresos. Parecen nuestras leyes hechas al acaso: carecen de conjunto, de método, de clasificación y de idioma legal. Son opuestas entre sí, confusas, a veces innecesarias y aun; contrarias a sus fines. No falta ejemplo de haberse hecho indispensable contener con disposiciones rigurosas vicios destructores y que se generalizan: la ley, hecha al intento, ha resultado mucho menos adecuada que las antiguas, amparando los vicios que se procuraba evitar.

Por aproximarnos a lo perfecto, adoptamos por base de representación una escala que nuestra capacidad no admite todavía. Prodigándosele esta augusta función, se ha degradado y ha llegado a parecer, en algunas provincias, indiferente y hasta poco honroso representar al pueblo. De esto ha emanado en parte el descrédito en que han caído las leyes; y leyes despreciadas ¿qué felicidad producirán? El ejecutivo de Colombia no es el igual del legislativo; ni el jefe del judicial: viene a ser un brazo débil del poder supremo, de que no participa en la totalidad que le corresponde, porque el congreso se ingiere en sus funciones naturales sobre la administración judicial, eclesiástica y militar. El gobierno, que debería ser la fuente y el motor de la fuerza pública, tiene que buscarla fuera de sus propios recursos, y que apoyarse en otros que le debieran estar sometidos. Toca esencialmente al gobierno ser el centro y la mansión de la fuerza, sin que el origen del movimiento le corresponda. Habiéndosela privado de su propia naturaleza, sucumbe en un letargo, que se hace funesto para los ciudadanos y que arrastra consigo la ruina de las instituciones.

No están reducidos a éstos los vicios de la constitución con respecto al ejecutivo. Rivaliza en entidad con los mencionados, la falta de responsabilidad de los secretarios del despacho. Haciéndola pesar exclusivamente sobre el jefe de la administración, se anula su efecto, sin consultar cuanto es posible la armonía y el sistema entre las partes; y se disminuyen igualmente los garantes de la observancia de la ley. Habrá más celo en su ejecución, cuando con la responsabilidad moral obre en los ministros, la que se les imponga. Habrá entonces más poderosos estímulos para propender al bien. El castigo que por desgracia se llegara a merecer, no sería el germen de mayores males, la causa de trastornos considerables y el origen de las revoluciones. La responsabilidad en el escogido del pueblo será siempre ilusoria, a no ser que voluntariamente se someta a ella, o que contra toda probabilidad carezca de medios para sobreponerse a la ley. Nunca, por otro lado, puede hacerse efectiva esta responsabilidad, no hallándose determinados los casos en que se incurre, ni definida la expiación.

Todos observan con asombro el contraste que presenta el ejecutivo, llevando en sí una superabundancia de fuerza aliado de una extrema flaqueza: no ha podido repeler la invasión exterior o contener los conatos sediciosos, sino revestido de la dictadura. La constitución misma, convencida de su propia falta, se ha excedido en suplir con profusión las atribuciones que le había economizado con avaricia. De suerte el gobierno de Colombia es una fuerza mezquina de salud, o un torrente devastador.

No se ha visto en nación alguna entronizada a tanta altura la facultad de juzgar como en Colombia. Considerándose el modo con que están constituidos entre nosotros los poderes, no puede decirse que las funciones del cuerpo político de una nación se reducen a querer y a ejercer su voluntad. Se aumentó un tercer agente supremo, como si la facultad de decidir las leyes que convengan a los casos no fuese la principal incumbencia de la ejecución. Para que no influyese indebidamente en los encargados de decirlo, los dejaron del todo inconexos con el ejecutivo, del que son por su naturaleza parte integrante; y a pesar de que se encargó a éste velar de continuo en la pronta y cumplida administración de justicia, se le cometió el encargo sin proveerle de medios para descubrir cuándo fuese oportuna su intervención, ni declararle hasta qué punto pudiese extenderse. Aun la facultad de elegir, entre personas aptas, se le ha coartado.

No satisfechos con esta exaltación hemos dado por leyes posteriores a los tribunales civiles una absoluta supremacía en los juicios militares, contra toda práctica uniforme de los siglos, derogatoria de la autoridad que la constitución atribuye al Presidente y destructora de la disciplina que es el fundamento de una milicia de linea. Las leyes posteriores en la parte judicial han extendido, hasta donde nunca debió ser, el derecho de juzgar. A consecuencia de la ley de procedimiento se han complicado las lites. Por todas partes se han establecido nuevos juzgados y tribunales de cantón, por cuya reforma claman los miserables pueblos, que enredan y sacrifican en provecho de los jueces. Repetidas ocasiones han decidido de la buena o mala aplicación de la ley cortes superiores, compuestas casi exclusivamente de legos. El ejecutivo ha oído lastimosos reclamos contra el artificio o prevaricación de los jueces, uno ha tenido medios para castigarlos: ha visto la hacienda pública víctima de la ignorancia y de la malicia de los tribunales, y no ha podido aplicar el remedio.

La acumulación de todos los ramos administrativos en los agentes naturales que el ejecutivo tiene en los departamentos aumenta su impotencia, porque el intendente, jefe del orden civil y de la seguridad interior, se halla recargado de la administración de las rentas nacionales, cuyo cuidado exige muchos individuos, solo para impedir su deterioro. No obstante que esta acumulación parece conveniente, no lo es sino con respecto a la autoridad militar; que deberla estar reunida en los departamentos marítimos a la civil, y la civil separada de las rentas, para que cada uno de estos ramos sirva de un modo satisfactorio al pueblo y al gobierno.

Las municipalidades, que serían útiles como consejo de los gobernadores de provincia, apenas han llenado sus verdaderas funciones; algunas de ellas han osado atribuirse la soberanía que pertenece a la nación, otras han formado la sedición; y casi todas las nuevas, más han exasperado que promovido el abasto, el ornato y la salubridad de sus respectivos municipios. Tales corporaciones no son provechosas al servicio a que se les ha destinado: han llegado a hacerse odiosas por las gabelas que cobran, por la molestia que causan a los electos que las componen, y porque en muchos lugares no hay siquiera con quien reemplazarlas. Lo que las hace principalmente perjudiciales es la obligación en que pone a los ciudadanos de desempeñar una judicatura anual, en que emplean su tiempo y sus bienes, comprometiendo muy frecuentemente su responsabilidad y hasta su honor. No es raro el destierro espontáneo de algunos individuos de sus propios hogares, porque no los nombren para estos enojosos cargos. Y si he de decir lo que todos piensan, no habría decreto más popular que el que eliminase las municipalidades.

No habiendo ley sobre la policía general, no existe ni su sombra. Resulta de aquí, que el Estado es una confusión, diría mejor un misterio para los subalternos del ejecutivo, que se hallan en relación con uno a uno de los individuos, los que no son manejables sin una policía diligente y eficaz que coloque a cada ciudadano en conexión inmediata con los agentes del gobierno. De aquí provienen diversos inconvenientes para que los intendentes hagan cumplir las leyes y reglamentos en todos los ramos de su dependencia.

Destruida la seguridad y el reposo, únicos anhelos del pueblo, ha sido imposible a la agricultura conservarse siquiera en el deplorable estado en que se hallaba. Su ruina ha cooperado a la de otras especies de industria, desmoralizado el albergue rural y disminuido los medios de adquirir; todo se ha sumido en la miseria desoladora; y en algunos cantones los ciudadanos han recobrado su independencia primitiva, porque perdidos sus goces nada los liga a la sociedad, y aun se convierten en sus enemigos. El comercio exterior ha seguido la misma escala que la industria del país; aun diría, que apenas basta para proveernos de lo indispensable; tanto más, que los fraudes favorecidos por las leyes y por los jueces, seguidos de numerosas quiebras, han alejado la confianza de una profesión que únicamente estriba en el crédito y buena ley ¿qué comercio habrá sin cambios y sin provechos? Nuestro ejército era el modelo de la América y la gloria de la libertad: su obediencia a la ley, al magistrado y al general, parecían pertenecer a los tiempos heroicos de la virtud republicana. Se cubría con sus armas, porque no tenía uniformes; pereciendo de miseria se alimentaba de los despojos del enemigo, y sin ambición no respiraba más que el amor a la patria. Tan generosas virtudes se han eclipsado, en cierto modo, delante de las nuevas leyes dictadas para regirlo y para protegerlo. Partícipe el militar de los sacudimientos que han agitado toda la sociedad, no conserva más que su devoción a la causa que ha salvado y un respeto saludable a sus propias cicatrices. He mencionado el funesto influjo que ha debido tener en la subordinación el haberle sujetado a tribunales civiles, cuyas doctrinas y disposiciones son fatales a la disciplina severa, a la sumisión pasiva y a la ciega obediencia que forma la base del poder militar, apoyo de la sociedad entera. La ley que permite al militar casarse sin licencia del gobierno, ha perjudicado considerablemente al ejército en su movilidad, fuerza y espíritu. Con razón se ha prohibido tomar reemplazos de entre los padres de familia: contraviniendo a esta regla, hemos hecho padres de familia a los soldados. Mucho ha contribuido a relajar la disciplina el vilipendio que han recibido los jefes de parte de los súbditos por escritos públicos. El haberse declarado detención arbitraria una pena correccional, es establecer por ordenanzas los derechos del hombre y difundir la anarquía entre los soldados, que son los más crueles, como los más tremendos cuando se hacen demagogos. Se han promovido peligrosas rivalidades entre civiles y militares con los escritos y con las discusiones del congreso, no considerándolos ya como los libertadores de la patria, sino como verdugos de la libertad. ¿Era ésta la recompensa reservada para los héroes? Aun ha llegado el escándalo al punto de excitarse odio y encono entre los militares de diferentes provincias para que ni la unidad ni la fuerza existieran.

No quisiera mencionar la clemencia que ha recaído sobre los crímenes militares de esta época ominosa. Cada uno de los legisladores está penetrado de toda la gravedad de esta vituperable indulgencia. ¿Qué ejército será digno, en adelante, de defender nuestros sagrados derechos, si el castigo del crimen ha de ser recompensarlo? ¡Y si la gloria no pertenece ya a la fidelidad, el valor a la obediencia! Desde ochocientos veintiuno, en que empezamos a reformar nuestro sistema de hacienda, todo han sido ensayos; y de ellos el último nos ha dejado más desengañados que los anteriores. La falta de vigor en la administración, en todos y cada uno de sus ramos, el general conato por eludir el pago de las çontribuciones, la notable infidelidad y descuido por parte de los recaudadores, la creación de empleados innecesarios, el escaso sueldo de éstos, y las leyes mismas, han conspirado a destruir el erario. Se ha confiado vencer algunas veces este conjunto de resistencia invocando la acción de los tribunales; pero los tribunales, con la apariencia de protectores de la inocencia, han absuelto al contribuyente quejoso y al recaudador procesado, cuando la lentitud y la secuela de los juicios no ha dado tiempo al congreso para dictar nuevas leyes que enervasen aun la acción del gobierno. Todavía el congreso no ha arreglado las comisarías que manejan las más cuantiosas rentas. Todavía el congreso no ha examinado, por la primera vez, la inversión de los fondos de que el gobierno es simple administrador.

La demora en Europa de la persona a quien por órdenes expedidas en 1823 toca responder de los millones que se deben por el empréstito contratado y por el ratificado en Londres, la expulsión del encargado de negocios que teníamos en el Perú y que gestionaba el cobro de los suplementos que hicimos a aquella república, por último la distribución y consunción de los bienes nacionales, nos han forzado a suplir con numerosas inscripciones en el libro de la deuda nacional valores que ellos pudieron dejar satisfechos. El erario de Colombia ha tocado, pues, a la crisis de no poder cubrir nuestro honor nacional con el extranjero generoso que nos ha prestado sus fondos confiando en nuestra fidelidad. El ejército no recibe la mitad de sus sueldos, y excepto los empleados de hacienda, los demás sufren la más triste miseria. El rubor me detiene, y no me atrevo a deciros que las rentas nacionales han quebrado, y que la república se halla perseguida por un formidable concurso de acreedores.

Al describir el caos que nos envuelve, casi me ha parecido superfluo hablaros de nuestras relaciones con los demás pueblos de la tierra. Ellas prosperaron a medida que se exaltaba nuestra gloria militar y la prudencia de nuestros conciudadanos, inspirando así confianza de que nuestra organización civil y dicha social alcanzarían el alto rango que la Providencia nos había señalado. El progreso de las relaciones exteriores ha dependido siempre de la sabiduría del gobierno y de la concordia del pueblo. Ninguna nación se hizo nunca estimar, sino por la práctica de estas ventajas: ninguna se hizo respetable sin la unión que la fortifica. Y discorde Colombia, menospreciando sus leyes, arruinando su crédito, ¿qué alicientes podrá ella ofrecer a sus amigos? ¿Qué garantes para conservar siquiera a las que tiene? Retrogradando, en vez de avanzar en la carrera civil, no inspira sino esquivez. Ya se ha visto provocada, insultada, por un aliado que no existiera sin nuestra magnanimidad. Vuestras deliberaciones van a decidir, si arrepentidas las naciones amigas de habernos reconocido hayan de borrarnos de entre los pueblos que componen la especie humana.

¡Legisladores! Ardua y grande es la obra que la voluntad nacional os ha cometido. Salvaos del compromiso en que os han colocado nuestros ciudadanos salvando a Colombia. Arrojad vuestras miradas penetrantes en el recóndito corazón de vuestros constituyentes: allí leeréis la prolongada angustia que los agoniza; ellos suspiran por seguridad y reposo. Un gobierno firme, poderoso y justo es el grito de la patria. Miradla de pie sobre las ruinas del desierto que ha dejado el despotismo, pálida de espanto, llorando quinientos mil héroes muertos por ella, cuya sangre sembrada en los campos hacía nacer sus derechos. Sí, legisladores, muertos y vivos, sepulcros y ruinas, os piden garantías. Y yo que sentado ahora sobre el hogar de un simple ciudadano, y mezclado entre la multitud, recobro mi voz y mi derecho, yo que soy el último que reclamo el fin de la sociedad, yo que he consagrado un culto religioso a la patria y a la libertad, no debo callarme en momento tan solemne. Dadnos un gobierno en que la ley sea obedecida, el magistrado respetado y el pueblo libre: un gobierno que impida la transgresión de la voluntad general y los mandamientos del pueblo.

Considerad, legisladores, que la energía en la fuerza pública es la salvaguardia individual, la amenaza que aterra al injusto y la esperanza de la sociedad. Considerad que la corrupción de los pueblos nace de la indulgencia de los tribunales y de la impunidad de los delitos. Mirad que sin fuerza no hay virtud; y sin virtud perece la república. Mirad, en fin, que la anarquía destruye la libertad y que la unidad conserva el orden.

¡Legisladores! ¡A nombre de Colombia os ruego con plegarias infinitas que nos deis, a imagen de la Providencia que representáis, como árbitros de nuestros destinos, para el pueblo, para el ejército, para el juez y para el magistrado ¡¡¡Leyes inexorables!!!

Bogotá, 29 de febrero de 1828.

Simón Bolívar

16. 1830. Simón Bolívar. Mensaje al Congreso de Bogotá[67]

¡Conciudadanos!

Séame permitido felicitaros por la reunión del Congreso, que a nombre de la nación va a desempeñar los sublimes deberes de legislador.

Ardua y grande es la obra de constituir un pueblo que sale de la opresión por medio de la anarquía y de la guerra civil, sin estar preparado previamente para recibir la saludable reforma a que aspiraba. Pero las lecciones de la historia los ejemplos del Viejo y Nuevo Mundo, la experiencia de veinte años de revolución, han de serviros como otros tantos fanales colocados en medio de las tinieblas de lo futuro; y yo me lisonjeo de que vuestra sabiduría se elevará hasta el punto de poder dominar con fortaleza las pasiones de algunos y la ignorancia de la multitud; consultando, cuanto es debido, a la razón ilustrada de los hombres sensatos, cuyos votos respetables son precioso auxilio para resolver las cuestiones de alta política. Por lo demás hallaréis también consejos importantes en la naturaleza misma de nuestro país, que compren-

67 El 20 de enero de 1830, ante el Congreso reunido en Bogotá, el Libertador hace en su *Mensaje* un recuento de los sucesos ocurridos durante los dos últimos años, bosqueja la situación de la República y presenta su renuncia al Poder Supremo. (N. de P. G.)

de las regiones elevadas de los Andes y las abrasadas riberas del Orinoco: examinadle en toda su extensión, y aprenderéis en él, de la infalible maestra de los hombres, lo que ha de dictar el congreso para la felicidad de los colombianos. Mucho os dirá nuestra historia y mucho nuestras necesidades; pero todavía serán más persuasivos los gritos de nuestros dolores por falta de reposo y libertad segura.

¡Dichoso el Congreso si proporciona a Colombia el goce de estos bienes supremos por los cuales merecerá las más puras bendiciones! Convocado el Congreso para componer el código fundamental que rija a la República, y para nombrar los altos funcionarios que la administren, es de la obligación del gobierno instruiros de los conocimientos que poseen los respectivos ministerios de la situación presente del Estado, para que podáis estatuir de un modo análogo a la naturaleza de las cosas. Toca al presidente de los Consejos de Estado y Ministerial manifestaros sus trabajos durante los últimos dieciocho meses: si ellos no han correspondido a las esperanzas que debimos prometernos, han superado al menos los obstáculos que oponían a la marcha de la administración las circunstancias turbulentas de guerra exterior y convulsiones intestinas; males que, gracias a la Divina Providencia, han calmado a beneficio de la clemencia y de la paz.

Prestad vuestra soberana atención al origen y progreso de estos trastornos.

Las turbaciones que desgraciadamente ocurrieron en 1826 me obligaron a venir del Perú, no obstante que estaba resuelto a no admitir la primera magistratura constitucional para que había sido reelegido durante mi ausencia. Llamado con instancia para restablecer la concordia y evitar la guerra civil, yo no pude rehusar mis servicios a la patria, de quien recibía aquella nueva honra y pruebas nada equívocas de confianza.

La representación nacional entró a considerar las causas de discordias que agitaban los ánimos, y convencida de que subsistían, y de que debían adoptarse medidas radicales, se sometió a la necesidad de anticipar la reunión de la gran convención. Se instaló este cuerpo en medio de la exaltación de los partidos; y por lo mismo se disolvió, sin que los miembros que le componían hubiesen podido acordarse en las reformas que meditaban. Viéndose amenazada la República de una disociación completa, fui obligado de nuevo a sostenerla en semejante crisis; y a no ser que el sentimiento nacional hubiera ocurrido prontamente a deliberar sobre su propia conservación, la República habría sido despedazada por las manos de sus propios ciudadanos. Ella quiso honrarme con su confianza, confianza que debí respetar como la más sagrada Ley.

¿Cuando la patria iba a perecer, podría yo vacilar? Las leyes, que habían sido violadas con el estrépito de las armas y con las disensiones de los pueblos, carecían de fuerza. Ya el cuerpo legislativo había decretado, conociendo la necesidad, que se reuniese la asamblea que podía reformar la constitución, y ya, en fin, la convención había declarado unánimemente que la reforma era urgentísima. Tan solemne declaratoria, unida a los antecedentes, dio un fallo formal contra el pacto político de Colombia. En la opinión, y de hecho, la constitución del año 11 dejó de existir.

Horrible era la situación de la patria, y más horrible la mía, porque me puso a discreción de los juicios y de las sospechas. No me detuvo sin embargo el menoscabo de una reputación adquirida en una larga serie de servicios, en que han sido necesarios, y frecuentes, sacrificios semejantes.

El decreto orgánico que expedí en 27 de agosto de 28 debió convencer a todos de que mi más ardiente deseo era el de descargarme del peso insoportable de una autoridad sin límites, y de que la República volviese a constituirse por medio de sus representantes. Pero apenas había empezado a ejercer las funciones de jefe supremo, cuando los elementos contrarios se desarrollaron con la violencia de las pasiones y la ferocidad de los crímenes. Se atentó contra mi vida; se encendió la guerra civil; se animó con este ejemplo, y por otros medios, al gobierno del Perú para que invadiese nuestros departamentos del Sur, con miras de conquista y usurpación. No me fundo, conciudadanos, en simples conjeturas: los hechos, y los documentos que lo acreditan, son auténticos. La guerra se hizo inevitable. El ejército del general La Mar es derrotado en Tarqui del modo más espléndido y glorioso para nuestras armas; y sus reliquias se salvan por la generosidad de los vencedores. No obstante la magnanimidad de los colombianos, el general La Mar rompe de nuevo la guerra hollando los tratados; y abre por su parte las hostilidades: mientras tanto yo respondo convidándole otra vez con la paz; pero él nos calumnia, nos ultraja con denuestos. El departamento de Guayaquil es la víctima de sus extravagantes pretensiones.

Privados nosotros de marina militar, atajados por las inundaciones del invierno y por otros obstáculos, tuvimos que esperar la estación favorable para recuperar la plaza. En este intermedio un juicio nacional, según la expresión del Jefe Supremo del Perú, vindicó nuestra conducta y libró a nuestros enemigos del general La Mar.

Mudado así el aspecto político de aquella república, se nos facilitó la vía de las negociaciones, y por un armisticio recuperamos a Guayaquil. Por fin el 22 de septiembre se celebró el tratado de paz, que puso término a una guerra en que Colombia defendió sus derechos y su dignidad.

Me congratulo con el Congreso y con la nación por el resultado satisfactorio de los negocios del Sur, tanto por la conclusión de la guerra como por las muestras nada equívocas de benevolencia que hemos recibido del gobierno peruano, confesando noblemente que fuimos provocados a la guerra con miras depravadas. Ningún gobierno ha satisfecho a otro como el del Perú al nuestro, por cuya magnanimidad es acreedor a la estimación más perfecta de nuestra parte.

¡Conciudadanos! Si la paz se ha concluido con aquella moderación que era de esperarse entre pueblos hermanos, que no debieron disparar sus armas consagradas a la libertad y a la mutua conservación; hemos usado también de lenidad con los desgraciados pueblos del Sur que se dejaron arrastrar a la guerra civil o fueron seducidos por los enemigos. Me es grato deciros que, para terminar las disensiones domésticas, ni una sola gota de sangre ha empañado la vindicta de las leyes; y aunque un valiente general y sus secuaces han caldo en el campo de la muerte, su castigo les vino de la mano del Altísimo, cuando de la nuestra habrían alcanzado la clemencia con que hemos tratado a los que han sobrevivido. Todos gozan de libertad a pesar de su extravíos.

Demasiado ha sufrido la patria con estos sacudimientos, que siempre recordaremos con dolor; y si algo puede mitigar nuestra aflicción, es el consuelo que tenemos de que ninguna parte se nos puede atribuir en su origen, y el haber sido tan generosos con nuestros adversarios cuando dependía de nuestras facultades. Nos duele ciertamente el sacrificio de algunos delincuentes en el altar de la justicia; y aunque el parricidio no merece indulgencia, muchos de ellos la recibieron, sin embargo, de mis manos, y quizás los más crueles.

Sírvanos de ejemplo este cuadro de horror que por desgracia mía he debido mostraros; sírvanos para el porvenir como aquellos formidables golpes que la Providencia suele darnos en el curso de la vida para nuestra corrección. Corresponda al congreso coger dulces frutos de este árbol de amargura o a Jo menos alejarse de su sombra venenosa.

Si no me hubiera cabido la honrosa ventura de llamaros a representar los derechos delpueblo, para que, conforme a los deseos de vuestros comitentes, creaseis o mejoraseis nuestras instituciones, sería éste el lugar de manifestaros el producto de veinte años consagrados al servicio de la patria. Mas yo no debo ni siquiera indicaros lo que todos los ciudadanos tienen derecho de pediros. Todos pueden, y están obligados, a someter sus opiniones, sus temores y deseos a los que hemos constituido para curar la sociedad enferma de turbación y flaqueza. Solo yo estoy privado de ejercer esta función cívica, porque habiéndoos convocado y señalado vuestras atribuciones, no me es permitido influir de modo alguno en vuestros consejos. Además de que sería importuno repetir a los escogidos del pueblo lo que Colombia publica con caracteres de sangre. Mi único deber se reduce a someterme sin restricción al código y magistrados que nos deis; y es mi única aspiración el que la voluntad de los pueblos sea proclamada, respetada y cumplida por sus delegados.

Con este objeto dispuse lo conveniente para que pudiesen todos los pueblos manifestar sus opiniones con plena libertad y seguridad, sin otros límites que los que debían prescribir el orden y la moderación. Así se ha verificado, y vosotros encontraréis en las peticiones que se someterán a vuestra consideración la expresión ingenua de los deseos populares. Todas las provincias aguardan vuestras resoluciones; en todas partes las reuniones que se han tenido con esta mira han sido presididas por la regularidad y el respeto a la autoridad del gobierno y del congreso constituyente. Solo tenemos que lamentar el exceso de la junta de Caracas de que igualmente debe juzgar vuestra prudencia y sabiduría.

Temo con algún fundamento que se dude de mi sinceridad al hablaros del magistrado que haya de presidir la República. Pero el Congreso debe persuadirse que su honor se opone a que piense en mí para este nombramiento, y el mío a que yo lo acepte. ¿Haríais por ventura refluir esta preciosa facultad sobre el mismo que os la ha señalado? ¿Osaréis sin mengua de vuestra reputación concederme vuestros sufragios? ¿No sería esto nombrarme yo mismo? Lejos de vosotros y de mí un acto tan innoble.

Obligados, como estáis, a constituir el gobierno de la República, dentro y fuera de vuestro seno hallaréis ilustres ciudadanos que desempeñen la presidencia del Estado con gloria y ventajas. Todos, todos mis conciudadanos gozan de la fortuna inestimable de parecer inocentes a los ojos de la sospecha, solo yo estoy tildado de aspirar a la tiranía.

Libradme, os ruego, del baldón que me espera si continúo ocupando un destino que nunca podrá alejar de sí el vituperio de la ambición. Creedme: un nuevo magistrado es ya indispensable para la República. El pueblo quiere saber si dejaré alguna vez de mandarlo. Los Estados americanos me consideran con cierta inquietud, que puede atraer algún día a Colombia males semejantes a los de la guerra del Perú. En Europa mismo no faltan quienes teman que yo desacredite con mi conducta la hermosa causa de la libertad. ¡Ah! ¡cuántas conspiraciones y guerras no hemos sufrido para atentar a mi autoridad y a mi persona! Estos golpes han hecho padecer a los pueblos, cuyos sacrificios se habrían ahorrado si desde el principio los legisladores de Colombia no me hubiesen forzado a sobrellevar una carga que me ha abrumado más que la guerra y todos sus azotes.

Mostraos, conciudadanos, dignos de representar un pueblo libre, alejando toda idea que me suponga necesario para la República. Si un hombre fuese necesario para sostener el Estado, este Estado no debería existir, y al fin no existiría.

El magistrado que escojáis será sin duda un iris de concordia doméstica, un lazo de fraternidad, un consuelo para los partidos abatidos. Todos los colombianos se acercarán alrededor de este mortal afortunado: él los estrechará en los brazos de la amistad, formará de ellos una familia de ciudadanos. Yo obedeceré con el respeto más cordial a este magistrado legítimo; lo seguiré cual ángel de paz; lo sostendré con mi espada y con todas mis fuerzas. Todo añadirá energía, respeto y sumisión a vuestro escogido. Yo lo juro, legisladores, yo lo prometo a nombre del pueblo y del ejército colombiano. La República será feliz, si al admitir mi renuncia nombráis de presidente a un ciudadano querido de la nación: ella sucumbiría si os obstinaseis en que yo la mandara. Oíd mis súplicas: salvad la República: salvad mi gloria que es de Colombia.

Disponed de la presidencia que respetuosamente abdico en vuestras manos. Desde hoy no soy más que un ciudadano armado para defender la patria y obedecer al gobierno; cesaron mis funciones públicas para siempre. Os hago formal y solemne entrega de la autoridad suprema que los sufragios nacionales me habían conferido.

Pertenecéis a todas las provincias; sois sus más selectos ciudadanos; habéis servido en todos los destinos públicos; conocéis los intereses locales y generales; de nada carecéis para regenerar esta República desfalleciente en todos los ramos de su administración.

Permitiréis que mi último acto sea recomendaros que protejáis la religión santa que profesamos, fuente profusa de las bendiciones del cielo. La hacienda nacional llama vuestra atención, especialmente en el sistema de percepción. La deuda pública, que es el cangro de Colombia, reclama de vosotros sus más sagrados derechos. El ejército, que infinitos títulos tiene a la gratitud nacional, ha menester una organización radical. La justicia pide códigos capaces de defender los derechos y la inocencia de hombres libres. Todo es necesario crearlo, y vosotros debéis poner el fundamento de prosperidad al establecer las bases generales de nuestra organización política.

¡Conciudadanos! Me ruborizo al decirlo: la independencia es el único bien que hemos adquirido a costa de los demás. Pero ella nos abre la puerta para reconquistarlos bajo vuestros soberanos auspicios, con todo el esplendor de la gloria y de la libertad.

Bogotá, enero 20 de 1830.

BOLÍVAR

III. Proyección internacional de la Revolución venezolana

17. Manifiesto de la Junta de Caracas a los Cabildos de América. 1810[68]

La Suprema Junta Conservadora de los Derechos de Fernando VII en Venezuela: a los Cabildos de las Capitales de América

Convencidos los leales habitantes de esta capital de que por las pérfidas artes del usurpador de la Francia, y por la fuerza enorme de sus ejércitos se hallaba la Península en un estado de desesperación y desorden, que no permitía la menor esperanza de salud; poseído de una justa desconfianza con respecto al Gobierno central que habiéndose arrogado en su más alta extensión todas las funciones de la soberanía había abusado de ellas, no menos escandalosamente que el despótico ministerio de Carlos IV contra el cual había declamado con tanta vehemencia y previendo que los dominios americanos se hallarían expuestos a no menores males, si bajo la égida de un gobierno que mereciese la confianza pública no trataban de atender por sí mismos a su conservación y a contrarrestar los planes que parecen haberse formado para la dominación de la América por los ilegítimos representantes de la soberanía española; creyeron con unanimidad que había llegado el momento en que desahogando

68 Autorizado con las firmas de los cabezas de la Junta caraqueña. Martín Tovar Ponte y José de las Llamosas, este manifiesto, que lleva la fecha de 27 de abril de 1810 —muy pocos días después de iniciada la Revolución— fue publicado en la *Gazeta de Caracas*, n.° 98, vol. II, de 18 de mayo de 1810, de donde lo reproducimos. Tenía, allí, el siguiente encabezamiento: «La Suprema Junta Conservadora de los Derechos de Fernando VII en Venezuela: a los Cabildos de las Capitales de América». (N. de P. G.)

iguales sentimientos a los que manifestaron el memorable 15 de julio de 1808, diesen a sus hermanos habitantes del nuevo hemisferio otro testimonio ilustre de su acendrada fidelidad al soberano, tomando las medidas necesarias para asegurarle estos dominios y colocarse sobre un pie respetable de unión y de fuerza para reclamar, a nombre de la justicia y de la razón, aquella inestimable fraternidad con nuestros conciudadanos de Europa que nunca ha existido sino en el nombre, y que jamás podrá consolidarse sobre otra base que la igualdad de derechos.

Si el pueblo español ha creído necesario recobrar sus antiguas prerrogativas, y la augusta representación nacional de sus cortes para oponer una barrera a la desordenada y progresiva arbitrariedad del ministerio; si los males de una larga opresión, que había dilapidado las rentas públicas, proscripto la virtud, y casi degradado el noble carácter español, les prescribieron imperiosamente la generosa resolución de recobrar su libertad interior, al mismo tiempo que, amenazados por el poder colosal de la Francia, trataban de asegurar su independencia política; ¿por ventura la América ha sufrido con menos fuerza los efectos de aquel despotismo en todos los ramos de su prosperidad, en su población, en los derechos personales de sus ciudadanos y en los de la gran comunidad americana? ¿Y será suficiente para precaverlos una representación incompleta, parcial y solamente propia para alucinar a los que no hayan leído visiblemente en su conducta de mucho tiempo a esta parte el plan sobre que han concentrado sus miras, que es el reinar en la América? Iguales son nuestros motivos para imitar las nobles tentativas de nuestros hermanos de Europa, que hasta ahora no hemos hecho más que admirar, iguales la justicia que nos asiste, igual la energía con que debemos vindicar nuestros derechos ultrajados; y si los pueblos de la América española proceden con el debido acierto y unanimidad, el éxito será diferente, y los peligros desaparecerán. Será inútil repetir a V. S. los hechos demasiado públicos que harán memorable para siempre el 19 de abril de este año; la concordia con que todas las clases concurrieron a un solo fin; y la facilidad con que sin derramar una gota de sangre tomaron la actitud resuelta que conviene a un pueblo penetrado de su dignidad y de su justicia.

Caracas debe encontrar imitadores en todos los habitantes de la América, en quienes el largo hábito de la esclavitud no haya relajado todos los muelles morales; y su resolución debe ser aplaudida por todos los pueblos que conserven alguna estimación a la virtud y al patriotismo ilustrado.

V. S. es el órgano más propio para difundir estas ideas por los pueblos a cuyo frente se hallará, para despertar su energía, y para contribuir a la grande obra de la confederación americana española. Esta persuasión nos ha animado a escribirle, exhortándole encarecidamente, a nombre de la patria común, que no prostituya su voz y su carácter a los injustos designios de la arbitrariedad. Una es nuestra causa, una debe ser nuestra divisa; fidelidad a nuestro desgraciado Monarca; guerra a tu tirano opresor; fraternidad y constancia.

Dios guarde a V. S. muchos años. —Caracas, 27 de abril de 1810.

José de las Llamosas. —Martín Tovar Ponte.

18. Manifiesto que hace al mundo la Confederación de Venezuela en la América Meridional. 1811[69]

De las razones en que se ha fundado su absoluta independencia de España, y de cualquiera otra dominación extranjera.

Formado y mandado publicar por acuerdo del Congreso General de sus Provincias Unidas

Nunc quid agenum sit considerate

La América, condenada por más de tres siglos a no tener otra existencia que la de servir a aumentar la preponderancia política de España, sin la menor influencia ni participación en su grandeza, hubiera llegado por el orden de unos sucesos en que no ha tenido otra parte que el sufrimiento, a ser el garante y la víctima del desorden, corrupción y conquista que ha desorganizado a la nación conquistadora, si el instinto de la propia seguridad no hubiese dictado a los americanos, que había llegado el momento de obrar, para coger el fruto de trescientos años de inacción y de paciencia.

69 El título completo de este importante escrito es el que sigue: «Manifiesto que hace al Mundo la Confederación de Venezuela en la América Meridional de las razones en que ha fundado su absoluta independencia de España y de cualquiera otra dominación extranjera. Formado y mandado publicar por acuerdo del Congreso General de sus Provincias Unidas». Está fechado en Caracas, a 30 de julio de 1811. Aunque lo autorizan las firmas de Juan Antonio Rodríguez Domínguez y de Francisco lsnardy, Presidente y Secretario, respectivamente, del Congreso, su redactor fue Juan Germán Roscio. Circuló profusamente en su tiempo, publicado en folleto; en varios números sucesivos de la *Gazeta de Caracas*, y en la obra bilingüe —inglés-español— antes citada, *Documentos interesantes...*, Londres, 1812. El texto adoptado ha sido el que da la Academia Nacional de la Historia de Venezuela, vol. 6 de su Biblioteca, titulado *La Constitución Federal de Venezuela de 1811 y documentos afines*, con Estudio preliminar de Caracciolo Parra Pérez, Caracas, 1959. (N. de P. G.)

Si el descubrimiento del Nuevo Mundo fue uno de los acontecimientos más interesantes a la especie humana, no lo será menos la regeneración de este mismo mundo degradado desde entonces por la opresión y la servidumbre. La América, levantándose del polvo y las cadenas, y sin pasar por las gradaciones políticas de las naciones, va a conquistar por su turno al antiguo mundo, sin inundarlo, esclavizarlo, ni embrutecerlo. La revolución más útil al género humano será la de América cuando, constituida y gobernada por sí misma, abra los brazos para recibir a los pueblos de Europa, hollados por la política, ahuyentados por la guerra y acosados por el furor de todas las pasiones; sedientos entonces de paz y de tranquilidad, atravesarán el océano los habitantes del otro hemisferio, sin la ferocidad ni la perfidia de los héroes del siglo XVI; como amigos, y no como tiranos: como menesterosos, y no como señores; no para destruir, sino para edificar; no como tigres, sino como hombres que, horrorizados de nuestras antiguas desgracias, y enseñados con las suyas, no convertirán —su razón en un instinto maléfico, ni querrán que nuestros anales sean ya los anales de la sangre y la perversidad. Entonces la navegación, la geografía, la astronomía, la industria y el comercio, perfeccionados por el descubrimiento de América, para su mal, se convertirán en otros tantos medios de acelerar, consolidar y perfeccionar la felicidad de ambos mundos.

No es este un sueño agradable, sino un homenaje que hace la razón a la Providencia. Escrito estaba en sus inefables designios que no debía gemir la mitad de la especie humana bajo la tiranía de la otra mitad, ni había de llegar el día del último Juicio, sin que una parte de sus criaturas gozase de todos sus derechos. Todo preparaba esta época de felicidad y de consuelo. En Europa, el choque y la fermentación de las opiniones, el trastorno y desprecio de las leyes, la profanación de los derechos que ligaban el Estado, el lujo de las Cortes, la miseria de los campos, el abandono de los talleres, el triunfo del vicio y la opresión de la virtud; en América, el aumento de la población, las necesidades creadas fuera de ella, el desarrollo de la agricultura en un suelo nuevo y vigoroso, el germen de la industria bajo un clima benéfico, los elementos de las ciencias en una organización privilegiada, la disposición para un comercio rico y próspero y la robustez de una adolescencia política, todo, todo aceleraba los progresos del mal en un mundo, y los progresos del bien en el otro.

Tal era la ventajosa alternativa que la América esclava presentaba a través del océano a su señora la España, cuando agobiada por el peso de todos los males y minada por todos los principios destructores de las sociedades, le pedía que la quitase las cadenas para poder volar a su socorro. Triunfaron, por desgracia, las preocupaciones; el genio del mal y del desorden se apoderó de los gobiernos; el orgullo resentido ocupó el lugar del cálculo y de la prudencia; la ambición triunfó de la liberalidad; y sustituyendo el dolo y la perfidia a la generosidad y la buena fe, se volvieron contra nosotros las armas de que usamos, cuando impelidos de nuestra fidelidad y sencillez enseñamos a la España el camino de resistir y triunfar de sus enemigos, bajo las banderas de un Rey presuntivo, inhábil para reinar, y sin otros derechos que sus desgracias y la generosa compasión de sus pueblos.

Venezuela fue la primera que juró a la España los auxilios generosos que ella creía homenaje necesario; Venezuela fue la primera que derramó a su aflicción el bálsamo consolador de la amistad y la fraternidad sobre sus heridas; Venezuela fue la primera que conoció los desórdenes que amenazaban la destrucción de la España; fue la primera que proveyó a su propia conservación, sin romper los vínculos que la ligaban con ella; fue la primera que sintió los efectos de su ambiciosa ingratitud; fue la primera hostilizada por sus hermanos; y va a ser la primera que recobre su independencia y dignidad civil en el Nuevo Mundo. Para justificar esta medida de necesidad y de justicia, cree de su deber presentar al Universo las razones que se la han dictado, para no comprometer su decoro y sus principios, cuando va a ocupar el alto rango que la Providencia le restituye.

Cuantos sepan nuestra resolución, saben también cuál ha sido nuestra suerte antes del trastorno que disolvió nuestros pactos con España, aun cuando ellos hubiesen sido legítimos y equitativos. Superfluo es presentar a la Europa imparcial las desgracias y vejaciones que ella misma ha lamentado cuando no nos era permitido a nosotros hacerlo, ni hay tampoco para qué inculcarle la injusticia de nuestra dependencia y degradación cuando todas las naciones han mirado como un insulto a la equidad política, el que la España despoblada, corrompida y sumergida en la inacción y la pereza por un gobierno despótico, tuviese usurpados exclusivamente a la industria y actividad del continente los preciosos e incalculables recursos de un mundo constituido en el feudo y monopolio de una pequeña porción del otro.

Los intereses de Europa no pueden estar en contraposición con la libertad de la cuarta parte del mundo que se descubre ahora a la felicidad de las otras tres; solo una Península Meridional puede oponer los intereses de su gobierno a los de su nación para amotinar el antiguo hemisferio contra el nuevo, ya que se ve en la impotencia de oprimirlo por más tiempo. Contra estos conatos, más funestos a nuestro decoro que a nuestra prosperidad, es que vamos a oponer las razones que desde el 15 de julio de 1808 han arrancado de nosotros las resoluciones del 19 de abril de 1810 y 5 de julio de 1811, cuyas tres épocas formarán el primer período de los fastos de Venezuela regenerada, cuando el buril imparcial de la historia trace las primeras líneas de la existencia política de la América del Sur.

Esparcidas en nuestros manifiestos y nuestros papeles públicos casi todas las razones de nuestra resolución, todos nuestros designios, y todos los justos y decorosos medios que hemos empleado para realizarlos, parecía que debía bastar la comparación exacta e imparcial de nuestra conducta con la de los gobiernos de España en estos últimos tiempos, para justificar no solo nuestra moderación, no solo nuestras medidas de seguridad, no solo nuestra independencia, sino hasta la declaración de una enemistad irreconciliable con los que, directa e indirectamente, hubiesen contribuido al desnaturalizado sistema adoptado contra nosotros. Nada tendríamos, a la verdad, que hacer, si la buena fe fuese el móvil del partido de la opresión contra la libertad; pero por último análisis de nuestras desgracias, no podemos salir de la condición de siervos, sin pasar por la calumniosa nota de ingratos, rebeldes y desagradecidos. Oigan, pues, y juzguen los que no hayan tenido parte en nuestras desgracias, ni quieran tenerla ahora en nuestras disputas, para aumentar la parcialidad de nuestros enemigos; y no pierdan de vista el acta solemne de nuestra justa, necesaria y modesta emancipación.

Caracas supo las escandalosas escenas de El Escorial y Aranjuez, cuando ya presentía cuáles eran sus derechos y el estado en que los ponían aquellos grandes sucesos; pero el hábito de obedecer por una parte, la apatía que infunde el despotismo por otra, y la fidelidad y buena fe por último, fueron superiores a toda combinación por el momento; y ni aun después que presentados en esta capital los despachos del lugarteniente Mural, vacilaron las autoridades sobre su aceptación, ni fue capaz el pueblo de Caracas de pensar en otra cosa que en ser fiel, consecuente y generoso, sin prever los males a que iba a exponerlo esta noble y bizarra conducta. Sin otro cálculo que el honor, rehusó Venezuela seguir la voz de los mismos próceres de España, cuando los unos, apoyando las órdenes del lugarteniente del Reino, exigían de nosotros el reconocimiento del nuevo Rey; y los otros, declarando y publicando que España había empezado a existir de nuevo desde el abandono de sus autoridades, desde las cesiones de los Borbones e introducción de otra dinastía, recobraban su absoluta independencia y libertad, y daban este ejemplo a las Américas para que ellas recuperasen los mismos derechos que allí se proclamaban;[70] mas luego que el primer paso que dimos a nuestra seguridad, advirtió a la Junta Central que había en nosotros algo más que hábitos y preocupaciones, se empezó a variar el lenguaje de la liberalidad y la franqueza; adoptó la perfidia el talismán de Fernando, inventado por la buena fe; se sofocó, aunque con maña y suavidad, el proyecto sencillo y legal de Caracas, para imitar la conducta representativa de los gobiernos de España[71] y se empezó a entablar un nuevo género de despotismo, bajo el nombre ficticio de un Rey reconocido por generosidad y destinado a nuestro mal y desastre, por los que usurpaban la soberanía.

Nuevos gobernadores y jueces, imbuidos del nuevo sistema proyectado contra la América, decididos a sostenerlo a costa nuestra y prevenidos de instrucciones para el último resultado de la política del otro hemisferio, fueron las consecuencias de la sorpresa que causó a la Junta Central

70 Varios impresos que salieron en el primer ímpetu de la revolución de España. El Conde de Floridablanca, contestando por la Junta Central al Consejo de Castilla. Manifiesto de la misma Junta. Y la Universidad de Sevilla, respondiendo la consulta de ésta.

71 Proyecto del año de 1808, para hacer una Junta de Gobierno y conservación como las de España.

nuestra inaudita e inesperada generosidad. La ambigüedad, la asechanza y la concusión, fueron todos los resortes de su caduca y perecedera administración: como veían tan expuesto su Imperio, parecía que querían ganar en un día lo que había enriquecido a sus antecesores en muchos años; y como su autoridad estaba respaldada por la de sus comitentes, de nada trataban más que de sostenerse unos a otros a la sombra de nuestra ilusión y buena ley. Ninguna ley contraria a estos planes era ya válida y subsistente; y todo arbitrio que favoreciese el nuevo orden de francmasonería política había de tener fuerza de ley, por más opuesto que fuese a los principios de justicia y equidad. Después de declarar el Capitán General Emparan a la Audiencia que no había en Caracas otra ley ni otra voluntad que la suya, bien manifiesta en varios excesos y violencias, tales como colocar en la plaza de Oidor al Fiscal de lo civil y criminal; sorprender y abrir los pliegos que dirigía don Pedro Gonzáles Ortega a la Junta Central; arrojar a este empleado, al Capitán don Francisco Rodríguez y al Asesor del Consulado don Miguel José Sanz fuera de estas Provincias, confinados a Cádiz y Puerto Rico; encadenar y condenar al trabajo de obras públicas, sin forma ni figura de juicio, una muchedumbre de hombres buenos arrancados de sus hogares con el pretexto de vagos; revocar y suspender las determinaciones de la Audiencia, cuando no eran conformes a su capricho y arbitrariedad; después de haber hecho nombrar un síndico contra la voluntad del Ayuntamiento; después de haber hecho recibir a su Asesor sin títulos ni autoridad; después de sostener a todo trance su ignorancia y su orgullo; después de mil disputas escandalosas con la Audiencia y el Ayuntamiento; después de reconciliarse, al fin, con estos déspotas todos los togados para hacerse más impunes e inexpugnables contra nosotros, se convinieron en organizar y llevar a cabo el proyecto, a la sombra de la falacia, del espionaje y la ambigüedad.[72]

Bajo estos auspicios, se ocultaban las derrotas y desgracias de las armas en España; se forjaban y divulgaban triunfos pomposos e imaginarios contra los franceses en la Península y en el Danubio; se hacían iluminar las calles, quemar la pólvora, tocar las campanas y prostituir la Religión cantando Te Deum y acciones de gracias, como para insultar la Providencia en la perpetuidad de nuestros males. Para no dejarnos tiempo de analizar nuestra suerte, ni de descubrir los lazos que se nos tendían, se figuraban conspiraciones, se inventaban partidos y facciones, se calumniaba a todo el que no se prestaba a iniciarse en los misterios de la perfidia, se inventaban escuadras y emisarios franceses en nuestros mares y nuestro seno, se limitaban y constreñían nuestras relaciones con las Colonias vecinas, se ponían trabas a nuestro comercio; todo con el fin de tenernos en una continua agitación, para que no fijásemos la atención en nuestros verdaderos intereses.

Alarmado ya nuestro sufrimiento y despierta nuestra vigilancia, empezamos a desconfiar de los gobiernos de España y sus agentes; a través de sus intrigas y maquinaciones, descubríamos todo el horroroso porvenir que nos amenazaba; el genio de la verdad, elevado sobre la densa atmósfera de la opresión y la calumnia, nos señalaba con el dedo de la imparcialidad la verdadera suerte de la Península, el desorden

72 De todo esto hay testimonios auténticos en nuestros archivos; y a pesar de la vigilancia con que se saquearon éstos por los parciales de los antiguos mandones, existe en Cumaná una orden del Gobierno español para promover la discordia entre los nobles y parientes de las familias americanas; los hay escritos y notorios de la corrupción, juego y libertinaje que promovía Guevara para desmoralizar al país, y nadie olvidará las colusiones y sobornos que publicaban los Oidores, y constan de su residencia.

de su Gobierno, la energía de sus habitantes, el formidable poder de sus enemigos y la ninguna esperanza de su salvación. Encerrados en nuestras casas, rodeados de espías, amenazados de infamia y deportación, apenas podíamos lamentar nuestra situación, ni hacer otra cosa que murmurar en secreto contra nuestros vigilantes y astutos enemigos. La consonancia de nuestros suspiros, exhalados en la amargura y la opresión, uniformó nuestros sentimientos y reunió nuestras opiniones; encerrados en las cuatro paredes de su casa e incomunicados entre sí, apenas hubo un ciudadano de Caracas que no pensase que había llegado el momento de ser libre para siempre, o de sancionar irrevocablemente una nueva y horrorosa servidumbre.

Todos empezaron a descubrir la nulidad de los actos de Bayona, la invalidación de los derechos de Fernando y de todos los Barbones que concurrieron a aquellas ilegítimas estipulaciones: la ignominia con que hablan entregado como esclavos a los que los habían colocado en el trono contra las pretensiones de la Casa de Austria; la connivencia de los intrusos mandatarios de España a los planes de la nueva dinastía; la suerte que estos planes preparaban a la América, y la necesidad de tomar un partido que pusiese a cubierto al Nuevo Mundo de los males que le acarreaba el estado de sus relaciones con el antiguo. Veían sumirse sus tesoros en la sima insondable del desorden de la Península; lloraban la sangre de los americanos, mezclada en la lid con la de los enemigos de la América, para sostener la esclavitud de su Patria; penetraban, a pesar de la vigilancia de los tiranos, hasta la misma España, y nada veían más que desorden, corrupción, facciones, derrotas, infortunios, traiciones, ejércitos dispersos, provincias ocupadas, falanges enemigas y un gobierno imbécil y tumultuario, formado de tan raros elementos.

Tal era la impresión uniforme y general que advertían en el rostro de todos los venezolanos los agentes de la opresión, destacados a sostener a toda costa la infame causa de sus constituyentes: cada palabra producía una proscripción; cada discurso costaba una deportación a su autor, y cada esfuerzo o tentativa para hacer, en América lo mismo que en España, si no hacía derramar la sangre de los americanos era, sin duda, una causa suficiente para la ruina, infamia y desolación de muchas familias.[73] Tan errado cálculo no pudo menos que multiplicar los choques, aumentar con ellos la reacción popular, preparar el combustible y disponerlo con la menor chispa un incendio que consumiese y borrase hasta los vestigios de tan dura y penosa condición. La España menesterosa y desolada, pendiente su suerte de la generosidad americana, y casi en el momento de ser borrada del catálogo de las naciones, parecía que, trasladada al siglo XVI y XVII, empezaba a conquistar de nuevo a la América con armas más terribles que el hierro y el plomo: cada día se señalaba por una nueva prueba de la suerte que nos amenazaba; colocados en la horrorosa disyuntiva de ser vendidos a una nación extraña o tener que gemir para siempre en una nueva e irrevocable servidumbre, solo aguardábamos el momento feliz que diese impulso a nuestra opinión y reuniese nuestras fuerzas para expresarla y sostenerla.

Entre los ayes y las imprecaciones de la exasperación general, resonó en nuestros oídos la irrupción de los franceses en las Andalucías, la disolución de la Junta Central, a impulsos de la execración pública y la abortiva institución de otro nuevo proteo gubernativo, bajo el nombre de Regencia. Anunciábase ésta con ideas más liberales, y presintiendo ya los esfuerzos de los americanos para hacer valer los vicios y

73 Deportación de varios oficiales de concepto y ciudadanos de rango y probidad, decretada en 20 de marzo de 1810 por Emparan.

nulidades de tan raro gobierno, procuraron reforzar la ilusión con promesas brillantes, teorías estériles y reformas y anuncios de que ya no estaba nuestra suerte en las manos de los virreyes, de los ministros, ni de los gobernadores; al mismo tiempo que todos estos agentes recibían las más estrechas órdenes para velar sobre nuestra conducta, sobre nuestras opiniones y no permitir que éstas saliesen de la esfera trazada por la elocuencia que doraba los hierros preparados en la capciosa y amañada carta de emancipación.

En cualquiera otra época hubiera ésta deslumbrado a los americanos; pero ya había trabajado demasiado la Junta de Sevilla y la Central, a favor de nuestro desengaño, y lo que se combinó, meditó y pulió para conquistamos de nuevo con frases e hipérboles, sirvió solo para redoblar nuestra vigilancia, reunir nuestras opiniones y formar una firme e incontrastable resolución de perecer antes que ser por más tiempo víctimas de la cábala y la perfidia. El día en que la religión celebra los más augustos misterios de la redención del género humano, era el que tenía señalado la Providencia para dar principio a la redención política de América. El Jueves Santo, 19 de abril, se desplomó en Venezuela el coloso del despotismo, se proclamó el imperio de las leyes y se expulsaron los tiranos con toda la felicidad, moderación y tranquilidad que ellos mismos han confesado y ha llenado de admiración y afecto hacia nosotros a todo el mundo imparcial.

¿Quién no hubiera creído que un pueblo que logra recobrar sus derechos y librarse de sus opresores, no hubiera en su furor salvado cuantas barreras podían ponerlo directa o indirectamente al alcance de la influencia de los gobiernos que habían hasta entonces sostenido su desgracia y opresión? Venezuela, fiel a sus promesas, no hace más que asegurar su suerte para cumplirlas; y si con una mano firme y generosa deponía a los agentes de su miseria y su esclavitud, colocaba con la otra el nombre de Fernando VII a la frente de su nuevo gobierno, juraba conservar sus derechos, prometía reconocer la unidad e integridad política de la nación española, abrazaba a sus hermanos de Europa, les ofrecía un asilo en sus infortunios y calamidades, detestaba a los enemigos del . nombre español, procuraba la alianza generosa de la nación inglesa y se prestaba a tomar parte en la felicidad y en la desgracia de la nación de quien pudo y debió separarse para siempre.

Mas no era esto lo que exigía de nosotros la Regencia. Cuando nos declaraba libres en la teoría de sus planes, nos sujetaba en la práctica a una representación diminuta e insignificante, creyendo que a quien nada se le debía, estaba en el caso de contentarse con lo que le diesen sus señores. Bajo tan liberal cálculo quería la Regencia mantener nuestra ilusión y pagarnos en discursos, promesas e inscripciones nuestra larga servidumbre, y la sangre y los tesoros que derramábamos en España. Bien conocíamos nosotros lo poco que debíamos esperar de la política de los intrusos apoderados de Fernando: no ignorábamos que si no debíamos depender de los virreyes, ministros y gobernadores, con mayor razón no podíamos estar sujetos a un Rey cautivo y sin derechos ni autoridad, ni a un gobierno nulo e ilegítimo, ni a una nación incapaz de tener derecho sobre otra, ni a un ángulo peninsular de la Europa, ocupado casi todo por una fuerza extraña; pero queriendo conquistar nuestra libertad a fuerza de generosidad, de moderación y de civismo, reconocimos los imaginarios derechos del hijo de María Luisa, respetamos la desgracia de la nación y, dando parte de nuestra resolución a la misma Regencia que desconocíamos, le ofrecimos no separarnos de la España siempre que hubiese en ella un gobierno legal, establecido por la voluntad de la nación y en el cual tuviese la América la parte que le da justicia, la necesidad y la importancia política de su territorio.

Si tos trescientos años de nuestra anterior servidumbre no hubieran bastado para autorizar nuestra emancipación, habría sobrada causa en la conducta de los gobiernos que se arrogaron la soberanía de una nación conquistada, que jamás pudo tener la menor propiedad en América, declarada parte integrante de ella; cuando se quiso envolverla en la conquista. Si los gobernantes de España hubiesen estado pagados por sus enemigos no habrían podido hacer más contra la felicidad de la nación vinculada en su estrecha unión y buena correspondencia con la América. Con el mayor desprecio a nuestra importancia y a la justicia de nuestros reclamos, cuando no pudieron negarnos una apariencia de representación, la sujetaron a la influencia despótica de sus agentes sobre los Ayuntamientos a quienes se sometió la elección; y al paso que en España se concedía hasta a las provincias ocupadas por los franceses y a las Islas Canarias y Baleares un representante a cada 50.000 almas, elegido libremente por el pueblo, apenas bastaba en América un millón para tener derecho a un representante, nombrado por el Virrey o Capitán general bajo la firma del Ayuntamiento.

Mientras que nosotros, fuertes con el testimonio de nuestra justicia y con la moderación de nuestro proceder, esperábamos que si no triunfaban las razones que alegamos a la Regencia para demostrarle la necesidad de nuestra resolución se respetarían, al menos, las generosas disposiciones con que nos prestábamos a no ser enemigos de nuestros oprimidos y desgraciados hermanos; quiso el nuevo Gobierno de Caracas no limitar estas disposiciones a estériles raciocinios, y el mundo, despreocupado e imparcial, conocerá que Venezuela ha consumido todo el tiempo que ha pasado, desde el 19 de abril de 1810 hasta el 5 de julio de 1811, en una amarga y penosa alternativa de ingratitud, insultos y hostilidades por parte de España, y de generosidad, moderación y sufrimiento por la nuestra. Esta época es la más interesante de la historia de nuestra revolución, como que sus acaecimientos ofrecen un contraste tan favorable a nuestra causa que no ha podido menos que ganarnos el imparcial juicio de las naciones que no tienen un interés en desacreditar nuestros esfuerzos.

Antes de las resultas de nuestra transformación política, llegaban cada día a nuestras manos nuevos motivos para hacer, por cada uno de ellos, lo que hicimos después de tres siglos de miseria y degradación. En todos los buques que llegaban de España venían nuevos agentes a reforzar con nuevas instrucciones a los que sostenían la causa de la ambición y la perfidia, con el mismo objeto se negaba el permiso de regreso a España a los militares y demás empleados europeos, aunque lo pidiesen para hacer la guerra contra los franceses; se expedían órdenes[74] para que, so color de no atender sino a la guerra, se embruteciesen más España y América, se cerrasen las escuelas, no se hablase de derechos ni premios, ni se hiciese más que enviar a España dinero, hombres americanos, víveres, frutos preciosos, sumisión y obediencia.

Las gacetas no hablaban más que de triunfos, victorias, donativos y reconocimientos arrancados por el despotismo en los pueblos que no sabían aún nuestra resolución; y bajo las más severas conminaciones se restablecía la Inquisición política con todos sus horrores, contra los que leyesen, tuviesen o recibiesen otros papeles, no solo extranjeros, sino aun españoles, que no fuesen de la fábrica de la Regencia.[75] Contra las mismas órdenes expedidas de antemano para alucinar la América, se salvaban todos los trámites en las

74 El 30 de abril de 1810.
75 Ibíd..

consultas para empleados ultramarinos, cuyo mérito consistía en haber jurado sostener el sistema tramado por los Regentes; con el último escándalo y descaro se declaró nula, condenó al fuego y se proscribieron los autores y promovedores de una orden que favorecía nuestro comercio y alentaba nuestra agricultura; al paso que se nos exigían auxilios de todas clases, sin producir la menor cuenta de su destino e inversión, en desprecio de la fe pública, se mandaron abrir sin excepción alguna todas las correspondencias de estos países, atentado desconocido hasta en el despotismo de Godoy, y adoptado solo para hacer más tiránico el espionaje contra la América. En una palabra, empezaban a realizarse prácticamente los planes trazados para perpetuar nuestra servidumbre.

Entretanto Venezuela, libre y señora de sí misma, en nada pensaba menos que en imitar la detestable conducta de la Regencia y sus agentes; contenta con haber asegurado su suerte contra la ambición de su gobierno intruso e ilegítimo y ponerla a cubierto de unos planes demasiado tenebrosos, no hacia más que acreditar con hechos positivos, sus deseos de paz, amistad, correspondencia y cooperación con sus hermanos de Europa. Cuantos se hallaban entre nosotros fueron mirados como tales y los dos tercios de los empleos políticos, civiles y militares de alta y mediana jerarquía quedaron o se pusieron en manos de los europeos sin otra precaución que una franqueza y buena fe harto funesta a nuestros intereses; nuestras casas se abrieron generosamente para auxiliar con lujo y transportar cómoda y profusamente a nuestros tiranos: los comandantes de Correos Carmen, Fortuna y Araucana fueron acogidos en nuestros puertos y auxiliados con nuestros caudales para seguir y concluir sus respectivas comisiones; y aun los desacatos y delitos del de la Fortuna se sometieron al juicio del Gobierno español. Aunque la Junta Gubernativa de Caracas presentó las razones de precaución que la obligaban a no aventurar a la voracidad del gobierno los fondos públicos que pudieran servir al socorro de la nación, exhortó y dejó expedita la generosidad de los pueblos para que usasen de sus caudales conforme a los impulsos de su sensibilidad, publicando en sus Gacetas el plañidero manifiesto con que la Regencia pintaba moribunda a la nación para pedir auxilio, al paso que la hacía parecer vigorosa, organizada y triunfante en los periódicos destinados a alucinarnos; los comisionados de la Regencia para Quito, Santa Fe y el Perú fueron hospedados amistosamente, tratados como amigos y socorridos a su satisfacción sus urgencias pecuniarias. Pero gastamos más bien el tiempo en analizar la conducta tenebrosa y suspicaz de nuestros enemigos, puesto que todos sus esfuerzos no han sido bastantes para desnivelar la imperiosa y triunfante impresión de la nuestra.

No eran solo los mandones de nuestro territorio los que estaban autorizados para sostener la horrorosa trama de sus constituyentes: era omnímoda y universal la misión de todos los que inundaron la América desde los funestos y ominosos reinados de las Juntas de Sevilla, Central y Regencia y con un sistema de francmasonería política bajo un pacto maquiavélico estaban todos de acuerdo en sustituirse, reemplazarse y auxiliarse mutuamente en los planes combinados contra la felicidad y existencia política del Nuevo Mundo. La isla de Puerto Rico se constituyó, desde luego, en la guarida de todos los agentes de la Regencia, el astillero de todas las expediciones, el cuartel general de todas las fuerzas antiamericanas, el taller de todas las imposturas, calumnias, triunfos y amenazas de los Regentes; el refugio de todos los malvados y el surgidero de una nueva compañía de filibusteros, para que no faltase ninguna de las calamidades del siglo XVI a la nueva conquista de la América en el XIX. Oprimidos los americanos de Puerto Rico con las bayonetas, cañones, grilletes y horcas que rodeaban al Bajá Meléndez y sus satélites, tenían que añadir a sus males y desgracias la dolorosa necesidad de contribuir a los nuestros. Tal es la suerte de los americanos condenados, no solo a ser presidarios, sino comitres unos de otros.

Aún es mucho más dura e insultante la conducta que observa la España con la América, comparada con la que aparece respecto de la Francia. Es bien notorio que la nueva dinastía que resiste aún alguna parte de la nación, ha tenido partidarios muy decididos en muchos de los que se miraban como sus próceres por su rango, empleos, luces y conocimientos;[76] pero todavía no se ha visto uno de los que tanto apetecen la libertad, independencia y regeneración de la Península que haya disculpado siquiera la conducta de las provincias americanas, que adoptando los mismos principios de fidelidad e integridad nacional hayan querido conservarse a sí mismas independientes de unos gobiernos intrusos, ilegítimos, imbéciles y tumultuarios, como han sido todos los que se han llamado hasta ahora apoderados del Rey o representantes de la nación. Irrita ver tanta liberalidad, tanto civismo y tanto desprendimiento en las Cortes con respecto a la España desorganizada, exhausta y casi conquistada y tanta mezquindad, tanta suspicacia, tanta preocupación y tanto orgullo con América, pacífica, fiel, generosa, decidida a auxiliar a sus hermanos y la única que puede no dejar ilusorios, en lo esencial, los planes teóricos y brillantes que tanto valor dan el Congreso español. Cuantas traiciones, entregas, asesinatos, perfidias y concusiones se han visto en la revolución de España han pasado como desgracias inseparables de las

76 Morla, Azanza, O'Farill, Urquijo, Mazarredo y otros muchos de todas clases y profesiones.

circunstancias; pero a ninguna de las provincias rendidas o contentas con la dominación francesa se le ha tratado como a Venezuela; habrá sido su conducta analizada y caracterizada conforme a las razones, motivos y circunstancias que la dictaron; se habrá juzgado ésta conforme al derecho de la guerra y se habrá publicado el juicio de la nación conforme a los datos que se hayan tenido presentes; pero ninguna de ellas ha sido hasta ahora declarada traidora, rebelde y desnaturalizada como Venezuela, y para ninguna de ellas se ha creado una comisión pública de amotinadores diplomáticos para armar españoles contra españoles, encender la guerra civil e incendiar todo lo que no se puede poseer o dilapidar a nombre de Fernando VII. La América sola es la que está condenada a sufrir la inaudita condición de ser hostilizada, destruida y esclavizada con los mismos auxilios que ella destinaba para la libertad y felicidad común de la nación, de que se le hizo creer fue parte por algunos momentos.

Parece que la independencia de América causa más furor a España que la opresión extranjera que la amenaza, al ver que contra ella se emplean con preferencia recursos que no han merecido aún las provincias que han aclamado al nuevo Rey. El talento incendiario y agitador de un ministro del Consejo de Indias no podía tener más digno empleo que el de conquistar de nuevo a Venezuela con las armas de los Alfingers y Weslers,[77] a nombre de un Rey colocado en el trono, contra las pretensiones de la familia del que arrendó estos países a los factores alemanes. Bajo este nombre se rompen contra nosotros todos los diques de la iniquidad y se renuevan los horrores de la conquista, cuya memoria procuramos borrar generosamente de nuestra posteridad; bajo este nombre se nos trata con más dureza que a los mismos que lo han

77 Primeros tiranos de Venezuela, autorizados por Carlos V y promovedores de la guerra civil entre sus primitivos habitantes.

abandonado antes que nosotros, y bajo este nombre se quiere continuar el sistema de dominación española en América, que ha sido un fenómeno político, aun de los tiempos de la realidad, energía y vigor de la Monarquía española.

¿Y podrá darse alguna ley que nos obligue a conservarle y sufrir a nombre suyo el torrente de amarguras que descargan sobre nosotros los que se dicen sus apoderados en la Península? Por medio de ellos ha logrado su nombre los tesoros, la obediencia y reconocimiento de las Américas; por medio, pues, de su flagiciosa conducta en el ejercicio de sus poderes ha perdido el nombre de Fernando toda consideración entre nosotros y debe ser abandonado para siempre.[78]

No contento el tirano de Borinquen[79] con hacerse soberano para declararnos la guerra, insultarnos y calumniamos en sus insustanciales, rastreros y aduladores periódicos; no satisfecho con haberse constituido en carcelero gratuito de los emisarios de paz y confederación, que le envió su compañero Miyares desde el Castillo de Zaparas de Maracaibo, porque trastornaban los planes que ya tenía recibidos y aceptados de la Regencia y el nuevo Rey de España, en cambio de la Capitanía General de Venezuela, que compró barata a los Regentes; no creyendo bien recompensados tan relevantes méritos con el honor de haber servido fielmente a sus Reyes, robó con la última impudencia más de 100.000 pesos de los caudales públicos de Caracas, que se habían embarcado en la fragata Fernando VII para comprar armamento y ropa militar en Londres, bajo seguros de aquella plaza; y para no dejar insulto por hacer, alegó que el Gobierno español podría malversarlos, que Inglaterra podría apropiárselos desconociendo nuestra resolución y que en ninguna parte debían ni podían estar más seguros que sus

78 Ex qua persona quis lucrum capit, factum praestare tenetur.
79 Nombre primitivo de la isla de Puerto Rico.

manos, negociados por medio de sus socios de comercio, como en efecto lo fueron a Filadelfia, para dar cuentas del capital cuando conquistase Puerto Rico a Venezuela, se rindiese ésta a la Regencia o volviese Fernando VII a reinar en España; tales parecen los plazos que se impuso a sí mismo el gobernador de Puerto Rico para dar cuenta de tan atroz y escandalosa depredación; pero no es esto solo lo que ha hecho este digno agente de la Regencia en favor de los designios de sus comitentes.

Aun a pesar de tanto insulto, de tanto robo y de tanta ingratitud, permanecía Venezuela en su resolución de no variar los principios que se propuso por norma de su conducta; el acto sublime de su representación nacional, se publicó a nombre de Fernando VII; bajo su autoridad fantástica se sostenían todos los actos de nuestro gobierno y administración, que ninguna necesidad tenía y de otro origen que el del pueblo que la había constituido; por las leyes y los códigos de España, se juzgó una horrible y sanguinaria conspiración de los europeos y se infringieron éstas para perdonarles la vida, por no manchar con la sangre de nuestros pérfidos hermanos la filantrópica memoria de nuestra revolución; bajo el nombre de Fernando e interponiendo los vínculos de la fraternidad y la Patria, se procuró ilustrar y reducir a los mandones de Coro y Maracaibo que tenían separados pérfidamente de nuestros intereses a nuestros hermanos de Occidente; bajo los auspicios del interés recíproco triunfamos de la opresión de Barcelona, y bajo estos mismos reconquistaremos a Guayana, arrancada dos veces de nuestra confederación, como lo está Maracaibo, contra el voto general de sus vecinos.

Parecía que ya no quedaba nada que hacer para la reconciliación de España o para la entera y absoluta separación de la América de un sistema de generosidad tan ruinoso y funesto como despreciado y mal correspondido; pero Venezuela quiso agotar todos los medios que estuviesen a su alcance, para que la justicia y la necesidad no le dejasen otro partido de salud que el de la independencia que debió declarar desde el 19 de abril de 1810. Después de haber remitido a la sensibilidad y no a la venganza las horrorosas escenas de Quito, Pare y La Paz; después de haberse visto apoyada nuestra causa con la uniformidad de sentimientos de Buenos Aires, Santa Fe, la Florida, México, Guatemala y Chile; después de haber obtenido una garantía indirecta por parte de la Inglaterra; después de lograr reunir a su causa a Barcelona, Mérida y Trujillo; después de oír alabar su conducta por los hombres imparciales de la Europa; después de ver triunfar sus principios desde el Orinoco hasta el Magdalena y desde el Cabo Codera hasta los Andes, tiene que endurar nuevos insultos antes que tomar el partido doloroso de romper para siempre con sus hermanos.

Sin haber hecho Caracas otra cosa que imitar a muchas provincias de España y usar de los mismos derechos que había declarado en favor de ella y de toda la América, el Consejo de Regencia; sin haber tenido en esta conducta otros designios que los que le inspiraba la suprema ley de la necesidad para no ser envueltos en una suerte desconocida y relevar a los Regentes del trabajo de atender al gobierno de países tan extensos como remotos, cuando ellos protestaban no atender sino a la guerra; sin haber roto la unidad e integridad política con la España; sin haber desconocido como podía y debía, los caducos derechos de Fernando; lejos de aplaudir por conveniencia, ya que no por generosidad, tan justa, necesaria y modesta resolución, y sin dignarse contestar siquiera o someter al juicio de la nación nuestras quejas y reclamaciones, se la declara en estado de guerra, se anuncia a sus habitantes como rebeldes y desnaturalizados; se corta toda comunicación con sus hermanos; se priva de nuestro comercio a la Inglaterra; se aprueban los excesos de Meléndez, y se le autoriza para cometer cuanto le sugiriese la malignidad de corazón, por más opuesto que fuese a la razón y justicia, como lo demuestra la orden de 4 de septiembre de 1810, desconocida por su monstruosidad aun entre los déspotas de Constantinopla y del Indostán; y por no faltar un ápice a los trámites de la conquista, se envía bajo el nombre de pacificador un nuevo Encomendero, que con muchas más prerrogativas que los conquistadores y pobladores se apostase en Puerto Rico para amenazar, robar, piratear y amotinar a unos contra otros, a nombre de Fernando VII.

Hasta entonces habían sido más lentos los progresos del sistema de subversión, anarquía y depredación que se propuso la Regencia luego que supo los movimientos de Caracas; pero trasladado ya el foco principal de la guerra civil más cerca de nosotros, adquirieron más intensidad los subalternos y se multiplicaron los incendios de las pasiones y los esfuerzos de los partidos que capitaneaban los caudillos asalariados por Cortabarría y Meléndez. De aquí la energía incendiaria que adquirió la efímera sedición de Occidente; de aquí la discordia soplada de nuevo por Miyares, hinchado y ensoberbecido con la imaginaria Capitanía General de Venezuela; de aquí la sangre americana derramada a nuestro pesar en las arenas de Coro; de aquí los robos y asesinatos cometidos en nuestras costas por los piratas de la Regencia; de aquí el miserable bloqueo destinado a seducir y conmover nuestras poblaciones litorales; de aquí los insultos hechos al pabellón inglés; de aquí la decadencia de nuestro comercio; de aquí las conjuraciones de los Valles de Aragua y Cumaná; de aquí la horrorosa perfidia de Guayana y la deportación de sus próceres a las mazmorras de Puerto Rico; de aquí los generosos e imparciales oficios de reconciliación, interpuestos sinceramente por un representante del Gobierno británico en las Antillas y despreciados por el pseudo pacificador;[80] de aquí, finalmente, todos los males, todas las atrocidades y todos los crímenes que son y serán eternamente inseparables de los nombres de Cortabarría y Meléndez en Venezuela y que han impelido a su gobierno a ir más allá de lo que se propuso al tomar a su cargo la suerte de los que lo honraron con su confianza.

La misión de Cortabarría en el siglo XIX, comparado el estado de la España que la decretó y el de la América a quien se dirigía, demuestra hasta qué punto ciega el prestigio de la ambición a los que fundan en el embrutecimiento de los pueblos todo el origen de su autoridad. Con este solo hecho habría bastante para autorizar nuestra conducta. El espíritu de Carlos V, la memoria de Cortés y Pizarra y los manes de Moctezuma y Atahualpa se reproducen involuntariamente en nuestra imaginación al ver renovados los adelantados, pesquisidores y encomenderos en un país que contando trescientos años de sumisión y sacrificios, había prometido continuarlos sin otra condición que la de ser libre, para que la servidumbre no mancillase el mérito de la fidelidad. La plenipotencia escandalosa de un hombre autorizado por un gobierno intruso e ilegítimo, para que con el nombre insultante de pacificador despotizase, amotinase robase y (para colmo del ultraje) perdonase a un pueblo noble, inocente, pacífico, generoso y dueño de sus derechos solo puede creerse en el delirio impotente de su gobierno que tiraniza a una nación desorganizada y aturdida con la horrorosa tempestad que descarga sobre ella; pero como los males de este desorden y los abusos de aquella usurpación podrían creerse no imputables a Fernando, reconocido ya en Venezuela cuando

80 Oficio del Excmo. señor Almirante Cochrane, en la Secretaría de Estado.

estaba impedido de remediar tanto insulto, tanto atentado y tanta violencia cometida en su nombre, creemos necesario remontar al origen de sus derechos para descender a la nulidad e invalidación del generoso juramento con que los hemos reconocido condicionalmente, aunque tengamos que violar, a nuestro pesar, el espontáneo silencio que nos hemos impuesto sobre todo lo que sea anterior a las jornadas de El Escorial y de Aranjuez.

Es constante que América no pertenece, ni puede pertenecer al territorio español; pero también lo es que los derechos que justa o injustamente tenían a ella los Barbones, aunque fuesen hereditarios, no podían ser enajenados sin el consentimiento de los pueblos y particularmente de los de América, que al elegir entre la dinastía francesa y austríaca pudieron hacer en el siglo XVIII o que han hecho en el XIX. La Bula de Alejandro VI y los justos títulos que alegó la Casa de Austria en el Código Americano, no tuvieron otro origen que el derecho de conquista, cedido parcialmente a los conquistadores y pobladores por la ayuda que prestaban a la Corona para extender su dominación en América. Prescindiendo de la despoblación del territorio, del exterminio de los naturales y de la emigración que sufrió la supuesta metrópoli, parece que, acabado el furor de conquista, satisfecha la sed de oro, declarado el equilibrio continental a favor de la España con la ventajosa adquisición de la América, destruido y aniquilado el Gobierno feudal desde el reinado de los Barbones en España y sofocado todo derecho que no tuviese origen en las concesiones o prescriptos del Príncipe, quedaron suspensos de los suyos los conquistadores y pobladores. Demostrada que sea la caducidad e invalidación de los que se arrogaron los Barbones, deben revivir los títulos con que poseyeron estos países los americanos descendientes de los conquistadores, no en perjuicio de los naturales y primitivos propietarios: sino para igualarlos en el goce de la libertad, propiedad e independencia que han adquirido, con más derecho que los Barbones y cualquier otro a quien ellos hayan cedido la América sin consentimiento de los americanos, señores naturales de ella.

Que la América no pertenece al territorio español es un principio de derecho natural y una ley del derecho positivo. Ninguno de los títulos, justos o injustos, que existen de su servidumbre, puede aplicarse a los españoles de Europa; toda la liberalidad de Alejandro VI, no pudo hacer otra cosa que declarar a los reyes austríacos promovedores de la fe, para hallar un derecho preternatural con que hacerlos señores de la América. Ni el título de Metrópoli, ni la prerrogativa de Madre Patria pudo ser jamás un origen de señorío para la península de España: el primero lo perdió desde que salió de ella y renunció sus derechos el monarca tolerado por los americanos, y la segunda fue siempre un abuso escandaloso de voces, como el de llamar felicidad a nuestra esclavitud, protectores de indios a los fiscales e hijos a los americanos sin derecho ni dignidad civil. Por el solo hecho de pasar los hombres de un país a otro para poblarlo, no adquieren propiedad los que no abandonan sus hogares ni se exponen a las fatigas inseparables de la emigración; los que conquistan y adquieren la posesión del país con su trabajo, industria, cultivo y enlace con los naturales de él son los que tienen un derecho preferente a conservarlo y transmitirlo a su posteridad nacida en aquel territorio, y si el suelo donde nace el hombre fuese un origen de la soberanía o un título de adquisición, sería la voluntad general de los pueblos y la suerte del género humano, una cosa apegada a la tierra como los árboles, montes, ríos y lagos.

Jamás pudo ser tampoco un título de propiedad para el resto de un pueblo el haber pasado a otro una parte de él para poblarlo; por este derecho pertenecería la España a los fenicios o sus descendientes, y a los cartagineses donde quiera que se hallasen;[81] y todas las naciones de Europa tendrían que mudar de domicilio para restablecer el raro derecho territorial, tan precario como las necesidades y el capricho de los hombres. El abuso moral de la maternidad de España con respecto a América es todavía más insignificante; bien sabido es que en el orden natural es del deber del padre emancipar al hijo, cuando saliendo de la minoridad puede hacer uso de sus fuerzas y su razón para proveer a su subsistencia; y que es del derecho del hijo hacerlo cuando la crueldad o disipación del padre o tutor comprometen su suerte o exponen su patrimonio a ser presa de un codicioso o un usurpador; compárense bajo estos principios los trescientos años de nuestra filiación con España, y aun cuando se probase que ella fue nuestra madre, restaría aún por probar que nosotros somos todavía sus hijos menores o pupilos.

Cuando la España ha revocado en duda los derechos de los Barbones y de cualquiera otra dinastía, única fuente, aunque no muy clara, del dominio español en América, parecía que estaban los americanos relevados de alegar razones para destruir unos principios caducos ya en su origen; mas como puede hacerse cargo a Venezuela del juramento condicional con que reconoció a Fernando VII, el Cuerpo representativo que ha declarado su independencia de toda soberanía extraña no quiere este augusto Cuerpo dejar nada al escrúpulo de las conciencias, a los prestigios de la ignorancia y a la malicia de la ambición resentida con que desacreditar, calumniar y debilitar una resolución tomada con la madurez y detenimiento propios de su importancia y trascendencia.

Sabido es que el juramento promisorio de que tratamos no es otra cosa que un vínculo accesorio que supone siempre la

81 En esta paridad no se entra en las disputas de historia primitiva.

validación y legitimidad del contrato que por él se rectifica: cuando en el contrato no hay ningún vicio que lo haga nulo o ilegítimo, basta esto para creer que Dios, invocado por el juramento, no rehusará ser testigo y garante del cumplimiento de nuestras promesas, porque la obligación de cumplirlas está fundada sobre una máxima evidente de la ley natural, instituida por el divino Autor. Jamás podrá Dios ser garante de nada que no sea obligatorio en el orden natural, ni puede suponerse que acepte contrato alguno que se oponga a las leyes que él mismo ha establecido para la felicidad del género humano. Sería insultar su sabiduría, creer que puede prestarse a nuestros votos cuando nos pluga interponer su divino nombre en un contrato que choque contra nuestra libertad, único origen de la moralidad de nuestras acciones; semejante suposición indicaría que Dios tenía algún interés en multiplicar nuestros deberes, en perjuicio de la libertad natural, por medio de estos compromisos. Aun cuando el juramento añadiese nueva obligación a la del contrato solemnizado por él, siempre sería la nulidad del uno inseparable de la nulidad del otro, y si el que viola un contrato jurado es criminal y digno de castigo, es porque ha quebrantado la buena fe, único lazo de la sociedad, sin que el perjurio haga otra cosa que aumentar el delito y agravar la pena. La ley natural que nos obliga a cumplir nuestras promesas y la divina que nos prohibe invocar el nombre de Dios en vano, no alteran en nada la naturaleza de las obligaciones contraídas bajo los efectos simultáneos e inseparables de ambas leyes, de modo que la infracción de la una supone siempre la infracción de la otra. Para nuestro mismo bien tomamos a Dios por testigo de nuestras promesas y cuando creemos que puede salir garante de ellas y vengar su violación es solo porque nada tiene en sí el contrato capaz de hacerlo inválido, ilícito, indigno o contrario a la eterna justicia del árbitro supremo a quien lo sometemos. Bajo estos principios, debe analizarse el juramento incondicional con que el Congreso de Venezuela ha prometido conservar los derechos que legítimamente tuviese Fernando VII, sin atribuirle ninguno que, siendo contrario a la libertad de sus pueblos, invalidase por lo mismo el contrato y anulase el juramento.

Hemos visto, al fin, que a impulsos de la conducta de los gobiernos de España han llegado los venezolanos a conocer la nulidad en que cayeron los tolerados derechos de Fernando por las jornadas del Escorial y Aranjuez, y los de toda su casa por las cesiones y abdicaciones de Bayona; de la demostración de esta verdad nace como un corolario la nulidad de un juramento que, además de condicional, no pudo jamás subsistir más allá del contrato a que fue añadido como vínculo accesorio. Conservar los derechos de Fernando, fue lo único que prometió Caracas el 19 de abril, cuando ignoraba aún si los había perdido;[82] y cuando aunque los conservase con respecto a la España, quedaba todavía por demostrar si podía ceder por ellos la América a otra dinastía, sin su consentimiento. Las noticias que a pesar de la opresión y suspicacia de los intrusos gobiernos de España ha adquirido Venezuela de la conducta de los Borbones y los efectos funestos que iba a tener en América esta conducta, han formado un cuerpo de pruebas irrefragables de que no teniendo Fernando ningún derecho debió caducar, y caducó, la conservaduría que le prometió Venezuela y el juramento que solemnizó esta promesa.[83] De la primera parte del aserto es consecuencia legítima la nulidad de la segunda.

82 Judicio carel juramentum incautum. Div. Tom. 22. pág. 89, art. 3. Si vero sil quidem possibile fieri; sed fieri non debeat, vel quia est per se malum, vel quia est boni impeditivum, tune juramento deest justitia, et ideo non est servandum. Quest. cit. art. 7.

83 Jurabis in veritate, et in judicio, et in justitia. Jerem. Cap. 4.

Ni El Escorial, ni Aranjuez, ni Bayona fueron los primeros teatros de las transacciones que despojaron a los Borbones de sus derechos sobre la América. Ya se habían quebrantado en Basilea y en la Corte de España las leyes fundamentales de la dominación española en estos países.[84]

Carlos IV cedió contra una de ellas[85] la isla de Santo Domingo a Francia y enajenó la Luisiana en obsequio de esta nación extranjera; y estas inauditas y escandalosas infracciones autorizaron a los americanos contra quienes se cometieron y a toda la posteridad del pueblo colombiano para separarse de la obediencia y juramento que tenía prestado a la Corona de Castilla; como tuvo derecho para protestar contra el peligro inminente que amenazaba a la integridad de la monarquía en ambos mundos, la introducción de las tropas francesas en España antes de la jornada de Bayona, llamadas sin duda por alguna de las facciones borbónicas para usurpar la soberanía nacional a favor de un intruso, de un extranjero, o de un traidor; pero estando estos sucesos del lado de allá de la línea que hemos demarcado a nuestras razones, volveremos a pasarla para entrar en las que han autorizado nuestra conducta desde el año de 1808.

Todos conocen el suceso del Escorial de 1807; pero quizá habrá quien ignore los efectos naturales de semejante suceso. No es nuestro ánimo entrar a averiguar el origen de la discordia introducida en la casa y familia de Carlos IV; atribúyensele recíprocamente la Inglaterra y la Francia, y ambos gobiernos tienen acusadores y defensores; tampoco es de nuestro propósito el casamiento ajustado entre Fernando y la entenada de Bonaparte, la paz de Tilsit, las conferencias de Erfuhrt, el tratado secreto de S. Cloud y la emigración de la casa de Braganza al Brasil. Lo cierto y lo propio de

84 Tratado de Basilea de 15 de julio de 1795.
85 Ley 1, tit. 1 de la Recopil. de Indias.

nosotros es que por la jornada del Escorial quedó Fernando VIl declarado traidor contra su padre Carlos IV. Cien plumas y cien prensas publicaron a un tiempo por ambos mundos su perfidia y el perdón que a sus ruegos le concedió su padre; pero este perdón como atributo de la soberanía y de la autoridad paterna relevó al hijo únicamente de la pena corporal; el Rey, su padre, no tuvo facultad para dispensarle la infamia y la inhabilidad que las leyes constitucionales de España imponen al traidor, no solo para obtener la dignidad real, pero ni aun el último de los cargos y empleos civiles. Fernando no pudo ser jamás Rey de España ni de las Indias.

A esta condición quedó reducido el heredero de la Corona, hasta el mes de marzo de 1808 que, hallándose la Corte en Aranjuez, se redujo por los parciales de Fernando a insurrección y motín el proyecto frustrado en El Escorial. La exasperación pública contra el ministerio de Godoy sirvió de pretexto a la facción de Fernando para convertir indirectamente en provecho de la nación lo que se calculó, tal vez, bajo otros designios. El haber usado de la fuerza contra su padre, el no haberse valido de la súplica y el convencimiento, el haber amotinado el pueblo, el haberlo reunido al frente del palacio para sorprenderlo, arrastrar al ministro y forzar al Rey a abdicar la Corona, lejos de darle derecho a ella, no hizo más que aumentar su crimen, agravar su traición y consumar su inhabilidad para subir a un trono desocupado por la violencia, la perfidia y las facciones. Carlos IV, ultrajado, desobedecido y amenazado con la fuerza, no tuvo otro partido favorable a su decoro y su venganza que emigrar a Francia para implorar la protección de Bonaparte a favor de su dignidad real ofendida. Bajo la nulidad de la renuncia de Aranjuez, se juntan en Bayona todos los Borbones, atraídos contra la voluntad de los pueblos a cuya salud prefirieron sus resentimientos particulares; aprovechóse de ellos el Emperador de los franceses, y cuando tuvo bajo sus armas y su influjo a toda la familia de Fernando, con varios próceres españoles y suplentes por diputados en Cortes, hizo que aquél restituyese la Corona a su padre y que éste la renunciase en el Emperador, para trasladarla enseguida a su hermano José Bonaparte.

Ignoraba todo esto, o sabíalo muy por encima Venezuela, cuando llegaron a Caracas los emisarios del nuevo Rey. La inocencia de Fernando, en contraposición de la insolencia y despotismo del favorito Godoy, fue el móvil de su conducta, y la norma de la de las autoridades vacilantes el 15 de julio de 1808; y entre la alternativa de entregarse a una potencia extraña o de ser fiel a un Rey que aparecía desgraciado y perseguido, triunfó la ignorancia de los sucesos del verdadero interés de la Patria y fue reconocido Fernando, creyendo que mantenida por este medio la unidad de la nación, se salvaría de la opresión que la amenazaba y se rescataría un Rey de cuyas virtudes, sabiduría y derechos estábamos falsamente preocupados. Menos que esto necesitaban los que contaban con nuestra buena fe para oprimirnos. Fernando, inhábil para obtener la corona, imposibilitado de ceñirla, anunciado ya sin derechos a la sucesión por los próceres de España, incapaz de gobernar la América y bajo las cadenas y el influjo de una potencia enemiga, se volvió desde entonces, por una ilusión, un príncipe legítimo, pero desgraciado, se fingió un deber el reconocerlo, se volvieron sus herederos y apoderados cuantos tuvieron audacia para decirlo, y aprovechando la innata fidelidad de los españoles de ambos mundos empezaron a tiranizarlos nuevamente los intrusos gobiernos que se apropiaron la soberanía del pueblo a nombre de un Rey quimérico, y hasta la Junta Mercantil de Cádiz quiso ejercer dominio sobre la América.

Tales han sido los antecedentes y las consecuencias de un juramento que, dictado por la sencillez y la generosidad y conservado condicionalmente por la buena fe, quiere ahora oponerse para perpetuar los males que la costosa experiencia de tres años nos ha demostrado como inseparables de tan funesto y ruinoso compromiso. Enseñados como lo estamos por la serie de males, insultos, vejaciones e ingratitudes que hemos patentizado, desde el 15 de julio de 1808 hasta el 5 de julio de 1811, tiempo es ya de que abandonemos un talismán que, inventado por la ignorancia y adoptado por la fidelidad, está desde entonces amontonando sobre nosotros todos los males de la ambigüedad, la suspicacia y la discordia. Derechos de Fernando y representación legítima de ellos, por parte de los intrusos gobiernos de España; fidelidad y obligaciones de compasión y gratitud, por la nuestra, son los resortes favoritos que se juegan alternativamente para sostener nuestra ilusión, devorar nuestra sustancia, prolongar nuestra degradación, multiplicar nuestros males y prepararnos a recibir pasiva e ignominiosamente la suerte que nos destinen los que tan buena nos la están haciendo por tres siglos. Fernando VII es la contraseña universal de la tiranía en España y en América.

Apenas se conoció la vigilante desconfianza que habían producido entre nosotros las inconsecuencias, artes y falsías de los rápidos y raros gobiernos que se están sucediendo en España desde la Junta de Sevilla, se apeló a una aparente liberalidad, para cubrir de flores el lazo que no veíamos cuando estábamos cubiertos con el velo de la sencillez, rasgado al fin por la desconfianza. Con este fin, se aceleraron y congregaron tumultuariamente las Cortes que deseaba la nación, que resistía el gobierno comercial de Cádiz y que se creyeron al fin necesarias para contener el torrente de la libertad y la justicia, que rompía por todas partes los diques de la opresión y la iniquidad en el nuevo mundo; pero aún todavía se creyó que el hábito de obedecer, reconocer y depender sería en nosotros superior al desengaño que a tanta costa acabábamos de adquirir. Increíble parece por qué especie de prestigio funesto para España se cree que la parte de la nación que pasa el océano o nace entre los trópicos adquiere una constitución para la servidumbre, incapaz de ceder a los conatos de la libertad. Tan notorios como fatales son los efectos de esta arraigada preocupación, convertida, al fin, en provecho de América. Tal vez sin ella no hubiera perdido la España el rango de nación y la América no tendría que pasar para adquirirlo por los amargos trámites de una guerra civil, más ominosa para los promovedores que para nosotros mismos.

Harto demostrados están en nuestros papeles públicos[86] los vicios de que adolecen las Cortes con respecto a la América y el ilegítimo e insultante arbitrio adoptado por ellas para darnos una representación que resistiríamos, aunque fuésemos, como vociferó la Regencia, partes integrantes de la nación, y no tuviésemos otra queja que alegar contra su gobierno sino la escandalosa usurpación que hace de nuestros derechos, cuando más necesita de nuestros auxilios. A su noticia habrán llegado, sin duda, las razones que dimos a su pérfido enviado[87] cuando, frustradas las misiones anteriores, inutilizadas las cuantiosas remesas de gacetas llenas de triunfos, reformas, heroicidades y lamentos, y conocida la ineficacia de los bloqueos, pacificadores, escuadras y expediciones, se creyó que era necesario deslumbrar el amor propio de los americanos, sentando bajo el solio de las Cortes a los que ellos no hablan nombrado, ni podían nombrar los

86 Gacetas de Caracas de 4 de enero y siguientes.
87 Conducta execrable y notoria de Montenegro, desnaturalizado por el Gobierno Español.

que crearon suplentes con los de las provincias ocupadas, sometidas y contentas con la dominación francesa. Por si estuviese ya usado este resorte pueril, tan fecundo para España, se previno al enviado que se escogió americano y caraqueño para aumentar la ilusión; que en caso de que prevaleciese la energía caracterizada de rebelión contra la perfidia bautizada con el nombre de fraternidad, se atizase la hoguera de las pasiones encendida en Coro y Maracaibo, y que la discordia, sacudiendo de nuevo las víboras de su cabeza, condujese de la mano al Heraldo de las Cortes con el estandarte de la rebelión, por los alucinados distritos de Venezuela que no hubiesen podido triunfar de sus tiranos.

Forjábanse, empero, nuevos ardides para que la doblez y la astucia preparasen el camino a las huestes sanguinarias de los caudillos de Coro, Maracaibo y Puerto Rico; convencidas las Cortes de la conducta de Fernando, sus vínculos de afinidad con el Emperador de los franceses y el influjo de éste sobre todos los Borbones, constituidos ya bajo su tutela, empezaban a debilitar las capciosas impresiones que había producido en los americanos la fidelidad sostenida a la sombra de la ilusión, se empezaron a abrir contrafuegos para precaver el incendio prendido por ellas mismas y limitarlo a lo preciso y necesario para sus vastos, complicados y remotos designios. Para esto se escribió el elocuente manifiesto que asestaron las Cortes en 9 de enero de este año a la América, con una locución digna de mejor objeto; bajo la brillantez del discurso, se descubría el fondo de la perspectiva presentada para alucinarnos. Temiendo que nos anticipásemos a protestar todas estas nulidades, se empezó a calcular sobre lo que se sabía, para no aventurar lo que se ocultaba. Fernando, desgraciado, fue el pretexto que atrajo a sus pseudo-representantes los tesoros, la sumisión y la esclavitud de la América, después de la jornada de Sayona; y Fernando, seducido, engañado y prostituido a los designios del Emperador de los franceses, es ya lo último a que apelan para apagar la llama de la libertad que Venezuela ha prendido en el continente meridional. En uno de nuestros periódicos[88] hemos descubierto el verdadero espíritu del manifiesto en cuestión, reducido al siguiente raciocinio que puede mirarse como su exacto comentario: «La América se ve amenazada de ser víctima de una nación extraña o de continuar esclava nuestra; para recobrar sus derechos y no depender de nadie, ha creído necesario no romper violentamente los vínculos que la ligaban a estos pueblos; Fernando ha sido la señal de reunión que ha adoptado el Nuevo Mundo, y hemos seguido nosotros; él está sospechado de connivencia con el Emperador de los franceses y si nos abandonamos ciegamente a reconocerlo demos un pretexto a los americanos que nos crean aún sus representantes para negarnos abiertamente esta representación; puesto que ya empiezan a traslucirse en algunos puntos de América estos designios, manifestemos de antemano nuestra intención de no reconocer a Fernando sino con ciertas condiciones; éstas no se verificarán jamás y mientras que Fernando, ni de hecho ni de derecho, es nuestro Rey, lo seremos nosotros de la América, y este país tan codiciado de nosotros y tan difícil de mantener en la esclavitud, no se nos irá tan pronto de las manos».

Este reluciente aparato de liberalidad es ahora el muelle real y visible de la complicada máquina destinada a conmover la América; al paso que entre las cuatro paredes de las Cortes se desatienden de nuestra justicia, se eluden nuestros esfuerzos, se desprecian nuestras resoluciones, se sostienen a nuestros enemigos, se sofoca la voz de nuestros imagina-

88 «Mercurio Venezolano», de febrero de 1811.

rios representantes, se renueva para ellos la Inquisición,[89] al paso que se publica la libertad de imprenta y se controvierte si la Regencia pudo declararnos libres y parte integrante de la nación.[90] Cuando un americano digno de este nombre levanta la voz contra los abusos de la Regencia en Puerto Rico, se procuraron acallar teóricamente los justos, enérgicos e imperiosos reclamos que lo distinguen de los satélites del despotismo y con un decreto breve, amañado e insignificante, se procura salir del conflicto de la justicia contra la iniquidad. Meléndez, nombrado Rey de Puerto Rico por la Regencia, queda por un decreto de las Cortes con la investidura equivalente de gobernador, nombres sinónimos en América,[91] porque ya parecía demasiado monstruoso que hubiese dos reyes en una pequeña isla de las Antillas españolas. Cortabarría solo bastaba para eludir los efectos del decreto, dictado solo por un involuntario sentimiento de decencia. Así fue que cuando se declaraba inicua, arbitraria y tiránica la investidura concedida por la Regencia a Meléndez y se ampliaba la revocación a todos los países de América que se hallasen en el mismo caso que Puerto Rico, nada se decía del plenipotenciario Cortabarría, autorizado por la misma Regencia contra Venezuela, con las facultades más raras y escandalosas de que hay memoria en los fastos del despotismo orgánico.

Después del decreto de las Cortes es que se han sentido más los efectos de la discordia, promovida, sostenida y calculada desde el fatal observatorio de Puerto Rico; después del decreto de las Cortes han sido asesinados inhumanamen-

89 Hay noticias positivas de que el señor Mejia, Suplente de Santa Fe, ha sido encerrado en la Inquisición por su liberalidad de ideas.

90 «El Conciso», «Los Diarios de Cortes» y cuantos papeles vienen de España.

91 Representación de Don Ramón Power a las Cortes, contra la orden de la Regencia de 4 de septiembre de 1810.

te los pescadores y costaneros en Ocumare por los piratas de Cortabarría; después del decreto de las Cortes han sido bloqueadas, amenazadas e intimadas Cumaná y Barcelona; después del decreto de las Cortes se ha organizado y tramado una nueva y sanguinaria conjuración contra Venezuela, por el vil emisario introducido pérfidamente en el seno pacífico de su patria para devorarla, se ha alucinado a la clase más sencilla y laboriosa de los alienígenas de Venezuela, se han sacrificado a la justicia y la tranquilidad los caudillos conducidos, a nuestro pesar, al cadalso; por las sugestiones del pacificador de las Cortes, después del decreto de éstas, se ha turbado e interrumpido en Valencia la unidad política de nuestra Constitución, se ha procurado seducir, en vano, a otras ciudades del interior, y se ha hecho una falsa intimación a Carera por los facciosos de Occidente, para que en un mismo día quedase sumergida Venezuela en la sangre, el llanto y la desolación, asaltada hostilmente por cuantos puntos han estado al alcance de los agitadores, que tiene esparcidos contra nosotros el mismo Gobierno que expidió el decreto a favor de Puerto Rico y de toda la América. El nombre de Fernando VII es el pretexto con que va a devorarse el Nuevo Mundo; si el ejemplo de Venezuela no hace que se distingan, de hoy más, las banderas de la libertad clara y decidida, de las de la fidelidad maliciosa y simulada.

El amargo deber de vindicamos nos llevaría más allá si no temiésemos caer en el escollo de los gobiernos de España, sustituyendo el resentimiento a la justicia; cuando podemos oponer tres siglos de agravios contra ella, por tres años de esfuerzos lícitos, generosos y filantrópicos, empleados en vano para obtener lo que jamás pudimos enajenar. Si fuesen la hiel y el veneno los agentes de esta nuestra solemne, veraz y sencilla manifestación, hubiéramos empezado a destruir los derechos de Fernando por la ilegitimidad de su origen, declarada en Sayona por su madre y publicada en los periódicos franceses y españoles; haríamos valer los defectos personales de Fernando, su ineptitud para reinar, su débil y degradada conducta en las Cortes de Sayona, su nula e insignificante educación y las ningunas señales que dio para fundar las gigantescas esperanzas de los gobiernos de España, que no tuvieron otro origen que la ilusión de la América ni otro apoyo que el interés político de Inglaterra, muy distante de los derechos de los Barbones. La opinión pública de España y la experiencia de la revolución del Reino, nos suministrarían bastantes pruebas de la conducta de la madre y de las cualidades del hijo, sin recurrir al manifiesto del ministro Azanza[92] y a las memorias secretas de María Luisa; pero la decencia es la norma de nuestra conducta: a ella estamos prontos a sacrificar nuestras mejores razones; hartas son las alegadas para demostrar la justicia, necesidad y utilidad de nuestra resolución, a cuyo apoyo solo faltan los ejemplos con que vamos a sellar el juicio de nuestra independencia.

Es necesario que los partidarios de la esclavitud del Nuevo Mundo proscriban o falsifiquen la Historia, ese monumento inalterable de los derechos y usurpaciones del género humano, para sostener que la América no pudo estar sujeta a la alternativa de todas las naciones. Aun cuando hubiesen sido incontestables los derechos de los Barbones e indestructible el juramento que hemos desvanecido, bastaría solo la injusticia, la fuerza y el engaño con que se nos arrancó para que fuese nulo e inválido, desde que empezó a conocerse que era opuesto a nuestra libertad, gravoso a nuestros derechos, perjudicial a nuestros intereses y funesto a nuestra tranquilidad. Tal es la naturaleza del juramento prestado a los conquistadores o a los herederos de éstos, mientras tie-

92 Publicado después de la jornada de Sayona y circulado en esta Capital, a pesar de la anterior opresión.

nen oprimidos los pueblos con la fuerza que les proporcionó la conquista. De otro modo, no hubiera jamás recobrado su libertad España juramentada a los cartagineses; romanos, godos, árabes y casi a los franceses, en el mismo tiempo que desconocía los derechos de la América para no depender de nadie, desde que pudo hacerlo, como la España y las demás naciones. Superfluo sería recordar a nuestros enemigos los que ellos mismos saben y en lo que ellos mismos han fundado el derecho sagrado de su libertad e independencia, digna, por cierto, de no ser mancillada con la esclavitud de la mayor parte de la nación situada del otro lado del océano; pero no son ellos, por desgracia, los únicos a quien necesitamos convencer con ejemplos palpables de la justicia y semejanza común que tiene nuestra independencia con la de todas las naciones que la han perdido y han vuelto a recobrarla. Cebados los prestigios de la servidumbre en la sencillez de los americanos y sostenidos por el abuso más criminal que puede hacer la superstición del dogma y la religión, dictada para la libertad, felicidad y salvación de los pueblos; preciso es tranquilizar la piedad alucinada, ilustrar la ignorancia sorprendida y estimular la apatía halagada con la tranquilidad de los calabozos; para que todos sepan que los gobiernos no tienen, no han tenido, ni pueden tener otra duración que la utilidad y felicidad del género humano; que los reyes no son de una naturaleza privilegiada, ni de un orden superior a los demás hombres; que su autoridad emana de la voluntad de los pueblos, dirigida y sostenida por la Providencia de Dios que deja nuestras acciones al libre albedrío; que su omnipotencia no interviene a favor de tal o tal forma de gobierno, y que ni la religión, ni sus ministros anatematizan, ni pueden anatematizar, los esfuerzos que hace una nación para ser independiente en el orden político y depender solo de Dios y de su Vicario en el orden moral y religioso.

El pueblo de Dios, gobernado por El mismo y dirigido por milagros, portentos y beneficios, que tal vez no se repetirán jamás, ofrece una prueba del derecho de insurrección de los pueblos, que nada dejará que desear a la piedad ortodoxa de los amantes del orden público. Sujetos los hebreos a Faraón y ligados a su obediencia por la fuerza, se reúnen a Moisés y, bajo su dirección, triunfan de sus enemigos y recobran su independencia, sin que el mismo Dios ni su caudillo profeta y legislador Moisés les increpase su conducta, ni los sujetase a ninguna maldición ni anatema; subyugados después por la fuerza de Nabucodonosor Y, bajo la dirección de Holofernes, envía el mismo Dios a Judith que rescatase la independencia de su pueblo con la muerte del general babilonio. Bajo Antíoco Epifanes, levantaron Matías y sus hijos el estandarte de la independencia, y Dios bendijo y ayudó sus esfuerzos hasta conseguir la entera libertad de su pueblo contra la opresión de aquel Rey impío y sus sucesores.[93] No solo contra los reyes extranjeros que los oprimían usaron los israelitas del derecho de insurrección, quebrantando la obediencia a que los liga la fuerza, contra los que el mismo Dios les había dado dentro de su patria y familia, les vemos reclamar este derecho imprescriptible, siempre que lo exigía su libertad, su utilidad y el más sagrado de los pactos con que el mismo Dios los sujetó a los que eligió para gobernarlos. David obtiene el reconocimiento de los hebreos a favor de su dinastía y su hijo Salomón lo ratificó a favor de su posteridad pero apenas muere este Rey que había oprimido a sus vasallos con pechos y contribuciones para sostener el fausto de su Corte y el lujo y suntuosidad de sus placeres, queda solo reconocido su hijo Roboam por las tribus de Judá y Benjamín; las otras diez, usando de sus derechos, recobran su independencia política y en fuero de ello depo-

93 Machab., Lib. 1, Cap. 2.

sitan su soberanía en Jeroboam, hijo de Nabath. La dureza momentánea y pasajera del reinado de Salomón bastó a los hebreos para anular la obediencia prestada a su dinastía y colocar a otra en el trono, sin aguardar a que Dios les hubiese dicho que ya su suerte no dependía de los reyes de Judá, ni de los ministros, sacerdotes y caudillos de Salomón. ¿Y será de peor condición el pueblo cristiano de Venezuela para que, declarado libre por el Gobierno de España, después de trescientos años de cautiverio, pechos, vejaciones e injusticias, no pueda hacer lo que el mismo Dios de Israel que adora, permitió en otro tiempo a su pueblo, sin indignarse ni argüirlo en su furor? Su dedo divino es el norte de nuestra conducta y a sus eternos juicios quedará sometida nuestra resolución.

Si la independencia del pueblo hebreo no fue un pecado contra la ley escrita no podrá serlo la del pueblo cristiano contra la ley de gracia. Jamás ha excomulgado la Silla Apostólica a ninguna nación que se ha levantado contra la tiranía de los reyes o los gobiernos que violaban el pacto social. Los suizos, los holandeses, los franceses y los americanos del Norte proclamaron su independencia, trastornaron su constitución y variaron la forma de su gobierno, sin haber incurrido en otras censuras que las que pudo haber fulminado la Iglesia por los atentados contra el dogma, la disciplina o la piedad y sin que éstas trascendiesen a la política ni al orden civil de los pueblos. Ligados estaban los suizos con juramento a Alemania, como lo estaban los holandeses a la España, los franceses a Luis XVI y los americanos a Jorge III; pero ni ellos, ni los demás príncipes que favorecieron su independencia, fueron excomulgados por el Papa. El abuelo de Fernando VII, uno de los reyes más piadosos y católicos que han ocupado el trono de España, protegió con su sobrino Luis XVI la independencia de la América del Norte;

sin temer las censuras eclesiásticas ni la cólera del cielo; y ahora que el orden de los sucesos la presenta con más justicia a la América del Sur, quieren los que se dicen apoderados de su nieto abusar de la Religión que tanto respetó Carlos III, para continuar en la más atroz e inaudita de las usurpaciones. ¡Dios justo, Dios omnipotente, Dios piadoso! ¿Hasta cuándo ha de disputar el fanatismo el imperio a la sagrada Religión que enviaste a la sencilla América para tu gloria y su felicidad? Los sucesos que se han acumulado en la Europa para terminar la servidumbre de la América, han entrado, sin duda, en los altos designios de la Providencia. A través de dos mil leguas de océano, no hemos hecho otra cosa, en tres años que han transcurrido desde que debimos ser libres e independientes y hasta que resolvimos serlo, que pasar por los amargos trámites de las acechanzas, las conjuraciones, los insultos, las hostilidades y las depredaciones de los mismos a quienes convidábamos a participar de los bienes de nuestra regeneración y para cuya felicidad queríamos abrir las puertas del Nuevo Mundo, esclavizado a la comunicación del viejo, devastado e incendiado por la guerra, el hambre y la desolación. Tres distintas oligarquías nos han declarado la guerra, han despreciado nuestros reclamos, han amotinado a nuestros hermanos, han sembrado la desconfianza y el rencor entre nuestra gran familia, han tramado tres horribles conjuraciones contra nuestra libertad, han interrumpido nuestro comercio, han desalentado nuestra agricultura, han denigrado nuestra conducta y han concitado contra nosotros las fuerzas de la Europa, implorando, en vano, su auxilio para oprimirnos. Una misma bandera, una misma lengua, una misma religión y unas mismas leyes han confundido, hasta ahora, el partido de la libertad con el de la tiranía. Fernando Vil libertador ha peleado contra Fernando Vil opresor, y si no hubiésemos resuelto abandonar un nombre sinónimo del crimen y la virtud, sería al fin esclavizada la América con lo mismo que sirve a la independencia de la España.

De tal naturaleza han sido los imperiosos desengaños que han impelido a Venezuela a separar para siempre su suerte de un nombre tan ominoso y fatal. Colocada por él en la irrevocable disyuntiva de ser esclava o enemiga de sus hermanos, ha querido comprar la libertad a costa de la amistad, sin impedir los medios de reconciliación que desea. Razones muy poderosas, intereses muy sagrados, meditaciones muy largas, debates muy sostenidos, combinaciones muy analizadas, sucesos muy imperiosos, riesgos muy urgentes y una opinión pública bien pronunciada y sostenida han sido los datos que han precedido a la declaración solemne que el 5 de julio hizo el Congreso de Venezuela de la independencia absoluta de esta parte de la América Meridional; independencia deseada y aclamada por el pueblo de la Capital, sancionada por los Poderes de la Confederación, reconocida por los Representantes de las provincias, jurada y aplaudida por el Jefe de la Iglesia venezolana, y sostenida con las vidas, las fortunas y honor de todos los ciudadanos.

¡Hombres libres, compañeros de nuestra suerte! Vosotros que habéis sabido purgar vuestra alma del temor o la esperanza, «dirigid desde la elevación en que os colocan vuestras virtudes una mirada imparcial y desinteresada sobre el cuadro que acaba de trazaros Venezuela. Ella os constituye árbitros de sus diferencias con España y jueces de sus nuevos destinos. Si os han afectado nuestros males, y os interesa nuestra felicidad, reunid a los nuestros vuestros esfuerzos, para que el prestigio de la ambición no triunfe más de la libertad y la justicia. A vosotros toca el desengaño que una funesta rivalidad imposibilita a la América con respecto a la España. Contened el vértigo que se ha apoderado de sus gobiernos; demostradle los bienes recíprocos de nuestra regeneración; descubridle la halagüeña perspectiva que no les deja ver en América el monopolio que tiene metalizados sus corazones; decidle lo que les amenaza en Europa, y a lo que pueden aspirar en un mundo nuevo, pacífico, sencillo y colmado ya de todas las bendiciones de la libertad y juradle, por último, a nuestro nombre, que Venezuela espera con los brazos abiertos a sus hermanos, para partir con ellos su felicidad, sin otro sacrificio que el de las preocupaciones, el orgullo y la ambición que han hecho infelices por tres siglos a ambas Españas».

Palacio Federal de Caracas, 30 de julio de 1811.

Juan Antonio Rodríguez Domínguez,

Presidente.

Francisco lsnardy,

Secretario.

19. 1815. Simón Bolívar

Carta de Jamaica[94]

Contestación

De un Americano Meridional (es el General Bolívar) a un caballero de esta Isla (Jamaica).

Muy señor mío: Me apresuro a contestar la carta de 29 del mes pasado que usted me hizo el honor de dirigirme, y yo recibí con la mayor satisfacción.

Sensible como debo, al interés que usted ha querido tomar por la suerte de mi patria, afligiéndose con ella por los tormentos que padece, desde su descubrimiento hasta estos últimos períodos, por parte de sus destructores los españoles,

94 Cristóbal de Mendoza y Francisco Javier Yanes, *Documentos relativos a la Vida Pública del Libertador de Colombia y del Perú*, Simón Bolívar, 22 vols. Caracas, 1826-1833. (N. del E.)

no siento menos el comprometimiento en que me ponen las solícitas demandas que usted me hace, sobre los objetos más importantes de la política americana. Así, me encuentro en un conflicto, entre el deseo de corresponder a la confianza con que usted me favorece, y el impedimento de satisfacerla, tanto por la falta de documentas y de libros, cuanto por los limitados conocimientos que poseo de un país tan inmenso, variado y desconocido como el Nuevo Mundo.

En mi opinión es imposible responder a las preguntas con que usted me ha honrado. El mismo barón de Humboldt, con su universalidad de conocimientos teóricos y prácticos, apenas lo haría con exactitud, porque aunque una parte de la estadística y revolución de América es conocida, me atrevo a asegurar que la mayor está cubierta de tinieblas, y por consecuencia, solo se pueden ofrecer conjeturas más o menos aproximadas, sobre todo en lo relativo a la suerte futura, y a los verdaderos proyectos de los americanos; pues cuántas combinaciones suministra la historia de las naciones, de otras tantas es susceptible la nuestra por sus posiciones físicas, por las vicisitudes de la guerra, y por los cálculos de la política.

Como me conceptúo obligado a prestar atención a la apreciable carta de usted, no menos que a sus filantrópicas miras, me animo a dirigir estas líneas en las cuales ciertamente no hallará usted las ideas luminosas que desea, mas sí las ingenuas expresiones de mis pensamientos.

«Tres siglos ha, dice usted, que empezaron las barbaridades que los españoles cometieron en el grande hemisferio de Colón».

Barbaridades que la presente edad ha rechazado como fabulosas, porque parecen superiores a la perversidad humana, y jamás serían creídas por los críticos modernos, si constantes y repetidos documentos no testificasen estas infaustas verdades. El filantrópico obispo de Chiapa, el apóstol de la América, Las Casas, ha dejado a la posteridad una breve relación de ellas; extractada de las sumarias que siguieron en Sevilla a los conquistadores, con el testimonio de cuantas personas respetables había entonces en el Nuevo Mundo, y con los procesos mismos que los tiranos se hicieron entre sí: como consta por los más sublimes historiadores de aquel tiempo. Todos los imparciales han hecho justicia al celo, verdad y virtudes de aquel amigo de la humanidad, que con tanto fervor y firmeza denunció ante su gobierno y contemporáneos los actos más horrorosos de un frenesí sanguinario.

Con cuánta emoción de gratitud leo el pasaje de la carta de usted en que me dice «que espera que los sucesos que siguieron entonces a las armas españolas, acompañen ahora a la de sus contrarios, los muy oprimidos americanos meridionales. Yo tomo esta esperanza por una predicción, si la justicia decide fas contiendas de los hombres. El suceso coronará nuestros esfuerzos; porque el destino de la América se ha fijado irrevocablemente; el lazo que la unía a la España está cortado: la opinión era toda su fuerza; por ella se estrechaban mutuamente las partes de aquella inmensa monarquía: lo que antes las enlazaba ya las divide: más grande es el odio que nos ha inspirado la península que el mar que nos separa de ella: menos difícil es unir los dos continentes, que reconciliar los espíritus de ambos países. El hábito a la obediencia; un comercio de intereses, de luces, de religión: una reciproca benevolencia; una tierna solicitud por la cuna y la gloria de nuestros padres; en fin todo lo que formaba nuestra esperanza nos venía de España. De aquí nacía un principio de adhesión que parecía eterno; no obstante que la inconducta de nuestros dominadores relajaba esta simpatía; o por mejor decir este apego forzado por el imperio de la dominación. Al presente sucede lo contrario; la muerte, el deshonor, cuanto es nocivo, nos amenaza y tememos: todo lo sufrimos de esa desnaturalizada madrasta. El velo se ha rasgado, ya hemos visto la luz y se nos quiere volver a las tinieblas: se han roto las cadenas; ya hemos sido libres, y nuestros enemigos pretenden de nuevo esclavizamos. Por lo tanto, la América combate con despecho; y rara vez la desesperación no ha arrastrado tras sí la victoria.

Porque los sucesos hayan sido parciales y alternados, no debemos desconfiar de la fortuna. En unas partes triunfan los independientes, mientras que los tiranos en lugares diferentes, obtienen sus ventajas, y ¿cuál es el resultado final? ¿no está el Nuevo Mundo entero, conmovido y armado para su defensa? Echemos una ojeada y observaremos una lucha simultánea en la misma extensión de este hemisferio.

El belicoso estado de las provincias del Río de la Plata ha purgado su territorio y conducido sus armas vencedoras al Alto Perú, conmoviendo a Arequipa, e inquietado a los realistas de Lima, cerca de un millón de habitantes disfruta allí de su libertad.

El reino de Chile, poblado de 800.000 almas, está lidiando contra sus enemigos que pretenden dominarlo; pero en vano, porque los que antes pusieron un término a sus conquistas, los indómitos y libres araucanos, son sus vecinos y compatriotas; y su ejemplo sublime es suficiente para probarles, que el pueblo que ama su independencia, por fin lo logra.

El virreinato del Perú, cuya población asciende a millón y medio de habitantes, es sin duda el más sumiso y al que más sacrificios se le han arrancado para la causa del rey, y bien que sean vanas las relaciones concernientes a aquella porción de América, es indubitable que ni está tranquila, ni es capaz de oponerse al torrente que amenaza a las más de sus provincias.

La Nueva Granada que es por decirlo así, el corazón de la América obedece a un gobierno general, exceptuando el reino de Quito que con la mayor dificultad contiene sus enemigos, por ser fuertemente adicto a la causa de su patria; y las provincias de Panamá y Santa Marta que sufren, no sin dolor la tiranía de sus señores. Dos millones y medio de habitantes están esparcidos en aquel territorio que actualmente defienden contra el ejército español bajo el general Morillo, que es verosímil sucumba delante de la inexpugnable plaza de Cartagena. Mas si la tomare será a costa de grandes pérdidas, y desde luego carecerá de fuerzas bastantes para subyugar a los morigeras y bravos moradores del interior.

En cuanto a la heroica y desdichada Venezuela sus acontecimientos han sido tan rápidos y sus devastaciones tales, que casi la han reducido a una absoluta indigencia y a una soledad espantosa; no obstante que era uno de los más bellos países de cuantos hacían el orgullo de la América. Sus tiranos gobiernan un desierto, y solo oprimen a tristes restos que, escapados de la muerte, alimentan una precaria existencia: algunas mujeres, niños y ancianos son los que quedan. Los más de los hombres han perecido por no ser esclavos, y los que viven, combaten con furor, en los campos y en los pueblos internos hasta expirar o arrojar al mar a los que, insaciables de sangre y de crímenes, rivalizan con los primeros monstruos que hicieron desaparecer de la América a su raza primitiva. Cerca de un millón de habitantes se contaba en Venezuela y sin exageración se puede asegurar que una cuarta parte ha sido sacrificada por la tierra, la espada, el hambre, la peste, las peregrinaciones; excepto el terremoto, todos resultados de la guerra.

En Nueva España había en 1808, según nos refiere el barón de Humboldt, 7.800.000 almas con inclusión de Guatemala. Desde aquella época, la insurrección que ha agitado a casi todas sus provincias, ha hecho disminuir sensiblemente aquel cómputo que parece exacto; pues más de un millón de hombres han perecido, como lo podrá usted ver en la exposición de Mr. Walton que escribe con fidelidad los sanguinarios crímenes cometidos en aquel opulento imperio. Allí la lucha se mantiene a fuerza de sacrificios humanos y de todas especies, pues nada ahorran los españoles con tal que logren someter a los que han tenido la desgracia de nacer en este suelo, que parece destinado a empaparse con la sangre de sus hijos. A pesar de todo, los mexicanos serán libres, porque han abrazado el partido de la patria, con la resolución de vengar a sus pasados, o seguirlos al sepulcro. Ya ellos dicen con Reynal: llegó el tiempo en fin, de pagar a los españoles suplicios con suplicios y de ahogar a esa raza de exterminadores en su sangre o en el mar.

Las islas de Puerto Rico y Cuba, que entre ambas pueden formar una población de 700 a 800.000 almas, son las que más tranquilamente poseen los españoles, porque están fuera del contacto de los independientes. Mas ¿no son americanos estos insulares? ¿No son vejados? ¿No desearán su bienestar? Este cuadro representa una escala militar de 2.000 leguas de longitud y 900 de latitud en su mayor extensión en que 16.000.000 americanos defienden sus derechos, o están comprimidos por la nación española que aunque fue en algún tiempo el más vasto imperio del mundo, sus restos son ahora impotentes para dominar el nuevo hemisferio, y hasta para mantenerse en el antiguo. ¿Y la Europa civilizada, comerciante y amante de la libertad permite que una vieja serpiente por solo satisfacer su sana envenenada, devore la más bella parte de nuestro globo? ¡Qué! ¿Está la

Europa sorda al clamor; de su propio interés? ¿No tiene ya ojos para ver la justicia? ¿Tanto se ha endurecido para ser de este modo insensible? Estas cuestiones cuanto más las medito, más me confunden: llego a pensar que se aspira a que desaparezca la América; pero es imposible porque toda la Europa no es España. ¡Qué demencia la de nuestra enemiga, pretender reconquistar la América, sin marina, sin tesoros, y casi sin Soldados! Pues los que tiene, apenas son bastantes para retener a su propio pueblo en una violenta obediencia, y defenderse de sus vecinos. Por otra parte, ¿podrá esta nación hacer el comercio exclusivo de la mitad del mundo sin manufacturas, sin producciones territoriales, sin artes, sin ciencias, sin política? Lograda que fuese esa loca empresa, y suponiendo más, aun lograda la pacificación, los hijos de los actuales americanos unidos con los de los europeos reconquistadores, ¿no volverían a formar dentro de veinte años los mismos patrióticos designios que ahora se están combatiendo? La Europa haría un bien a la España en disuadirla de su obstinada temeridad, porque a lo menos le ahorrará los gastos que expende, y la sangre que derrama; a fin de que fijando su atención en sus propios recintos, fundase su prosperidad y por sobre bases más sólidas que las de inciertas conquistas, un comercio precario y exacciones violentas en pueblos remotos, enemigos y poderosos. La Europa misma por miras de sana política debería haber preparado y ejecutado el proyecto de la independencia americana, no solo porque el equilibrio del mundo así lo exige, sino porque este es el medio legítimo y seguro de adquirirse establecimientos ultramarinos de comercio. La Europa que no se halla agitada por las violentas pasiones de la venganza, ambición y codicia, como la España, parece que estaba autorizada por las leyes de la equidad a ilustrarla sobre sus bien entendidos intereses.

Cuantos escritores han tratado la materia se acordaban en esta parte. En consecuencia, nosotros esperábamos con razón que todas las naciones cultas se apresurarían a auxiliamos, para que adquiriésemos un bien cuyas ventajas son recíprocas a entrambos hemisferios. Sin embargo ¡cuán frustradas esperanzas! no solo europeos, pero hasta nuestros hermanos del Norte se han mantenido inmóviles espectadores de esta contienda, que por su esencia es la más justa, y por sus resultados la más bella e importante de cuantas se han suscitado en los siglos antiguos y modernos, ¿porque hasta dónde se puede calcular la trascendencia de la libertad del hemisferio de Colón? «La felonía con que Bonaparte, dice usted, prendió a Carlos IV, y a Fernando VIl reyes de esta nación, que tres siglos ha aprisionó con traición a dos monarcas de la América Meridional, es un acto muy manifiesto de retribución divina, y al mismo tiempo una prueba de que Dios sostiene la justa causa de los americanos, y les concederá su independencia.»

Parece que usted quiere aludir al monarca de México Moctezuma, preso por Cortés y muerto según Herrera por el mismo, aunque Solís dice, que por el pueblo, y, a Atahualpa Inca del Perú destruido por Francisco Pizarro y Diego Almagro. Existe tal diferencia entre la suerte de los reyes españoles y los reyes americanos, que no admiten comparación; los primeros son tratados con dignidad, conservados, y al fin recobran su libertad y trono; mientras que los últimos sufren tormentos inauditos y los vilipendios más vergonzosos. Si a Quauhtemotzin sucesor de Moctezuma, se le trata como emperador, y le ponen la corona, fue por irrisión y no por respeto, para que experimentase este escarnio antes que las torturas. Iguales a la suerte de este monarca fueron las del rey de Michoacán, Calzontzin; el Zipa de Bogotá, y cuántos Toquis, lmas, Zipas, Ulmenes, Caciques y demás dignidades indianas sucumbieron al poder español. El suceso de Fernando VII es más semejante al que tuvo lugar en Chile en 1535 con el Ulmen de Copiapó, entonces reinante en aquella comarca. El español Almagro pretextó como Bonaparte tomar partido por la causa del legítimo soberano y en consecuencia llama al usurpador como Fernando lo era en España; aparenta restituir al legítimo a sus estados y termina por encadenar y echar a las llamas al infeliz Ulmen, sin querer ni aun oír su defensa. Este es el ejemplo de Fernando VII con su usurpador; los reyes europeos solo padecen destierros, el Ulmen de Chile termina su vida de un modo atroz.

«Después de algunos meses, añade usted, he hecho muchas reflexiones sobre la situación de los americanos y sus esperanzas futuras: tomo grande interés en sus sucesos; pero me faltan muchos informes relativos a su estado actual y a lo que ellos aspiran; deseo infinitamente saber la política de cada provincia como también su población; si desean repúblicas o monarquías, si tomarán una gran república o una gran monarquía? Toda noticia de esta especie que usted pueda darme o indicarme las fuentes a que debo ocurrir, la estimaré como un factor muy particular».

Siempre las almas generosas se interesan en la suerte de un pueblo que se esmera por recobrar los derechos con que el criador y la naturaleza le han dotado; y es necesario estar bien fascinado por el error o por las pasiones para no abrigar esta noble sensación; usted ha pensado en mi país, y se interesa por él, este acto de benevolencia me inspira el más vivo reconocimiento.

He dicho la población que se calcula por datos más o menos exactos, que mil circunstancias hacen fallidos, sin que sea fácil remediar esta inexactitud, porque los más de los moradores tienen habitaciones campestres, y muchas veces errantes; siendo labradores, pastores, nómades, perdidos en medio de espesos e inmensos bosques, llanuras solitarias, y aislados entre lagos y ríos caudalosos. ¿Quién será capaz de formar una estadística completa de semejantes comarcas? Además, los tributos que pagan los indígenas; las penalidades de lo esclavos; las primicias, diezmos y derechos que pesan sobre los labradores, y otros accidentes alejan de sus hogares a los pobres americanos. Esto es sin hacer mención de la guerra de exterminio que ya ha segado cerca de un octavo de la población, y ha ahuyentado una gran parte; pues entonces las dificultades son insuperables y el empadronamiento vendrá a reducirse a la mitad del verdadero censo.

Todavía es más difícil presentir la suerte futura del Nuevo Mundo, establecer principios sobre su política, y casi profetizar la naturaleza del gobierno que llegará a adoptar. Toda idea relativa al porvenir de este país me parece aventurada. ¿Se puede prever cuando el género humano se hallaba en su infancia rodeado de tanta incertidumbre, ignorancia y error, cuál sería el régimen que abrazaría para su conservación? ¿Quién se habría atrevido a decir tal nación será república o monarquía, ésta será pequeña, aquella grande? En mi concepto esta es la imagen de nuestra situación. Nosotros somos un pequeño género humano; poseemos un mundo aparte, cercado por dilatados mares; nuevos en casi todas las artes y ciencias, aunque en cierto modo viejos en los usos de la sociedad civil. Yo considero el estado actual de la América, como cuando desplomado el imperio romano, cada desmembración formó un sistema político, conforme a sus intereses y situación, o siguiendo la ambición particular de algunos jefes, familias, o corporaciones; con esta notable diferencia que aquellos miembros dispersos volvían a restablecer sus antiguas naciones con las alteraciones que exigían las cosas o los sucesos: mas nosotros, que apenas conservamos vestigios de lo que en otro tiempo fue, y que por otra parte no somos indios, ni europeos, sino una especie media entre los legítimos propietarios del país y los usurpadores españoles: en suma, siendo nosotros americanos por nacimiento, y nuestros derechos los de Europa, tenemos que disputar a estos a los del país, y que mantenernos en él contra la invasión de los invasores; así nos hallamos en el caso más extraordinario y complicado. No obstante que es una especie de adivinación indicar cuál será el resultado de la línea de política que la América siga, me atrevo aventurar algunas conjeturas que desde luego caracterizo de arbitrarias, dictadas por un deseo racional, y no por un raciocinio probable.

La posición de los moradores del hemisferio americano, ha sido por siglos puramente pasiva: su existencia política era nula. Nosotros estábamos en un grado todavía más abajo de la servidumbre y por lo mismo con más dificultad, para elevarnos al goce de la libertad. Permítame usted

Estas consideraciones para elevar la cuestión. Los estados son esclavos por la naturaleza de su constitución o por el abuso de ella; luego un pueblo es esclavo, cuando el gobierno por su esencia o por sus vicios, holla y usurpa los derechos del ciudadano o súbdito. Aplicando estos principios, hallaremos que la América no solamente estaba privada de su libertad, sino también de la tiranía activa y dominante. Me explicaré. En las administraciones absolutas no se reconocen límites en el ejercicio de las facultades gubernativas: la voluntad del gran sultán, Kan, Dey y demás soberanos despóticos, es la ley suprema, y esta es casi arbitrariamente ejecutada por los bajaes, kanes y sátrapas subalternos de la Turquía y Persia, que tienen organizada una opresión de que participan los súbditos en razón de la autoridad que se les confía. A ellos está encargada la administración civil, militar, política, de rentas y la religión. Pero al fin son persas los jefes de Hispahan, con sus turcos los visires del gran señor, son tártaros los sultanes de la Tartaria. La China no envía a buscar mandatarios militares y letrados al país de Gengis Kan que la conquistó, a pesar de que los actuales chinos son descendientes directos de los subyugados por los ascendientes de los presentes tártaros.

¡Cuán diferente entre nosotros! Se nos vejaba con una conducta que además de privarnos de los derechos que nos correspondían, nos dejaba en una especie de infancia permanente, con respecto a las transacciones públicas. Si hubiésemos siquiera manejado nuestros asuntos domésticos en nuestra administración interior, conoceríamos el curso de los negocios públicos y su mecanismo. Gozaríamos también de la consideración personal que impone a los ojos del pueblo cierto respeto maquinal, que es tan necesario conservar en las revoluciones. He aquí por qué he dicho que estábamos privados hasta de la tiran fa activa, pues que no nos está permitido ejercer sus funciones.

Los americanos en el sistema español que está en vigor, y quizá con mayor fuerza que nunca no ocupan otro lugar en la sociedad que el de siervos propios para el trabajo, y cuando más el de simples consumidores; y aun esta parte coartada con restricciones chocamos; tales son las prohibiciones del cultivo de frutos de Europa, el estanco de las producciones que el rey monopoliza, el impedimento de las fábricas que la misma península no posee, los privilegios exclusivos del comercio hasta de los objetos de primera necesidad: las trabas entre provincias y provincias americanas para que no se traten, entiendan, ni negocien: en fin ¿quiere usted saber cuál era nuestro destino? los campos para cultivar el añil, la grama, el café, la caña, el cacao y el algodón: las llanuras solitarias para criar ganados, los desiertos para cazar las bestias feroces, las entrañas de la tierra para excavar el otro que no puede saciar a esa nación avarienta.

Tan negativo era nuestro estado que no encuentro semejante en ninguna otra asociación civilizada, por más que recorro la serie de las edades y la política de todas las naciones. Pretender que un país tan felizmente constituido, extenso, rico, y populoso sea meramente pasivo ¿no es un ultraje y una violación de los derechos de la humanidad? Estábamos como acabo de exponer, abstraídos y digámoslo así, ausentes del universo en cuanto es relativo a la ciencia del gobierno y administración del Estado. Jamás éramos virreyes ni gobernadores sino por causas muy extraordinarias, arzobispos y obispos pocas veces; diplomáticos nunca; militares solo en calidad de subalternos, nobles, sin privilegios reales; no éramos en fin, ni magistrados ni financistas, y casi ni aun comerciantes; todo en contraversión directa de nuestras instituciones.

El emperador Carlos V formó un pacto con los descubridores, conquistadores y pobladores de América, que como dice Guerra es nuestro contrato social. Los reyes de España convinieron solemnemente con ellos que lo ejecutasen por su cuenta y riesgo, prohibiéndoselas hacerlo a costa de la real hacienda, y por esta razón se les concedía que fuesen señores de la tierra, que organizasen la administración y ejerciesen la judicatura en apelación: con otras muchas exenciones y privilegios que sería prolijo detallar. El rey se comprometió a no enajenar jamás las provincias americanas, como que a él no tocaba otra jurisdicción que la del alto dominio, siendo una especie de propiedad feudal la que allí tenían los conquistadores para sí y sus descendientes. Al mismo tiempo existen leyes expresas que favorecen casi exclusivamente a los naturales del país, originarios de España, en cuanto a los empleos civiles, eclesiásticos y de rentas. Por manera que con una violación manifiesta de las leyes y de los pactos subsistentes, se han visto despojar aquellos naturales de la autoridad constitucional que les daba su código.

De cuanto he referido, será fácil colegir que la América no estaba preparada, para desprenderse de la metrópoli, como súbitamente sucedió por el efecto de las ilegítimas cesiones de Sayona, y por la inicua guerra que la regencia nos declaró sin derecho alguno para ello no solo por la falta de justicia, sino también de legitimidad. Sobre la naturaleza de los gobiernos españoles, sus decretos conminatorios y hostiles, y el curso entero de su desesperada conducta, hay escritos del mayor mérito en el periódico El Español, cuyo autor es el señor Blanco; y estando allí esta parte de nuestra historia muy bien tratada, me limito a indicarlo.

Los americanos han subido de repente y sin los conocimientos previos, y lo que es más sensible si la práctica de los negocios públicos a representar en la escena del mundo las eminentes dignidades de legisladores, magistrados, administradores del erario, diplomáticos, generales, y cuantas autoridades supremas y subalternas forman la jerarquía de un Estado organizado con regularidad.

Cuando las águilas francesas solo respetaron los muros de la ciudad de Cádiz, y con su vuelo arrollaron a los frágiles gobiernos de la Península, entonces quedamos en la horfandad. Ya antes habíamos sido entregados a la merced de un usurpador extranjero. Después, lisonjeados con la justicia que se nos debía con esperanzas halagüeñas siempre burladas; por último inciertos sobre nuestro destino futuro, y amenazados por la anarquía, a causa de la falta de un gobierno legítimo, justo y liberal, nos precipitamos en el caos de la revolución. En el primer momento solo se cuidó de proveer a la seguridad interior, contra los enemigos que encerraba nuestro seno. Luego se extendió a la seguridad exterior: se establecieron autoridades que substituimos a las que acabamos de deponer encargadas de dirigir el curso de nuestra revolución y de aprovechar la coyuntura feliz en que nos fuese posible fundar un gobierno constitucional digno del presente siglo y adecuado a nuestra situación.

Todos los nuevos gobiernos marcaron sus primeros pasos con el establecimiento de juntas populares. Estas formaron enseguida reglamentos para la convocación de congresos que produjeron alteraciones importantes. Venezuela erigió un gobierno democrático y federal, declarando previamente los derechos del hombre, manteniendo el equilibrio de los poderes y estatuyendo leyes generales en favor de la libertad civil, de imprenta y otras; finalmente se constituyó un gobierno independiente. La Nueva Granada siguió con uniformidad los establecimientos políticos y cuantas reformas hizo Venezuela, poniendo por base fundamental de su constitución el sistema federal más exagerado que jamás existió: recientemente se ha mejorado con respecto al poder ejecutivo general, que ha obtenido cuantas atribuciones le corresponden. Según entiendo, Buenos Aires y Chile han seguido esta misma línea de operaciones; pero como nos hallamos a tanta distancia, los documentos son tan raros, y las noticias tan inexactas, no me animaré ni aun a bosquejar el cuadro de su transacciones.

Los sucesos de México han sido demasiado varios, complicados, rápidos y desgraciados para que se puedan seguir en el curso de la revolución. Carecemos, además, de documentos bastante instructivos, que nos hagan capaces de juzgarlos. Los independientes de México, por lo que sabemos, dieron principio a su insurrección en setiembre de 1810, y un año después, ya tenía centralizado su gobierno en Zitacuario, instalada allí una junta nacional bajo los auspicios de Fernando VII, en cuyo nombre se ejercían las funciones gubernativas. Por los acontecimientos de la guerra, esta junta se trasladó a diferentes lugares, y es verosímil que se haya conservado hasta estos últimos momentos, con las modificaciones que los sucesos hayan exigido. Se dice que ha creado un generalísimo o dictador que lo es el ilustre general Morelos: otros hablan del célebre general Rayón: lo cierto es que uno de estos grandes hombres o ambos separadamente ejercen la autoridad suprema en aquel país; y recientemente ha aparecido una constitución para el régimen del estado. En marzo de 1812 el gobierno residente en Zultepec, presentó un plan de paz y guerra al virrey de México concebido con la más profunda sabiduría. En él se reclamó el derecho de gentes estableciendo principios de una exactitud incontestable. Propuso la junta que la guerra se hiciese como entre hermanos y conciudadanos; pues que no debía ser más aquel que entre naciones extranjeras; que los derechos de gentes y de guerra inviolables para los mismos infieles y bárbaros, debían serlo más para cristianos, sujetos a un soberano y a unas mismas leyes; que los prisioneros no fuesen tratados como reos de lesa majestad, ni se degollasen los que rendían las armas, sino que se mantuviesen en rehenes para canjearlos: que no se entrase a sangre y fuego en las poblaciones pacíficas, no las diezmasen ni quitasen para sacrificarlas y concluye que, en caso de no admitirse este plan, se observarían rigurosamente las represalias. Esta negociación se trató con el más alto desprecio: no se dio respuesta a la junta nacional: las comunicaciones originales se quemaron públicamente en la plaza de México, por mano del verdugo: y la guerra de exterminio continuó por parte de los españoles con su furor acostumbrado, mientras que los mexicanos y las otras naciones americanas no la hacían, ni aun a muerte con los prisioneros de guerra que fuesen españoles. Aquí se observa que por causas de conveniencia se conservó la apariencia de sumisión al rey y aun a la constitución de la monarquía.

Parece que la junta nacional es absoluta en el ejercicio de las funciones legislativas, ejecutivas y judiciales, y el número de sus miembros muy limitado.

Los acontecimientos de la tierra firme nos han probado que las instituciones perfectamente representativas no son adecuadas a nuestro carácter, costumbres y luces actuales. En Caracas el espíritu de partido tomó su origen en las sociedades, asambleas, y elecciones populares; y estos partidos nos tomaron a la esclavitud. Y así como Venezuela ha sido la república americana que más se ha adelantado en sus instituciones políticas, también ha sido el más claro ejemplo de la ineficiencia de la forma demócrata y federal para nuestros nacientes estados. En Nueva Granada las excesivas facultades de los gobiernos provinciales y la falta de centralización en el general ha conducido aquel precioso país al estado a que se ve reducido en el día. Por esta razón sus débiles enemigos se han conservado contra todas las probabilidades. En tanto que nuestros compatriotas no adquieran los talentos y las virtudes políticas que distinguen a nuestros hermanos del Norte, los sistemas enteramente populares, lejos de sernos favorables, temo mucho que vengan a ser nuestra ruina.

Desgraciadamente, estas cualidades parecen estar muy distantes de nosotros en el grado que se requiere: y por el contrario, estamos dominados de los vicios que se contraen bajo la dirección de una nación como la española que solo ha sobresalido en fiereza, ambición, venganza y codicia.

Es más difícil, dice Montesquieu, sacar un pueblo de la servidumbre, que subyugar uno libre. Esta verdad está comprobada por los anales de todos los tiempos, que nos muestran las más de las naciones libres, sometidas al yugo, y muy pocas de las esclavas recobrar su libertad. A pesar, de este convencimiento, los meridionales de este continente han manifestado el conato de conseguir instituciones liberales, y aun perfectas; sin duda o por efecto del instinto que tienen todos los hombres de aspirar a su mejor felicidad posible; la que se alcanza infaliblemente en las sociedades civiles, cuando ellas están fundadas sobre las bases de la justicia, de la libertad, y de la igualdad. Pero ¿seremos nosotros capaces de mantener en su verdadero equilibrio la difícil carga de una República? ¿se puede concebir que un pueblo recientemente desencadenado, se lance a la esfera de la libertad, sin que como a Ícaro se le deshagan las alas, y recaiga en el abismo? Tal prodigio es inconcebible, nunca visto.

Por consiguiente no hay un raciocinio verosímil, que nos halague con esta esperanza.

Yo deseo más que otro alguno ver formar en América la más grande nación del mundo, menos por su extensión y riquezas que por su libertad y gloria. Aunque aspiro a la perfección del gobierno de mi patria, no puedo persuadirme que el Nuevo Mundo sea por el momento regido por una gran república; como es imposible no me atrevo a desearlo; y menos deseo aun una monarquía universal de América, porque este proyecto sin ser útil, es también imposible. Los abusos que actualmente existen no se reformarían, y nuestra regeneración sería infructuosa. Los estados americanos han menester de los cuidados de gobiernos paternales que curen las llagas y las heridas del despotismo y la guerra. La metrópoli, por ejemplo, sería México, que es la única que puede serlo por su poder intrínseco, sin el cual no hay metrópoli. Supongamos que fuese el Istmo de Panamá punto céntrico para todos los extremos de este vasto continente ¿no continuarían estos en la languidez, y aun en el desorden actual? Para que un solo gobierno dé vida, anime, ponga en acción todos los resortes de la prosperidad pública, corrija, ilustre y perfeccione al Nuevo Mundo sería necesario que tuviese las facultades de un Dios, y cuando menos las luces y virtudes de todos los hombres.

El espíritu de partido que al presente agita a nuestros estados, se encendería entonces con mayor encono, hallándose ausente la fuente del poder, que únicamente pude reprimirlo. Además, los magnates de las capitales no sufrirían la preponderancia de los metropolitanos, a quienes considerarían como a otros tantos tiranos: sus celos llegarían hasta el punto de comparar a estos con los odiosos españoles. En fin una monarquía semejante sería un coloso deforme, que su propio peso desplomaría a la menor convulsión.

Mr. de Pradt ha dividido sabiamente a la América en quince a diecisiete estados independientes entre sí, gobernados por otros tantos monarcas. Estoy de acuerdo en cuanto a lo primero, pues la América comporta la creación de diecisiete naciones: en cuanto a lo segundo aunque es más fácil conseguirlo, es menos útil; y así no soy de la opinión de las monarquías americanas. He aquí mis razones. El interés bien entendido de una república se circunscribe en la esfera de su conservación, prosperidad, y gloria. No ejerciendo la libertad imperio, porque es precisamente su opuesto, ningún estímulo excita a los republicanos a extender los términos de su nación, en detrimento de sus propios medios, con el único objeto de hacer participar a sus vecinos de una constitución liberal. Ningún derecho adquieren, ninguna ventaja sacan venciéndolos, a menos que los reduzcan a colonias, conquistas, o aliados, siguiendo el ejemplo de Roma. Máximas y ejemplos tales están en oposición directa con los principios de justicia de los sistemas republicanos; y aún diré más, en oposición manifiesta con los intereses de sus ciudadanos; porque un estado demasiado extenso en sí mismo o por sus dependencias, al cabo viene en decadencia, y convierte su forma libre en otra tiránica; relaja los principios que deben conservarla, y ocurre por último al despotismo. El distintivo de las pequeñas repúblicas es la permanencia: el de las grandes es vario; pero siempre se inclina al imperio. Casi todas las primeras han tenido una larga duración; de las segundas solo Roma se mantuvo algunos siglos, pero fue porque era república la capital y no lo era el resto de sus dominios que se gobernaban por leyes e instituciones diferentes.

Muy contraria es la política de un rey, cuya inclinación constante se dirige al aumento de sus posesiones, riquezas y facultades: con razón, porque su autoridad crece con estas adquisiciones, tanto con respecto a sus vecinos como a sus propios vasallos que temen en él un poder tan formidable cuanto es su imperio que se conserva por medio de la guerra y de las conquistas. Por estas razones pienso que los americanos ansiosos de paz, ciencias, artes, comercio y agricultura, preferirían las repúblicas a los reinos, y me parece que estos deseos se conforman con las miras de la Europa.

No convengo en el sistema federal entre los populares y representativos, por ser demasiado perfectos y exigir virtudes y talentos políticos muy superiores a los nuestros: por igual razón rehuzo la monarquía mixta de aristocracia y democracia que tanta fortuna y esplendor ha procurado a la Inglaterra. No siéndonos posible lograr entre las repúblicas y monarquías lo más perfecto y acabado, evitemos caer en anarquías demagógicas, o en tiranías monócratas. Busquemos un medio entre extremos opuestos que nos conducirían a los mismos escollos, a la infelicidad y al deshonor. Voy a arriesgar el resultado de mis cavilaciones sobre la suerte futura de la América: no la mejor, sino la que le sea más asequible.

Por la naturaleza de las localidades, riquezas, población y carácter de los mexicanos, imagino que intentarán al principio establecer una república representativa, en la cual tenga grandes atribuciones el poder ejecutivo, concentrándolo en un individuo que si desempeña sus funciones con acierto y justicia, casi naturalmente vendrá a conservar una autoridad vitalicia. Si su incapacidad o violenta administración excita una conmoción popular que triunfe, este mismo poder ejecutivo quizás se difundirá en una asamblea. Si el partido preponderante es militar o aristocrático, exigirá probablemente una monarquía que al principio será limitada y constitucional, y después inevitablemente declinará en absoluta: pues debemos convenir en que nada hay más difícil en el orden político que la conservación de una monarquía mixta: y también es preciso convenir en que solo un pueblo tan patriota como el inglés es capaz de contener la autoridad de un rey, y de sostener el espíritu de libertad bajo un cetro y una corona.

Los estados del istmo de Panamá hasta Guatemala formarán quizás una asociación. Esta magnífica posición entre los dos grande mares, podrá ser con el tiempo el emporio del universo. Sus canales acortarán las distancias del mundo: estrecharán los lazos comerciales de Europa, América y Asia: traerán a tan feliz región los tributos de las cuatro partes del globo. ¡Acaso solo allí podrá fijarse algún día la capital de la tierra! Como pretendió Constantino que fuese Bizancio la del antiguo hemisferio.

La Nueva Granada se unirá con Venezuela, si llegan a convenirse en formar una república central, cuya capital sea Maracaibo o una nueva ciudad que con el nombre de Las Casas (en honor de este héroe de la filantropía), se funde entre los confines de ambos países, en el soberbio puerto de Bahía-honda. Esta posición aunque desconocida, es más ventajosa por todos respectos. Su acceso es fácil y su situación tan fuerte, que puede hacerse inexpugnable. Posee un clima puro y saludable, un territorio tan propio para la agricultura como para la cría de ganados, y una gran abundancia de maderas de construcción. Los salvajes que la habitan serían civilizados, y nuestras posesiones se aumentarían con la adquisición de la Goajira. Esta nación se llamaría Colombia como tributo de justicia y gratitud al criador de nuestro hemisferio. Su gobierno podrá imitar al inglés: con la diferencia de que en lugar de un rey habrá un poder ejecutivo, electivo, cuando más vitalicio, y jamas hereditario, si se quiere república, una cámara o senado legislativo hereditario, que en las tempestades políticas se interponga entre las olas populares y los rayos del gobierno, y un cuerpo legislativo de libre elección, sin otras restricciones que las de la cámara baja de Inglaterra. Esta constitución participaría de todas las formas y yo deseo que no participe de todos los vicios. Como esta es mi patria, tengo un derecho incontestable para desearla lo que en mi opinión es mejor. Es muy posible que la Nueva Granada no convenga en el reconocimiento de un gobierno central, porque es en extremo adicta a la federación; y entonces formará por sí sola un estado que si subsiste, podrá ser muy dichoso por sus grandes recursos de todos géneros.

Poco sabemos de las opiniones que prevalecen en Buenos Aires, Chile y Perú; Juzgando por lo que se trasluce y por las apariencias, en Buenos Aires habrá un gobierno central en que los militares se lleven la primacía por consecuencia de sus divisiones intestinas, y guerras externas. Esta constitución degenerará necesariamente en una oligarquía, o una monocracia, con más o menos restricciones, y cuya denominación nadie puede adivinar. Sería doloroso que tal cosa sucediese, porque aquellos habitantes son acreedores a la más espléndida gloria.

El reino de Chile está llamado por la naturaleza de su situación, por las costumbres inocentes y virtuosas de sus moradores, por el ejemplo de sus vecinos, los fieros republicanos del Arauco, a gozar de las bendiciones que derraman las justas y dulces leyes de una república. Si alguna permanece largo tiempo en América, me inclino a pensar que será la chilena. Jamás se ha extinguido allí el espíritu de libertad: los vicios de la Europa y del Asia llegarán tarde o nunca a corromper las costumbres de aquel extremo del universo. Su territorio es limitado: estará siempre fuera del contacto inficionado del resto de los hombres: no alterará sus leyes, usos y prácticas; preservará su uniformidad en opiniones políticas y religiosas; en una palabra, Chile puede ser libre.

El Perú, por el contrario, encierra dos elementos enemigos de todo régimen justo y liberal; oro y esclavos. El primero lo corrompe todo: el segundo está corrompido por sí mismo. El alma de un siervo rara vez alcanza a apreciar la sana libertad: se enfurece en los tumultos, o se humilla en las cadenas. Aunque estas reglas serían aplicables a toda la América, creo que con más justicia las merece Lima por los conceptos que he expuesto, y por la cooperación que ha prestado a sus señores contra sus propios hermanos los ilustres hijos de Quito, Chile y Buenos Aires. Es constante que el que aspira a obtener la libertad, a lo menos lo intenta. Supongo que en Lima no tolerarán los ricos la democracia, ni los esclavos y pardos libertos la aristocracia: los primeros preferirán la tiranía de uno solo, por no padecer las persecuciones tumultuarias y por establecer un orden siquiera pacífico. Mucho hará si concibe recobrar su independencia.

De todo lo expuesto, podemos deducir estas consecuencias: las provincias americanas se hallan lidiando por emanciparse, al fin obtendrán el suceso; algunas se constituirán de un modo regular en repúblicas federales y centrales: se fundarán monarquías casi inevitablemente en las grandes secciones, y algunas serán tan infelices que devorarán sus elementos, ya en la actual, ya en las futuras revoluciones que una gran monarquía no será fácil consolidar: una gran república imposible.

Es una idea grandiosa pretender formar de todo el mundo nuevo una sola nación con un solo vínculo que ligue sus partes entre sí y con el todo. Ya que tiene un origen, una lengua, unas costumbres y una religión debería por consiguiente tener un solo gobierno que confederase los diferentes estados que hayan deformarse; mas no es posible porque climas remotos, situaciones diversas, intereses opuestos, caracteres desemejantes dividen a la América. ¡Qué bello sería que el Istmo de Panamá fuese para nosotros lo que el de Corinto para los griegos! Ojalá que algún día tengamos la fortuna de instalar allí un augusto congreso de los representantes de las repúblicas, reinos e imperios a tratar y discutir sobre los altos intereses de la paz y de la guerra, con las naciones de las otras tres partes del mundo. Esta especie de corporación podrá tener lugar en alguna época dichosa de nuestra regeneración, otra esperanza es infundada, semejante a la del abate St. Pierre que concibió el laudable delirio de reunir un congreso europeo, para decidir de la suerte de los intereses de aquellas naciones.

«Mutaciones importantes y felices, continúa, pueden ser frecuentemente producidas por efectos individuales... Los americanos meridionales tienen una tradición que dice: que cuando Quetzalcahualt, el Hermes, o Buda de la América del sur resignó su administración y los abandonó, les prometió que volvería después que los siglos designados hubiesen pasado, y que él restablecería su gobierno, y renovaría su felicidad.»

¿Esta tradición, no opera y excita una convicción de que muy pronto debe volver? ¿concibe usted cuál será el efecto que producirá, si un individuo apareciendo entre ellos demostrase los caracteres de Quetzalcahualt, el Buda del bosque, o Mercurio, del cual han hablado tanto las otras naciones? ¿No cree usted que esto inclinaría todas las partes? ¿no es la unión todo lo que necesita para ponerlos en estado de expulsar a los españoles, sus tropas, y los partidarios de la corrompida España, para hacerlos capaces de establecer un imperio poderoso, con un gobierno libre, y leyes benévolas? Pienso como usted que causas individuales pueden producir resultados generales, sobre todo en las revoluciones. Pero no es el héroe, gran profeta, o Dios del Anahuac, Quetzalcahualt, el que es capaz de operar los prodigiosos beneficios que usted propone. Este personaje es apenas conocido del pueblo mexicano y no ventajosamente; por que tal es la suerte de los vencidos aunque sean Dioses. Solo los historiadores y literatos se han ocupado cuidadosamente en investigar su origen, verdadera o falsa misión, sus profecías y el término de su carrera. Se disputa si fue un apóstol de Cristo o bien pagano. Unos suponen que su nombre quiere decir Santo Tomás: otros que Culebra Emplumajada; y otros dicen que es el famoso profeta de Yucután, Chilan-Cambal. En una palabra, los más de los autores mexicanos, polémicos e historiadores profanos, han tratado con más o menos extensión la cuestión sobre el verdadero carácter de Ouetzalcahualt. El hecho es, según dice Acosta, que él estableció una religión, cuyos ritos, dogmas y misterios tenían una admirable afinidad con la de Jesús, y que quizás es la más semejante a ella. No obstante esto, muchos escritores católicos han procurado alejar la idea de que este profeta fuese verdadero, sin querer reconocer en él a un Santo Tomás como lo afirman otros célebres autores. La opinión general es que Quetzalcahualt es un legislador divino entre los pueblos paganos de Anahuac, del cual era lugar-teniente del gran Moctezuma, derivando de él su autoridad. De aquí se infiere que nuestros mexicanos no seguirían al gentil Quetzalcahualt, aunque pareciese bajo las formas más idénticas y favorables, pues que profesan una religión la más intolerante y exclusiva de las otras.

Felizmente los directores de la independencia de México se han aprovechado del fanatismo con el mejor acierto proclamando a la famosa virgen de Guadalupe por reina de los patriotas, invocándola en todos los casos arduos y llevándola en sus banderas. Con esto, el entusiasmo político ha formado una mezcla con la religión que ha producido un fervor vehemente por la sagrada causa de la libertad. La veneración de esta imagen en México es superior a la más exaltada que pudiera inspirar el más diestro profeta.

Seguramente la unión es la que nos falta para completar la obra de nuestra regeneración. Sin embargo, nuestra división no es extraña, porque tal es el distintivo de las guerras civiles formadas generalmente entre dos partidos: conservadores y reformadores. Los primeros son por lo común más numerosos, porque el imperio de la costumbre produce el efecto de la obediencia a las potestades establecidas: los últimos son siempre menos numerosos aunque más vehementes e ilustrados. De este modo la masa física se equilibra con la fuerza moral, y la contienda se prolonga, siendo sus resultados muy inciertos. Por fortuna, entre nosotros la masa ha seguido a la inteligencia.

Yo diré a usted lo que puede ponernos en aptitud de expulsar a los españoles, y de fundar un gobierno libre. Es la unión, ciertamente; mas esta unión no nos vendrá por prodigios divinos, sino por efectos sensibles y esfuerzos bien dirigidos. La América está encontrada entre sí, porque se halla abandonada de todas las naciones, aislada en medio del universo, sin relaciones diplomáticas ni auxilios militares y combatida por la España que posee más elementos para la guerra, que cuantos nosotros furtivamente podemos adquirir.

Cuando los sucesos no están asegurados, cuando el Estado es débil, y cuando las empresas son remotas, todos los hombres vacilan: las opiniones se dividen, las pasiones las agitan, y los enemigos las animan para triunfar por este fácil medio. Luego que seamos fuertes, bajo los auspicios de una nación liberal que nos preste su protección, se nos verá de acuerdo cultivar las virtudes y los talentos que conducen a la gloria: entonces seguiremos la marcha majestuosa hacia las grandes prosperidades a que está destinada la América Meridional; entonces las ciencias y las artes que nacieron en el Oriente y han ilustrado la Europa, volarán a Colombia libre que las convidará con un asilo.

Tales son, señor, las observaciones y pensamientos que tengo el honor de someter a usted para que los rectifique o deseche según su mérito; suplicándole se persuada que me he atrevido a exponerlos, más por no ser descortés, que porque me crea capaz de ilustrar a usted en la materia. Soy de usted &c. &c. &c.

Kingston setiembre 6 de 1815.

20. 1818. Simón Bolívar

Manifiesto a los habitantes del Río de la Plata[95]

Simón Bolívar,

Jefe supremo de la República de Venezuela, etc., etc., etc.

¡Habitantes del Río de la Plata!

95 Esta proclama fue publicada, junto con una comunicación de Bolívar para Juan Martín de Pueyrredón, en el n.° 1 del *Correo del Orinoco*, Angostura, 27 de junio de 1818. Se reproduce de Lecuna, ed., *Proclamas y Discursos del Libertador*, Caracas, 1939. (N. de P. G.)

Vuestros hermanos de Venezuela han seguido con vosotros la gloriosa carrera que desde el 19 de abril de 1810 han hecho recobrar a la América la existencia política de que la habían privado los tiranos de España. Venezuela ha visto con gozo y admiración vuestra sabia reforma, vuestra gloria militar y vuestra felicidad pública. Ella no ha podido lisonjearse de haberos igualado en fortuna; pero sí en los principios y en el objeto. En todo hemos sido iguales. Solo la fatalidad, anexa a Venezuela, la ha hecho sucumbir dos veces, y su tercer período se disputa con un encarnizamiento de que únicamente nuestra historia suministra ejemplo. Ocho años de combates, de sacrificios y de ruinas han dado a nuestra patria el derecho de igualarse a la vuestra, aunque infinitamente más espléndida y dichosa.

La sabiduría del Gobierno del Río de la Plata en todos los departamentos de su administración, sus transacciones políticas con las naciones extranjeras y el poder de sus armas en el fondo del Perú y en la región de Chile, son ejemplos elocuentes que persuadirán a los pueblos de la América a seguir la noble senda del honor y libertad. Venezuela, aunque de lejos, no os perderá de vista.

¡Habitantes del Río de la Plata! La República de Venezuela, aunque cubierta de luto, os ofrece su hermandad; y cuando cubierta de laureles haya extinguido los últimos tiranos que profanan su suelo, entonces os convidará a una sola sociedad, para que nuestra divisa sea Unidad en la América Meridional.

Cuartel General de Angostura, a 12 de junio de 1818. —8.º

Simón Bolívar

21. Ley fundamental de la Gran Colombia. 1819[96]

El Soberano Congreso de Venezuela, a cuya autoridad han querido voluntariamente sujetarse los pueblos de la Nueva Granada recientemente libertados por las armas de la República.

Considerando:

1.º Que reunidas en una sola República las Provincias de Venezuela y de la Nueva Granada tienen todas las proporciones y medios de elevarse al más alto grado de poder y prosperidad:

2.º Que constituidas en Repúblicas separadas, por más estrechos que sean los lazos que las unan, bien lejos de aprovechar tantas ventajas, llegarían difícilmente a consolidar y hacer respetar su Soberanía:

3.º Que estas verdades penetradas por todos los hombres de talento superiores y de un ilustrado patriotismo habían movido los Gobiernos de las dos Repúblicas a convenir en su reunión, que las vicisitudes de la guerra impidieron verificar: Por estas consideraciones de necesidad y de interés recíproco, y con arreglo al informe de una Comisión Especial de Diputados de la Nueva Granada y de Venezuela, en el nombre y bajo los auspicios del Ser Supremo; Ha decretado

96 La antigua República de Colombia, que comprendía las actuales de Venezuela, Colombia, Panamá y Ecuador, fue creada por el Libertador el 17 de diciembre de 1819, en Angostura. La *Ley Fundamental* dada ese mismo día por el Congreso, y sancionada de inmediato por el Libertador, fue publicada en el *Correo del Orinoco* n.º 47, del sábado 18 de diciembre, e impresa en hojas sueltas de gran formato. De una de éstas, que se conserva en el Archivo, del Libertador, se ha reproducido el texto. Este aparece también publicado en la obra *Decretos del Libertador*, 3 vols., editada por la Sociedad Bolivariana de Venezuela, Caracas, 1961. (N. de P. G.)

y decreta la siguiente Ley Fundamental de la República de Colombia:

Artículo 1.° Las Repúblicas de Venezuela y la Nueva Granada quedan desde este día reunidas en una sola bajo el título glorioso de República de Colombia:

2.° Su territorio será el que comprendían la antigua Capitanía General de Venezuela, y el Virreinato del nuevo Reino de Granada, abrazando una extensión de 115 mil leguas cuadradas, cuyos términos precisos se fijarán en mejores circunstancias:

3.° Las deudas que las dos Repúblicas han contraído separadamente, son reconocidas in solidum por esta Ley como Deuda Nacional de Colombia, a cuyo pago quedan vinculados todos los Bienes y Propiedades del Estado, y se destinarán los ramos más productivos de las Rentas públicas:

4.° El Poder Ejecutivo de la República será ejercido por un Presidente y en su defecto por un Vicepresidente nombrados ambos interinamente por el actual Congreso:

5.° La República de Colombia se dividirá en tres grandes Departamentos, Venezuela, Quito, y Cundinamarca, que comprenderá las Provincias de la Nueva Granada, cuyo nombre queda desde hoy suprimido. Las capitales de estos departamentos serán las Ciudades de Caracas, Quito, y Bogotá, quitada la adición de Santa Fe:

6.° Cada Departamento tendrá una Administración superior y un Jefe, nombrado por ahora por este Congreso con título de Vicepresidente:

7.° Una nueva Ciudad que llevará el nombre de Libertador Bolívar, será la Capital de la República. Su plan y situación se determinará por el primer Congreso General bajo el principio de proporcionarla a las necesidades de los tres Departamentos, y a la grandeza a que este opulento país está destinado por la Naturaleza:

8.º El Congreso General de Colombia se reunirá el primero de enero de 1821 en la Villa del Rosario de Cúcuta, que por todas circunstancias se considera el lugar más bien proporcionado. Su convocación se hará por el Presidente de la República el 1.º de enero de 1820, con comunicación del Reglamento para las elecciones que será formado por una Comisión Especial y aprobado por el Congreso actual:

9.º La Constitución de la República de Colombia será formada por su Congreso General, a quien se presentará en clase de Proyecto la que ha decretado el actual, y que con las leyes dadas por él mismo, se pondrá desde luego, por vía de ensayo, en ejecución:

10.º Las Armas y el Pabellón de Colombia se decretarán por el Congreso General sirviéndose entretanto de las Armas y Pabellón de Venezuela por ser más conocido:

11.º El actual Congreso se pondrá en receso el 15 de enero de 1820, debiendo procederse a nuevas elecciones para el Congreso General de Colombia:

12.º Una Comisión de seis Miembros y un Presidente quedará en lugar del Congreso con atribuciones especiales que se determinarán por un Decreto:

13.º La República de Colombia será solemnemente proclamada en los Pueblos, y en los Ejércitos, con fiestas y regocijos públicos, verificándose en esta Capital el 25 del corriente diciembre en celebridad del nacimiento del Salvador del Mundo, bajo cuyo patrocinio se ha logrado esta deseada reunión, por la cual se regenera el Estado:

14.º El Aniversario de esta regeneración Política se celebrará perpetuamente con una Fiesta Nacional, en que se premiarán como en las de Olimpia las virtudes y las luces.

La presente Ley Fundamental de la República de Colombia será promulgada solemnemente en los Pueblos y en los Ejércitos, inscrita en todos los Registros Públicos, y depositada en todos los Archivos de los Cabildos, Municipales, y Corporaciones así Eclesiásticas como Seculares.

Dada en el Palacio del Soberano Congreso de Venezuela en la Ciudad de Santo Tomás de Angostura, a 17 días del mes de diciembre, del Año del Señor 1819, Noveno de la Independencia.

El Presidente del Congreso, Francisco Antonio Zea. Juan Germán Roscio. Manuel Cedeño. Juan Martínez. José España. Luis Tomás Peraza. Antonio M. Briceño. Eusebio Afanador. Francisco Conde. Diego Bautista Urbaneja. Juan Vicente Cardozo. Ignacio Muñoz. Onofre Basalo. Domingo Alzuru. José Tomás Machado. Ramón García Cádiz. El Diputado Secretario. Diego de Vallenilla.

Palacio del Soberano Congreso de Venezuela en Angostura 17 de diciembre de 1819. 9.°

22. José Rafael Revenga. Carta a Bolívar sobre las relaciones internacionales[97]

Angostura,
Julio 4 de 1820.

Excmo. señor Libertador Presidente, etc., etc., etc.

General y amigo mío: Contesté a usted en el correo pasado, mas tan deprisa que apenas puedo dar cuenta de lo que le dije. Reasumiré la materia de su apreciada carta.

Trataba de nuestras relaciones extranjeras, sobre lo cual debo manifestar a usted el plan de conducta que me parece más prudente.

97 Cuando redactaba esta carta particular —el 4 de julio de 1820, en Angostura— José Rafael Revenga desempeñaba las funciones de Ministro de Hacienda y de Relaciones Exteriores de la República de Colombia. La carta original se conserva en el Archivo del Libertador, en Caracas. Hemos tomado el texto de *Memorias del General O'Leary*, tomo VI, Caracas, 1880. (N. de P. G.)

1.º Paz con todo el mundo: nos es necesaria, aún cuando la hayamos tenido con la España por treinta años. 2.º Para conservarla nos es necesario procurarnos amigos: y las naciones con quienes únicamente podemos tener algunos choques, son precisamente aquellas cuya amistad nos es más fácil conseguir, porque importa a la una multiplicar su sistema y gobiernos independientes en este continente, o más bien hemisferio; y rodeados nosotros de colonias de la otra, y de puertos de depósito, el interés del comercio y el deseo de conservarlas requiere buena armonía.

Ya que nosotros no tenemos ahora medios directos de estrechar aquellas relaciones, debemos emplear los indirectos que están a nuestro alcance. Entre estos son los más obvios el aparentar alternativamente preferencia de parte del Gobierno a individuos de la una o de la otra nación. El celo que por desgracia gobierna todavía los consejos de aquellas naciones debe ser el arma que manejemos, a escondidas, para atraerlas a nosotros.

Los Estados Unidos, aunque más llenos de trabas, son sin embargo los más dispuestos a nuestro favor; y a pesar de las trabas del Gobierno, les es, por desgracia del pueblo, muy fácil eludirlas. Los Estados Unidos tienen un peculiar interés es nuestra contienda, y lo tienen mayor en conservar con nosotros buena armonía y estrechar relaciones. La Inglaterra no tiene interés en nuestra contienda, sino en cuanto pueda influir en su comercio; y mientras que éste esté sostenido por la posición de sus islas, por el precio de sus manufacturas, y por el atraso respectivo de las de otras naciones, poco le importa nuestra independencia. Le perjudica, sí, nuestra contienda, en cuanto disminuye el número de consumidores; pero le perjudica menos de lo que le importa a su Gobierno el triunfo de los principios de la Santa Alianza: y mucho menos de lo que le perjudicarían las ventajas que nuestra independencia y relaciones estrechas diesen a los Estados Unidos.

La Inglaterra, sin embargo, ni se ha opuesto, ni se opondrá a nuestra independencia. Hacerlo, habría sido desconfiar de su propio poder en las negociaciones, habría sido escandaloso e infamante, y habría perjudicado a sus intereses futuros: de modo que aunque como Júpiter hubiese podido hacernos entrar en el polvo de una ojeada, su poder en este caso es como el que tiene todo hombre de privarse de un miembro de su cuerpo. La política es distinta: y aunque Jorge III haya sido el mayor conquistador de la edad presente, el arma que maneja la Inglaterra con más destreza es la intriga, sostenida por el interés individual de cada negociante inglés. Es bajo este aspecto que la Inglaterra me parece temible.

¿Nos atreveremos a concebir esperanzas de reportar ventajas, por medio de negociaciones, de un Gobierno de quien se tenga esta idea? Si las negociaciones se aceleran, o si no son muy necesarias, juzgo que sean infructuosas. Si contra lo que se espera la guerra continúa, será necesario implorar la sensibilidad del Gobierno inglés, a falta de mediador más a propósito: y hay bastantes razones para mover a aquel Gobierno a interponerse. Si la guerra cesa, o si a pesar de los esfuerzos del enemigo podemos libertar a toda Colombia, le conviene más a ésta no ser la primera que proponga las negociaciones, sino más bien dar motivos a que la Inglaterra gradualmente vaya estrechando sus relaciones diplomáticas con nosotros, a que presto va a verse forzada por la posición de sus islas, frecuencia del comercio, y necesidad de proteger sus individuos y propiedades. La antigua práctica de tratar sobre negocios nacionales con los gobernadores de colonias retardará la época.

Puede por el contrario acelerarse, y pueden estrecharse más temprano nuestras relaciones por medios indirectos, y aumentando la necesidad. Agentes diplomáticos americanos en nuestro territorio; aspecto de grandes negociaciones; o un comercio directo y floreciente va a traer su atención celosa. El progreso de cualesquiera de estos sucesos; el progreso de nuestro comercio directo con ella; enojos o intenciones hostiles hacia los Estados Unidos, o hacia cualquiera otra nación a quien ella creyere que nuestra enemistad importaba; la realización de alguna mejora interior de que su comercio debiese esperar grandes ventajas, por medios distintos de los que se franqueasen a los demás extranjeros u otra cosa de este tenor, dará ocasión a mutuas relaciones diplomáticas, o las estrechará, si ya existieren. Lo segundo es obra del tiempo y de las circunstancias; mas podemos acelerar lo primero fácilmente, porque existe y es indestructible el celo hacia los Estados Unidos; y hay mejor disposición en el pueblo americano, y más medios de interesarlo, y más deferencia de parte de su Gobierno, a lo que parece voluntad general.

Puede reducirse todo esto a esta simple expresión. La amistad de la Inglaterra es lo que más nos interesa: pero es de difícil consecución, especialmente al presente. La de los Estados Unidos es menos importante; pero nos interesa, tanto porque de ellos es de quienes puede recabarse ahora más fácilmente algunos auxilios, como porque ellos serán un medio involuntario que nos proporcione la amistad de la Inglaterra, o de otras potencias. Hablando de una y de otra nación, separo enteramente la idea y conducta del Gobierno de la idea y conducta de negociantes particulares. Los móviles de la conducta de aquel no son enteramente los mismos en Inglaterra que en los Estados Unidos; y seguramente la conducta de (•¡tos es la que más participa del carácter del negociante: mas con respecto al negociador extranjero, ofrece la ventaja de ser todavía poco sistemática, de participar mucho de las cualidades de gobierno nuevo, y de estar más sujeta que la de ningún otro gobierno al influjo de causas débiles o pasajeras, que alguna vez solo dependen de sentimientos que se hayan excitado, y que casi siempre está al alcance del extranjero aumentar o disminuir; principalmente cuando ese mismo extranjero no presenta un aspecto terrible, ni pretensiones sospechosas.

Me voy alejando del sendero y sentimientos que convienen a nuestros Gobiernos nacientes: retrogradaré. Es necesario conseguir la amistad de la Inglaterra directa o indirectamente; y la de los Estados Unidos directamente, porque no hay peligro en ello. En uno y en otro caso, y hacia todas las naciones, es preferible el hacer nuestra amistad apetecible, y aun necesaria, a ir a ofrecerla: las circunstancias deben decidir. Si se emprenden negociaciones de cualquiera clase es indispensable un negociador despierto y perspicacia pero que aparente mucho candor, y que casi no manifieste sin candor; pero que deje descubrir en lo que diga su capacidad para decir más, y para sostener la negociación sobre otras bases y con distintos argumentos. La cualidad principal de un negociador es tener siempre respuestas satisfactorias a cualquiera objeción; pero debe guardarse de hacer más que satisfacer a la objeción pues hay peligros más allá.

En nuestras presentes circunstancias, y en la necesidad de servirse de la negociación para descubrir la intención del otro, aquellas reglas admiten modificaciones; y lo que usted me indica hacia los Estados Unidos había sido ya ensayado, como usted colegirá de mis comunicaciones anteriores. Se ignora el resultado; pero yo espero todavía.

He sido interrumpido tantas veces escribiendo esta carta, que le falta mucho método, concisión y extensión sobre otros modos de considerar la materia; mas a lo menos no me han impedido pasar este rato en conversación con usted Podría haberla hecho en toda la semana, pero sin embargo de que los Ministros no hagan nada, debo decir que no he tenido tiempo disponible.

Saludo a usted de todo corazón, mi querido amigo; y le ruego que en teniendo momentos disponibles, me dé ocasión para repetir yo mis ensayos. Tal vez en el curso de ellos podré yo hacer alguna indicación útil; y las ideas nuevas son de suyo tan escasas, que tal vez no conviene despreciar ni aun una simple indicación.

Créame usted siempre su amigo,

J. R. REVENGA.

23. 1824. Sobre la Confederación Americana y el anticolonialismo. Pedro Gual a José María Salazar[98]

Al Honorable señor José María Salazar, Enviado Extraordinario y Ministro Plenipotenciario de Colombia, cerca del Gobierno de los Estados Unidos de América.

El tratado de unión, liga y confederación entre la República y México, que encontrará usted ratificado en la adjunta Gaceta número 143, es casi el complemento de la Confederación que proyectó en su origen la actual administración. Igual Convención está ahora en fuerza y vigor entre el Perú y Colombia, y la de Chile, presumo, no encontrará en Santiago obstáculo para su ratificación final, estándolo ya por nuestra parte.

Solamente en Buenos Aires, la política de este Gobierno ha encontrado opositores. Sin embargo el señor Mosquera nuestro Plenipotenciario cerca de los Estados Meridionales, no pudiendo llenar en toda su extensión sus instrucciones, se limitó a celebrar un tratado preliminar de amistad y alianza defensiva, que deja el campo abierto a una nueva

98 Bogotá a 7 de octubre de 1824, aparece en *Memorias de O'Leary*, vol. XXII, págs. 513-515. (N. del A.)

negociación. Este tratado ha sido igualmente ratificado por nuestra parte.

De esta manera se van cumpliendo los deseos de este Gobierno, de oponer una sociedad respetable de Estados americanos a la que se ha establecido en Europa con la denominación de Santa Alianza. Como no es transitoria la política que ha inducido a los Gabinetes europeos a unirse tan íntimamente, la de la América debe ser igualmente permanente y apoyada sobre principios sólidos y de utilidad y conveniencia reciproca.

La unión de las sociedades europeas está fundada sobre bases hostiles a los Gobiernos libres, mientras que el objeto primario de la nuestra es poner sus derechos más preciosos a cubierto de toda violencia. En tal contraste, no es difícil prever a lejos los resultados de los conatos de unos y de otros Gobiernos.

Pero como esto debe precisamente ser la obra del tiempo se hace en el ínterin indispensable desplegar toda la energía y toda la fuerza de la virilidad americana. Los Estados Unidos son tan interesados como nosotros en el mantenimiento y sostén de ciertos principios conservadores, de que pende esencialmente la grandeza y destino futuro de este Continente en general. Así parece probarlo evidentemente el último mensaje del Presidente Monroe, en que se hallan ya establecidas dos máximas capitales que autorizan inducciones de otra naturaleza.

Estas máximas son: 1.ª el procurar poner término a toda especie de colonización europea en el Continente americano: y 2.ª denunciar la explicación de los principios constitutivos de la Santa Alianza, como perjudiciales a la paz y seguridad de dichos Estados Unidos.

Estas dos importantes declaraciones, han puesto más en contacto los intereses de Colombia y sus aliados con los Estados Unidos. Y como ellos son de una importancia vital para ambas Naciones, la necesidad de entendernos clara y distintamente sobre ellos, se hace cada día más demostrable.

Así para promover este objeto tan esencial, como para que la América se presentase por primera vez unida en alguna manera, el Ejecutivo desearla ardientemente que los Estados Unidos se prestasen a enviar a sus Plenipotenciarios a Panamá, para que en unión de los de Colombia y sus aliados se concertasen los medios eficaces de resistir toda colonización extranjera en nuestro Continente y la aplicación de los principios de legitimidad a los Estados americanos en general.

Si la publicación de estos objetos proyectados del Congreso pareciere perjudicial, puede entonces reservarse, dando por objeto ostensible de la reunión de los Plenipotenciarios el aclarar por una Convención general entre los Estados americanos varios principios de derecho internacional, en tiempo de guerra, los cuales deben fijarse de común acuerdo después de las confusiones y alteraciones producidas por las últimas agitaciones de la Europa. Como este motivo ostensible no anuncia en manera alguna que los Estados Unidos pueden o tienen intención de separarse de la neutralidad que proclamaron desde el principio de la presente guerra, es de presumirse que la invitación que le autoriza a usted ahora a dirigir a ese Gobierno cuando lo crea oportuno, no hallará inconvenientes algunos por su parte.

Si el Gobierno de los Estados Unidos se prestase a concurrir por medio de sus Plenipotenciarios al primer Congreso de los Estados americanos, como es de presumirse, los negocios de dicho Congreso se contraerán: 1.º Reservado: a convenio sobre el modo y términos de hacer eventualmente efectivo el fin de las dos máximas de que he hablado arriba; y: 2.º Ostensible: a convenir sobre todos y cada uno de los puntos controvertibles de derecho marítimo en tiempo de guerra, a fin de hacer más duraderas y estables las relaciones de paz, amistad, comercio y navegación que se están estableciendo entre todos.

Aun no se ha pensado en fijar el mes y día en que debe reunirse la proyectada asamblea de los Estados Confederados. La situación crítica en que se han encontrado últimamente el Perú y México, han retardado la consideración con la preferencia que demanda su importancia. El Perú, sin embargo, comienza ya a presentar un aspecto más halagüeño; pero México es quizá en estos momentos el teatro de guerras intestinas, si no se ha logrado sofocar en su origen las nuevas aspiraciones del General lturbide. Depende, pues, la convocatoria de la Asamblea de los Estados americanos, de que la política y las instituciones del Perú y México tomen consistencia y una marcha más regular. Si esto se consigue, como es probable en todo el curso del presente año, la Asamblea podrá reunirse en el siguiente de 1825 o cuando más tarde en 1826.

En consecuencia de todo esto, dispone el Ejecutivo, que usted pulse gradualmente, y de una manera confidencial, y privada, cual es la opinión y cuales los deseos del Gobierno de los Estados Unidos, sobre la proyectada confederación americana, y le dirija la invitación de que he tenido la honra de hablar a usted cuando descubra que ella será aceptada con gusto. En este último caso, podrá emplearse simultáneamente el influjo de los Gobiernos de Colombia y los Estados Unidos, de Buenos Aires, Chile, Perú, Guatemala y México, y aun del Brasil con la mira de remover toda dificultad que pueda dilatar demasiado la instalación de la Asamblea.

Dios etc. — Bogotá, 7 de octubre de 1824.

PEDRO GUAL

24. 1824 Simón Bolívar. Invitación al Congreso de Panamá[99]

Lima, 7 de diciembre de 1824

Grande y buen amigo:

Después de quince años de sacrificios consagrados a la libertad de América por obtener el sistema de garantías que, en paz y guerra, sea el escudo de nuestro nuevo destino, es tiempo ya de que los intereses y las relaciones que unen entre sí a las repúblicas americanas, antes colonias españolas, tengan una base fundamental que eternice, si es posible, la duración de estos gobiernos.

Entablar aquel sistema y consolidar el poder de este gran cuerpo político, pertenece al ejercicio de una autoridad sublime que dirija la política de nuestros gobiernos, cuyo influjo mantenga la uniformidad de sus principios, y cuyo nombre solo calme nuestras tempestades. Tan respetable autoridad no puede existir sino en una asamblea de plenipotenciarios, nombrados por cada una de nuestras repúblicas y reunidos

99 Circular enviada por el Libertador desde Lima, el 7 de diciembre de 1824 —la antevíspera de la batalla de Ayacucho— a los Gobiernos de las Repúblicas de Colombia, México, Río de la Plata, Chile y Guatemala (es decir, América Central). Bolívar lo hacía en su calidad de gobernante del Perú. El original enviado al Vicepresidente Francisco de Paula Santander, encargado de la Presidencia de Colombia, ha sido localizado en el Archivo Nacional de Colombia, Sección «Historia», tomo 11, vol. A, y reproducido en facsímil en la obra póstuma de Vicente Lecuna, Catálogo de errores J Gailumnlu en la Historia de Bolívar, 3 vols.
Caracas, 1958. El texto reproducido aquí ha sido tomado de Lecuna, ed., *Proclamas y Discursos del Libertador*, Caracas, 1939. (N. de P. G.)

bajo los auspicios de la victoria obtenida por nuestras armas contra el poder español.

Profundamente penetrado de estas ideas, invité en 1822, como presidente de la república de Colombia, a los gobiernos de México, Perú, Chile y Buenos Aires, para que formásemos una confederación y reuniésemos, en el Istmo de Panamá u otro punto elegible a pluralidad, una asamblea de plenipotenciarios de cada estado «que nos sirviese de consejo en los grandes conflictos, de punto de contacto en los peligros comunes, del fiel intérprete en los tratados públicos cuando ocurran dificultades, y de conciliador, en fin, de nuestras diferencias».

El gobierno del Perú celebró en 6 de julio de aquel año un tratado de alianza y confederación con el plenipotenciario de Colombia; y por él quedaron ambas partes comprometidas a interponer sus buenos oficios con los gobiernos de América, antes española, para que, entrando todos en el mismo pacto, se verificase la reunión de la asamblea general de los confederados. Igual tratado concluyó en México, a 3 de octubre de 1823, el enviado extraordinario de Colombia a aquel estado; y hay fuertes razones para esperar que los otros gobiernos se someterán al consejo de sus más altos intereses.

Diferir más tiempo la asamblea general de los plenipotenciarios de las repúblicas que de hecho están ya confederadas, hasta que se verifique la accesión de los demás, sería privarnos de las ventajas que produciría aquella asamblea desde su instalación. Estas ventajas se aumentan prodigiosamente, si se contempla el cuadro que nos ofrece el mundo político, y muy particularmente, el continente europeo.

La reunión de los plenipotenciarios de México, Colombia y el Perú se retardarla indefinidamente, si no se promoviese por una de las mismas partes contratantes; a menos que se aguardase el resultado de una nueva y especial convención sobre el tiempo y lugar relativos a este grande objeto. Al considerar las dificultades y retardos por la distancia que nos separa, unidos a otros motivos solemnes que emanan del interés general, me determino a dar este paso con la mira de promover la reunión inmediata de nuestros plenipotenciarios, mientras los demás gobiernos celebran los preliminares, que existen ya entre nosotros, sobre el nombramiento e incorporación de sus representantes.

Con respecto al tiempo de la instalación de la asamblea, me atrevo a pensar que ninguna dificultad puede oponerse a su realización en el término de seis meses, aun contando desde el día de la fecha; y también me atrevo a lisonjearme de que el ardiente deseo que anima a todos los americanos de exaltar el poder del mundo de Colón, disminuirá las dificultades y demoras que exigen los preparativos ministeriales y la distancia que media entre las capitales de cada estado y el punto central de reunión.

Parece que si el mundo hubiese de elegir su capital, el Istmo de Panamá sería señalado para este augusto destino, colocado, como está, en el centro del globo, viendo por una parte el Asia, y por la otra el África y la Europa. El Istmo de Panamá ha sido ofrecido por el gobierno de Colombia, para este fin, en los tratados existentes. El Istmo está a igual distancia de las extremidades; y, por esta causa podría ser el lugar provisorio de la primera asamblea de los confederados.

Defiriendo, por mi parte, a estas consideraciones, me siento con una gran propensión a mandar a Panamá los diputados de esta república, apenas tenga el honor de recibir la ansiada respuesta de esta circular. Nada ciertamente podrá llenar tanto los ardientes votos de mi corazón, como la conformidad que espero de los gobiernos confederados a realizar este augusto acto de la América.

Si V. E. no se digna adherirse a él, preveo retardos y perjuicios inmensos, a tiempo que el movimiento del mundo lo celebra todo, pudiendo también acelerarlo en nuestro daño.

Tenidas las primeras conferencias entre los plenipotenciarios, la residencia de la asamblea, como sus atribuciones, pueden determinarse de un modo solemne por la pluralidad; y entonces todo se habrá alcanzado.

El día que nuestros plenipotenciarios hagan el canje de sus poderes, se fijará en la historia diplomática de América una época inmortal. Cuando, después de cien siglos, la posteridad busque el origen de nuestro derecho público y recuerden los pactos que consolidaron su destino, registrarán con respeto los protocolos del Istmo. En él encontrarán el plan de las primeras alianzas, que trazará la marcha de nuestras relaciones con el universo. ¿Qué será entonces del Istmo de Corinto comparado con el de Panamá? Dios guarde a V. E.

Vuestro grande y buen amigo,

Simón Bolívar

El Ministro de Gobierno y Relaciones Exteriores,

José Sánchez Carrión

25. Simón Bolívar

Proyecto de Constitución para la República Boliviana con las notas de antonio josé de sucre[100]

El Congreso General, Constituyente de la República Boliviana, nombrado por el Pueblo para formar la Constitución del Estado, Decreta la Siguiente:

100 Se reproduce el *Proyecto de Constitución para la República Boliviana*, de Simón Bolívar, tal cual fue impreso en Lima, 1826.
Las notas manuscritas de Sucre se componen en tipo menor a continuación de los artículos correspondientes, para ilustración del lector.

Título 1. De la Nación

Capítulo 1. De la Nación Boliviana

Artículo I

La Nación Boliviana es la reunión de todos los Bolivianos.

2.º Bolivia es, y será para siempre, independiente de toda dominación extranjera; y no puede ser patrimonio de ninguna persona ni familia.

Capítulo 2. Del territorio

3.º El territorio de la República Boliviana comprende los departamentos de Potosí, Chuquisaca, La Paz, Santa Cruz, Cochabamba, y Oruro.

4.º Se divide en departamentos, provincias, y cantones.

5.º Por una ley se hará la división mas . conveniente: y otra fijará sus límites, de acuerdo con los Estados limítrofes.

Título 2. Del Gobierno

Capítulo 1. Forma del Gobierno

6.º El Gobierno de Bolivia, es popular representativo.

7.º La Soberanía emana del pueblo, y su ejercicio reside en los Poderes que establece esta Constitución.

8.º El Poder supremo se divide para su ejercicio en cuatro secciones: Electoral, Legislativa, Ejecutiva y Judicial.

9.º Cada Poder ejercerá las atribuciones que le señala esta Constitución, sin excederse de sus límites respectivos:

Hay notas de Sucre en los artículos 18, 25, 28. 29, 40, 46, 59, 73, 77, 82, 83, 90, 91, 99, 104. 106, 110, 134. 135 y 138.

En cada caso se añade el texto promulgado por la Asamblea Constituyente de Bolivia así como el razonamiento de la Comisión de Negocios Constitucionales, en relación con las modificaciones sugeridas por el Gran Mariscal de Ayacucho.

Capítulo 2. De los Bolivianos

10. Son Bolivianos:

1. Todos los nacidos en el territorio de la República.

2. Los hijos de padreó madre Boliviana, nacidos fuera del territorio, luego que manifiesten legalmente su voluntad de domiciliarse en Bolivia.

3. Los Libertadores de la República, declarados tales por la ley de 11 de agosto de 1825.

4. Los extranjeros que obtengan carta de naturaleza, o tengan tres años de vecindad en el territorio de la República.

5. Todos los que hasta el día han sido esclavos; y por lo mismo quedarán, de hecho, libres en el acto de publicarse esta Constitución. Por una ley especial se determinará la indemnización que se debe hacer a sus antiguos dueños.

11. Son deberes de todo Boliviano:

1. Vivir sometido a la Constitución y a las leyes.

2. Respetar y obedecer a las autoridades constituidas.

3. Contribuir a los gastos públicos.

4. Sacrificar sus bienes, y su vida misma, cuando lo exija la salud de la República.

5. Velar sobre la conservación de las libertades públicas.

12. Los Bolivianos que estén privados del ejercicio del Poder electoral, gozarán de todos los derechos civiles concedidos a los ciudadanos.

13. Para ser ciudadano es necesario:

1. Ser Boliviano.

2. Ser casado, o mayor de veintiún años.

3. Saber leer y escribir.

4. Tener algún empleo o industria; o profesar alguna ciencia o arte, sin sujeción a otro en clase de sirviente doméstico.

14. Son ciudadanos.
1. Los libertadores de la República. (art. 10 3).
2. Los extranjeros que obtuvieren carta de ciudadanía.
3. Los extranjeros casados con Boliviana, que reúnen las condiciones 3 y 4 del art. 13.
4. Los extranjeros solteros que tengan cuatro años de vecindad en la República, y las mismas condiciones.

15. Los ciudadanos de las naciones de América, antes española, gozarán de los derechos de ciudadanía en Bolivia, según los tratados que se celebren con ellas.

16. Solo los que sean ciudadanos en ejercicio, pueden obtener empleos y cargos públicos.

17. El ejercicio de la ciudadanía se suspende:
1. Por demencia.
2. Por la tacha de deudor fraudulento.
3. Por hallarse procesado criminalmente.
4. Por ser notoriamente ebrio, jugador, o mendigo.
5. Por comprar o vender sufragios en las elecciones, o turbar el orden de ellas.

18. El derecho de ciudadanía se pierde:[101]

101 Artículo 18
[A las tres causas de pérdida de la ciudadanía, añade una cuarta:]
«4.° Por admitir empleo, título o emolumentos de ningún gobierno extranjero sin consentimiento de la Cámara de Censores».
TEXTO PROMULGADO: «Artículo 18. 4.° Por admitir empleo, título o emolumento de otro gobierno, sin consentimiento de la Cámara de Censores».
[La Comisión de Negocios Constitucionales dijo: «En este Artículo ha creído conveniente agregar otro motivo más por el que se pueda suspender el derecho de ciudadanía. La razón no es otra que el de-

1. Por traición a la causa pública.
2. Por naturalizarse en país extranjero.
3. Por haber sufrido pena infamatoria, o aflictiva, en virtud de condenación judicial.

Título 3. Del Poder electoral

Capítulo 1. De las elecciones

19. El Poder Electoral lo ejercen inmediatamente los ciudadanos en ejercicio, nombrando por cada diez un Elector.

20. El ejercicio del Poder Electoral no podrá jamás ser suspenso; y los magistrados civiles, sin esperar orden alguna, deben convocar al pueblo, precisamente en el período señalado por la ley.

21. Una ley especial detallará el reglamento de elecciones.

Capítulo 2. Del Cuerpo Electoral

22. El Cuerpo Electoral se compone de los Electores nombrados, por los sufragantes populares.

23. Reunidos los electores en la capital de la provincia, nombrarán, a pluralidad de votos, un presidente, dos escrutadores, y un secretario de su seno: estos desempeñarán su cargo, por todo el tiempo de la duración del Cuerpo.

24. Cada Cuerpo Electoral durará cuatro años; al cabo de los cuales cesará, dejando instalado al que le suceda.

25. Los Electores se reunirán todos los años en los días 2, 3, 4, 5 y 6 de enero para ejercer las atribuciones siguientes:
1. Calificar a los ciudadanos que entren en el ejercicio de sus

seo de nacionalizar a los bolivianos y contraerlos exclusivamente al servicio de su patria»] derechos, y suspender a aquellos que estén en los casos de los artículos 17 y 18.[102]

2. Elegir y proponer en terna: 1. A las cámaras respectivas los miembros que han de componerlas o llenar sus vacantes: 2.° al Poder Ejecutivo, candidatos para la prefectura de su departamento, para el gobierno de su provincia, y para corregidores de sus cantones y pueblos: 3.° Al Prefecto del departamento, los alcaldes y jueces de paz que deban nombrarse: 4.° Al Senado, los miembros de las cortes del distrito judicial a que pertenecen y los jueces de primera instancia: 5.° Al Poder ejecutivo, los curas y vicarios para las vacantes de su provincia.

3. Recibir las actas de las elecciones populares; examinar la identidad de los nuevos elegidos, y declararlos nombrados constitucionalmente.

4. Pedir a las cámaras cuanto crean favorable al bienestar de los ciudadanos; y quejarse de los agravios e injusticias que reciban de las autoridades constituidas.

Título 4. Del Poder legislativo

Capítulo 1. De la división, atribuciones y restricciones de este poder

26. El Poder Legislativo emana inmediatamente de los Cuerpos electorales nombrados por el pueblo, su ejercicio reside en tres Cámaras. 1.° de Tribunos. 2.° de Senadores 3.° de Censores.

102 Artículo 25

[Al Artículo 25, le añade un Parágrafo único:]

«Parágrafo único. Hasta la reunión del cuerpo electoral de 1832, los Prefectos, Gobernadores, Ministros de Justicia, Jueces de 18 Instancia serán los nombrados o que nombrare el Gobierno para llenar las vacantes. Este parágrafo...)

[Fue luego totalmente tachado en el original].

27. Cada cámara se compondrá de treinta miembros en los primeros veinte años.[103]

28. El día 25 del mes de mayo de cada año se reunirá, por sí mismo, el Cuerpo legislativo, sin esperar convocación.

29. Las atribuciones particulares de cada cámara se detallarán en su lugar. Son generales.

1. Nombrar al Presidente de la República por la primera vez, y confirmar a los sucesores.

2. Aprobar al Vicepresidente, a propuesta del Presidente.

103 Artículo 27

[Aunque no tacha el texto que aparece impreso, anota al margen una nueva redacción:]

«27. La Cámara de Tribunos se compone de un representante por cada cincuenta mil almas; la del Senado, de tres Senadores por cada Departamento; y la de Censores de tres por cada Departamento. El número de Tribunos que resulte al hacer las elecciones de 1828 será ya invariable en los primeros 20 años y lo mismo el número de senadores y censores señalados.»

No se incorporó a la Constitución

[La Comisión de Negocios Constitucionales no opinó sobre este punto].

Artículo 28

[Se añade manuscrito la fecha y el mes para la reunión del Cuerpo Legislativo: «25 y, mayo», en los espacios dejados en blanco en el impreso.]

Texto promulgado: «El día 6 del mes de agosto...»

[La Comisión de Negocios Constitucionales dijo: «El proyecto deja este señalamiento al arbitrio del Congreso, y la Comisión cree que este día eminentemente nacional es el más adecuado para que se reúna la representación de Bolivia, en memoria del primer grito de nuestra independencia.»]

[Sobre las atribuciones generales de las tres cámaras, modifica la 1.ª]

1.ª (¿Juramentar?) al Presidente elegido popularmente según la ley de junio. La primera palabra es de difícil lectura.

No se incorporó a la Constitución

[La Comisión de Negocios Constitucionales no se pronunció sobre esta opinión de Sucre.]

3. Elegir el lugar en que debe residir el Gobierno; y trasladarse a otro, cuando lo exijan graves circunstancias, y lo resuelvan los dos tercios de los miembros que componen las tres cámaras.

4. Decidir, en Juicio nacional, si ha lugar o no, a la formación de causa a los miembros de las cámaras, al Vicepresidente, y a los Secretarios de Estado.

5. Investir, en tiempo de guerra o de peligro extraordinario, al Presidente de la República con las facultades que se juzguen indispensables para la salvación del Estado.

6.° Elegir, entre los candidatos que presenten en terna a los Cuerpos Electorales, los miembros que deban llenar las vacantes en cada cámara.

7. Ordenar su policía interior por reglamentos; y castigar a sus miembros por la infracción de ellos.

30. Los miembros del Cuerpo Legislativo podrán ser nombrados Vicepresidente de la República, o Secretarios de Estado, dejando de pertenecer a su cámara.

31. Ningún individuo del Cuerpo Legislativo podrá ser preso durante su diputación, sino por orden de su respectiva cámara a menos que sea sorprendido in fraganti, en delito que merezca pena capital.

32. Los miembros del Cuerpo Legislativo serán inviolables por las opiniones que emitan dentro de sus cámaras en el ejercicio de sus funciones.

33. Ceda legislatura durará cuatro años, y cada sesión anual dos meses. Estas se abrirán y cerrarán, a un tiempo, por las tres cámaras.

34. La apertura de las sesiones se hará anualmente, con asistencia del Presidente de la República, del Vicepresidente y de los Secretarios de Estado.

35. Las sesiones serán públicas, y solamente los negocios de estado que exijan reserva se tratarán en secreto.

36. Los negocios, en cada cámara, se resolverán por la mayoría absoluta de votos de los miembros presentes.

37. Los empleados que sean nombrados diputados para el Cuerpo Legislativo, serán sustituidos interinamente en el ejercicio de sus empleos por otros individuos.

38. Son restricciones del Cuerpo Legislativo:

1. No se podrá celebrar sesión en ninguna de las cámaras, sin que estén presentes la mitad, y uno más, de los respectivos individuos que las componen; y deberá compelerse a los ausentes para que concurran a llenar sus deberes.

2. Ninguna de las cámaras podrá iniciar proyecto de ley relativo a ramos que la Constitución, comete a distinta cámara; más podrá invitar a las otras para que tomen en consideración las mociones que ella les pase.

3. Ningún miembro de las cámaras podrá obtener para sí, durante su diputación, sino el ascenso de escala en su carrera.

39. Las cámaras se reunirán:

1. Al abrir y cerrar sus sesiones.

2. Para examinar la conducta del ministerio cuando sea éste acusado por la cámara de Censores.

3. Para rever las leyes devueltas por el Poder Ejecutivo.

4. Cuando lo pida, con fundamento, alguna de las cámaras, como en el caso del Artículo 29 atribución 3.

5. Para confirmar el empleo de Presidente en el Vicepresidente.

40. Cuando se reúnan las cámaras, las presidirá por turno uno de sus presidentes.[104]

104 Artículo 40

[A la reunión de las Cámaras, añade:]

«Las Cámaras cuando se reúnan lo harán en la de Censores».

Promulgado en la Constitución

[La Comisión de Negocios constitucionales dijo: «Se ha añadido esta última cláusula para evitar cuestiones y etiquetas.»]

Capítulo 2. De la Cámara de tribunos

41. Para ser Tribuno es preciso.

1. Ser ciudadano en ejercicio.

2. Tener la edad de veinticinco años.

3. No haber sido condenado, jamás, en causa criminal.

42. El Tribunado tiene le iniciativa:

1. En el arreglo de la división territorial de la República.

2. En las contribuciones anuales y gastos públicos.

3. En autorizar al Poder Ejecutivo, para negociar empréstitos; y adoptar arbitrios para extinguir la deuda pública.

4. En el valor, tipo, ley, peso y denominación de la moneda, y en el arreglo de pesos y medidas.

5. En habilitar toda clase de puertos.

6. En la construcción de caminos, calzadas, puentes, edificios públicos, y en la mejora de la policía y ramos de industria.

7. En los sueldos de los empleados del Estado.

8. En las reformas que se crean necesarias en los ramos de la hacienda y guerra.

9. En hacer la guerra, o la paz, a propuesta del Gobierno.

10. En las alianzas.

11. En conceder el pase a tropas extranjeras.

12. En la fuerza armada de mar, y tierra para el asilo, a propuesta del Gobierno.

13. En dar ordenanzas a la marina, al ejército, y milicia nacional, a propuesta del Gobierno.

14. En los negocios extranjeros.

15. En conceder Cartas de naturaleza, y de ciudadanía.

16. En conceder indultos generales.

43. La cámara de Tribunos se renovará, por mitad, cada dos años, y su duración será de cuatro. En la primera legislatura la mitad que salga a los años, será por suerte.

44. Los Tribunos podrán ser reelegidos.

Capítulo 3. De la Cámara de senadores

45. Para ser Senador se necesita:

1. Las cualidades requeridas para Elector.

2. La edad de treinta y cinco años cumplidos.

3. No haber sido, jamás, condenado en cause criminal.

46. Las atribuciones del Senado son:

1. Formar los códigos civil, criminal, de procedimientos y de comercio, y los reglamentos eclesiásticos.[105]

2. Iniciar todas las leyes relativas a reformas en los negocios judiciales.

3. Velar sobre la pronta administración de justicia en lo civil y criminal.

4. La iniciativa de las leyes que repriman las infracciones de la Constitución y de las leyes, por los magistrados, jueces, y eclesiásticos.

5. Exigir la responsabilidad a los tribunales superiores de justicia, a los prefectos, y a los magistrados y jueces subalternos.

105 Artículo 46

[En las atribuciones del Senado, aparece tachada una edición ilegible al no 6, sobre el nombramiento de las autoridades eclesiásticas. Parece leerse: «Estas atribuciones ras tendrá el gobierno hasta el año 1832». Suprime el n.° 7 del Proyecto sobre nombramiento de autoridades civiles y lo sustituye por:] «7.° Elegir en la terna que presenten los cuerpos electorales los miembros de las Cortes de Justicia de Distrito».

No se incorporó a la Constitución

[Modifica el no 8 sobre elección de los jueces del Distrito que sustituye por:] «... los jueces de 1.ª Instancia.»

No se incorporó a la Constitución

[La Comisión de Negocios constitucionales no se pronunció sobre estos puntos.]

6. Proponer, en tema a la cámara de Censores los individuos que hayan de componer el Tribunal supremo de justicia, los arzobispos, obispos, dignidades, canónigos, y prevendados de las catedrales.

7. Aprobar o rechazar los prefectos, gobernadores y corregidores que el Gobierno le presente de la terna que formen los Cuerpos Electorales.

8. Elegir de la terna que le presenten los Cuerpos Electorales, los jueces del distrito, y los subalternos de todo el departamento de justicia.

9. Arreglar el ejercicio del patronato y dar proyectos de ley sobre todos los negocios eclesiásticos que tienen relación con el Gobierno.

10. Examinar, las decisiones conciliares, bulas, rescritos, y breves pontificios, para aprobarlos o no.

47. La duración de los miembros del Senado, será de ocho años, y por mitad se renovará cada cuatro años, debiendo salir por suerte la primera mitad de la primera legislatura.

48. Los miembros del Senado podrán ser reelegidos.

Capítulo 4. De la Cámara de censores

49. Para ser Censor se necesita:

1. Las cualidades requeridas para ser Senador.

2. Tener cuarenta años cumplidos.

3. No haber sido, jamás, condenado ni por faltas leves.

50. Las atribuciones de la cámara de Censores son:

1. Velar si el Gobierno cumple y hace cumplir la Constitución, las Leyes y los Tratados públicos.

2. Acusar, ante el Senado, las infracciones que el Ejecutivo haga de la Constitución, las Leyes, y los Tratados públicos.

3. Pedir al Senado la suspensión del Vicepresidente, y Secretarios de estado, si la salud de la República lo demandare con urgencia.

51. A la cámara de Censores pertenece exclusivamente acusar al Vicepresidente y Secretarios de Estado ante el Senado, en los casos de traición, concusión, o violación manifiesta de las leyes fundamentales del Estado.

52. Si el Senado estimare fundada la acusación hecha por la cámara de Censores, tendrá lugar el juicio nacional, y si por el contrario, el Senado estuviere por la negativa, pasará la acusación a la cámara de Tribunos.

53. Estando de acuerdo las dos cámaras, debe abrirse el juicio nacional.

54. Entonces se reunirán las tres cámaras y en vista de los documentos que presente la cámara de Censores, se decidirá a pluralidad absoluta de votos, si ha o no lugar a la formación de causa al Vicepresidente, o a los Secretarios de estado.

55. Luego que enjuicio nacional se decrete que ha lugar a la formación de causa al Vicepresidente o a los Secretarios de estado, quedarán estos en el acto suspensos de sus funciones, y las cámaras pasarán todos los antecedentes al Tribunal supremo de justicia, el cual conocerá exclusivamente de la causa; y el fallo que pronunciare, se ejecutará sin apelación.

56. Luego que las cámaras declaren que ha lugar a la formación de causa al Vicepresidente de estado y Secretarios de estado: el Presidente de la República presentará a las cámaras reunidas, un candidato para la vicepresidencia interina, y nombrará interinamente Secretarios de estado. Si el primer candidato fuere rechazado a pluralidad absoluta del Cuerpo Legislativo, el Presidente presentaré segundo candidato; y si este fuere igualmente rechazado presentaré tercer candidato; y si este fuere igualmente rechazado, entonces las cámaras elegirán por pluralidad absoluta, en el término de veinticua-

tro horas precisamente, uno de los tres candidatos propuestos por el Presidente.

57. El Vicepresidente interino ejercerá desde aquel acto sus funciones hasta el resultado del juicio contra el propietario.

58. Por una ley que tendrá origen en la cámara de Censores, se determinarán los casos en que el Vicepresidente y Secretarios de estado son responsables en común o en particular.

59. Corresponde además a la cámara de Censores:

1. Escoger de la terna que remita el Senado, los individuos que deben formar el Tribunal Supremo de justicia, y los que se han de presentar para los arzobispados, obispados, canongías, y prevendas vacantes.[106]

2. Todas las leyes de imprenta, economía, plan de estudios, y método de enseñanza pública.

3. Proteger la libertad de imprenta, y nombrar los jueces que deben ver en última apelación los juicios de ellas.

4. Proponer reglamentos para el fomento de las artes, y de las ciencias.

5. Conceder premios y recompensas nacionales a los que las merezcan por sus servicios a la República.

106 Artículo 59

[Sobre las atribuciones adicionales de la Cámara de Censores modifica el no lo relativo al nombramiento de cargos eclesiásticos, con el siguiente añadido:]

«... Y pasar al Poder Ejecutivo su elección para que extienda los títulos» [Añade sin numeración de apartado:]

«Conceder a los bolivianos la admisión de empleos, títulos o emolumentos de algún gobierno extranjero, cuando lo merezcan por sus servicios».

El segundo punto. Incorporado a la Constitución.

[La Comisión de Negocios constitucionales no dio opinión sobre el primer punto. Respecto al segundo, dijo: «Este artículo es relativo al 18 y se funda en las mismas razones.»]

6. Decretar honores públicos a la memoria de los grandes hombres, y a las virtudes y servicios de los ciudadanos.

7. Condenar a oprobio eterno a los usurpadores de la autoridad pública, a los grandes traidores, y a los criminales insignes.

60. Los Censores serán vitalicios.

Capítulo 1. De la formación y promulgación de las leyes

61. El Gobierno puede presentar a las cámaras los proyectos de ley que juzgue convenientes.

62. El Vicepresidente y los Secretarios de estado, pueden asistir a las sesiones, y discutir las leyes y los demás asuntos: mas no podrán votar, ni estar presentes en las votaciones.

63. Cuando la cámara de Tribunos adopte un proyecto de ley, lo remitirá al Senado con la siguiente fórmula: «La cámara de Tribunos remite a la Cámara de Senadores el adjunto proyecto de ley; y cree que tiene lugar».

64. Si la Cámara de Senadores aprueba el proyecto de ley; lo devolverá a la cámara de Tribunos, con la siguiente fórmula: «El Senado devuelve a la cámara de Tribunos el proyecto de ley (con reforma, o sin ella), y cree que debe pasarse al Ejecutivo para su ejecución».

65. Todas las cámaras en igual caso observarán esta misma fórmula.

66. Si una Cámara no aprobase las reformas, o adiciones de otra, y todavía la cámara proponente juzgase que el proyecto, tal cual lo propuso, es ventajoso; podrá invitar por medio de una diputación de tres miembros, a la reunión de las dos cámaras, para discutir aquel proyecto, o la reforma, o negativa que se le haya dado. Esta reunión de cámaras no tendrá más objeto que el de entenderse, y cada una volverá a adoptar las deliberaciones que tenga por conveniente.

67. Adoptando el proyecto de dos cámaras, se dirigirán al Presidente de la República dos copias firmadas por el presidente y secretarios de la cámara a que corresponde la ley, con la siguiente fórmula: «La cámara de... con la aprobación de la de... dirige al Poder Ejecutivo la ley sobre... para que se promulgue».

68. Si la cámara de Senadores se denegase a adoptar el proyecto de la de Tribunos, lo pasará a la de Censores, con la siguiente fórmula: «La cámara de Senadores remite a la de Censores el proyecto adjunto; y cree que no es conveniente». —Entonces lo que determine la cámara de Censores será definitivo.

69. Si el Presidente de la República creyese que la ley no es conveniente, deberá en el término de diez días cumplidos, devolverla a la cámara que le dio, con sus observaciones, y con la fórmula siguiente: «El Ejecutivo cree que debe considerarse de nuevo».

70. Las leyes que se dieren en los últimos diez días de las sesiones podrán ser retenidas por el Poder Ejecutivo hasta las próximas sesiones; y entonces deberá devolverlas con sus observadores.

71. Cuando el Poder Ejecutivo devuelva las leyes con observaciones a las cámaras, se reunirán estas; y lo que decidieren a pluralidad, se cumplirá sin otra discusión ni observación.

72. Si el Poder Ejecutivo no hubiere que hacer observaciones a las leyes, las mandará publicar con esta fórmula: «PROMÚLGUESE»

73. Las leyes se promulgarán con esta fórmula: «N. de N. Presidente de la República Boliviana. Hacemos saber a to-

dos los Bolivianos: que el Cuerpo Legislativo decretó, y nosotros publicamos la siguiente ley» (Aquí el texto de la ley).[107]

«Mandamos por tanto a todas las autoridades de la República, la cumplan y hagan cumplir».

«El Vicepresidente la hará imprimir, publicar, y circular a quienes corresponda». Y la firmará el Presidente con el Vicepresidente, y el respectivo Secretario de estado.

74. Los proyectos de ley que tuviesen origen en el Senado pasarán a la cámara de Censores, y si fueren allí aprobados, tendrán fuerza de ley. Si los Censores no aprobaren el proyecto de ley pasará a la cámara de Tribunos, y su decisión se cumplirá, como se ha dicho con respecto a la cámara de Tribunos.

75. Los proyectos de ley iniciados, en la cámara de Censores pasarán al Senado: la sanción de este tendrá fuerza de ley. Mas en el caso de negar su ascenso al proyecto, se pasará este al Tribunado, el cual dará o negará su sanción como en el caso del Artículo anterior.

Título 5. Del Poder ejectivo

76. El ejercicio del Poder Ejecutivo reside en un Presidente vitalicio, un Vicepresidente, y tres Secretarios de estado.

107 Artículo 73

[Modifica la fórmula de promulgación de las leyes, en vez de «nosotros publicamos la siguiente ley». dice:]

«... nosotros promulgamos la siguiente ley».

No se incorporó a la Constitución

[La Comisión de Negocios constitucionales no opinó sobre esta corrección.]

Capítulo 1. Del Presidente

77. El Presidente de la República será nombrado la primera vez por la pluralidad absoluta del Cuerpo legislativo.[108]

78. Para ser nombrado Presidente de la República se requiere:

1. Ser ciudadano en ejercicio, y nativo de Bolivia.
2. Tener más de treinta años de edad.
3. Haber hecho servicios importantes a la República.
4. Tener talentos conocidos en la administración del Estado.
5. No haber sido condenado por los tribunales, ni aun por faltas leves.

79. El Presidente de la República es el jefe de la administración del Estado, sin responsabilidad por los actos de dicha administración.

80. Por renuncia, muerte, enfermedad o ausencia del Presidente de la República, el Vicepresidente le sucederá en el mismo acto.

81. A falta del Presidente y Vicepresidente de la República, se encargarán interinamente de la administración los

108 Artículo 77

[Modifica el texto relativo a la elección, por primera vez, del Presidente vitalicio de Bolivia. En lugar de aceptar: «El Presidente de la República será nombrado la primera vez por la pluralidad absoluta del Cuerpo Legislativo», enmienda;]

«El Presidente de la República seré nombrado la primera vez popularmente conforme a la ley de junio».

No se incorporó a la Constitución

TEXTO PROMULGADO

«El Presidente de la República será nombrado la primera vez por el Congreso Constituyente, a propuesta de los colegios electorales».

[La Comisión de Negocios Constitucionales, recomendó un nuevo texto: «El Presidente de Ja República será nombrado la primera vez por el Congreso Constituyente con la popularidad ordenada en la ley de 3 de julio.» Y añade: «Las razones de esta variación están expresadas en el Artículo 29».]

tres Secretarios de estado, debiendo presidir el más antiguo en ejercicio, hasta que se reúna el Cuerpo legislativo.

82. Las atribuciones del Presidente de la República son:[109]

1. Abrir las sesiones de las cámaras, y presentarles un mensaje sobre el estado de la República.

2. Proponer a las cámaras el Vicepresidente, y nombrar por si solo los Secretarios del despacho.

3. Separar por sí solo al Vicepresidente y a los Secretarios del despacho, siempre que lo estime conveniente.

4. Mandar publicar, circular y hacer guardar las leyes.

5. Autorizar los reglamentos y órdenes para el mejor cumplimiento de la Constitución, las Leyes y los Tratados públicos.

6. Mandar y hacer cumplir las sentencias de los tribunales de justicia.

109 Artículo 82

[Añade una modificación al no 17, que decía: «Declarar la guerra en nombre de la República, previo el Decreto del Cuerpo Legislativo». Propone como adición: «y tomar por sí todas las medidas anticipadas y preparatorias».]

No se incorporó a la Constitución

[La Comisión de Negocios Constitucionales apoyó la reforma, con estos argumentos: «Es bien sencillo el objeto de la Comisión en las cláusulas añadidas. Ella ha querido que las providencias preliminares a una declaración de guerra, no estén sujetas a los entorpecimientos del cuerpo legislativo que puede estar en receso o proceder con la lentitud que es de su naturaleza».]

[Respecto a las atribuciones del Presidente de la República, sustituye sin tacharlo el no 25, que decía. «Presentar al Senado para su aprobación uno de la terna de candidatos propuestos por el Cuerpo electoral para prefectos, gobernadores y corregidores», y anota:]

«Presentar al Senado un conocimiento de la elección que haya hecho para Prefectos, Gobernadores y Corregidores de entre los propuestos de los Colegios electorales».

No se incorporó a la Constitución

[La Comisión de Negocios constitucionales no se pronunció sobre este punto.]

7. Pedir al Cuerpo legislativo la prorrogación de sus sesiones ordinarias hasta por treinta días.

8. Convocar el Cuerpo legislativo para sesiones extraordinarias en el caso de que sea absolutamente necesario.

9. Disponer de la fuerza permanente de mar y tierra para la defensa exterior de la República.

10. Mandar en persona los ejércitos de la República en paz y guerra. Cuando el Presidente se ausentare de la capital quedará el Vicepresidente encargado del mando de la República.

11. Cuando el Presidente dirige la guerra en persona, podrá residir en todo el territorio ocupado por las armas nacionales.

12. Disponer de la milicia nacional para la seguridad interior, dentro de los límites de sus departamentos; y fuera de ellos con consentimiento del Cuerpo legislativo.

13. Nombrar todos los empleados del ejército y marina.

14. Establecer escuelas militares, y escuelas náuticas.

15. Mandar establecer . hospitales militares y casas de inválidos.

16. Dar retiros y licencias. Conceder las pensiones de los militares y de sus familias conforme a las leyes; y arreglar según ellas, todo lo demás consiguiente a este ramo.

17. Declarar la guerra en nombre de la República, previo el decreto del Cuerpo legislativo.

18. Conceder patentes de corso.

19. Cuidar de las recaudaciones e inversión de las contribuciones con arreglo a las leyes.

20. Nombrar los empleados de hacienda.

21. Dirigir las negociaciones diplomáticas, y celebrar tratados de paz, amistad, federación, alianzas, treguas, naturalidad armada, comercio y cualesquiera otros, debiendo preceder siempre la aprobación del Cuerpo legislativo.

22. Nombrar los Ministros públicos, Cónsules, y subalternos del departamento de relaciones exteriores.

23. Recibir Ministros extranjeros.

24. Conceder el pase, o suspender las decisiones conciliares, bulas pontificias, breves, y rescritos con anuencia del Poder a quien corresponda.

25. Presentar al Senado para su aprobación uno de la terna de candidatos propuestos por el Cuerpo electoral para prefectos, gobernadores, y corregidores.

26. Presentar al gobierno eclesiástico uno de la terna de candidatos propuestos por el Cuerpo electoral para curas y vicarios de las provincias.

27. Suspender hasta por tres meses a los empleados, siempre que tengan causa para ello.

28. Conmutar las penas capitales decretadas a los reos por los tribunales.

29. Expedir, a nombre de la República, los títulos o nombramientos a todos los empleados.

83. Son restricciones del Presidente de la República:[110]

1. El Presidente no podrá privar de su libertad a ningún Boliviano, ni imponerle por sí pena alguna.

2. Cuando la seguridad de la República exija el arresto de uno o más ciudadanos, no podrá pasar de cuarenta y ocho horas sin poner al acusado a disposición del tribunal o juez competente.

110 Artículo 83

[Modifica el no so relativo a las restricciones del Presidente de la República, que decía: «No podrá ausentarse del territorio de la República, ni tampoco de la capital, sin permiso del Cuerpo Legislativo», con la supresión de la frase: «ni tampoco de la Capital».]

Incorporado a la Constitución

[La Comisión de Negocios constitucionales no se pronunció sobre este punto.]

3. No podrá privar a ningún individuo de su propiedad, sino en el caso que el interés público lo exija con urgencia; pero deberá preceder una justa indemnización al propietario.

4. No podrá impedir las elecciones ni las demás funciones que por las leyes competen a los Poderes de la República.

5. No podrá ausentarse del territorio de la República, sin permiso del Cuerpo legislativo.

Capítulo 2. Del Vicepresidente

84. El Vicepresidente es nombrado por el Presidente de la República, y aprobado por el Cuerpo legislativo, del modo que se ha dicho en el Artículo 56.

85. Por una ley especial se determinará el modo de sucesión, comprendiendo todos los casos que pueden ocurrir.

86. Para ser Vicepresidente se requieren las mismas cualidades que para Presidente.

87. El Vicepresidente de la República es el jefe del ministerio.

88. Será responsable con el Secretario del despacho del departamento respectivo, de la administración del Estado.

89. Despachará y firmará a nombre de la República y del Presidente, todos los negocios de la administración con el Secretario de estado del departamento respectivo.

90. No podrá ausentarse del territorio de la República, ni de la capital, sin permiso del Cuerpo legislativo.[111]

111 Artículo 90
[En relación al Vicepresidente de la República, modifica la restricción de que «No podrá ausentarse del territorio de la República, ni de la capital, sin permiso del Cuerpo Legislativo», en la siguiente

Capítulo 3. De los Secretarios de estado

91. Habrá tres Secretarios del despacho. El uno se encargará de los departamentos de gobierno, y relaciones exteriores: el otro del de hacienda; y el otro del de guerra marina.[112]

92. Estos tres Secretarios despacharán bajo las órdenes inmediatas del Vicepresidente.

93. Ningún tribunal ni persona pública dará cumplimiento a las órdenes del Ejecutivo que no estén firmadas por el Vicepresidente y Secretario del despacho de aquel departamento.

94. Los Secretarios del despacho serán responsables con el Vicepresidente, de todas las órdenes que autoricen contra la Constitución, las leyes y los tratados públicos.

95. Formarán los presupuestos anuales de los gastos que deban hacerse en sus respectivos ramos; y rendirán cuenta de los que se hubieren hecho en el año anterior.

96. Para ser Secretario de estado, se requiere:

1. Ser ciudadano en ejercicio.
2. Tener treinta años cumplidos.
3. No haber sido jamás condenado en causa criminal.

forma:] «No podrá ausentarse del territorio de la República, sin permiso del Cuerpo Legislativo o del Presidente».
[En la primera redacción «y del Presidente».]
No se incorporó a la Constitución
[La Comisión de Negocios constitucionales no dio opinión sobre este asunto.]

112 Artículo 91
[Respecto a las funciones de los Secretarios del Despacho decía el Proyecto que «El uno de encargará de los departamentos de gobierno y relaciones exteriores...». Se propone la modificación:]
«El uno se encargará de los departamentos del interior y relaciones exteriores...»
Se incorporó a la Constitución
[La Comisión de Negocios constitucionales no dio opinión sobre este punto.]

Título 6. Del Poder judicial

Capítulo 1. Atribuciones de este poder

97. Los tribunales y juzgados no ejercen otras funciones que la de aplicar leyes existentes.

98. Durarán los magistrados y jueces, tanto cuanto duraren sus buenos servicios.

99. Los magistrados y jueces no pueden ser suspendidos de sus empleos, sino en los casos determinados por las leyes; cuya aplicación, en cuanto a los primeros corresponde a la cámara de Senadores; y a las cortes del distrito, en cuanto a los segundos con previo conocimiento del Gobierno.[113]

100. Toda falta grave de los magistrados y jueces en el desempeño de sus respectivos cargos, produce acción popular, la cual puede intentarse en todo el término de un año, por el órgano del Cuerpo electoral.

101. La justicia se administrará en nombre de la Nación; y las ejecutorias y provisiones de los tribunales superiores se encabezarán del mismo modo.

113 Artículo 99

[Este Artículo decía en el Proyecto: «Los magistrados y jueces no pueden ser suspendidos de un empleo, sino en los casos determinados por las leyes; cuya aplicación, en cuanto a los primeros, corresponde a la Cámara de Senadores; y a las cortes del distrito, en cuanto a los segundos, con previo conocimiento del Gobierno». Lo enmienda así:]

«Los magistrados y jueces no pueden ser suspendidos de sus empleos, sino en los casos determinados por las leyes; cuya aplicación corresponde: a la Cámara de Senadores, los de la Corte Suprema; a la Corte Suprema los de las Cortes Superiores; y a las cortes del Distrito en cuanto a los jueces de primera Instancia, todo con previo consentimiento del Gobierno» [Sigue un texto tachado ilegible] No se incorporó a la Constitución [La Comisión de Negocios constitucionales dictaminó que debía suprimirse esta parte final, pues «ha creído que una ley de responsabilidades y otra de procedimientos detallarán los casos en que deben ser suspendidos los magistrados y por quiénes».]

Capítulo 2. De la Corte suprema

102. La primera magistratura judicial del Estado, residirá en la Corte suprema de justicia.

103. Esta se compondrá de un presidente, seis vocales, y un fiscal divididos en las salas convenientes.

104. Para ser individuo del supremo Tribunal de justicia se requiere:[114]

1. La edad de treinta y cinco años.

2. Ser ciudadano en ejercicio.

3. Haber sido individuo de alguna de las cortes de distrito judicial; y mientras éstas se organizan, podrán serlo los abogados que hubieren ejercido con crédito, su profesión por ocho años.

105. Son atribuciones del supremo Tribunal de justicia:

1. Conocer de las causas criminales del Vicepresidente de la República, Secretarios de estado, y miembros de la cámara cuando decretare el Cuerpo legislativo haber lugar a formarles causas.

2. Conocer de todas las causas contenciosas de patronato nacional.

3. Examinar las bulas, breves, y rescritos cuando se versen sobre materias civiles.

114 Artículo 104 [Modifica el no 3 relativo a las condiciones para ser individuo del Supremo Tribunal de Justicia, en el sentido de ampliar el tiempo necesario de ejercicio de la profesión de abogado, de «ocho años», a «diez años».] Incorporado a la Constitución [La Comisión de Negocios constitucionales opinó: «Para que los destinos judiciales recaigan en ciudadanos dignos de este delicado cargo por su experiencia o práctica forense, además de su probidad, la Comisión ha aumentado los años del ejercicio en la profesión de abogados. Así es que los artículos 104, 106 y 110 los ha redactado en esta forma». Reproduce las recomendaciones de Sucre en los tres artículos.] contra las sentencias dadas en última instancia por las cortes de justicia.

4. Conocer de las causas contenciosas de los Embajadores, Ministros residentes, Cónsules, y Agentes diplomáticos.

5. Conocer de las causas de separación de los magistrados de las Cortes de distrito judicial, y prefectos departamentales.

6. Dirimir las competencias de las cortes de justicia entre sí, y las de éstas con las demás autoridades.

7. Conocer en tercera instancia de la residencia de todo empleado público.

8. Oír las dudas de los demás tribunales, sobre la inteligencia de alguna ley; y consultar al Ejecutivo para que promueva la conveniente declaración en las cámaras.

9. Conocer de los recursos de nulidad que se interpongan

10. Examinar el estado y progreso de las causas civiles y criminales pendientes en las cortes de distrito, por los medios que la ley establezca.

11. Ejercer, por último, la alta facultad directiva, económica y correccional sobre los tribunales y juzgados de la Nación.

Capítulo 3. De las Cortes de distrito judicial

106. Para ser vocal de estas Cortes es necesario:[115]

1. Tener treinta años cumplidos.

2. Ser ciudadano en ejercicio.

3. Haber sido juez de letras, o ejercido la abogacía, con crédito por cinco años.

107. Son atribuciones de las Cortes de distrito judicial:

115 Artículo 106

[Modifica el no 3 relativo al tiempo de ejercicio de la abogacía para ser vocal de las Cortes de Distrito Judicial, en vez de «cinco años», en «Ocho años».]

Se incorporó a la constitución

[Véase la nota al Artículo 104]

1. Conocer en segunda y tercera instancia de todas las causas civiles del fuero común, hacienda pública, comercio, minería, presas, y comisos, en consorcio de un individuo de cada una de estas profesiones en calidad de conjuez.

2. Conocer de las competencias entre todos los jueces subalternos de su distrito judicial.

3. Conocer de los recursos de fuerza que se introduzcan de los tribunales, y autoridades eclesiásticas de su territorio.

Capítulo 4. Partidos judiciales

108. En las provincias se establecerán Partidos judiciales proporcionalmente iguales, y en cada capital de partido habrá un Juez de letras con el juzgado que las leyes determinen.

109. Las facultades de estos jueces se reducen a lo contencioso; y pueden conocer sin apelación en los negocios civiles, hasta la cantidad de doscientos pesos.

110. Para ser Juez de letras se requiere:[116]

1. La edad de veintiocho años.

2. Ser ciudadano en ejercicio.

3. Ser abogado recibido en cualquier Tribunal de la República.

4. Haber ejercido la profesión cuatro años, con crédito.

111. Los Jueces de letras son responsables personalmente de su conducta ante las cortes de distrito judicial, así como los individuos de éstas lo son ante el supremo Tribunal de justicia.

116 Artículo 110
[Modifica el no 4, relativo al tiempo de ejercicio de la abogacía para ser Juez de Letras, en vez de «cuatro años», a «seis años».]
[Véase la nota al Artículo 104]
Se incorporó a la Constitución

Capítulo 5. De la administración de justicia

112. Habrán Jueces de paz en cada pueblo para las conciliaciones; no debiéndose admitir demanda alguna civil, o criminal de injurias, sin este previo requisito.

113. El ministerio de los conciliadores se limita a oír las solicitudes de las partes, instruirlas de sus derechos, y procurar entre ellas un acomodamiento prudente.

114. Las acciones fiscales no admiten conciliación.

115. No se conocen más que tres instancias en los juicios.

116. Queda abolido el recurso de injusticia notoria.

117. Ningún Boliviano puede ser preso sin precedente información del hecho, por el que merezca pena corporal, y un mandamiento escrito del juez ante quien ha de ser presentado; excepto en los casos de los artículos 83 restricción 2., 123 y 133.

118. Acto continuo, si fuere posible, deberá dar su declaración sin juramento, no definiéndose ésta en ningún caso por más tiempo que el de cuarenta y ocho horas.

119. In fraganti todo delincuente puede ser arrestado por cualquiera persona, y conducido a la presencia del juez.

120. En las causas criminales el juzgamiento será público: reconocido el hecho y declarado por jurados (cuando se establezcan); y la ley aplicada por los jueces.

121. No se usará jamás del tormento, ni se exigirá confesión.

122. Queda abolida toda confiscación de bienes y toda pena cruel y de infamia transcendental. El código criminal limitará en cuanto sea posible la aplicación de la pena capital.

123. Si en circunstancias extraordinarias la seguridad de la República exigiere la suspensión de algunas de las formalidades prescritas en este capítulo, podrán las cámaras decretarlo. Y si éstas no se hallasen reunidas, podrá el Eje-

cutivo desempeñar esta misma función, como medida provisional, y dará cuenta de todo en la próxima apertura de las cámaras, quedando responsable de los abusos que haya cometido.

Título 7. Del régimen interior de la república

Capítulo Único

124. El gobierno superior político de cada departamento residirá en . un Prefecto.

125. El de cada provincia en un Gobernador.

126. El de los cantones en un Corregidor.

127. En cada pueblo cuyos habitantes no bajen de cien almas, por sí o en su comarca, habrá un juez de paz.

128. Donde el vecindario en el pueblo, o en su comarca pase de mil almas habrá (a más de un juez de paz por cada doscientas) un alcalde, y en donde el número de almas pase de mil habrá por cada quinientas un juez de paz y por cada dos mil, un alcalde.

129. Los destinos de alcaldes y de jueces de paz son concejiles, y ningún ciudadano, sin causa justa podrá eximirse de desempeñarlos.

130. Los prefectos, gobernadores, y corregidores durarán en el desempeño de sus funciones por el término de cuatro años, pero podrán ser reelegidos.

131. Los alcaldes y jueces de paz se renovarán cada dos años, más podrán ser reelegidos.

132. Las atribuciones de los prefectos, gobernadores, corregidores y alcaldes serán determinadas por la ley, para mantener el orden y seguridad pública, con subordinación gradual al gobierno supremo.

133. Les está prohibido todo conocimiento judicial; pero si la tranquilidad pública exigiese la aprensión de algún in-

dividuo, y las circunstancias no permitieren ponerlo en noticia del juez respectivo, podrá ordenarla desde luego dando cuenta al juzgado que compete, dentro de cuarenta y ocho horas. Cualquiera exceso que cometan estos magistrados, relativo a la seguridad individual, o a la del domicilio, produce acción popular.

Título 8. De la fuerza armada

Capítulo Único

134. Habrá en la República una fuerza armada permanente.[117]

135. La fuerza armada se compondrá del ejército de línea, y de una escuadra.

136. Habrá en cada provincia cuerpos de milicias nacionales, compuestos de los habitantes de cada una de ellas.

137. Habrá también un resguardo militar, cuya principal incumbencia será impedir todo comercio clandestino. Por un reglamento especial se detallará la organización, y constitución peculiar de este cuerpo.

117 Artículos 134 y 135

[Propone dos articulas nuevos, el 134 y 135, por lo que corre la numeración. Pero luego suprime los artículos 142 y 143, por lo que se restablece la numeración original.]

«134. En todos los Departamentos se establecerán en las Capitales Intendentes y Comisarías de Policía con ras atribuciones que les señalen las leyes.»

«135. Tanto estos empleados como todos los demás de la nación son estrictamente responsables según las leyes de los abusos que cometieren en el ejercicio de sus funciones.»

No se incorporó a la Constitución

[La Comisión de Negocios constitucionales no dijo nada sobre este punto.]

Capítulo 1. Reforma de la Constitución

138. Si pasados... años después de jurada la Constitución, se advirtiere, que algunos de sus artículos merece reforma; se hará la proposición por escrito, firmada por diez miembros, al menos, de la cámara de Tribunos, y apoyada por las dos terceras partes de los miembros presentes en la cámara.[118]

139. La proposición será leída por tres veces con el intervalo de seis días de una a otra lectura, y después de la tercera deliberará la cámara de Tribunos si la proposición podrá ser o no admitida a discusión, siguiéndose en todo lo demás, lo prevenido para la formación de las leyes.

140. Admitida a discusión, y convencidas las cámaras de la necesidad de reformar la Constitución, se expedirá una ley por la cual se mandará a los Cuerpos electorales confieran a los diputados de las tres cámaras, poderes especiales para alterar o reformar la Constitución, indicando las bases sobre que deba recaer la reforma.

141. En las primeras sesiones de la legislatura siguiente a la, en que se hizo moción sobre alterar o reformar la Constitución, será la materia propuesta y discutida, y lo que las cámaras resuelvan se cumplirá, consultado el Poder Ejecutivo sobre la conveniencia de la reforma.

118 Artículo 138

[El capítulo de «Reforma de la Constitución» figuraba erróneamente como «capítulo 10.°», sin título propio, a continuación del «Título 8.°», que correspondía a «La fuerza armada», a todas luces equivocado. Convierte este «Capítulo 1.°», en «Capítulo único», de un nuevo «Título 9». como «Reforma de la Constitución».

(El que aparecía en el Proyecto como Capítulo. Puestas y responsabilidad de los empleados, articulas 142 y 143, fue suprimido).

Se puso el Capítulo IX en la Constitución

[Se consideró como corrección de una simple errata la denominación de Título IX. No se aceptó la supresión de los articulas 142 y 143 que quedaron en la Constitución sancionada.]

Capítulo 2. Propuestas y responsabilidad de los empleados

142. Toda propuesta de empleados se hará en terna al Poder Ejecutivo. Este elegirá uno, y lo presentará para su confirmación, a la cámara que corresponda. Si ésta no lo aprobase, se le presentará el segundo. Si también fuese éste rechazado se le presentará el tercero: y en caso de negarle la cámara su aprobación, tendrá esta precisamente que admitir uno de los tres propuestos por el Ejecutivo.

143. Los empleados públicos son estrictamente responsables de los abusos que cometieren en el ejercicio de sus funciones.

Título 9. De las garantías[119]

Capítulo Único

144. La libertad civil, la seguridad individual, la propiedad, y la igualdad ante la ley se garantizan a los ciudadanos por la Constitución.

145. Todos pueden comunicar sus pensamientos de palabra, o por escrito, y publicarlos por medio de la imprenta sin censura previa; pero bajo la responsabilidad que la ley determine.

146. Todo Boliviano puede permanecer o salir del territorio de la República según le convenga, llevando consigo sus bienes, pero guardando los reglamentos de policía, y salvo siempre el derecho de terceros.

147. Toda casa de Boliviano es un asilo inviolable. De noche no se podrá entrar en ella, sino por su consentimiento:

119 Título 9
[Por haber introducido el Título 9.°, «Reforma de la Constitución», el Título 9.° del Proyecto pasa a ser Título 10.°]
[Se corrigió como simple errata de redacción.]
Se puso el Título X en la Constitución

y de día solo se franqueará su entrada en los casos y de la manera que determine la ley.

148. Las contribuciones se repartirán proporcionalmente sin ninguna excepción ni privilegio.

149. Quedan abolidos los empleos y privilegios hereditarios y las vinculaciones; y son enajenables todas las propiedades, aunque pertenezcan a obras pías, a religiones, o a otros objetos.

150. Ningún género de trabajo, industria, o comercio puede ser prohibido, a no ser que se oponga a las costumbres públicas, a la seguridad, y a la salubridad de los Bolivianos.

151. Todo inventor tendrá la propiedad de sus descubrimientos, y de sus producciones. La ley le asegurará un privilegio exclusivo temporal, o resarcimiento de la pérdida que tenga en el caso de publicarlo.

152. Los Poderes Constitucionales no podrán suspender la Constitución, ni los derechos que corresponden a los Bolivianos, sino en los casos y circunstancias expresadas en la misma Constitución, señalando indispensablemente el término que deba durar la suspensión.

26. 1826. Simón Bolívar. Mensaje al Congreso de Bolivia al ofrecer el Proyecto de Constitución[120]

¡Legisladores! Al ofreceros el Proyecto de Constitución para Bolivia, me siento sobrecogido de confusión y timidez porque estoy persuadido de mi incapacidad para hacer leyes. Cuando yo considero que la sabiduría de todos los siglos no es suficiente para componer una ley fundamental que sea perfecta, y que el más esclarecido legislador es la causa in-

120 Mensaje de Bolívar al Congreso de Bolivia, desde Lima el 25 de mayo de 1626, por el que presenta el Proyecto de Constitución. (N. de P. G.)

mediata de la infelicidad humana, y la burla, por decirlo así, de su ministerio divino ¿qué deberé deciros del soldado que, nacido entre esclavos y sepultado en los desiertos de su patria, no ha visto más que cautivos con cadenas, y compañeros con armas para romperlas? ¡Yo Legislador!... Vuestro engaño y mi compromiso se disputan la preferencia: no sé quién padezca más de este horrible conflicto; si vosotros por los males que debéis temer de las leyes que me habéis pedido, o yo del oprobio a que me condenáis por vuestra confianza.

He recogido todas mis fuerzas para exponeros mis opiniones sobre el modo de manejar hombres libres, por los principios adoptados entre los pueblos cultos; aunque las lecciones de la experiencia solo muestran largos períodos de desastres, interrumpidos por relámpagos de ventura.

¿Qué gulas podremos seguir a la sombra de tan tenebrosos ejemplos? ¡Legisladores! Vuestro deber os llama a resistir el choque de dos monstruosos enemigos que recíprocamente se combaten, y ambos os atacarán a la vez; la tiranía y la anarquía forman un inmenso océano de opresión, que rodea a una pequeña isla de libertad, embatida perpetuamente por la violencia de las olas y de los huracanes, que la arrastran sin cesar a sumergirla. Mirad el mar que vais a surcar con una frágil barca, cuyo piloto es tan inexperto.

El Proyecto de Constitución para Bolivia está dividido en cuatro Poderes Políticos, habiendo añadido uno más, sin complicar por esto la división clásica de cada uno de los otros. El Electoral ha recibido facultades que no le estaban señaladas en otros gobiernos que se estiman entre los más liberales. Estas atribuciones se acercan en gran manera a las del sistema federal. Me ha parecido no solo conveniente y útil, sino también fácil, conceder a los representantes inmediatos del pueblo los privilegios que más pueden desear los ciudadanos de cada departamento, provincia o cantón. Ningún objeto es más importante a un ciudadano que la elección de sus legisladores, magistrados, jueces y pastores. Los Colegios Electorales de cada provincia representan las necesidades y los intereses de ellas y sirven para quejarse de las infracciones de las leyes y de los abusos de los magistrados. Me atrevería a decir con alguna exactitud que esta representación participa de los derechos de que gozan los gobiernos particulares de los Estados federados. De este modo se ha puesto nuevo peso a la balanza contra el Ejecutivo; y el Gobierno ha adquirido más garantías, más popularidad y nuevos títulos, para que sobresalga entre los más democráticos.

Cada diez ciudadanos nombran un elector; y así se encuentra la nación representada por el décimo de sus ciudadanos. No se exigen sino capacidades, ni se necesita poseer bienes, para representar la augusta función del Soberano; mas debe saber escribir sus votaciones, firmar su nombre y leer las leyes. Ha de profesar una ciencia, o un arte que le asegure un alimento honesto. No se le ponen otras exclusiones que las del crimen, o de la ociosidad, y de la ignorancia absoluta. Saber y honradez, no dinero, es lo que requiere el ejercicio del Poder Público.

El Cuerpo Legislativo tiene una composición que lo hace necesariamente armonioso entre sus partes: no se hallará siempre dividido por falta de un juez árbitro, como sucede donde no hay más que dos Cámaras. Habiendo aquí tres, la discordia entre dos queda resuelta por la tercera; y la cuestión examinada por dos partes contendientes y un imparcial que la juzga: de este modo ninguna ley útil queda sin efecto, o por lo menos, habrá sido vista una, dos y tres veces antes de sufrir la negativa. En todos los negocios entre dos contrarios se nombra un tercero para decidir, y ¿no sería absurdo que en los intereses más arduos de la sociedad se desdeñara esta providencia dictada por una necesidad imperiosa? Así las Cámaras guardarán entre sí aquellas consideraciones que son indispensables para conservar la unión del todo, que debe deliberar en el silencio de las pasiones y con la calma de la sabiduría. Los congresos modernos, me dirán, se han compuesto de solas dos secciones. Es porque en Inglaterra, que ha servido de modelo, la nobleza y el pueblo debían representarse en dos Cámaras; y si en Norteamérica se hizo lo mismo sin haber nobleza puede suponerse que la costumbre de estar bajo el gobierno inglés, le inspiró esta imitación. El hecho es que dos cuerpos deliberantes deben combatir perpetuamente: y por esto Sieyes no quería más que uno. Clásico absurdo.

La primera Cámara es de Tribunos, y goza de la atribución de iniciar las leyes relativas a Hacienda, Paz y Guerra. Ella tiene la inspección inmediata de los ramos que el Ejecutivo administra con menos intervención del Legislativo.

Los Senadores forman los códigos y reglamentos eclesiásticos, y velan sobre los tribunales y el culto. Toca al Senado escoger los prefectos, los jueces del distrito, gobernadores, corregidores, y todos los subalternos del Departamento de Justicia. Propone a la Cámara de Censores los miembros del Tribunal Supremo, los arzobispos, obispos, dignidades y canónigos. Es del resorte del Senado cuanto pertenece a la religión y a las leyes.

Los Censores ejercen una potestad política y moral que tiene alguna semejanza con la del Areópago de Atenas, y de los Censores de Roma. Serán ellos los fiscales contra el gobierno para celar si la Constitución y los Tratados públicos se observan con religión. He puesto bajo su égida el Juicio Nacional que debe decidir de la buena o mala administración del Ejecutivo.

Son los Censores los que protegen la moral, las ciencias, las artes, la instrucción y la imprenta. La más terrible como la más augusta función pertenece a los Censores. Condenan a oprobio eterno a los usurpadores de la autoridad soberana y a los insignes criminales. Conceden honores públicos a los servicios y a las virtudes de los ciudadanos ilustres. El fiel de la gloria se ha confiado a sus manos: por lo mismo, los Censores deben gozar de una inocencia intacta y de una vida sin mancha. Si delinquen, serán acusados hasta por faltas leves. A estos sacerdotes de las leyes he confiado la conservación de nuestras sagradas tablas, porque son ellos los que deben clamar contra sus profanadores.

El Presidente de la República viene a ser en nuestra Constitución, como el Sol que, firme en su centro, da vida al Universo. Esta suprema autoridad debe ser perpetua; porque en los sistemas sin jerarquías se necesita más que en otros un punto fijo alrededor del cual giren los magistrados y los ciudadanos: los hombres y las cosas. Dadme un punto fijo, decía un antiguo, y moveré el mundo. Para Bolivia, este punto es el Presidente vitalicio. En él estriba todo nuestro orden, sin tener en esto acción. Se le ha cortado la cabeza para que nadie tema sus intenciones, y se le han ligado las manos para que a nadie dañe.

El Presidente de Bolivia participa de las facultades del Ejecutivo Americano, pero con restricciones favorables al pueblo. Su duración es la de los Presidentes de Haití. Yo he tomado para Bolivia el Ejecutivo de la República más democrática del mundo.

La isla de Haití (permítaseme esta digresión) se hallaba en insurrección permanente: después de haber experimentado el imperio, el reino, la república, todos los gobiernos conocidos y algunos más, se vio forzada a ocurrir al ilustre Petión para que la salvase. Confiaron en él, y los destinos de Haití no vacilaron más. Nombrado Petión Presidente vitalicio con facultades para elegir el sucesor, ni la muerte de este grande hombre ni la sucesión del nuevo Presidente han causado el menor peligro en el Estado; todo ha marchado bajo el digno Boyer, en la calma de un reino legítimo. Prueba triunfante de que un Presidente vitalicio, con derecho para elegir el sucesor, es la inspiración más sublime en el orden republicano.

El Presidente de Bolivia será menos peligroso que el de Haití, siendo el modo de sucesión más seguro para el bien del Estado. Además el Presidente de Bolivia está privado de todas las influencias: no nombra los magistrados, los jueces, ni las dignidades eclesiásticas, por pequeñas que sean. Esta disminución de poder no la ha sufrido todavía ningún gobierno bien constituido: ella añade trabas sobre trabas a la autoridad de un Jefe que hallará siempre a todo el pueblo dominado por los que ejercen las funciones más importantes de la sociedad. Los sacerdotes mandan en las conciencias, los jueces en la propiedad, el honor y la vida, y los magistrados en todos los actos públicos. No debiendo éstos sino al pueblo sus dignidades, su gloria y su fortuna, no puede el Presidente esperar complicarlos en sus miras ambiciosas. Si a esta consideración se agregan las que naturalmente nacen de las oposiciones generales que encuentra un gobierno democrático en todos los momentos de su administración, parece que hay derecho para estar cierto de que la usurpación del Poder público dista más de este gobierno que de otro ninguno.

¡Legisladores! La libertad de hoy más, será indestructible en América. Véase la naturaleza salvaje de este continente, que expele por sí sola el orden monárquico: los desiertos convidan a la independencia. Aquí no hay grandes nobles, grandes eclesiásticos. Nuestras riquezas eran casi nulas, y en el día lo son todavía más. Aunque la Iglesia goza de influencia, está lejos de aspirar al dominio, satisfecha con su conservación. Sin estos apoyos, los tiranos no son permanentes;

y si algunos ambiciosos se empeñan en levantar imperios, Dessalines, Cristóbal, Iturbide, les dicen lo que deben esperar. No hay poder más difícil de mantener que el de un príncipe nuevo. Bonaparte, vencedor de todos los ejércitos, no logró triunfar de esta regla, más fuerte que los imperios. Y si el gran Napoleón no consiguió mantenerse contra la liga de los republicanos y de los aristócratas, ¿quién alcanzará, en América, fundar monarquías, en un suelo incendiado con las brillantes llamas de la libertad, y que devora las tablas que se le ponen para elevar esos cadalsos regios? No, legisladores: no temáis a los pretendientes a coronas; ellas serán para sus cabezas la espada pendiente sobre Dionisia. Los príncipes flamantes que se obcequen hasta construir tronos encima de los escombros de la libertad, erigirán túmulos a sus cenizas, que digan a los siglos futuros cómo prefirieron su fatua ambición a la libertad y a la gloria.

Los límites constitucionales del Presidente de Bolivia son los más estrechos que se conocen: apenas nombra los empleados de hacienda, paz y guerra; manda el ejército. He aquí sus funciones.

La administración pertenece toda al Ministerio, responsable a los censores, y sujeta a la vigilancia celosa de todos los legisladores, magistrados, jueces y ciudadanos. Los aduanistas y los soldados, únicos agentes de este ministerio, no son, a la verdad, los más adecuados para captarle la aura popular; así su influencia sería nula.

El Vicepresidente es el magistrado más encadenado que ha servido el mando: obedece juntamente al Legislativo y al Ejecutivo de un gobierno republicano. Del primero recibe las leyes; del segundo las órdenes; y entre estas dos barreras ha de marchar por un camino angustiado y flanqueado de precipicios. A pasar de tantos inconvenientes, es preferible gobernar de este modo, más bien que con imperio absoluto.

Las barreras constitucionales ensanchan una conciencia política y le dan firme esperanza de encontrar el fanal que la guíe entre los escollos que la rodean: ellas sirven de apoyo contra los empujes de nuestras pasiones, concertadas con los intereses ajenos.

En el gobierno de los Estados Unidos se ha observado últimamente la práctica de nombrar al primer Ministro para suceder al Presidente. Nada es tan conveniente, en una república, como este método: reúne la ventaja de poner a la cabeza de la administración un sujeto experimentado en el manejo del Estado. Cuando entra a ejercer sus funciones, va formado, y lleva consigo la aureola de la popularidad y una práctica consumada. Me he apoderado de esta idea y la he establecido como ley.

El Presidente de la República nombra al Vicepresidente, para que administre el Estado y le suceda en el mando. Por esta providencia se evitan las elecciones, que producen el grande azote de las repúblicas, la anarquía, que es el lujo de la tiranía y el peligro más inmediato y más terrible de los gobiernos populares. Ved de qué modo sucede como en los reinos legítimos, la tremenda crisis de las repúblicas.

El Vicepresidente debe ser el hombre más puro: la razón es, que si el Primer Magistrado no elige un ciudadano muy recto, debe temerle como a enemigo encarnizado; y sospechar hasta de sus secretas ambiciones. Este Vicepresidente ha de esforzarse a merecer por sus buenos servicios el crédito que necesita para desempeñar las más altas funciones y esperar la gran recompensa nacional: el mando supremo. El Cuerpo Legislativo y el pueblo exigirán capacidades y talentos de parte de este magistrado; y le pedirán una ciega obediencia a las leyes de la libertad.

Siendo la herencia la que perpetúa el régimen monárquico y lo hace casi general en el mundo: ¿cuánto más útil no es el método que acabo de proponer para la sucesión del Vicepresidente? ¿Qué fueran los príncipes hereditarios elegidos por el mérito y no por la suerte; y que en lugar de quedarse en la inacción y en la ignorancia, se pusiesen a la cabeza de la administración? Serían, sin duda, monarcas más esclarecidos y harían la dicha de los pueblos. Señores legisladores, la monarquía que gobierna la tierra ha obtenido sus títulos de aprobación de la herencia que la hace estable y de la unidad que la hace fuerte. Por esto, aunque un príncipe soberano es un niño mimado, enclaustrado en su palacio, educado por la adulación y conducido por todas las pasiones, este príncipe, que me atrevería a llamar la ironía del hombre, manda al género humano porque conserva el orden de las cosas y la subordinación entre los ciudadanos, con un poder firme y una acción constante. Considerad, legisladores, que estas grandes ventajas se reúnen en el Presidente vitalicio y Vicepresidente hereditario.

El Poder Judicial que propongo goza de una independencia absoluta: en ninguna parte tiene tanta. El pueblo presenta los candidatos, y el Legislativo escoge los individuos que han de componer los tribunales. Si el Poder Judicial no emana de este origen, es imposible que conserve en toda su pureza la salvaguardia de los derechos individuales. Estos derechos, Legisladores, son los que constituyen la libertad, la igualdad, la seguridad, todas las garantías del orden social. La verdadera constitución liberal está en los códigos civiles y criminales; y la más terrible tiranía la ejercen los tribunales por el tremendo instrumento de las leyes.

De ordinario el Ejecutivo no es más que el depositario de la cosa pública; pero los tribunales son los árbitros de las cosas propias, de las cosas de los individuos. El Poder Judicial contiene la medida del bien o del mal de los ciudadanos; y si hay libertad, si hay justicia en la República, son distribuidas por este poder. Poco importa a veces la organización política, con tal que la civil sea perfecta; que las leyes se cumplan religiosamente y se tengan por inexorables como el Destino.

Era de esperarse, conforme a las ideas del día, que prohibiésemos el uso del tormento, de las confesiones; y que cortásemos la prolongación de los pleitos en el intrincado laberinto de las apelaciones.

El territorio de la República se gobierna por prefectos, gobernadores, corregidores, jueces de paz y alcaldes. No he podido entrar en el régimen interior y facultades de estas jurisdicciones; es mi deber, sin embargo, recomendar al Congreso los reglamentos concernientes al servicio de los departamentos y provincias. Tened presente, legisladores, que las naciones se componen de ciudades y de aldeas; y que del bienestar de éstas se forma la felicidad del Estado. Nunca prestaréis demasiado vuestra atención al buen régimen de los departamentos. Este punto es de predilección en la ciencia legislativa y no obstante es harto desdeñado.

He dividido la fuerza armada en cuatro partes: ejército de línea, escuadra, milicia nacional y resguardo militar. El destino del ejército es guarnecer la frontera. ¡Dios nos preserve de que vuelva sus armas contra los ciudadanos! Basta la milicia nacional para conservar el orden interno.

Bolivia no posee grandes costas, y por lo mismo es inútil la marina: debemos, a pesar de esto, obtener algún día uno y otro. El resguardo militar es preferible por todos respectos al de guardas: un servicio semejante es más inmoral que superfluo, por lo tanto interesa a la República guarnecer sus fronteras con tropas de línea y tropas de resguardo contra la guerra del fraude.

He pensado que la constitución de Bolivia debiera reformarse por períodos, según lo exige el movimiento del mundo moral. Los trámites de la reforma se han señalado en los términos que he juzgado más propios del caso.

La responsabilidad de los empleados se señala en la Constitución Boliviana del modo más efectivo. Sin responsabilidad, sin represión, el estado es un caos. Me atrevo a instar con encarecimiento a los Legisladores para que dicten leyes fuertes y terminantes sobre esta importante materia. Todos hablan de responsabilidad, pero ella se queda en los labios. No hay responsabilidad, legisladores: los magistrados, jueces y empleados abusan de sus facultades, porque no se contiene con rigor a los agentes de la administración; siendo entre tanto los ciudadanos víctimas de este abuso. Recomendara yo una ley que prescribiera un método de responsabilidad anual para cada empleado.

Se han establecido las garantías más perfectas: la libertad civil es la verdadera libertad; las demás son nominales, o de poca influencia con respecto a los ciudadanos. Se ha garantizado la seguridad personal, que es el fin de la sociedad, y de la cual emanan las demás. En cuanto a la propiedad, ella depende del código civil que vuestra sabiduría debiera componer luego, para la dicha de vuestros conciudadanos. He conservado intacta la ley de las leyes —la igualdad: sin ella perecen todas las garantías, todos los derechos. A ella debamos hacer los sacrificios. A sus pies he puesto, cubierta de humillación, a la infame esclavitud.

Legisladores, la infracción de todas las leyes es la esclavitud. La ley que la conservara sería la más sacrílega. ¿Qué derecho se alegaría para su conservación? Mírese este delito por todos aspectos, y no me persuado que haya un solo boliviano tan depravado que pretenda legitimar la más insigne violación de la dignidad humana. ¡Un hombre poseído por otro! ¡Un hombre propiedad! ¡Una imagen de Dios puesta al yugo como el bruto! Dígasenos ¿dónde están los títulos de los usurpadores del hombre? La Guinea no los ha mandado, pues el África, devastada por el fratricidio, no ofrece más que crímenes. Trasplantadas aquí estas reliquias de aquellas tribus africanas, ¿qué ley o potestad será capaz de sancionar el dominio sobre estas víctimas? Trasmitir, prorrogar, eternizar este crimen mezclado de suplicios, es el ultraje más chocante. Fundar un principio de posesión sobre la más feroz delincuencia no podría concebirse sin el trastorno de los elementos del derecho y sin la perversión más absoluta de las nociones del deber. Nadie puede romper el santo dogma de la igualdad. Y ¿habrá esclavitud donde reina la igualdad? Tales contradicciones formarían más bien el vituperio de nuestra razón que el de nuestra justicia: seríamos reputados por más dementes que usurpadores.

Si no hubiera un Dios Protector de la inocencia y de la libertad, prefiriera la suerte de un león generoso, dominando en los desiertos y en los bosques, a la de un cautivo al servicio de un infame tirano que, cómplice de sus crímenes, provocara la cólera del cielo. Pero no: Dios ha destinado el hombre a la libertad: él lo protege para que ejerza la celeste función del albedrío.

¡Legisladores! Haré mención de un Artículo que, según mi conciencia, he debido omitir. En una constitución política no debe prescribirse una profesión religiosa, porque según las mejores doctrinas sobre las leyes fundamentales, éstas son las garantías de los derechos políticos y civiles; y como la religión no toca a ninguno de estos derechos, ella es de naturaleza indefinible en el orden social y pertenece a la moral intelectual. La religión gobierna al hombre en la casa, en el gabinete, dentro de sí mismo: solo ella tiene derecho de examinar la conciencia íntima. Las leyes, por el contrario, miran la superficie de las cosas: no gobiernan sino fuera de la casa del ciudadano. Aplicando estas consideraciones,

¿podrá un Estado regir la conciencia de los súbditos, velar sobre el cumplimiento de las leyes religiosas y dar el premio o el castigo, cuando los tribunales están en el cielo, y cuando Dios es el juez? La inquisición solamente sería capaz de reemplazarlas en este mundo. ¿Volverá la inquisición con sus teas incendiarias? La religión es la ley de la conciencia. Toda ley sobre ella la anula porque, imponiendo la necesidad al deber, quita el mérito a la fe, que es la base de la religión. Los preceptos y los dogmas sagrados son útiles, luminosos y de evidencia metafísica; todos debemos profesarlos, mas este deber es moral, no político.

Por otra parte, ¿cuáles son en este mundo los derechos del hombre hacia la religión? Ellos están en el cielo; allá el tribunal recompensa el mérito, y hace justicia según el código que ha dictado el legislador. Siendo todo esto de jurisdicción divina, me parece a primera vista sacrílego y profano mezclar nuestras ordenanzas con los mandamientos del Señor. Prescribir, pues, la religión, no toca al legislador; porque éste debe señalar penas a las infracciones de las leyes, para que no sean meros consejos. No habiendo castigos temporales ni jueces que los apliquen, la ley deja de ser ley.

El desarrollo moral del hombre es la primera intención del legislador; luego que este desarrollo llega a lograrse, el hombre apoya su moral en las verdades reveladas y profesa de hecho la religión, que es más eficaz cuanto que la ha adquirido por investigaciones propias. Además, los padres de familia no pueden descuidar el deber religioso hacia sus hijos. Los pastores espirituales están obligados a enseñar la ciencia del cielo: el ejemplo de los verdaderos discípulos de Jesús es el maestro más elocuente de su divina moral; pero la moral no se manda, ni el que manda es maestro, ni la fuerza debe emplearse en dar consejos. Dios y sus Ministros son las autoridades de la religión que obra por medios y órganos exclusivamente espirituales; pero de ningún modo el Cuerpo Nacional, que dirige el poder público a objetos puramente temporales.

Legisladores, al ver ya proclamada la nueva Nación Boliviana, ¡cuán generosas y sublimes consideraciones no deberán elevar vuestras almas! La entrada de un nuevo Estado en la sociedad de los demás es un motivo de júbilo para el género humano, porque se aumenta la gran familia de los pueblos. ¡Cuál, pues, debe ser el de sus fundadores! ¡¡¡y el mío!!! viéndome igualado con el más célebre de los antiguos, —el Padre de la Ciudad eterna! Esta gloria pertenece de derecho a los creadores de las naciones, que, siendo sus primeros bienhechores, han debido recibir recompensas inmortales; mas la mía, además de inmortal, tiene el mérito de ser gratuita por no merecida. ¿Dónde está la república, dónde la ciudad que yo he fundado? Vuestra munificencia, dedicándome una nación, se ha adelantado a todos mis servicios; y es infinitamente superior a cuantos bienes pueden hacemos los hombres.

Mi desesperación se aumenta al contemplar la inmensidad de vuestro premio, porque después de haber agotado los talentos, las virtudes, el genio mismo del más grande de los héroes, todavía sería yo indigno de merecer el nombre que habéis querido daros, ¡¡¡el mío!!! ¿Hablaré yo de gratitud, cuando ella no alcanzará jamás a expresar ni débilmente lo que experimento por vuestra bondad que, como la de Dios, pasa todos los límites? Sí: solo Dios tenía potestad para llamar a esa tierra Bolivia...

¿Qué quiere decir Bolivia? Un amor desenfrenado de libertad, que al recibirla vuestro arrobo, no vio nada que fuera igual a su valor. No hallando vuestra embriaguez una demostración adecuada a la vehemencia de sus sentimientos, arrancó vuestro nombre y dio el mío a todas vuestras generaciones. Esto, que es inaudito en la historia de los siglos, lo es aun más en la de los desprendimientos sublimes. Tal rasgo mostrará a los tiempos que están en el pensamiento del Eterno, lo que anhelabais, la posesión de vuestros derechos, que es la posesión de ejercer las virtudes políticas, de adquirir los talentos luminosos y el goce de ser hombres. Este rasgo, repito, probará que vosotros erais acreedores a obtener la gran bendición del cielo —la Soberanía del pueblo— única autoridad legítima de las naciones.

Legisladores, felices vosotros que presidís los destinos de una República que ha nacido coronada con los laureles de Ayacucho, y que debe perpetuar su existencia dichosa bajo las leyes que dicte vuestra sabiduría, en la calma que ha dejado la tempestad de la guerra.

Lima, a 25 de mayo de 1826.

Libros a la carta

A la carta es un servicio especializado para

empresas,
librerías,
bibliotecas,
editoriales
y centros de enseñanza;

y permite confeccionar libros que, por su formato y concepción, sirven a los propósitos más específicos de estas instituciones.

Las empresas nos encargan ediciones personalizadas para marketing editorial o para regalos institucionales. Y los interesados solicitan, a título personal, ediciones antiguas, o no disponibles en el mercado; y las acompañan con notas y comentarios críticos.

Las ediciones tienen como apoyo un libro de estilo con todo tipo de referencias sobre los criterios de tratamiento tipográfico aplicados a nuestros libros que puede ser consultado en www.Linkgua-ediciones.com.

Linkgua edita por encargo diferentes versiones de una misma obra con distintos tratamientos ortotipográficos (actualizaciones de carácter divulgativo de un clásico, o versiones estrictamente fieles a la edición original de referencia).

Este servicio de ediciones a la carta le permitirá, si usted se dedica a la enseñanza, tener una forma de hacer pública su interpretación de un texto y, sobre una versión digitalizada «base», usted podrá introducir interpretaciones del texto fuente. Es un tópico que los profesores denuncien en clase los desmanes de una edición, o vayan comentando errores de interpretación de un texto y esta es una solución útil a esa necesidad del mundo académico.

Asimismo publicamos de manera sistemática, en un mismo catálogo, tesis doctorales y actas de congresos académicos, que son distribuidas a través de nuestra Web.

El servicio de «libros a la carta» funciona de dos formas.

1. Tenemos un fondo de libros digitalizados que usted puede personalizar en tiradas de al menos cinco ejemplares. Estas personalizaciones pueden ser de todo tipo: añadir notas de clase para uso de un grupo de estudiantes, introducir logos corporativos para uso con fines de marketing empresarial, etc. etc.

2. Buscamos libros descatalogados de otras editoriales y los reeditamos en tiradas cortas a petición de un cliente.

www.ingramcontent.com/pod-product-compliance
Lightning Source LLC
LaVergne TN
LVHW100137051026
849525LV00004B/1436
* 9 7 8 8 4 1 1 2 6 5 4 5 4 *